CODE

DES

LOIS DE LA PRESSE

INTERPRÉTÉES

PAR LA JURISPRUDENCE ET LA DOCTRINE

PAR

M. ROLLAND DE VILLARGUES

CONSEILLER A LA COUR IMPÉRIALE DE PARIS

CHEVALIER DE LA LÉGION D'HONNEUR, AUTEUR DES CODES CRIMINELS INTERPRÉTÉS.

DEUXIÈME ÉDITION

REVUE, CORRIGÉE ET MISE AU COURANT DE LA LÉGISLATION ET DE LA JURISPRUDENCE.

PARIS

MARESCQ AÎNÉ, LIBRAIRE-ÉDITEUR

RUE SOUFFLOT, 17

1869

CODE

DES

LOIS DE LA PRESSE

INTERPRÉTÉES

PAR LA JURISPRUDENCE ET LA DOCTRINE

PAR

M. ROLLAND DE VILLARGUES

CONSEILLER A LA COUR IMPÉRIALE DE PARIS

CHEVALIER DE LA LÉGION D'HONNEUR, AUTEUR DES CODES CRIMINELS INTERPRÉTÉS.

DEUXIÈME ÉDITION

REVUE, CORRIGÉE ET MISE AU COURANT DE LA LÉGISLATION ET DE LA JURISPRUDENCE.

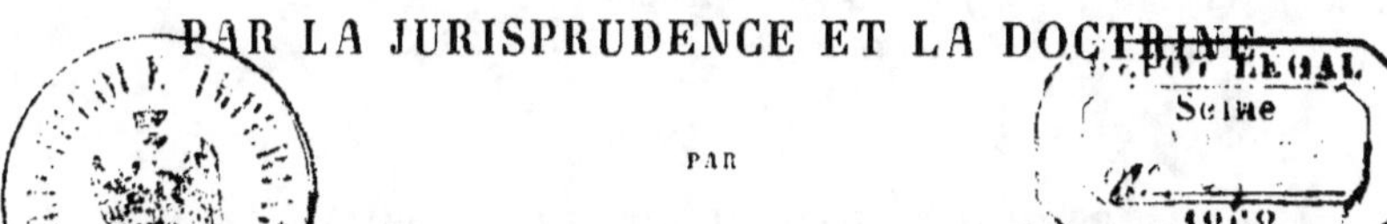

PARIS

MARESCQ AINÉ, LIBRAIRE-ÉDITEUR

RUE SOUFFLOT, 17

—

1869

AUTEURS CITÉS DANS L'OUVRAGE.

MM. Chassan. — *Traité des délits et contraventions de la parole, de l'écriture et de la presse,*
2ᵉ *édition. — Lois sur la presse.*
Mangin. — *Traité de l'action publique.*
Parant. — *Lois de la presse.*
De Grattier. — *Commentaires sur les lois de la presse.*
Rousset. — *Nouveau code annoté de la presse.*
Rauter. — *Traité théorique et pratique du droit criminel.*
Dalloz. — *Répertoire de législation,* vⁱˢ *Presse, Outrage.*
De Berny. — *Concordance des lois sur la presse.*
Chauveau et Hélie. — *Théorie du Code pénal,* 3ᵉ *édition.*

EXPLICATION DES ABRÉVIATIONS.

J. p . . . . Journal du palais.
S. 37, I, 420. . . . Recueil de Sirey, année 1837, 1ʳᵉ partie, page 420
D. 40, 4, 500. . . . Dalloz, Jurisprudence générale, année 1840, 4ᵉ partie,
p. 500.
B. cr. . . . . Bulletin des arrêts criminels de la cour de cassation
C. i. cr. . . . . . . Code d'instruction criminelle.
C. pén. . . . . . . Code pénal.
J. cr., nᵒ 5988. . . Journal de droit criminel, par M. Morin, nᵒ 5988

DIVISIONS DE L'OUVRAGE

PARIS. TYPOGRAPHIE DE HENRI PLON, IMPRIMEUR DE L'IMPÉRIEUR, RUE GARANCIÈRE. 8

PRÉFACE.

Les lois sur la presse, à cause de leur caractère politique, ont subi des vicissitudes et des transformations bien diverses; nous avons vu, en effet, chacun des gouvernements qui se sont succédé en France, empressé de les mettre en harmonie avec ses principes, ou de satisfaire aux besoins du moment, répudier celles qui étaient l'œuvre du gouvernement précédent, et en faire de nouvelles.

Encore si le législateur avait eu la précaution d'indiquer les dispositions des lois antérieures qu'il entendait abroger, on n'aurait à regretter que la mobilité de cette partie de notre législation. Mais on sait qu'en entassant ainsi lois sur lois, il a le plus souvent laissé à ceux qu'elles concernent, comme à ceux qui les appliquent, le soin de discerner et de démêler les dispositions qui sont encore en vigueur et celles qui ne le sont plus.

Il en résulte une incohérence, une confusion, une dissémination qui rendent l'étude de ces lois si difficile.

Plusieurs auteurs recommandables ont publié sur cette matière, antérieurement à la révolution de 1848, des traités fort estimés; mais, depuis cette époque, la législation politique de la presse ayant encore été une fois modifiée par les lois et décrets des 22 mars, 11 août 1848, 27 juillet 1849, 16 juillet 1850 et 17 février 1852, tous ces traités sont devenus insuffisants et incomplets (1).

Ce dernier décret, qui apporte des changements si graves dans le régime de la presse, n'a cependant, sauf deux articles de la loi du 19 juillet 1850, abrogé expressément aucune des lois antérieures; il s'est borné, suivant la formule usitée, à déclarer abrogées les dispositions de ces lois qui lui étaient contraires.

Indiquer dans la législation antérieure quelles sont les dispositions encore en vigueur, les coordonner, les rassembler, c'était un travail dont l'utilité n'a pas besoin d'être démontrée.

Nous l'avons essayé en nous aidant des décisions de la Cour de cassation et des circulaires ministérielles. On remarquera qu'en retranchant les articles de lois implicitement abrogés, nous ne les avons pas cependant supprimés entièrement; nous les avons relégués, en forme de notes, au bas des pages, de manière qu'ils puissent être consultés au besoin.

Nous avons voulu faire plus : encouragé par l'accueil bienveillant qui a été fait à nos *Codes criminels,* nous avons entrepris sur les lois de la presse le même travail que nous avions publié sur ces Codes; nous avons placé sous chacun de leurs articles un commentaire, le plus autorisé et le plus pratique de tous, celui de la Cour de cassation et des cours impériales; nous avons en outre annoté les opinions des auteurs, de manière à présenter la doctrine à côté de la pratique.

Dans l'arrangement et le classement des nombreux matériaux que nous avions recueillis, nous avons rencontré plus d'une fois, sur des questions douteuses, des solutions et opinions contradictoires; nous les avons toutes exactement notées; toutefois nous n'avons pas toujours pu retenir, en ces circonstances, nos appréciations personnelles, ni nous défendre d'une certaine partialité en faveur des décisions qui nous paraissaient les

---

(1) Nous devons excepter le nouveau Code annoté de la presse, par M. Rousset, ancien magistrat, imprimé en 1856; ouvrage dont le plan est entièrement différent de celui que nous publions

plus juridiques; nous avons donc **cru devoir** mettre celles-ci en relief, en nous contentant d'indiquer les autres comme contraires; quelquefois même, dans certaines questions controversées, nous avons donné les motifs de notre préférence.

Nous avions écrit ces lignes comme préface à notre première édition; depuis, une loi nouvelle, celle du 11 mai 1868, a encore une fois modifié la législation sur la presse, en se bornant, suivant l'usage, à déclarer abrogées les dispositions contraires des lois antérieures; cette loi n'a fait qu'augmenter l'embarras du commentateur pour concilier toutes les dispositions législatives sur cette matière et pour distinguer celles qui sont maintenues de celles qui ne le sont pas. Nous avons entrepris ce travail, celui que nous avions déjà publié ne répondant plus aux nécessités nouvelles.

A défaut de la jurisprudence, qui n'a pas encore pu s'expliquer sur les nombreuses questions que soulève la loi du 11 mai 1868, nous avons consulté l'exposé des motifs, les discussions au Corps législatif, les circulaires ministérielles; nous n'y avons pas toujours trouvé la solution de tous les doutes, nous avons donc été plus d'une fois dans la nécessité d'émettre notre opinion personnelle, après une étude attentive des textes.

Dans cette nouvelle publication, nous avons conservé à leur place toutes les dispositions législatives qui n'ont été qu'implicitement abrogées, au lieu de les reléguer en notes au bas des pages; nous nous sommes borné à les mettre en italique, afin qu'elles frappent plus facilement les yeux.

Nous avons aussi jugé à propos, pour plus de clarté, de changer la division par nous précédemment adoptée. Nous avons maintenu la première partie de notre travail sur l'imprimerie et la librairie, telle qu'elle a déjà été publiée; nous y avons ajouté un supplément contenant les décisions nouvelles de la jurisprudence.

Les deuxième, troisième et quatrième parties ont été entièrement remaniées; elles ont été refondues en deux parties seulement : dans l'une, qui est la deuxième de cette édition, nous avons placé les lois relatives aux délits commis par la voie de la presse et les autres moyens de publication; dans la troisième, les lois relatives à la police de la presse périodique; elle est suivie d'un appendice comprenant les lois sur le timbre et le transport des écrits périodiques.

Pour opérer cette classification, nous avons été obligé de diviser les lois des 27 juillet 1849 et 17 février 1852, qui ont des dispositions relatives à la fois aux délits commis par la voie de la presse et aux journaux et écrits périodiques; mais ces divisions ne nous ont pas paru présenter de graves inconvénients pour l'étude de ces lois, leurs dispositions diverses ayant été, presque toujours, classées par le législateur dans des chapitres différents, il nous a suffi de séparer ces chapitres pour les transporter dans la partie de l'ouvrage à laquelle la matière les rattachait. Nous n'avons pas osé aller plus loin, nous nous sommes arrêté devant l'inconvénient de trop morceler la loi.

Pour donner cependant satisfaction au besoin de rapprocher toutes les dispositions des lois de la presse qui ont de l'affinité entre elles, et afin d'en faciliter l'étude, nous avons, à la suite de la troisième partie de l'ouvrage, présenté une codification de toutes ces lois, moins celles relatives à l'imprimerie et à la librairie.

Au moyen du classement rationnel et méthodique que nous avons établi, nous avons pu mettre en présence toutes les dispositions des lois de la presse qui peuvent paraître soit contraires ou incompatibles, soit identiques ou seulement modificatives.

Ce classement nous a été nécessaire à nous-même pour l'étude de ces lois; nous croyons faire une chose utile en le publiant à la suite de notre travail.

CODE
DES LOIS DE LA PRESSE.

PREMIÈRE PARTIE.

RÈGLEMENTS POUR L'IMPRIMERIE ET LA LIBRAIRIE.

28 février 1723. — *règlement du conseil pour la librairie et l'imprimerie de Paris.*

1. Ce règlement, virtuellement abrogé par l'art. 2 de la loi du 17 mars 1791, n'a été remis en vigueur ni par le décret du 5 fév. 1810, ni par la loi du 21 oct. 1814. — Amiens, 8 mars 1823 (Vernot); Amiens, 9 fév. 1825 (Coumet), *J. p.*; Orléans, 11 déc. 1826 (Teste), *J. p.*; Douai, 13 avril 1830 (Auban), *J. p.*; Cass. 26 fév. 1836 (Labrousse), *J. p.*; 13 fév. 1836 (Barba), *J. p.*; 24 sept. 1841 (Leautey), *B. cr.*

2. Quelques arrêts avaient décidé au contraire que la loi du 21 août 1814 avait virtuellement rétabli la peine de 500 fr. d'amende prononcée par le règlement; mais le décret du 17 fév. 1852 (art. 24) ayant édicté une peine nouvelle, la question de l'abrogation du règlement du 28 fév. 1723 ne peut plus être douteuse.

10 mai 1728. — déclaration du roi.

Art. 7. Défendons aux imprimeurs de faire travailler ailleurs que dans les maisons où ils demeurent, ou dans celles à la porte desquelles sera posée une enseigne publique d'imprimerie. La porte de leur imprimerie ne sera fermée pendant le temps de leur travail que par un simple loquet.

Leur défendons d'avoir dans les maisons où ils impriment aucunes portes de derrière, par lesquelles ils puissent faire sortir clandestinement aucuns imprimés, le tout à peine d'interdiction pendant six mois et de cinq cents livres d'amende, qui ne pourra être remise ni modérée, même de déchéance de la maîtrise.

10 septembre 1735. — arrêt du conseil d'état.

Art. 10. Fait Sa Majesté expresses inhibitions et défenses à tous marchands merciers grossiers, joailliers de chacune des villes du royaume, de vendre ni débiter à l'avenir, aucuns livres imprimés à l'exception des ABC, des almanachs, des petits livres d'heures, de prières, imprimés hors de la ville de leur résidence ordinaire qui n'excéderont pas deux feuilles d'impression de caractère *cicero*, sous peine de confiscation et cinq cents livres d'amende, conformément à l'article 4 de l'arrêt du conseil du 28 février 1723.

Cet arrêt du Conseil n'a pas été abrogé. — Cass. 26 juin 1824 (Prat), *J. p.* V. l'art. 24 décr. du 17 fév. 1852.

5 février 1810. — décret *contenant règlement sur l'imprimerie et la librairie.*

TIT. II. — *De la profession d'imprimeur.*

Art. 3. A dater du 1ᵉʳ janvier 1811, le nombre des imprimeurs dans chaque département sera fixé, et celui des imprimeurs à Paris sera réduit à soixante.

1. Ce nombre a été porté à 80 par le décret du 11 fév. 1811 et à 85 par le décret du 14 déc. 1859.

2. Un imprimeur est non recevable à intenter par la voie contentieuse une action, contre une décision ministérielle qui a accordé un nouveau brevet d'imprimerie. — Ordonn., C. d'Etat, 14 mars 1834 (Saillot).

Art. 4. La réduction dans le nombre des imprimeurs ne pourra être effectuée sans qu'on ait préalablement pourvu à ce que les imprimeurs actuels, qui seront supprimés, reçoivent une indemnité de ceux qui seront conservés.

Art. 5. Les imprimeurs seront brevetés et assermentés.

Cette disposition est entrée dans l'art. 11, L. 21 oct. 1814.

Art. 6. Ils seront tenus d'avoir, à Paris,

quatre presses, et, dans les départements, deux.

Cet article n'a aucune sanction.

Art. 7. Lorsqu'il viendra à vaquer des places d'imprimeurs, soit par décès, soit autrement, ceux qui leur succéderont ne pourront recevoir leurs brevets et être admis au serment, qu'après avoir justifié de leur capacité, de leurs bonnes vie et mœurs, et de leur attachement à la patrie et au souverain.

Art. 8. On aura, lors des remplacements, des égards particuliers pour les familles des imprimeurs décédés.

1. La veuve de l'imprimeur est autorisée par l'art. 55 du règlement de 1723 à continuer l'exploitation de l'industrie de son mari, tant qu'elle reste en état de viduité. — Cass. 2 juin 1827 (Lebel), *J. p.*, de Grattier, t. 1, p. 32; Dalloz, vᵒ *Presse*, nᵒˢ 100, 203. — *Contrà.* Si elle changeait d'état. — Parant, p. 35; de Grattier, t. 1, p. 63; Chassan, t. 1, p. 429. — Le règlement de 1723 a cessé d'être en vigueur. — Rousset, p. 23, nᵒ 99. V. *supra*, p. 1.

2. Les augmentations ou diminutions qu'elle peut faire dans l'étendue ou le mode du même commerce n'en changent pas la nature et n'apportent aucune modification à son titre légal. — Cass. 2 juin 1827 (Lebel), *J. p.*; de Grattier, t. 1, p. 33.

Art. 9. Le brevet d'imprimeur sera délivré par notre directeur général de l'imprimerie, et soumis à l'approbation de notre ministre de l'intérieur; il sera enregistré au tribunal civil du lieu de la résidence de l'impétrant, qui y prêtera serment de ne rien imprimer de contraire aux devoirs envers le souverain et à l'intérêt de l'Etat.

La direction de la librairie et de l'imprimerie a été supprimée par le décret du 24 mars 1815. L'imprimerie et la librairie sont aujourd'hui placées sous la direction du ministre de l'intérieur.

TIT. IV. — *Des libraires.*

Art. 29. A dater du 1ᵉʳ janvier 1811, les libraires seront brevetés et assermentés. *V. L.* 21 *octobre* 1814, *art.* 11.

Art. 30. Les brevets de libraires seront délivrés par notre directeur général de l'imprimerie, et soumis à l'approbation de notre ministre de l'intérieur : ils seront enregistrés au tribunal civil du lieu de la résidence de l'impétrant, qui y prêtera serment de ne vendre, débiter et distribuer aucun ouvrage contraire aux devoirs envers le souverain et à l'intérêt de l'Etat.

Art. 31. La profession de libraire pourra être exercée concurremment avec celle d'imprimeur.

Art. 32. L'imprimeur qui voudra réunir la profession de libraire sera tenu de remplir les formalités qui sont imposées aux libraires.

Le libraire qui voudra réunir la profession d'imprimeur sera tenu de remplir les formalités qui sont imposées aux imprimeurs.

Art. 33. Les brevets ne pourront être accordés aux libraires qui voudront s'établir à l'avenir qu'après qu'ils auront justifié de leurs bonnes vie et mœurs et de leur attachement à la patrie et au souverain.

TIT. V. — *Des livres imprimés à l'étranger.*

Art. 34. Aucun livre en langue française ou latine, imprimé à l'étranger, ne pourra entrer en France, sans payer un droit d'entrée.

Art. 35. Ce droit ne pourra être au-dessous de 50 p. %, de la valeur de l'ouvrage.

Le tarif en sera rédigé par le directeur général de la librairie, et délibéré en notre conseil d'Etat, sur le rapport de notre ministre de l'intérieur.

Art. 36. Indépendamment des dispositions de l'art. 34, aucun livre imprimé ou réimprimé hors de France ne pourra être introduit en France, sans une permission du directeur général de la librairie, annonçant le bureau de douane par lequel il entrera.

Art. 37. En conséquence, tout ballot de livres venant de l'étranger sera mis par le préposé des douanes sous corde et sous plomb, et envoyé à la préfecture la plus voisine.

Art. 38. Si les livres sont reconnus conformes à la permission, chaque exemplaire ou le premier volume de chaque exemplaire sera marqué d'une estampille au lieu du dépôt provisoire, et ils seront remis au propriétaire.

TIT. VII. — *Sect.* 2ᵉ. — *Du mode de constater les délits et contraventions.*

Art. 45. Les délits et contraventions seront constatés par les inspecteurs de l'imprimerie et de la librairie, les officiers de police, et en outre par les préposés aux douanes, pour les livres venant de l'étranger.

Chacun dressera procès-verbal de la na-

ture du délit et contravention, des circonstances et dépendances, et le remettra au
préfet de son arrondissement, pour être
adressé au directeur général. *V. L.* 21 oc-
tobre 1814, *art.* 20.

Art. 46. Les objets saisis seront déposés provisoirement au secrétariat de la
mairie ou au commissariat général de la
sous-préfecture ou de la préfecture la plus
voisine du lieu où le délit ou la contravention sont constatés, sauf l'envoi ultérieur à
qui de droit.

Art. 47. Nos procureurs généraux ou
impériaux seront tenus de poursuivre d'office dans tous les cas prévus à la section
précédente, sur la simple remise qui leur
sera faite d'une copie des procès-verbaux
dûment affirmés. *V. L.* 21 *octobre* 1814,
art. 21.

6 JUILLET 1810. — DÉCRET.

Art. 1er. Il est défendu à toutes personnes d'imprimer et débiter les sénatus-
consultes, codes, lois et règlements d'administration publique, avant leur insertion et
publication par la voie du Bulletin au chef-
lieu de département. *V. ordonn. du* 12 *janvier* 1820, *infrà.*

Art. 2. Les éditions faites en contravention de l'article précédent seront saisies
à la requête de nos procureurs généraux,
et la confiscation en sera prononcée par le
tribunal de police correctionnelle.

18 NOVEMBRE 1810. — DÉCRET.

Art. 1. A dater du 1er janvier 1811,
ceux de nos sujets qui cesseront d'exercer
la profession d'imprimeur, et généralement
tous ceux qui, n'exerçant pas ladite profession, se trouveront propriétaires, possesseurs ou détenteurs de presses, fontes, caractères ou autres ustensiles d'imprimerie,
devront, dans le délai d'un mois, faire la
déclaration desdits objets, dans le département de la Seine, au préfet de police, et
dans les autres départements, au préfet.

Sont exceptées de cette disposition les
presses à cylindre, servant à tirer des copies.

1. Les dispositions de ce décret n'ont été abrogées
par aucune loi postérieure. — Paris, 12 oct. 1837.
Chassan, t. 1, p. 515; de Grattier, t. 1, p. 66. —
Contrà Bordeaux, 22 mars 1832 (Langlet), *J. p.*

2. Il est particulièrement applicable aux imprimeurs qui ont cessé leur profession, et qui sont
restés, sans en faire usage, détenteurs des objets désignés, ainsi qu'à tous autres qui seraient détenteurs
desdits objets, pourvu qu'il ne s'agisse pas de la détention d'une presse entière, cas prévu par l'art. 13,

L. du 21 oct. 1814. — Chassan, t. 1, p. 517; de
Grattier, t. 1, p. 68; Dalloz, v° *Presse*, n° 128.

3. A l'égard des presses de petite dimension,
voyez le décret du 22 mars 1852.

Art. 2. Le préfet de police à Paris, et
les préfets des départements, transmettront
lesdites déclarations à notre conseiller d'E-
tat, directeur général de l'imprimerie et de
la librairie, avec leur avis sur les demandes
d'être autorisé à conserver lesdites presses
et ustensiles pour continuer d'en faire usage,
qui pourront être jointes aux déclarations.
V. décret du 22 *mars* 1852, *art.* 2.

Art. 3. Notre directeur général de l'imprimerie et de la librairie rendra compte
du tout à nos ministres de l'intérieur et de
la police, sur le rapport desquels il sera
statué par nous.

Art. 4. Sont sujets aux dispositions de
l'art. 1er du présent décret : les imagers,
dominotiers et tapissiers.

Art. 5. Les contraventions au présent
décret seront punies d'un emprisonnement
de six jours à six mois, et constatées et
poursuivies conformément aux dispositions
de la section II du titre VII du décret du
5 février 1810. *V. décret du* 22 *mars* 1852,
art. 5.

2 FÉVRIER 1811. — DÉCRET.

Art. 1. Les brevets d'imprimeur seront
délivrés sur parchemin par le directeur
général de l'imprimerie en la forme voulue
par l'art. 9 du décret du 5 février 1810.

Art. 2. Les frais d'expédition des brevets
demeurent fixés à 50 fr. pour Paris, et 25 fr.
pour les autres villes de l'Empire.

Art. 3. Les brevets ne sont remis aux
impétrants que sur le vu de la quittance des
frais d'expédition.

21 OCTOBRE 1814. — LOI *relative à la liberté
de la presse.*

TIT. II. — *De la police de la presse.*

Art. 11. Nul ne sera imprimeur ni
libraire s'il n'est breveté par le roi et assermenté.

1. Les mesures indiquées par cette loi s'appliquent à tous les modes de reproduction d'un écrit
par l'impression et par conséquent à la lithographie.
— Cass. 18 mars 1842 (Brun), *B. cr.*; Montpellier,
1er fév. 1847 (Servielle), S. 47, 2, 442; Cass.
31 août 1850 (Ballard), *B. cr.*; 26 avril 1862
(Micolci), *B. cr.*; Chassan, t. 1, p. 509; Parant,
p. 35; de Grattier, t. 1, p. 37.

2. A l'autographie. — Cass. 9 nov. 1849 (Jeanne), *B. cr.*; 26 avril 1862 (Micolei). *B. cr.*

3. A tout procédé à l'aide duquel on a voulu obtenir la reproduction et la multiplication d'un écrit, alors même qu'il s'agit d'une invention nouvelle, telle que la photographie. — Aix, 28 janv. 1859; S. 61, 2, 225. — *Contrà :* Dalloz, v° *Presse*, n° 99.

4. Elles sont applicables à celui qui, à l'aide des instruments et outils d'un relieur, imprime des circulaires commerciales. — Cass. 26 avril 1862 (Micolei), *B. cr.*

5. La profession de bouquiniste est soumise aux mêmes lois et règlements que celle de libraire, avec laquelle elle se confond. — Cass. 8 décembre 1826 (Hardy), *J. p.*; de Grattier, t. 1. p. 44. — Lorsque la vente a lieu dans un magasin. — Chassan, t. 1. p. 545; Parant, p. 36.

6. Il en est autrement : des libraires étaleurs. (Décret du 5 février 1810, art. 49.) Ils n'ont besoin que d'une permission, laquelle est révocable. — Parant, *id.*; Chassan, *id.*; de Grattier, t. 1, p. 45; Dalloz, v° *Presse*, n° 191.

7. Des colporteurs de livres. L'art. 6 de la loi du 27 juillet 1849, en les soumettant à l'autorisation des préfets, les dispense du brevet. — Dalloz, v° *Presse*, n° 442. — *Contrà* avant cette loi. — Cass. 10 nov. 1826 (Deveaux), *J. p.*; 3 mars 1827 (Giret); *J. p.*; Parant, p. 37 ; de Grattier, t. 1, p. 45.

8. Les personnes qui ouvrent un cabinet de lecture doivent être pourvues d'un brevet de libraire. — Cass. 30 déc. 1826 (Petitot), *J. p.*; 25 fév. 1836 (Labrousse), *J. p.*; ch. réun., 7 nov. 1836 (Labrousse), *J. p.*; Paris, 30 sept. 1842 (Dufay), *J p.*, 43, 1, 719; Cass. 13 mai 1854 (Gauret). *B. cr.*; Chassan, *id.*; Parant, p. 37; de Grattier, t. 1. p. 44. — *Contrà :* Paris, 28 déc. 1827 (Poincinet); Dalloz, v° *Presse*, n° 194. — Il suffit qu'elles soient munies d'une autorisation du ministre de l'intérieur. — Colmar, 2 déc. 1829 (Clerc), *J. p.*

9. Cependant la location des journaux et brochures périodiques peut se faire sans brevet. Déc. min. de 1823. — Dalloz, v° *Presse*, n° 196; de Grattier, t. 1, p. 44.

10. Les merciers et autres marchands non pourvus d'un livret de libraire ne peuvent vendre des A B C, des almanachs et des petites heures qu'autant que ces livres n'excèdent pas deux feuilles d'impression, caractère *cicero*. Arrêt C. d'Etat du 13 mars 1730 et 10 sept. 1735. — Cass. 26 juin 1824 (Prat), *J. p.*; Chassan, t. 1, p. 547; de Grattier, t. 2. p. 46.

11. Mais le commerce des gravures, des estampes, des dessins lithographiés, de la musique, ne constitue pas la profession de libraire, à moins qu'ils ne soient accompagnés d'un texte autre que le titre. — Cass. 3 mai 1827 (Giret), *J. p.*; Chassan, t. 1, p. 547; Parant, p. 37 ; de Grattier, t. 1, p. 47.

12. Les auteurs ont le droit de vendre ou publier leurs propres ouvrages sans avoir besoin de brevet ni d'autorisation. Leurs héritiers ont le même privilége. Art. 5 réglem. du 30 août 1777. — Chassan, t. 1, p. 546; Parant, p. 36; Dalloz, v° *Presse*, n° 198. — Mais non les cessionnaires des héritiers. — Chassan. *id.* — *Contrà :* de Grattier, t. 1, p. 47; Dalloz, *id.*

13. Les brevets de libraire et d'imprimeur sont délivrés pour exercer ces professions dans une ville y spécifiée; ils ne donnent pas plus le droit aux titulaires d'ouvrir, par l'intermédiaire d'un mandataire ou commis, une boutique ou un magasin de libraire, même temporairement, dans une autre ville. — Cass. 13 mai 1823 (Vernot), *J. p.*; Metz, 23 avril 1856 (Douyeau); S. 56, 2, 405; Parant, p. 36; de Grat-

tier, t. 1, p. 35; Dalloz, v° *Presse*, n° 205 ; Chassan, t. 1, p. 511.

14. Ni de faire vendre des livres à la criée dans une autre ville. — Cass. 28 avril 1827 (Guillaume), *J. p.*; de Grattier. *id.*

15. Ni de les faire colporter. — Cass. 10 nov. 1827 (Deveaux), *J. p.*

16. Les libraires peuvent cependant fréquenter les foires, soit par eux-mêmes, soit par leurs commis, pourvu qu'ils ne dépassent pas le terme fixé. — Circ. min. 16 juin 1830 ; de Grattier, t. 1, p. 35; Dalloz, v° *Presse*, n° 208.

17. De même il n'est pas permis à un imprimeur de changer de lieu sans se soumettre aux formalités prescrites. — Nimes, 31 janv. 1850 (Cheynet); D. 50, 2, 80.

18. Mais il peut occuper une autre maison dans la même commune. — De Grattier, t. 1, p. 37.

19. Les imprimeurs n'ont pas le droit de posséder plusieurs imprimeries; le brevet ne peut s'appliquer qu'à un seul établissement. — De Grattier, t. 1, p. 69; Dalloz, v° *Presse*, n° 121.

20. Toutefois, par tolérance, les imprimeurs ont la faculté d'avoir une seconde imprimerie à titre de succursale de leur principal établissement. — Lettre du min. de l'intér. 18 oct. 1822; Chassan, t. 1, p. 513; de Grattier, t. 1, p. 35.

21. Ils doivent se renfermer dans la spécialité de leurs brevets. — Un imprimeur en caractères mobiles ne peut avoir une presse lithographique. — Dalloz, v° *Presse*, n° 111; de Grattier, t. 1, p. 43.

22. Les brevets des libraires et imprimeurs sont personnels et incessibles. — Poitiers, 27 juin 1832 (Rosenfeld). *J. p.*

23. Les héritiers d'un imprimeur n'ont aucun droit d'obtenir la concession des brevets de leurs auteurs. — Ord. cons. d'Etat, 1er août 1837.

24. Cependant un imprimeur ou un libraire peut prendre des associés. — Cass. 28 juillet 1827 (Barba), *J. p.*; 24 sept. 1841 (Leautey); *J. p.*, 41, 2, 543; Chassan, t. 1, p. 511; Parant, p. 36; de Grattier, t. 1, p. 33. — Et même un mandataire ou commis. — De Grattier, *id.*

25. Un libraire ne peut abdiquer l'exercice de sa profession en faveur d'autrui ni déléguer la gestion de sa librairie. — Cass. 28 juillet 1827 (Barba), *J. p.*

26. Le fils d'un libraire ne peut, après l'interdiction de son père pour cause d'aliénation mentale, continuer l'exercice de la profession de libraire, sans être muni d'un brevet. — Nancy, 23 janvier 1828 (Vincenot), *J. p.*; de Grattier, t. 1, p. 32.

27. A l'égard de la veuve d'un libraire, V. notes sur l'art. 8, Décr. 5 fév. 1810.

28. Mais les héritiers d'un libraire ou d'un imprimeur décédé ont la faculté de continuer l'exploitation du brevet du titulaire en attendant qu'on ait statué sur la demande de brevet en remplacement, à la charge de donner immédiatement avis du décès au préfet. — Cir. min. 16 juin 1830 ; de Grattier, t. 1, p. 32.

29. Celui qui vend des livres sans être breveté ne peut être excusé à raison de sa bonne foi. — Cass. 12 sept. 1823 (Redonnet), *J. p.* ; Parant, p. 50.

30. L'art. 11 de la loi du 21 oct. 1814 trouve sa sanction en ce qui touche les libraires dans l'art. 24 du décr. du 17 fév. 1852.

31. Les art. 1 et 2 de l'ordonn. de 1780 sont encore en vigueur; par suite, les libraires sont tenus, comme tous autres marchands, lorsqu'ils vendent ou achètent des livres d'occasion, d'insérer leurs ventes ou achats sur un livre de police. — Paris, 8 mars 1838 (Porquet); D, 38, 2, 94.

Art. 12. Le brevet pourra être retiré à tout imprimeur ou libraire qui aura été convaincu, par un jugement, de contravention aux lois et règlements.

1. Cet article s'applique non-seulement au cas où il aurait été commis une contravention à la loi du 21 oct. 1814, mais encore toute autre infraction matérielle aux lois et règlements de la presse, ainsi qu'au cas où il s'agirait de crimes ou de délits commis par la voie de la presse. — Ord. C. d'Etat, 6 janv. 1853; de Grattier, t. 1, p. 61.

2. Et encore au cas de condamnations qui entraînent l'interdiction légale ou la dégradation civique. — De Grattier, *id.*

3. Mais il ne s'applique pas au cas de faillite. — De Grattier, t. 1, p. 63.

4. Ni au cas prévu par l'art. 8, L. du 18 juillet 1828.

Art. 13. Les imprimeries clandestines seront détruites, et les possesseurs et dépositaires punis d'une amende de 10,000 fr. et d'un emprisonnement de six mois.

Sera réputée clandestine toute imprimerie non déclarée à la direction générale de la librairie, et pour laquelle il n'aura pas été obtenu de permission.

1. Sont imprimeurs clandestins : ceux qui, à l'aide de presses et autres ustensiles d'imprimerie dont ils sont propriétaires, exercent, sous le nom d'un imprimeur breveté, une industrie distincte de celle de cet imprimeur. — Cass. 24 sept. 1841 (Leautey), *B. cr.*; Chassan, t. 1, p. 514.

2. Ceux qui exploitent sans autorisation des presses placées dans des lieux dépendant de ceux occupés par des imprimeurs brevetés et dont l'existence matérielle a été déclarée comme si elles leur appartenaient. — Cass., ch. réun., 29 avril 1842 (Leautey), *B. cr.*; Dalloz, v° *Presse*, n° 130.

3. Celui qui, sans être pourvu d'un brevet d'imprimeur, fait imprimer son journal avec des presses à lui appartenant, encore bien que ces presses soient placées dans un local attenant aux ateliers d'un imprimeur breveté et que ce dernier se soit engagé à faire participer le gérant du journal au bénéfice de son privilège. — Cass. 14 nov. 1850 (Degeilh), *B. cr.*

4. La simple possession d'une presse sans brevet suffit pour constituer une contravention, alors même que, par un traité, le possesseur aurait chargé un imprimeur breveté de la direction et de l'exploitation de cette presse. — Cass. 21 mai 1853 (Roche), *B. cr.*; Dalloz, v° *Presse*, n° 485.

5. Est clandestine : L'imprimerie établie après une simple déclaration à la préfecture et avant l'autorisation prescrite. — Nîmes, 31 janv. 1850 (Cheynet); D. 50, 2, 80.

6. L'imprimerie exploitée par le cessionnaire d'un brevet, sous le nom du titulaire, si l'autorisation lui a été refusée. — Cass. 15 fév. 1845 (Gojon), *B. cr.* — *Contrà :* Grenoble, 9 mai 1845 (Gojon); S., 45, 2, 307. — Ou n'a point été demandée. — Cass. 11 oct. 1845 (Lagarrigue), *B. cr.*

7. Mais les droits que peut avoir un tiers sur le matériel des presses de l'imprimerie ne suffisent pas pour que l'imprimeur perde par cela seul le droit d'exploitation que lui confère son brevet et pour donner à cette imprimerie le caractère de clandestinité. — Cass. 2 janv. 1846 (Costa). *B. cr.*

8. Ne peut être considéré comme détenteur d'une imprimerie clandestine : celui qui, ayant acheté une imprimerie sous la condition suspensive de l'obtention du brevet, exploite, en attendant la décision de l'autorité, l'imprimerie dont le vendeur est demeuré titulaire et responsable. — Cass. 10 juillet 1846 (Gojon), *B. cr.*; 29 déc. 1846 (Lagarrigue), *B. cr.*; Grenoble, 9 mai 1845 (Gojon). *loc. cit.*

9. Ni celui qui l'a achetée du titulaire, si celui-ci n'a pas cessé d'en demeurer responsable au regard de l'autorité et si toutes les publications sorties des presses ont toujours paru sous son nom. — Cass. 3 août 1838 (Krabbe); S. 38, 1, 601.

10. Encore bien que ce tiers acquéreur n'ait pu obtenir du gouvernement le brevet dont il avait besoin, si le titulaire est toujours resté imprimeur en titre et responsable et a fait les déclarations et actes de dépôts exigés par la loi. — Cass. 20 déc. 1838 (Delbecque), *J. p.*, 39, 1, 193.

11. Ni une société formée entre deux ouvriers imprimeurs pour l'exploitation matérielle d'une imprimerie dont le brevet appartient à un tiers qui, sous le rapport de la direction morale et la surveillance, demeure toujours responsable. — Aix, 14 déc. 1827 (Dufort), *J. p.*

12. Pour donner lieu à l'application de cet article, il n'est pas nécessaire qu'il y ait détention ou possession d'une imprimerie clandestine au moment de la saisie, il suffit qu'il soit constaté que le prévenu a été possesseur de cette imprimerie, qu'il l'a mise en œuvre à son domicile, et qu'elle a été saisie chez le tiers qu'il en avait fait dépositaire. — Cass. 17 juin 1854 (Hubbard), *B. cr.*

13. L'infraction n'est point subordonnée à l'usage de la presse ; sa détention seule suffit pour la constituer. — Cass. 27 déc. 1833 (Duguigny), *J. p.*; Chassan, t. 1, p. 515; Parant, p. 43; de Grattier, t. 1, p. 67.

Art. 14. Nul imprimeur ne pourra imprimer un écrit avant d'avoir déclaré qu'il se propose de l'imprimer, ni le mettre en vente ou le publier, de quelque manière que ce soit, avant d'avoir déposé le nombre prescrit d'exemplaires ; savoir : à Paris, au secrétariat de la direction générale ; et dans les départements, au secrétariat de la préfecture.

§ 1er. — *Règles générales.*

1. La disposition de cet article n'a rien d'inconciliable avec les dispositions de la Charte qui ont aboli la censure. — Metz, 31 août 1833 (Lamort), *J. p.*

2. Le ministère des imprimeurs n'est pas forcé. Ils ne peuvent être contraints à imprimer tout écrit sur la réquisition de l'auteur. — Paris, 27 mars 1830 (Durand), *J. p.*; Rouen, 1er avril 1830 (Mortureux), *J. p.*; Dijon, 16 janv. 1839 (Cousot); S., 39, 2, 89; Angers, 2 janv. 1851 (Tausch); D., 52, 5, 309; Chassan, t. 1, p. 517; de Grattier, t. 1, p. 58. — *Contrà :* Dalloz, v° *Presse*, n° 180. — Ni tout ce qu'il plaît à un journaliste de faire imprimer. — Angers, 2 janv. 1851 (Tausch). — Par exemple, si l'article contient un délit, quels que soient les engagements contractés par l'imprimeur. — Chassan, t. 1, p. 518; Dalloz, v° *Presse*, n° 183. — *Contrà :* Si l'imprimeur s'est obligé à imprimer l'article. — De Grattier, t. 1, p. 59.

3. Ils peuvent refuser d'imprimer un journal sans être tenus de donner les motifs de leur refus. — Poitiers, 30 déc. 1829 (Morisset), *J. p.*

4. Le mot *écrit* est général. Il comprend tous les écrits, quelque peu d'étendue qu'ils aient, qui ne sont point ouvrages de ville ou bilboquets. — Metz, 31 août 1833 (Lamort), *J. p.*

5. On doit considérer comme *ouvrages* tous les écrits imprimés qui ne sont pas destinés à des usages purement privés, qui sont susceptibles d'être répandus dans le commerce, et qui contiennent le développement de quelque pensée, telle est une annonce imprimée destinée à publier une découverte. — Cass. 3 juin 1836 (Cordier), *J. p.* — Au contraire, la circulaire d'un négociant destinée à faire valoir ses produits a pu être assimilée à des ouvrages de ville ou bilboquets. — Cass. 5 juillet 1845 (Vial), *J. p.*, 45, 2, 203.

6. Si l'on peut admettre quelque exception à l'obligation de la déclaration préalable et du dépôt, ce n'est qu'à l'égard des imprimés destinés à des usages privés et non susceptibles d'être répandus dans le commerce, que l'usage et les règlements de la profession en avaient affranchis antérieurement à la loi. — Cass. 4 oct. 1844 (Lepagnez), *J. p.*, 44, 2, 671; 22 août 1850 (Tausch), *B. cr.*; Parant, p. 46.

7. Deux circulaires ministérielles, des 1er août 1810 et 16 juin 1830, font exception aux dispositions prescrites par cet article pour les ouvrages dits *de ville* ou *bilboquets*, c'est-à-dire qui, imprimés pour le compte de l'administration ou destinés pour des usages privés, ne sont pas susceptibles d'être répandus dans le commerce. — Caen, 21 août 1826 (Gaumont), *J. p.*; Chassan, t. 1, p. 522; Parant, p. 45; de Grattier, t. 1, p. 73. — *Contrà :* La loi ne fait aucune distinction entre les ouvrages connus sous le nom de labeurs, de ville ou bilboquets, tels que les annonces de mariage, de décès, les affiches de vente ou location, et les impressions relatives à des convenances de famille, de société, ou à des intérêts privés, sauf les dispenses accordées par l'administration locale. — Cass. 3 juin 1826 (Leducq), *J. p.*

8. Les mémoires ou factures d'avocats portant la signature d'un jurisconsulte sont assimilés aux ouvrages de ville ou bilboquets, et dispensés de la déclaration préalable et du dépôt. — Circ. min. just. 1er août 1810 et 16 juin 1830. Caen, 21 août 1826 (Gaumont), *J. p.*; Chassan, t. 1, p. 522; Parant, p. 45; de Grattier, t. 1, p. 74.

9. Mais un mémoire sur procès qui n'est revêtu que de la signature d'une partie ne peut être imprimé ni publié sans dépôt ni déclaration préalables. L'exemption de cette double formalité n'est accordée qu'à ceux qui sont revêtus de la signature d'un avocat ou d'un avoué. — Cass. 21 oct. 1825 (Henri), *J. p.*; Dalloz, v° *Presse*, n° 138; Chassan, t. 1, p. 523; Parant, p. 48; de Grattier, t. 1, p. 75.

10. C'est aux préfets qu'il appartient de désigner les écrits qui peuvent être réputés *bilboquets* et être dispensés de la formalité de la déclaration préalable et du dépôt. — Cass. 31 juillet 1823 (Timon), *J. p.*; de Grattier, t. 1, p. 75.

11. A défaut de cette désignation, il appartient aux tribunaux d'apprécier si l'écrit non déclaré peut être classé parmi les bilboquets. — Chassan, t. 1, p. 524; Parant, p. 47; de Grattier, *id.*

12. La dispense du dépôt et de la déclaration préalable pour les ouvrages de ville et bilboquets ne peut s'étendre à des écrits, si courts qu'ils soient, qui concernent la politique, la religion, la morale et l'ordre public. — Cass. 3 juin 1826 (Leducq), *J. p.*; Chassan, t. 1, p. 523; Parant, p. 48.

13. L'instruction du directeur général de la librairie du 1er août 1810, qui a dispensé de la déclaration et du dépôt les petits imprimés sous le nom d'ouvrages de ville ou *bilboquets*, n'est pas applicable aux placards pour les élections. — Caen, 29 nov. 1849 (L.); D., 50, 2, 32.

14. Ni à un écrit adressé à une classe d'ouvriers, et contenant le tarif de leurs salaires. — Cass. 4 oct. 1844 (Lepagnez), *B. cr.*; Chassan, t. 1, p. 523.

15. Les art. 14, 15, 16 et 17 de cette loi sont applicables à l'impression : d'un bulletin électoral. — Cass. 11 janv. 1856 (Villard), *B. cr.*

16. D'une lettre-circulaire portant convocation à une réunion politique. — Cass. 22 août 1850 (Tausch), *B. cr.*

17. D'une pétition aux membres de l'assemblée nationale, encore qu'elle fasse corps avec un journal, si elle est destinée à en être séparée. — Cass. 28 nov. 1850 (Quennec), *B. cr.*; 22 fév. 1851 (Ratery), *B. cr.*

18. A l'impression d'un recueil de chansons. — Cass. 12 déc. 1822 (Jullien), *J. p.*

19. A celle des œuvres musicales accompagnées d'un texte. — Cass. 29 mai 1823 (Magny), *J. p.*; Chassan, t. 1, p. 520; Parant, p. 48; de Grattier, t. 1, p. 38, 79; Dalloz, v° *Presse*, n° 149. — Les œuvres musicales sans texte ne sont pas soumises au dépôt préalable. L'arrêt du conseil du 16 avril 1785 n'est plus en vigueur. — Paris, 25 nov. 1837 (Schlesinger); S., 38, 2, 52; Cass. 30 mars 1838 (Schlesinger), *J. p.*, 38, 2, 6; de Grattier, *id.*; Dalloz, v° *Presse*, n° 149.

20. A celle des gravures accompagnées d'un texte. Les dispositions des art. 14 et 15 n'ont pu être étendues ni restreintes par l'ordonnance du 24 oct. 1814. — Cass. 5 nov. 1835 (Goin), *J. p.*; ch. réun., 1er juillet 1836 (Goin), *J. p.*; Chassan, t. 1, p. 529; Parant, p. 48; de Grattier, t. 1, p. 38, 79. — Le texte mis au bas d'une lithographie est un écrit. — Paris, 28 juin 1850 (Jannin); D., 50, 2, 199; Chassan, t. 1, p. 529. — *Contrà :* S'il ne s'agit que d'un titre. — Dalloz, v° *Presse*, p. 149.

21. Les dispositions des art. 14, 15 et 16, L. du 21 oct. 1814, s'appliquent aux journaux et écrits périodiques comme aux autres écrits. — Cass. 17 fév. 1844 (Castillon), *B. cr.* — *Contrà :* Chassan, t. 1, p. 626, 630; de Grattier, t. 1, p. 78; Dalloz, v° *Presse*, n° 370. V. notes sous l'art. 8. L. 18 juillet 1828.

22. Les obligations qu'elles imposent aux imprimeurs ne peuvent être considérées à l'égard des journaux non soumis au cautionnement comme remplacées par celles que les art. 5, L. 9 juin 1819, et 8, L. 18 juillet 1828, ont imposées aux éditeurs et gérants de journaux et à ce titre comme abrogées, ces articles ne concernant que les journaux cautionnés. — Cass. 17 fév. 1844 (Castillon), *B. cr.*; de Grattier, t. 1, p. 79. — Mais à l'égard des journaux soumis au cautionnement, elles sont remplacées par ces lois. — Chassan, t. 1, p. 630; de Grattier, *id.*

23. Au contraire, l'imprimeur d'une feuille d'annonces non soumise au cautionnement n'est pas assujetti à la déclaration prescrite par cet article; cette déclaration est remplacée par celle prescrite par la loi du 18 juillet 1828, art. 6. — Cass. 3 avril 1846 (Potier), *B. cr.*

24. Mais cette dernière loi n'a point abrogé la formalité du dépôt préalable prescrit par l'art. 14, L. 21 octobre 1814. Le dépôt prescrit par l'art. 8 au parquet ne concerne que les écrits périodiques cautionnés, et a été imposé dans un ordre d'idée différent. — Même arrêt.

25. On ne peut attribuer le caractère de supplément de journal, et affranchir dès lors des formalités de cette loi, une sorte d'avis ou de prospectus destiné à appeler des abonnements au journal, qui n'est

point signé du gérant ni imprimé dans le même format. — Cass. 4 oct. 1845 (Vidal), *B. cr.*

26. Le propriétaire d'un journal hebdomadaire non politique qui publie, trois jours après l'un des numéros de son journal, un écrit sous le titre de supplément à ce numéro, est tenu d'en faire la déclaration préalable à la préfecture ; cet article n'a point le caractère de supplément, quoiqu'il en porte le titre. — Amiens, 22 nov. 1841 (Caron) ; S., 42, 2, 20 ; Chassan, t. 1, p. 523.

27. La défense d'imprimer un ouvrage sans déclaration préalable s'applique au cas de réimpression comme au cas où un ouvrage est imprimé pour la première fois. — Cass. 12 déc. 1822 (Jullien), *J. p.* ; 31 janv. 1823 (Dupont) ; D., 6 juillet 1832 (Beaume), *J. p.* ; 18 juillet 1833 (Vidal), *J. p.* ; ch. réun., 5 août 1834 (Vidal), *J. p.* ; Toulouse, 30 déc. 1836, *J. p.* ; Paris, 25 nov. 1837 (Schlesinger) ; S., 38, 2, 52 ; Chassan, t. 1, p. 525 ; Parant, p. 47 ; de Grattier, t. 1, p. 76.

28. Ainsi, des morceaux détachés d'une partition ne peuvent être réimprimés et publiés sans déclaration et dépôt préalables. — Paris, 25 nov. 1837 (Schlesinger), *J. p., loc. cit.*

29. La réimpression d'un article de journal sous un autre format ne peut être affranchie de la déclaration et du dépôt préalables, sous prétexte que le journal a été imprimé. — Cass. 18 juillet 1833 (Vidal), *J. p.* ; ch. réun. 5 août 1834 (Vidal), *J. p.* ; Aix, 22 nov. 1855 (Serf) ; D., 56, 2, 268 ; Chassan, t. 1, p. 543 ; Parant, p. 47 ; de Grattier, t. 1, p. 76.

30. L'impression sans déclaration et la publication sans dépôt constituent des contraventions qui ne peuvent être excusées par la bonne foi du prévenu. — Cass. 3 juin 1826 (Leducq), *J. p.* ; Metz, 31 août 1833 (Lamort), *J. p.* ; Montpellier, 1er fév. 1847 (Serveille) ; S., 47, 2, 442 ; Chassan, t. 1, p. 525 ; Parant, p. 50. — Ni par son ignorance de l'impression de l'écrit dans ses ateliers. — Cass. 4 mai 1832 (Jausions), *J. p.* ; 6 juillet 1832 (Baume), *J. p.* ; Parant, *id.* ; de Grattier, t. 1, p. 105. V. notes sous l'art. 65 C. pén. des *Codes crim.*

§ 2. — *Déclaration préalable.*

31. La déclaration ordonnée par cet article doit précéder toutes les opérations dont se compose l'impression, à savoir : la composition, la correction des épreuves et le tirage définitif. — Cass. 29 janv. 1847 (Pinel), *B. cr.* ; de Grattier, t. 1, p. 72 ; Dalloz, v° *Presse*, n° 160.

32. L'imprimeur ne peut remplacer légalement par une déclaration à la sous-préfecture celle que l'article 14 de cette loi l'oblige à faire au secrétariat général de la préfecture. — Cass. 16 août 1851 (Leboyer), *B. cr.* ; Dalloz, v° *Presse*, n° 156.

33. La déclaration doit être faite dans chaque département où l'ouvrage s'imprime, soit en totalité, soit en partie. — Cass. 16 juin 1826 (Veysset), *J. p.* ; Parant, p. 48 ; de Grattier, t. 1, p. 80.

§ 3. — *Dépôt.*

34. Le dépôt prescrit par cet article ne peut valablement être fait ni au secrétariat d'une sous-préfecture, ni à celui d'une mairie. — Cass. 19 avril 1839 (Batini), *B. cr.*

35. Un imprimeur peut être renvoyé des poursuites lorsqu'il est constaté que la direction de l'imprimerie a refusé de recevoir le dépôt du livre, sous prétexte qu'il était incomplet, d'en donner récépissé et de dresser procès-verbal. — Cass. 15 avril 1831 (Migne), *B. cr.*

36. Le refus fait par l'autorité administrative de recevoir un jour férié la déclaration d'un libraire et le dépôt des exemplaires exigés par la loi ne l'autorise pas à publier l'ouvrage sans avoir effectué ce dépôt. — Metz, 31 août 1833 (Lamort), *J. p.* ; de Grattier, t. 1, p. 82 ; Dalloz, v° *Presse*, n° 165.

37. C'est l'imprimeur qui doit faire le dépôt, il ne doit pas s'en remettre de ce soin à la personne pour laquelle il imprime. — Caen, 29 nov. 1849 (L.), *J. p.*, 50, 2, 220.

38. Le dépôt fait après la publication, et même après les poursuites, ne peut créer une fin de non-recevoir contre ces poursuites. — Paris, 2 mai 1849 (Malteste) ; D., 50, 5, 279 ; Dalloz, v° *Presse*, n° 516.

Art. 15. Il y a lieu à saisie et séquestre d'un ouvrage :

1° Si l'imprimeur ne représente pas les récépissés de la déclaration et du dépôt ordonnés en l'article précédent.

2° Si chaque exemplaire ne porte pas le vrai nom et la vraie demeure de l'imprimeur.

3° Si l'ouvrage est déféré aux tribunaux pour son contenu. *L. 28 février* 1817.

§ 1er. — *De la représentation des récépissés.*

1. Les contraventions à cet article peuvent être constatées par tout autre moyen que par un procès-verbal de saisie, et par exemple par la non-représentation des récépissés de déclaration et de dépôt. — Cass. 2 avril 1830 (Henault), *J. p.* ; Parant, p. 49 ; Dalloz, v° *Presse*, n° 494 ; de Grattier, t. 1, p. 83.

2. L'absence du récépissé de la préfecture constatant l'existence de la déclaration dans le délai prescrit, devient par elle-même une preuve suffisante de la contravention. — Cass. 16 août 1851 (Leboyer), *B. cr.*

3. La preuve légale de la contravention à cet article résulte de la non-exhibition du récépissé de la déclaration et du dépôt, encore que la saisie et le séquestre de l'ouvrage n'aient pas été effectués. — Cass. 2 fév. 1844 (Battini), *B. cr.*

4. Mais cet article n'impose point l'obligation de retirer des récépissés de la déclaration et du dépôt sous peine d'être passible d'une peine. — Si l'on peut induire de la non-représentation des récépissés la présomption de l'inaccomplissement des formalités légales, cette présomption peut être détruite par la preuve contraire. — Rennes, 27 août 1855 (Gueraud), D., 57, 2, 165. Cass. 16 nov. 1855 (Gueraud), *B. cr.* ; Dalloz, v° *Presse*, n° 158.

5. Ainsi, à défaut du récépissé de la déclaration, le tribunal peut décider que la preuve de cette déclaration résulte du registre de l'imprimeur, visé par le commissaire de police, et des autres circonstances de la cause. — Cass. 10 fév. 1826 (Joly), *J. p.* ; Parant, p. 49 ; de Grattier, t. 2, p. 86.

6. La non-représentation du récépissé par l'imprimeur ne constitue pas une contravention additionnelle pour le cas où la déclaration et le dépôt n'ont pas été effectués, ni une contravention spéciale pour le cas où l'imprimeur a réellement rempli cette double obligation. Il suffit que l'imprimeur ait fait la déclaration de son intention d'imprimer, et le dépôt de l'ouvrage avant d'imprimer et de publier. — Cass. 16 nov. 1855 (Gueraud), *B. cr.*

§ 2. — *Indication du nom et de la demeure de l'imprimeur.*

7. L'obligation imposée aux imprimeurs par le § 2

de cet article est générale et n'admet aucune distinction fondée sur la nature de l'écrit incriminé. — Paris, 8 avril 1836 (Migne), *J. p.*; Chassan, t. 1, p. 533; Parant, p. 52.

8. Le défaut d'indication du nom et de la demeure de l'imprimeur est punissable, quelque peu étendu que soit l'ouvrage. — Paris, 8 avril 1836 (Migne), *J. p.*; Cass. 16 août 1839 (Marie), *B. cr.* — S'il n'est pas une simple adresse. — Cass. 16 août 1839 (Marie), *B. cr.*

9. La distinction faite par la circulaire ministérielle du 16 juin 1830, entre certains ouvrages ou écrits, n'est pas applicable à cette formalité. — Cass. 5 juil. 1845 (Vial), *B. cr.*; Chassan, t. 1, p. 533; de Grattier, t. 1, p. 94. — *Contrà :* Dalloz, v° *Presse,* n° 171; Caen, 21 août 1826 (Gaumont), *J. p.*

10. L'obligation imposée aux imprimeurs d'indiquer leur nom et leur demeure au bas de tout imprimé s'applique même au cas d'impression d'un placard contenant seulement l'annonce d'un ouvrage. — Cass. 3 juin 1836 (Cordier), *J. p.*; Paris, 1er fév. 1845 (Worms); S., 45, 2, 110; Chassan, t. 1, p. 534; de Grattier, t. 1, p. 94.

11. Elle s'applique même à l'écrit qui n'est qu'un simple prospectus. — Cass. 14 juin 1833 (Olive), *J. p.*; de Grattier, t. 1, p. 93.

12. Par exemple, à l'écrit qui contient l'indication et l'éloge d'une découverte. — Cass. 16 août 1839 (Marie), *B. cr.*

13. Et généralement à tous les écrits qui ne sont pas destinés à des usages privés ou de famille. — Même arrêt.

14. Comme, par exemple, les lettres de faire part, les adresses imprimées et formules destinées à abréger le travail des bureaux. — Chassan, t. 1, p. 534; de Grattier, *id.*

15. Elle s'applique même aux journaux, cautionnés ou non. — Chassan, t. 1, p. 630; de Grattier, t. 1, p. 93.

16. Aux circulaires adressées aux abonnés d'un journal, bien qu'elles soient jointes au journal. — Paris, 1er juil. 1836 (Migne), *J. p.*

17. Les notes de musique jointes à un écrit n'en changent pas la nature; un tel écrit doit donc contenir les nom et demeure de l'imprimeur. — Paris, 28 juin 1850 (Magnier), D., 50, 2, 198; de Grattier, t. 1, p. 93.

18. Il en est de même des gravures accompagnées d'un texte. — Cass. 5 nov. 1835 (Goin), *J. p.* V. notes sous l'art. 14, *suprà.*

19. L'expédition à l'étranger de livres imprimés en France en langue étrangère, sans indication du nom et de la demeure de l'imprimeur, est un fait punissable. — Paris, 3 fév. 1825 (Rosa), *J. p.*; Chassan, t. 1, p. 529; Dalloz, v° *Presse,* n° 218. V. sous l'art. 283 C. pén., n° 10 et 11. *Codes crim.*

20. Encore que ces livres aient été imprimés en France pour être exportés, qu'ils aient été saisis à la douane, et que les exemplaires déposés indiquassent le nom et la demeure de l'imprimeur. — Cass. 11 mars 1825 (Didot), *J. p.*; Chassan, *id.*; Parant, p. 51; de Grattier, t. 1, p. 89.

21. Les trois obligations prescrites par cet article sont indépendantes; en remplissant les deux premières l'imprimeur n'est pas dispensé de remplir la troisième. — Cass. 21 fév. 1824 (Brunet), *J. p.*; Chassan, t. 1, p. 529.

Art. 16. Le défaut de déclaration avant l'impression, et le défaut de dépôt avant la publication, constatés comme il est dit en l'article précédent, seront punis chacun d'une amende de 1,000 fr. pour la première fois, et de 2,000 fr. pour la seconde.

1. La déclaration et le dépôt sont deux obligations distinctes; chacune de ces contraventions doit être punie d'une amende, sans qu'on puisse invoquer le principe de non-cumulation des peines. — Cass. 16 juin 1826 (Veysset), *J. p.*; 14 août 1846 (Dieulafoy), *B. cr.*; 17 mai 1851 (Mangin), *B. cr.*; de Grattier, t. 1, p. 86. V. sous l'art. 365, C. i. cr., n° 15 et suiv. *Codes crim.*

2. C'est le tribunal du lieu où le dépôt devait être effectué qui est compétent pour connaître de la contravention. L'art. 12, L. 26 mai 1819, n'est relatif qu'aux délits de diffamation. — Agen, 15 mars 1843 (Beaudoin), *J. p.*, 45, 1, 139.

Art. 17. Le défaut d'indication, de la part de l'imprimeur, de son nom et de sa demeure, sera puni d'une amende de 3,000 fr. L'indication d'un faux nom et d'une fausse demeure sera punie d'une amende de 6,000 fr., sans préjudice de l'emprisonnement prononcé par le Code pénal. Art. 283 C. pén.

1. Cet article abroge virtuellement, en ce qui concerne l'imprimeur, l'art. 283 C. pén., qui exigeait l'indication des nom et demeure de l'auteur. — De Grattier, t. 1, p. 88; Chassan, t. 1, p. 527; Parant, p. 55.

2. Les imprimeurs lithographes et en taille-douce sont, comme tous les autres, tenus d'indiquer leurs noms et demeure sur les écrits qu'ils impriment — Montpellier, 1er février 1847 (Serveille), *J. p.*, 47, 2, 444; Paris, 28 juin 1850 (Jannin); D., 50, 2, 199; Chassan, t. 1, p. 534; Parant, p. 48; de Grattier, t. 1, p. 96.

3. La contravention ne peut exister tant qu'aucun exemplaire n'est sorti de l'imprimerie; elle est consommée, au contraire, dès qu'un seul exemplaire défectueux en est sorti. — Cass. 9 nov. 1849 (Jeanne), *B. cr.*; 12 déc. 1844 (Lavergne), *B. cr.*; Dalloz, v° *Presse,* n° 179. V. notes sous l'art. 283 C. pén. *Codes crim.*

4. Elle est consommée dès qu'un seul exemplaire a été remis à tout autre qu'à l'auteur, fût-ce même sous le sceau du secret et à charge de restitution. — Cass. 15 sept. 1837 (Raissac), *J. p.*, 38, 1, 282.

5. Elle est consommée dès qu'un exemplaire est sorti de l'imprimerie, par exemple pour être déposé au ministère de la police, encore qu'il n'y ait eu aucune publication, distribution ou mise en vente. — Cass. 21 janv. 1854 (Carion), *B. cr.* — *Contrà :* Paris, 28 août 1853 (Carion), D, 53, 2, 118; Dalloz, v° *Presse,* n° 486. — Et encore qu'aucun exemplaire ne soit sorti des ateliers de l'imprimeur. — Chassan, t. 1, p. 530; de Grattier, t. 1, p. 91.

6. Ainsi, l'imprimeur qui n'a pas indiqué son nom sur des exemplaires d'un ouvrage sorti de ses presses ne peut être excusé par le motif qu'à l'époque de la saisie aucun exemplaire n'avait été vendu, si des exemplaires avaient été expédiés à un libraire pour être vendus. — Cass. 21 fév. 1824 (Brunet), *J. p.*; 8 août 1828 (Brunet), *J. p.*; Parant, p. 49. — Encore que le libraire ne les ait ni exposés, ni vendus. — Chassan, t. 1, p. 543; Parant, p. 52; de Grattier, t. 1, p. 72.

7. L'imprimeur qui n'a pas indiqué son nom et sa demeure sur un ouvrage ne peut être excusé par sa bonne foi. — Cass. 21 fév. 1824 (Brunet), *J. p.*; Paris, 8 avril 1836 (Migne), *J. p.*; Cass. 15 sept.

1837 (Raissac), *B. cr.*; 21 janv. 1854 (Carion), *B. cr.*; de Grattier, t. 1, p. 88.

8. Ni sous prétexte que l'omission serait le résultat de la maladresse d'un ouvrier, et qu'on l'avait réparée aussitôt qu'on s'en était aperçu. — Cass. 12 déc. 1844 (de Lavergne), *B. cr.*

9. Sous prétexte qu'il avait fait la déclaration et le dépôt prescrits. — Cass. 21 fév. 1824 (Brunet), *J. p.*; ch. réun., 8 août 1828 (Brunet), *J. p.*; Chassan, t. 1, p. 529; Parant, p. 51.

10. Que les exemplaires déposés contenaient les indications prescrites. — Cass. 11 nov. 1825 (Didot), *J. p.*; Chassan, *id.*; de Grattier, t. 1, p. 89.

11. L'indication du nom et de la demeure de l'imprimeur doit se trouver sur chaque exemplaire. — De Grattier, *id.*

12. Dans les publications par livraisons, elle doit se trouver sur chaque livraison. — Cass. 19 janv. 1848 (Alzine), *J. p.*, 48, 1, 462; Chassan, t. 1, p. 531. — *Contrà* : de Grattier, t. 1, p. 94. — Au moins sur la couverture, pourvu qu'elle se trouve ensuite dans le corps de chaque volume. — Chassan, *id.*

13. L'imprimeur qui n'a pas indiqué sa demeure sur un prospectus sorti de ses presses ne peut être acquitté sous prétexte que quelques exemplaires contiennent cette indication, et que sa demeure est de notoriété publique. — Cass. 14 juin 1833 (Olive), *J. p.* — Qu'il est suffisamment connu. — Cass. 25 juin 1825 (Pochard), *J. p.*; Parant, p. 52; de Grattier, t. 1, p. 90.

14. Cependant le dépôt à la direction de la librairie de deux exemplaires ne portant pas indication du nom de l'imprimeur ne constitue point une contravention lorsqu'il est établi que les deux imprimés étaient incomplets et ne comprenaient pas les dernières pages où se trouvait l'indication de l'imprimeur, et que c'est par erreur que ce dépôt avait eu lieu. — Paris, 28 avril 1853 (Carion), D. 53, 2, 118.

15. L'imprimeur qui a adressé à la préfecture, pour en assurer le dépôt, deux exemplaires d'un écrit ne portant ni son nom ni sa demeure, peut être relaxé des poursuites, lorsque l'envoi de ces exemplaires a été fait par lettre missive qui indique ce nom et cette demeure, que les autres exemplaires tirés l'énoncent aussi, et que l'omission de ces énonciations sur les exemplaires destinés au dépôt est due à la négligence d'un employé. — Cass 26 nov. 1846 (Mangin), D. 46, 5, 337.

16. Il peut être décidé, en fait, qu'un ouvrage qui porte l'indication de deux imprimeurs ne présente point une fausse indication, lorsqu'il est déclaré que la réimpression de l'ouvrage avait été faite sur clichés par l'un des imprimeurs, qui avait laissé subsister le nom et l'adresse du premier. — Cass. 15 avril 1854 (Migne), *B. cr.*

17. Sur l'omission du nom de l'imprimeur et de l'auteur, V. les notes sous l'art. 283 C. pén. *Codes crim.*

Art. 18. Les exemplaires saisis pour simple contravention à la présente loi seront restitués après le payement des amendes.

1. Le bénéfice de cet article doit profiter au libraire aussi bien qu'à l'imprimeur. — Chassan, t. 1, p. 557; Parant, p. 53; de Grattier, t. 1, p. 98. V. les notes sous l'art. 286 C. pén. *Codes crim.*

2. La restitution n'a pas besoin d'être ordonnée par le jugement. Elle doit être faite sur le vu de la quittance de l'amende. — Chassan, *id.*; de Grattier, *id.*

Art. 19. Tout libraire chez qui il sera trouvé ou qui sera convaincu d'avoir mis en vente ou distribué un ouvrage sans nom d'imprimeur, sera condamné à une amende de 2,000 fr., à moins qu'il ne prouve qu'il a été imprimé avant la promulgation de la présente loi. L'amende sera réduite à 1,000 fr. si le libraire fait connaître l'imprimeur. Art. 283 C. pén.

1. Cet article se réfère à l'art. 17, qui exige tout à la fois le nom et la demeure de l'imprimeur. — Paris, 28 juin 1850 (Jannin), D. 50, 2, 199.

2. Ainsi, le libraire qui met en vente un ouvrage portant seulement le nom de l'imprimeur, mais n'indiquant pas son adresse, est passible de l'amende. — Cass. 31 août 1850 (Ballard), *B. cr.* — *Contrà* : Dalloz, v° *Presse*, n° 219.

3. C'est au libraire trouvé détenteur d'ouvrages sans nom d'imprimeur à faire la preuve que ces ouvrages avaient été imprimés avant la loi de 1814, et qu'il ignorait qu'ils n'eussent pas été déposés par l'imprimeur. — Cass. 10 nov. 1826 (Deveaux), *J. p.* — *Contrà* : Dalloz, v° *Presse*, n° 495.

4. Les dispositions de cet article abrogent l'art. 283 C. pén. à l'égard du libraire détenteur ou vendeur d'un ouvrage sans nom d'imprimeur. — De Grattier, t. 1, p. 99.

5. Elles abrogent, à son égard, l'art. 284, § 2, qui ne prononce que des peines de police. — Parant, p. 55.

6. Mais si l'ouvrage contient une fausse indication du nom de l'imprimeur, c'est l'art. 283 C. pén. qui est applicable; en ce cas le bénéfice de l'art. 284 est acquis au libraire qui a fait connaître l'imprimeur. — Chassan, t. 1, p. 556; de Grattier, t. 1, p. 99; Dalloz, v° *Presse*, n° 214.

7. Le libraire ne peut obtenir la réduction de l'amende qu'autant qu'il fait connaître l'imprimeur, non par des indices et de simples renseignements, mais par une déclaration formelle et positive. — Cass. 1er août 1823 (Bohaire), *J. p.*; Chassan, t. 1, p. 556; Parant, p. 55; de Grattier, t. 1, p. 99.

8. Sur ce qu'on doit entendre par le mot *ouvrage*, V. les décisions sous l'art. 15, même loi.

Art. 20. Les contraventions seront constatées par les procès-verbaux des inspecteurs de la librairie, et des commissaires de police.

1. Les inspecteurs de la librairie ont été supprimés et leurs attributions conférées aux commissaires de police. — Ordonn. 13 sept. 1829.

2. Les dispositions de cet article ne s'opposent pas à ce que les contraventions ne puissent être constatées par les juges de paix, les officiers de gendarmerie, les maires et leurs adjoints. — De Grattier, t. 1, p. 102.

3. Elles n'excluent nullement, à défaut de la constatation par les moyens qu'elles indiquent, les modes de preuve formellement autorisés et prescrits par les art. 154, 155, 189 du C. d'inst. cr. — Cass. 17 juin 1854 (Hubbard), *B. cr.*; 16 août 1851 (Leboyer), *B. cr.*; de Grattier, t. 1, p. 102; Dalloz, v° *Presse*, n° 494.

4. V. sur la constatation des contraventions les notes sous l'art. 15, *suprà*.

Art. 21. Le ministère public poursuivra d'office les contrevenants par-devant les tribunaux de police correctionnelle, sur la dénonciation du directeur général de la librairie et la remise d'une copie des procès-verbaux.

1. Le min. public a le droit de poursuivre d'office les contraventions à la loi du 21 oct. 1814, sans que son action ait été provoquée par une plainte du préfet. — Cass. 31 juillet 1823 (Timon), *J. p.*; 17 mars 1828 (Loudet), *J. p.* — Ou par la dénonciation du directeur de la librairie. — Cass. 2 nov. 1820 (Timon), *J. p.*; 24 nov. 1821 (Gerson), *J. p.*; 29 mars 1827 (Goujon), D.; Paris, 2 mai 1849 (Malteste), D., 50, 5, 278; Parant, p. 57; Chassan, t. 2, p. 34; Mangin, t. 1, p. 339; de Grattier, t. 1, p. 104; Dalloz, v° *Presse*, n° 515.

2. Et sans qu'il lui ait été fait remise d'un procès-verbal de saisie. — Paris, 2 mai 1849 (Malteste), D., 50, 5, 278; Chassan, t. 2, p. 34.

3. Mais il est obligé de diriger des poursuites sur la dénonciation qui lui est faite. — Cass. 2 nov. 1820 (Timon), *J. p.*; 24 mai 1821 (Gerson Lévy), *J. p.*; 29 mars 1827 (Goujon), D. — *Contrà :* Chassan, t. 2, p. 14.

4. Cet article doit être entendu dans le sens de l'art. 179 C. inst. cr., et ne confère de compétence aux tribunaux correctionnels qu'à l'égard des faits emportant plus de cinq jours d'emprisonnement et 15 fr. d'amende. — Cass. 13 fév. 1845 (Barnaud), *B. cr.*

24 OCTOBRE 1814. — ORDONNANCE *contenant des mesures relatives à l'impression, au dépôt et à la publication des ouvrages, etc.*

Art. 1. Les brevets d'imprimeur et de libraire délivrés jusqu'à ce jour sont confirmés : les conditions auxquelles il en sera délivré à l'avenir seront déterminées par un nouveau règlement.

Art. 2. Chaque imprimeur sera tenu, conformément aux règlements, d'avoir un livre coté et paraphé par le maire de la ville où il réside, où il inscrira par ordre de dates, et avec une série de numéros, le titre littéral de tous les ouvrages qu'il se propose d'imprimer, le nombre des feuilles, des volumes et des exemplaires, et le format de l'édition. Ce livre sera représenté, à toute réquisition, aux inspecteurs de la librairie et aux commissaires de police, et visé par eux s'ils le jugent convenable.

La déclaration prescrite par l'art. 14, L. 21 octobre 1814, sera conforme à l'inscription portée au livre.

1. Cette ordonnance est un règlement d'administration publique qui participe au caractère et à l'autorité de la loi du 21 oct. 1814. — Cass. 19 déc. 1823 (Chantpie), *J. p.*; Chassan, t. 1, p. 520.

2. Ainsi, l'imprimeur qui, contrairement à l'ordonnance du 24 oct. 1814, tire un nombre d'exemplaires supérieur à celui énoncé dans sa déclaration, est passible des peines portées par l'art. 16 de cette loi. — Cass. 19 déc. 1823 (Chantpie), *J. p.*; Paris, 13 sept. 1838 (Thomassin), D., 39, 2, 274; Chas-

san, *id.*; Parant, p. 48; de Grattier, t. 1, p. 107 — *Contrà :* Dalloz, v° *Presse*, n° 151.

3. Au contraire, l'infraction à l'article 2 de cette ordonnance ne peut être réprimée par aucune peine — Cass. 13 déc. 1851 (Kastner), *B. cr.* — En ce qui touche le défaut de tenue du livre. — Chassan, t. 1, p. 521. — Elle trouve sa sanction dans l'art. 471-15, C. pén. — De Grattier, t. 1, p. 109.

Art. 3. Les dispositions dudit article s'appliquent aux estampes et aux planches gravées accompagnées d'un texte. *V. art. 22, décret 17 février 1852.*

Art. 4. *Remplacé par l'ordonnance du 9 janvier 1828.*

Art. 7. En exécution de l'art. 20, les commissaires de police rechercheront et constateront d'office toutes les contraventions ; et ils seront tenus aussi de déférer à toutes les réquisitions qui leur seront adressées à cet effet par les préfets, sous-préfets et maires, et par les inspecteurs de la librairie. Ils enverront dans les vingt-quatre heures tous les procès-verbaux qu'ils auront dressés, à Paris, au directeur général de la librairie ; et dans les départements aux préfets, qui les feront passer sur-le-champ au directeur général, seul chargé par l'art. 21 de dénoncer les contrevenants aux tribunaux.

L'ordonnance du 10 sept. 1828 supprime les inspecteurs de la librairie et investit les commissaires de police de leurs attributions.

Art. 8, 9. *Remplacés par l'ordonnance du 9 janvier 1828.*

Art. 10. Toute estampe ou planche gravée, publiée ou mise en vente avant le dépôt de cinq épreuves constaté par le récépissé, sera saisie par les inspecteurs de la librairie et les commissaires de police, qui en dresseront procès-verbal.

Art. 11. Il est défendu de publier aucune estampe et gravure diffamatoire ou contraire aux bonnes mœurs, sous la peine prononcée par le Code pénal. Art. I, 8, L. 17 mai 1819.

Art. 12. *Abrogé.*

28 FÉVRIER 1817. — LOI *relative aux écrits saisis en vertu de la loi du 21 octobre 1814.*

Article unique. Lorsqu'un écrit aura été saisi en vertu de l'art. 15, tit. II, L. 21 octobre 1814, l'ordre de saisie et le procès-verbal seront, sous peine de nullité, notifiés dans les vingt-quatre heures à la partie saisie, qui pourra y former opposition.

En cas d'opposition, le procureur du roi fera toute diligence pour que, dans la huitaine à dater du jour de ladite opposition, il soit statué sur la saisie.

Le délai de huitaine expiré, la saisie, si elle n'est maintenue par le tribunal, demeurera de plein droit périmée et sans effet, et tous dépositaires de l'ouvrage saisi seront tenus de le remettre au propriétaire. *V. L.* 26 *mai* 1819, *art.* 11 *et* 29.

1. L'abrogation de la loi du 28 fév. 1817, prononcée par l'art. 31, L. 26 mai 1819, ne se réfère qu'aux délits dont cette dernière loi a réglé la poursuite, c'est-à-dire au cas où les écrits sont déférés aux tribunaux pour leur contenu. La loi du 28 fév. 1817 continue à régir les poursuites exercées pour contravention à la loi du 21 oct. 1814, en ce qui concerne l'imprimerie et la librairie.— Cass. 22 août 1823 (Tremblay), *J. p.*; 27 mars 1838; de Grattier, t. 1, p. 83; Chassan, t. 2, p. 468; Parant, p. 63; Dalloz, v° *Presse,* n° 498.

2. C'est au procureur impérial qu'il appartient de donner l'ordre de saisir s'il prend la voie de la citation directe. — Chassan, t. 2, p. 471. — Et aussi au juge d'instruction, soit d'office, soit sur la réquisition du procureur imp. — Chassan, *id.*; Parant, p. 287; de Grattier, t. 1, p. 84; Dalloz, v° *Presse,* n° 499.

3. La nullité de la saisie ne forme pas obstacle à une seconde saisie régulière et à la poursuite de la contravention. — Parant, p. 63, 288; de Grattier, t. 1, p. 84.

4. Elle n'entraîne pas la nullité des poursuites. Il y a lieu seulement à restitution des objets saisis. — Parant, p. 288; Chassan, t. 2, p. 90, 470; de Grattier, *id.*; Dalloz, v° *Presse,* n° 501.

8 OCTOBRE 1817. — ORDONNANCE *relative aux impressions lithographiques.*

Art. 1. Nul ne sera imprimeur lithographe, s'il n'est breveté et assermenté.

L'article 1er de cette ordonnance n'a fait qu'interpréter l'art. 11 de la loi de 1814; c'est en vertu de cette loi et non de l'ordonnance que les imprimeurs lithographes sont soumis à l'obligation d'être brevetés et assermentés. — Cass. 18 mars 1842 (Brun), *J. p.*, 42, 2, 680; de Grattier, t. 1, p. 37. V. les notes sous les art. 11 et suiv., L. 21 oct. 1814.

Art. 2. Toutes les impressions lithographiques seront soumises à la déclaration et au dépôt avant la publication comme tous les autres ouvrages d'imprimerie.

Nonobstant le silence de cette ordonnance, les impressions lithographiques doivent indiquer le nom et la demeure de celui qui les a faites. — Paris, 28 juin 1830 (Jannin), D., 50, 2, 199; Parant, p. 65. V. notes sous l'art. 17, L. 21 oct. 1814.

12 JANVIER 1820. — ORDONNANCE DU ROI *concernant l'imprimerie.*

Art. 3. Il est permis à tout imprimeur ou libraire d'imprimer et débiter les lois et ordonnances du royaume, aussitôt après leur publication officielle au Bulletin des lois.

9 JANVIER 1828. — ORDONNANCE *modifiant celle du 24 octobre 1814.*

Art. 1. Le nombre des exemplaires des écrits imprimés et des épreuves des planches et estampes dont le dépôt est exigé par la loi et qui avait été fixé à cinq par les art. 4 et 8 de l'ordonnance du 24 octobre 1814, est réduit, outre l'exemplaire et les deux épreuves destinés à notre bibliothèque, conformément à la même ordonnance à un seul exemplaire et à une seule épreuve pour la bibliothèque du ministère de l'intérieur.

Une ordonnance du 27 mars 1828 a décidé que l'exemplaire destiné à la bibliothèque du ministère de l'intérieur serait déposé à la bibliothèque Sainte-Geneviève. — Une autre ordonnance du 30 juillet 1835 porte que cet exemplaire restera déposé au ministère de l'instruction publique.

22 MARS 1852. — DÉCRET *sur l'exercice de la profession d'imprimeur en taille-douce.*

Art. 1. Nul ne sera imprimeur en taille-douce s'il n'est breveté et assermenté.

Art. 2. Nul ne pourra, pour des impressions privées, être possesseur ou faire usage de presses de petite dimension, de quelque nature qu'elles soient, sans l'autorisation préalable du ministre de la police générale à Paris, et des préfets dans les départements. Cette autorisation pourra toujours être révoquée s'il y a lieu.

Art. 3. Les contrevenants seront punis des peines édictées par l'art. 13 de la loi du 21 octobre 1814.

Art. 4. Les fondeurs de caractères, les clicheurs ou stéréotypeurs, les fabricants de presses de tous genres, les marchands d'ustensiles d'imprimerie seront tenus d'avoir un livre coté et paraphé par le maire, sur lequel seront inscrites, par ordre de date, les ventes par eux effectuées, avec les noms, qualités et domicile des acquéreurs. Au fur et à mesure de chaque livraison, ils auront à transmettre, sous forme de déclaration, au ministre de la police générale à Paris, et à la préfecture dans les départements, copie de l'inscription faite au registre. Chaque infraction à l'une de ces dispositions sera punie d'une amende de 50 à 200 francs.

Art. 5. Les maires, les commissaires inspecteurs de la librairie et les commissaires de police constateront les contraventions par des procès-verbaux.

Art. 6. Un délai de trois mois est accordé aux imprimeurs en taille-douce, aux détenteurs de presses, et aux industriels mentionnés dans l'art. 4, pour se conformer aux obligations ci-dessus relatées.

Après ce délai ils seront passibles des peines édictées par le présent décret, lequel n'est applicable ni à l'Algérie, ni aux colonies.

22 MARS 1852. — DÉCRET.

Article unique. A l'avenir les brevets d'imprimeur en lettres, d'imprimeur lithographe et de libraire, seront conférés par le ministre de la police générale.

Ce département ministériel a été supprimé et ses attributions ont été réunies au ministère de l'intérieur par décret des 21-30 juin 1853.

22 MARS 1852. — DÉCRET.

Art. 74. Tout membre du Corps législatif peut, après en avoir obtenu l'autorisation de l'assemblée, faire imprimer et distribuer à ses frais le discours qu'il a prononcé. L'impression et la distribution non autorisées seront punies d'une amende de 500 fr. à 5,000 fr. contre l'imprimeur, et de 5 à 500 fr. contre les distributeurs.

5 MAI 1855. — LOI MUNICIPALE.

Art. 26. Tout éditeur, imprimeur, journaliste ou autre qui rendra publics les actes interdits aux conseils municipaux par les art. 24 et 25 de la présente loi, sera passible des peines de l'art. 123 du C. pén.

DEUXIÈME PARTIE.

LOIS RELATIVES AUX CRIMES ET DÉLITS

COMMIS PAR LES DIVERS MOYENS DE PUBLICATION.

17 MAI 1819. — LOI *sur la répression des crimes et délits commis par la voie de la presse, ou par tout autre moyen de publication.*

CHAPITRE Ier. — *De la provocation publique aux crimes et délits.*

Art. 1. Quiconque, soit par des discours, des cris ou menaces proférés dans des lieux ou réunions publics, soit par des écrits, des imprimés, des dessins, des gravures, des peintures ou emblèmes vendus ou distribués, mis en vente ou exposés dans des lieux ou réunions publics, soit par des placards et affiches exposés aux regards du public, aura provoqué l'auteur ou les auteurs de toute action qualifiée crime ou délit à la commettre, sera réputé complice et puni comme tel.

§ 1er. — *Provocation.* — *Intention criminelle.*

1. La disposition de cet article sur la provocation est générale et absolue et s'applique non-seulement aux quatre faits spécifiés dans l'art. 5 même loi, mais encore à la provocation à tout crime et à tout délit. — Cass. 27 sept. 1828 (Drieux), *J. p.*; Dalloz, v° *Presse*, n° 511; de Grattier, t. 1, p. 129.

2. Il faut que la provocation ait été faite avec une intention mauvaise et perverse. — Chassan, t. 1, p. 18. V. notes sous l'art. 13, § 1er, *infrà.*

3. L'intention peut résulter : des mots soulignés ou écrits en lettres italiques, d'une phrase inachevée ou restée en suspens par une suite de points. — Chassan, t. 1, p. 22.

4. Le min. public peut, sur une poursuite exercée à raison d'un article de journal, se prévaloir du contenu d'autres articles pour tirer de leur rapprochement avec celui qu'il poursuit une nouvelle preuve de l'intention criminelle qui a présidé à sa composition. — Cass. 25 nov. 1831 (Thoumar), *J. p.*; Chassan, t. 1, p. 23; Parant, p. 312.

5. Lorsque l'écrit est manifestement répréhensible, l'intention coupable résulte du fait même qui constitue la provocation; la preuve contraire est à la charge de l'accusé. — Chassan, t. 1, p. 23; de Grattier, t. 1, p. 135.

§ 2. — *Publication.* — *Discours.* — *Écrits.*

6. *Discours.* — Pour que les discours, cris ou menaces constituent un crime ou un délit, il ne suffit pas qu'ils aient été *tenus* dans un lieu public, il faut de plus qu'ils aient été *proférés* publiquement. — Cass. 11 juin 1831 (Latour du Pin), *J. p.*; Chassan, t. 1, p. 35; Parant, p. 66; de Grattier, t. 1, p. 118. V. sous l'art. 14. L. 17 mai 1819, §§ 1 et 2.

7. Ainsi des propos tenus à voix basse et dans une conversation confidentielle, dans un lieu public, n'ont pas le caractère de publicité. — Chassan, t. 1,

p. 50 ; Parant, p. 68 ; de Grattier, *id.* V. *infrà*, art. 14.

8. Par exemple, un propos tenu dans le corridor écarté d'un cabaret et avec le secret d'une confidence faite à une ou deux personnes seulement n'a pas le caractère de publicité prévu par cet article. — Cass. 1er fév. 1821 (Desrochers), *J. p.*

9. *Écrits.* — L'un des moyens de publicité énoncés audit article consiste aussi bien dans la distribution des écrits que dans leur vente ou exposition dans des lieux ou réunions publics. — Cass. 17 août 1839 (Fraboulet), *B. cr.*

10. La mise en vente d'un seul exemplaire à une seule personne suffit pour qu'il y ait publication. — Chassan, t. 1, p. 40 ; de Grattier, t. 1, p. 125 ; — Ou distribution. — Cass. 15 sept. 1837 (Raissac), *J. p.*, 38, 1, 282 ; Chassan, p. 44.

11. Mais la remise confidentielle à une seule personne d'un écrit renfermant un délit ne peut constituer un fait de publication alors que cet écrit n'a pas circulé et n'a reçu aucune espèce de publicité. — Cass. 11 mai 1854 (Herbin), *B. cr.*

12. Un libraire ne peut être poursuivi à raison du contenu d'un livre dont les exemplaires trouvés dans son arrière-magasin étaient emballés pour la plus grande partie dans des caisses encore clouées, lorsque rien n'établit qu'il en ait vendu ou exposé en vente. — Amiens, 8 mars 1823 (Vernot), *J. p.* ; de Grattier, t. 1, p. 126.

13. L'envoi d'une lettre dans laquelle un député rend compte à ses commettants de la manière dont il s'acquitte de son mandat constitue une distribution. — Colmar, 20 nov. 1823 (Zickel), *J. p.* ; de Grattier, t. 1, p. 125.

14. La publication d'un interrogatoire subi par un prévenu devant un juge d'instruction peut constituer un délit, lorsque les réponses contenues dans cet interrogatoire ont elles-mêmes ce caractère. — Cass. 19 mai 1832 (Leduc). *J. p.* ; de Grattier, t. 1, p. 512.

15. Le fait seul de la vente, de la distribution ou de la mise en vente, quoique opérée clandestinement et en secret, constitue la publication. — Cass. 16 août 1833 (Léon), *J. p.* ; 17 août 1839 (Fraboulet), *B. cr.* ; Chassan, t. 1, p. 36 ; de Grattier, t. 1, p. 124 ; Dalloz, v° *Presse*, n° 536.

16. Si le délit a été commis par la voie de la presse, la publication du journal contenant les articles incriminés doit être énoncée. — Cass. 19 janvier 1850 (Marion), *B. cr.*

17. La publication d'un journal commence au moment où un exemplaire de cet écrit signé par le gérant est déposé au parquet. L. 18 juillet 1828, art. 8. — Orléans, 7 juillet 1838 (Dutertre), *J. p.*, 38, 2, 199. — Sauf au journaliste à établir que, malgré le dépôt, le fait de la publication n'a pas eu lieu. — Chassan, t. 1, p. 38 ; de Grattier, t. 1, p. 127.

18. Au contraire, la déclaration-préalable de publication et le dépôt exigés des imprimeurs par l'art. 14, L. 21 oct. 1814, des imprimés autres que les journaux n'établissent pas la publication. — Cass. 8 sept. 1824 (Correard), *J. p.* ; arg. cass. 18 sept. 1829 (Vivès), *J. p.* ; Chassan, t. 1, p. 39 ; de Grattier, t. 1, p. 127.

19. Ainsi la saisie des écrits ne peut se faire après le dépôt, tant qu'il n'y a pas publication. — Chassan, t. 2, p. 235.

20. Mais l'envoi des numéros d'un journal à la poste est un fait de publication. — Chassan, t. 1, p. 38 ; de Grattier, t. 2, p. 134.

21. Le fait de la distribution d'un écrit coupable n'est pas un délit par lui-même ; il ne devient punissable qu'autant qu'il a été commis avec le dessein de propager un écrit répréhensible. — Chassan, t. 1, p. 140.

22. Le libraire qui a vendu un livre renfermant un délit peut être acquitté, s'il n'a pas agi sciemment ; ce qui n'empêche pas que l'auteur du livre ne puisse être condamné. — Cass. 26 août 1837 (Donnadieu), *J. p.*, 37, 2, 200 ; Chassan, t. 1, p. 162.

23. Le libraire qui réimprime un ouvrage contenant des outrages à la morale peut être renvoyé des poursuites, s'il a été induit en erreur par l'absence de poursuites lors de la publication de la première édition ; mais l'ouvrage doit être mis au pilon. — Paris, 15 janv. 1825 (Barba), *J. p.* ; de Grattier, t. 1, p. 524.

24. Cependant celui qui est poursuivi comme distributeur d'un écrit renfermant des délits n'est pas recevable à exciper du défaut de poursuites contre l'auteur de l'écrit. — Colmar, 20 nov. 1823 (Zickel), *J. p.* ; Chassan, t. 1, p. 138 ; de Grattier, t. 1, p. 524.

25. L'arrêt doit énoncer quel est le crime ou le délit auquel l'exposition publique d'un emblème a provoqué. — Cass. 6 janv. 1821 (Champigny), *J. p.*

26. A l'égard des délits commis par des prêtres par la parole et les écrits, V. les notes sous l'art. 1, nos 271 et suiv. C. i. cr., et sous les art. 201 et suiv. C. pén. *Codes crim.*

27. Les médailles sont au nombre des moyens de publication que cet article indique comme pouvant servir à commettre des délits. — Cass. 6 sept. 1851 (Lalanne), *B. cr.*

§ 3. — *Des lieux publics.*

28. Les lieux sont publics par leur nature ou par leur destination. La publicité des premiers est absolue et indépendante des personnes qui s'y trouvent ; la publicité des seconds n'existe que quand ils sont accessibles au public. — Angers, 4 janvier 1824 (Boulay), *J. p.* ; Chassan, t. 1, p. 48.

29. Un lieu est public soit lorsqu'il est accessible à tout le monde, soit lorsqu'il est accessible à quiconque peut ou veut payer la rétribution ou droit d'entrée, soit enfin lorsqu'il est accessible moyennant rétribution et à la charge de remplir certaines conditions d'admissibilité. — Parant, p. 68 ; de Grattier, t. 1, p. 119.

30. Lorsque les lieux sont publics par leur nature, il importe peu qu'il y ait ou non des assistants. — Chassan, t. 1, p. 48 ; Parant, p. 70. — *Contrà :* Il faut au moins la présence d'une personne. — De Grattier, t. 1, p. 122. V. sur cette question les notes sous l'art. 14, L. 17 mai 1819, § 2.

31. On doit considérer comme lieu public :
Une rue. — Cass. 26 mars 1813 (Ricci), *J. p.* ; 1er mars 1833 (Gueguen), *J. p.* V. sous l'art. 14, *infrà.*

32. Une cour commune entourée de maisons occupées par divers propriétaires. — Cass. 26 juil. 1827 (Cabartier), *J. p.*

33. Le toit d'une maison. — Cass. 20 sept. 1832 (Debourg), *J. p.* ; Parant, p. 71 ; de Grattier, t. 1, p. 121.

34. Une salle de spectacle. — Cass. 2 juillet 1812 (Broudetta), *J. p.* ; de Grattier, *id.* V. sous l'art. 14, *infrà.*

35. Une salle d'audience, lorsque le barreau et le public s'y trouvent. — Cass. 19 nov. 1829 (Mestivier), *J. p.* ; de Grattier, *id.* V. sous l'art. 14.

36. Le greffe d'un tribunal, lorsqu'il est ouvert au public. — Cass. 4 sept. 1823 (Morel), *J. p.* ; 29 mars 1845 (Moisant). *B. cr.* ; Chassan, t. 1, p. 48. — Il est un lieu public par sa nature et sa destination. — Cass. 22 août 1828 (Clin), *J. p.* ; Parant, p. 69 ; de Grattier, t. 1, p. 121.

37. Les bureaux d'une sous-préfecture. — Cass. 4 août 1826 (Guillard-Duvert), *J. p.*; Parant, p. 70; de Grattier, *id.*

38. Un bureau d'enregistrement, pendant tout le temps qu'il est ouvert au public. — Poitiers, 17 fév. 1858 (Guérin); S., 59, 2, 91.

39. Un dépôt de mendicité dont la population se renouvelle chaque jour. — Bordeaux, 20 mars 1851 (Dugat); D., 53, 2, 159.

40. Un hôpital, et particulièrement la salle de bains destinée aux malades. Il faut excepter les logements des chefs et des employés. — Angers, 4 janv. 1824 (Boulay), *J. p.*; de Grattier, t. 1, p. 121.

41. Les stations de chemins de fer. Il n'y a aucune distinction à faire pour la partie de ces stations qui est particulièrement destinée à servir de bureau aux employés, lorsqu'elle est accessible aux étrangers. — Cass. 28 avril 1843 (Schwartz), *B. cr.*; Chassan, t. 1, p. 49; Dalloz, v° *Presse*, n° 857.

42. Les maisons ou propriétés particulières, telles que des auberges, cafés, bureaux, peuvent, par leur destination, et pendant qu'elles sont accessibles aux étrangers, devenir des lieux publics. — Caen, 8 janv. 1849 (Leroux); D., 51, 2, 117.

43. Une auberge est un lieu public. — Cass. 26 mars 1813 (Ricci), *J. p.*; Poitiers, 11 mars 1843 (Viand), *J. p.*, 43, 2, 825; Parant, p. 69. V. sous l'art. 14, *infrà*.

44. Toutes les appartenances d'une auberge habituellement destinées à recevoir le public sont, comme l'auberge même, un lieu public, quoique momentanément occupées par une réunion de particuliers, sous la condition qu'eux seuls y seraient reçus pendant un banquet. — Cass. 19 fév. 1825 (Guyomard), *J. p.*; Chassan, t. 1, p. 49; Parant, p. 69. — *Contrà :* de Grattier, t. 1, p. 120. V. notes sous l'art. 14, *infrà*.

45. Au contraire, une chambre d'auberge louée privativement pour y donner à dîner à plusieurs personnes n'est point un lieu public, quoique attenant à un lieu public. — Colmar, 24 janv. 1816, *J. p.*; de Grattier, t. 1, p. 119.

46. La cuisine d'un cabaret peut n'être pas considérée comme lieu public lorsqu'il n'y a aucun témoin. — Limoges, 21 août 1838 (Leyrand), *J. p.*, 39, 1, 90.

47. Est réputée publique une chambre d'auberge non destinée à recevoir habituellement les voyageurs, mais communiquant à la cuisine et à la salle à boire par des portes restées ouvertes. — Paris, 1er août 1835 (Durand), *J. p.*

48. Un champ ne peut être considéré comme un lieu public. — Metz, 12 déc. 1826, *J. p.*; Chassan, t. 1, p. 52. — *Contrà :* Metz, 7 nov. 1825 (Hugo), *J. p.*

49. Ainsi, un outrage proféré dans un champ contre un maire à raison de ses fonctions, en présence de plusieurs personnes, n'est pas réputé l'avoir été publiquement ni dans une réunion publique. — Metz, 12 déc. 1826 (N.), *J. p.*

50. Un clos de vigne appartenant à plusieurs particuliers ne peut pas être considéré comme un lieu public, et contenant, au jour où on en fait la récolte, une réunion publique. — Poitiers, 19 déc. 1820 (Champion), *J. p.*; Dalloz, v° *Presse*, n° 861.

51. On ne peut considérer comme lieu public : un presbytère. — Cass. 2 août 1816 (Duchemin), *J. p.*; Chassan, t. 1, p. 53; Parant, p. 70; de Grattier, t. 1, p. 121.

52. La cour d'un presbytère, quoique servant momentanément de dépôt de bois destiné aux troupes. — Cass. 1er mars 1833 (Guegnen), *J. p.*; Chassan, t. 1, p. 53; Parant, p. 70; de Grattier, *id.*

53. Le cabinet particulier d'un juge de paix, faisant fonctions de juge conciliateur. — Poitiers, 10 fév. 1858 (Gilbert); S., 59, 2, 92.

54. Une prison. — Cass. 31 mai 1822 (N.), *J. p.*; 14 juin 1822 (N.), *J. p.*; Chassan, t. 1, p. 53; Parant, p. 70; de Grattier, t. 1, p. 121.

55. La boutique d'un maréchal ferrant. — Cass. 15 mars 1832 (Gimbert), *J. p.*; de Grattier, t. 1, p. 121.

56. Une étude de notaire n'est un lieu public qu'alors que tout le monde y est appelé, par exemple un jour d'adjudication. Elle n'est pas un lieu public lorsqu'il n'y a que le notaire, son clerc et un tiers. — Bourges, 22 juillet 1836, *J. p.*; de Grattier, t. 1, p. 121; Dalloz, v° *Presse*, n° 862. — *Contrà :* Elle est toujours un lieu public. — Chassan, t. 1, p. 50.

57. A l'égard des chemins publics, des salles de spectacle, des boutiques, des voitures publiques, des greffes de prisons et des réunions publiques, V. les notes sous l'art. 14, *infrà*.

§ 4. — *Réunions publiques.*

58. Une réunion, quoique formée dans un lieu non public, peut devenir publique, soit par le concours d'un grand nombre de personnes, soit par la présence des autorités locales, ou toute autre circonstance. — Cass. 26 janv. 1826 (Jacquot), *J. p.*; de Grattier, t. 1, p. 119.

59. Une réunion dans une maison particulière peut prendre le caractère de réunion publique, lorsqu'elle se compose d'un nombre assez considérable de personnes rassemblées sans invitations nominales. — Cass. 26 mai 1859 (Hénin), *B. cr.*

60. Le transport officiel d'un maire au domicile d'un citoyen opère accidentellement dans ce domicile une réunion publique lorsqu'il y est suivi par la force armée. — Nancy, 31 déc. 1844 (Prunier); S., 49, 2, 296; de Grattier, t. 1, p. 119.

61. Mais on ne peut mettre dans la catégorie des réunions publiques les réunions de famille ou d'amis ou de connaissances, si nombreuses qu'elles soient, qui ont lieu dans une maison privée. — Chassan, t. 1, p. 47; Parant, p. 68; de Grattier, t. 1, p. 119; Dalloz, v° *Presse*, n° 536.

62. La réunion dans une boutique de trois personnes dont une seule est étrangère ne constitue pas une réunion publique. — Cass. 15 mars 1832 (Gimbert), *J. p.*; de Grattier, t. 1, p. 119. V. sous l'art. 14, *infrà*, n°s 14 et suiv.

63. La classe d'une école secondaire ecclésiastique, composée non-seulement d'élèves internes, mais d'élèves externes, constitue une réunion publique. — Cass. 9 nov. 1832 (Joubert), *J. p.*; Parant, p. 70; de Grattier, t. 1, p. 121.

64. Un cercle dans lequel peut être admis tout individu qui satisfait à certaines conditions est nécessairement une réunion publique. — Cass. 14 août 1857 (Daumas), *B. cr.*

65. Mais les séances d'un conseil municipal ne sont point une réunion publique. — Riom, 16 juillet 1830 (Juhle), *J. p.*; Cass. 8 nov. 1844 (Herment), *B. cr.*; Rouen, 22 mars 1855. — Les pièces déposées aux archives de la commune ne peuvent être considérées comme exposées dans un lieu public. — Rouen, 22 mars 1851 (D.); D., 52, 2, 199.

66. Cependant ces séances peuvent être considérées comme publiques si les propriétaires les plus imposés sont réunis aux membres du conseil. — Orléans, 18 juillet 1835 (Rabier), *J. p.*; Dalloz, v° *Presse*, n° 88.

Art. 2. Quiconque aura, par l'un des moyens énoncés en l'art. Ier, provoqué à commettre un ou plusieurs crimes, sans que ladite provocation ait été suivie d'aucun effet, sera puni d'un emprisonnement qui ne pourra être de moins de trois mois ni excéder cinq années, et d'une amende qui ne pourra être au-dessous de 50 fr., ni excéder 6,000 fr.

La provocation au renversement du gouvernement, non suivie d'effet, est un simple délit correctionnel, distinct de l'attentat prévu par l'art. 87 C. pén., et qui peut exister sans qu'il y ait attentat ou complot. — Cass. 13 juillet 1832 (de Fleury), *J. p.*; Dalloz, v° *Presse*, n° 545.

Art. 3. Quiconque aura, par l'un des mêmes moyens, provoqué à commettre un ou plusieurs délits, sans que ladite provocation ait été suivie d'aucun effet, sera puni d'un emprisonnement de trois jours à deux années, et d'une amende de 30 fr. à 4,000 fr., ou de l'une de ces deux peines seulement, selon les circonstances, sauf les cas dans lesquels la loi prononcerait une peine moins grave contre l'auteur même du délit, laquelle sera alors appliquée au pro-vocateur.

Si la provocation concerne une contravention de simple police, elle doit être réprimée en vertu de l'art. 6 de cette loi. — Chassan, t. 1, p. 341; de Grattier, t. 1, p. 128.

Art. 4, 5. *Remplacés par les art. 8, 9 de la loi du 25 mars 1822, I⁰ʳ du décret du 11 août 1848 et I⁰ʳ de la loi du 27 juillet 1849.*

Art. 6. La provocation, par l'un des mêmes moyens, à la désobéissance aux lois, sera punie des peines portées en l'article 3. *V. art. 3, L. 27 juillet 1849.*

1. Les discussions ou dissertations tendantes à établir les vices d'une loi et la nécessité de la rap-porter ou de la modifier ne constituent point une provocation à la désobéissance aux lois. — De Grattier, t. 1, p. 141; Chassan, t. 1, p. 329.

2. La proclamation du droit de résistance contre des agents de la force publique, dans un journal, si elle a été faite sans intention de provoquer à la rébellion ou à la désobéissance aux lois, ne consti-tue pas de délit. — Paris, 27 mars 1827 (Isam-bert), *J. p.*; Chassan, t. 1, p. 20 et 326; de Grat-tier, t. 1, p. 141; Dalloz, v° *Presse*, n° 603.

3. Cet article ne réprime pas moins les provoca-tions à la désobéissance qui précèdent que celles qui suivent la promulgation de la loi. — Douai, 2 mai 1834 (*Echo du Nord*), *J. p.* — *Contrà :* Ce fait peut seulement constituer une attaque contre le respect dû aux lois. — De Grattier, t. 1, p. 144; Dalloz, v° *Presse*, n° 599.

4. Il comprend les actes de l'autorité publique faits conformément à la loi. — De Grattier. t. 1, p. 145; Chassan, t. 1, p. 322. — Tels que les ju-gements et arrêts. — De Grattier, t. 1, p. 146. — *Contrà :* Parant, p. 73.

5. Mais il ne s'applique pas à la provocation à la résistance par voies de fait, à la confection de tra-vaux autorisés par le préfet. — Cass. 3 mai 1834 (Bertrand), *J. p.*; Parant, p. 73; Chassan, t. 1, p. 322; de Grattier, t. 1, p. 145. — Ce fait con-stitue une provocation à un délit prévue par l'art. 1⁰ʳ. — Même arrêt.

Art. 7. Il n'est point dérogé aux lois qui punissent la provocation et la complicité résultant de tous actes autres que les faits de publication prévus par la présente loi.

1. Les dispositions des art. 59 et 60 sur la com-plicité sont applicables aux crimes et délits commis par la voie de la presse.

Ainsi celui qui a fourni sciemment les notes néces-saires à la rédaction d'un article diffamatoire publié dans un journal doit être puni comme complice de cette diffamation. — Cass. 25 avril 1844 (Desertine), *B. cr.*; Chassan, t. 1, p. 164; de Grattier, t. 1, p. 154.

2. Une provocation à un crime commis par la voie de la presse peut constituer la complicité du droit commun prévue par l'art. 60, C. pén., indépendam-ment de l'infraction de la presse. — Chassan, t. 1, p. 337.

CHAPITRE II. — *Des outrages à la morale publique et religieuse ou aux bonnes mœurs.*

Art. 8. Tout outrage à la morale pu-blique et religieuse ou aux bonnes mœurs par l'un des moyens énoncés en l'art I⁰ʳ sera puni d'un emprisonnement d'un mois à un an, et d'une amende de 16 fr. à 500 fr.

1. Cet article reste toujours applicable aux ou-trages faits à la morale publique et aux bonnes mœurs; il n'a pas été abrogé par l'art. I, L. 25 mars 1822, qui s'est spécialement occupé de la religion de l'Etat et des autres religions. — Cass. 18 sept. 1829 (Virès), *J. p.*; de Grattier, t. 1, p. 159; Dalloz, v° *Presse*, n° 620; de Berny, p. 91.

2. Il n'a pas été remplacé par l'art. 1 de la loi de 1822, relativement à l'outrage à la morale re-ligieuse. — Dalloz, v° *Presse*, n° 619; Chassan, t. 1, p. 310. — *Contrà :* Parant, p. 76. — Il comprend l'outrage contre l'existence de Dieu et la croyance à une vie future. La loi de 1822 ne réprime que l'atta-que contre les dogmes et les rites des cultes léga-lement reconnus. — Chassan, *id.*

3. Ainsi, la profession d'athéisme est un outrage à la morale publique et religieuse. — Chassan, t. 1, p. 313; Portalis, *Rép. de législ.* de Favart de Lan-glade. — *Contrà :* Rauter, t. 1, p. 563; Dalloz, v° *Presse*, n° 623.

4. Il en est de même de l'attaque dirigée contre la sainteté du serment. — Chassan, t. 1, p. 318.

5. La distribution de cartes annonçant l'ouverture d'une maison de débauche constitue le délit d'ou-trage aux bonnes mœurs. — Cass. 19 juillet 1838 (Tramecourt), *B. cr.*; Chassan, t. 1, p. 315; de Grattier, t. 1, p. 163; Dalloz, v° *Presse*, n° 629.

6. Un fait de vente même unique d'une gravure obscène, par un marchand d'estampes en possession de quantité de gravures semblables, dans un lieu ac-cessible au public, constitue le délit d'outrage à la

morale.—Bruxelles, 3 fév. 1842; Dalloz, v° *Presse*, n° 626.

7. Il appartient à la cour de cassation de décider si un écrit constitue un outrage public aux bonnes mœurs.—Cass. 19 juillet 1838 (Tramecourt). *J. p.*; Chassan, t. 1, p. 315. — V. autres décisions conformes sous l'art. 408, n°s 104 et suiv. C. inst. cr. *Codes crim.*

8. Le jugement doit faire connaître les discours qui ont déterminé la condamnation, et expliquer les expressions qui caractérisent l'outrage à la morale publique et aux bonnes mœurs. — Cass. 14 mai 1857 (Forest). *B. cr.*

9. Au contraire, les tribunaux sont souverains pour apprécier les caractères de l'outrage à la morale, leur décision ne peut être déférée à la censure de la cour de cassation. — Cass. 15 oct. 1825 (Catineau). *J. p.*

10. La réimpression d'un écrit contenant un outrage à la morale publique peut être poursuivie, quoique les premières éditions n'aient été l'objet d'aucune poursuite.—Paris, 15 janv. 1825 (Barba). *J. p.*

11. Mais dans ce cas l'éditeur peut être exempté de toute peine, à raison de sa bonne foi. — Il y a lieu cependant d'ordonner la suppression de l'écrit. — Même arrêt.

12. La confiscation des objets du délit doit être prononcée en vertu de l'art. 287 C. pén., qui n'a pas été abrogé en cette partie. — De Grattier, t. 1, p. 160.

CHAPITRE III. — *Des offenses envers le roi.*

Art. 9. Quiconque, par l'un des moyens énoncés en l'art. 1er de la présente loi, se sera rendu coupable d'offenses envers la personne du roi, sera puni d'un emprisonnement qui ne pourra être de moins de six mois, ni excéder cinq années, et d'une amende qui ne pourra être au-dessous de 500 fr., ni excéder 10,000 fr.

Le coupable pourra, en outre, être interdit de tout ou partie des droits mentionnés en l'art. 42 du Code pénal, pendant un temps égal à celui de l'emprisonnement auquel il aura été condamné : ce temps courra à compter du jour où le coupable aura subi sa peine. *V. nouvel art. 86 C. pén.*

1. L'art. 86 C. pén. n'a pas abrogé cet article. Le premier punit l'offense commise *publiquement*, par quelque voie qu'elle ait été faite, le second prévoit une publicité plus restreinte.—Chassan, t. 1, p. 212; de Grattier, t. 1, p. 165.

2. Le délit d'offenses envers la personne du roi, prévu par cet article, est distinct de celui d'attaque réprimé par l'art. 2. L. 25 mars 1822. — Cass. 4 mars 1831 (Brian). *J. p.*

3. Il est également distinct de celui de diffamation et d'injures publiques prévu par les art. 13 et 14 de la loi du 17 mai 1819. Même arrêt.

4. Les dispositions de l'art. 463 C. pén. sur les circonstances atténuantes sont applicables aux offenses envers l'Empereur et sa famille, prévues et punies par la loi du 10 juin 1853, qui n'est qu'une modification des art. 86 et 87 C. pén. — Nancy, 6 nov. 1854 (Blanvin). *J. p.*, 55. 2. 282.

Art. 10. L'offense, par l'un des moyens énoncés en l'art. 1er, envers les membres de la famille royale, sera punie d'un emprisonnement d'un mois à trois ans, et d'une amende de 100 fr. à 5,000 fr. Art. 86 C. pén.

L'offense envers la mémoire d'un prince de la famille royale peut être considérée comme une offense envers cette famille. — Cass. 24 avril 1823 (Clausse). *J. p.* — V. notes sous l'art. 86 C. pén. *Codes crim.*

Art. 11. *Remplacé par l'art. 2 du décret du 11 août 1848 (1).*

Art. 12. L'offense, par l'un des mêmes moyens, envers la personne des souverains ou envers celle des chefs des gouvernements étrangers, sera punie d'un emprisonnement d'un mois à trois ans, et d'une amende de 100 fr. à 5,000 fr.

1. Cet article ne s'applique qu'aux chefs des gouvernements reconnus comme tels par la France. — Chassan, t. 1, p. 135; de Grattier, t. 1, p. 174.

2. Il ne peut être invoqué par un souverain déchu contre l'auteur d'un écrit publié depuis sa déchéance, reconnue par la France, et qui attaque les actes de sa souveraineté. L'injure, en ce cas, rentre dans le droit commun, la réparation peut en être demandée aux tribunaux, comme elle pourrait l'être par un particulier. — Paris, 12 sept. 1834 (de Brunswick), *J. p.*; Chassan, t. 1, p. 436; de Grattier, t. 1, p. 174; Dalloz, v° *Presse*, n° 672.

CHAPITRE V. — *De la diffamation et de l'injure publiques.*

Art. 13. Toute allégation ou imputation d'un fait qui porte atteinte à l'honneur ou à la considération de la personne ou du corps auquel le fait est imputé est une diffamation.

Toute expression outrageante, terme de mépris ou invective, qui ne renferme l'imputation d'aucun fait, est une injure.

§ 1er. — *Éléments des délits de diffamation et d'injures. — Intention de nuire. — Excuse. — Compétence.*

1. Le principe que nul ne peut être condamné comme coupable d'un délit, s'il n'est pas reconnu et déclaré qu'il a agi avec intention de nuire, est applicable aux délits commis par la voie de la presse ou par tout autre moyen de publication. — Cass.

1) Ancien article.

Art. 11. L'offense, par l'un des mêmes moyens, envers les Chambres ou l'une d'elles, sera punie d'un emprisonnement d'un mois à trois ans, et d'une amende de 100 fr. à 5,000 fr.

18 oct. 1850 (Pichonnot), *B. cr.*; de Grattier, t. 1, p. 179.

2. Ainsi, les tribunaux ont le droit de rechercher si la publication diffamatoire a été faite avec l'intention de nuire. — Cass. 23 mars 1844 (Delannes), *J. p.*, 44, 2, 149; 29 août 1846 (Faure), *J. p.*, 47, 1, 92; de Grattier, *id.*, Dalloz, v⁰ *Presse*, n⁰ 873.

3. Si le prévenu n'a pas été induit en erreur, et s'il a agi avec une intention coupable. — Cass. 16 mars 1850 (Ouvrard), *B. cr.*

4. Ils sont souverains à cet égard, leur appréciation échappe à la censure de la cour de cassation. — Cass. 16 mars 1850 (Ouvrard), *B. cr.*; 7 août 1852 (Gueymard), *B. cr.*

5. Ils peuvent déclarer que le délit de diffamation n'existe pas lorsque les circonstances de la publication établissent que cette publication a eu lieu sans intention coupable. — Cass. 10 mai 1821 (Colonna d'Istria), *J. p.*; 12 août 1842 (Foucault), *B. cr.*; Chassan, t. 2, p. 392. — Ou lorsqu'ils reconnaissent que le prévenu a agi de bonne foi. — Cass. 29 août 1846 (Faure), *J. p.*; 18 oct. 1850 (Pichonnot), D., 51, 5, 415. — Et sans intention de nuire. — Cass. 21 août 1862 (Jacquier), *B. cr.* — Sans intention d'animosité ou de vengeance personnelle. — Chassan, *id.*

6. Ils peuvent apprécier l'intention du prévenu et décider, d'après ses explications et ses affirmations, que ce n'est pas au plaignant que s'adressent ses imputations. — Toulouse, 18 août 1826 (d'Aldéguier); Dalloz, v⁰ *Presse*, n⁰ 890.

7. N'est pas coupable de diffamation :

Le témoin qui fait des déclarations à la justice sur les interpellations du président, qu'il n'a pas provoquées. — Cass. 10 mai 1821 (Colonna d'Istria), *J. p.*; Dalloz, v⁰ *Presse*, n⁰ 887; Parant, p. 89. — Ou qui allègue des faits portant atteinte à l'honneur d'un autre témoin, lorsque cette imputation se rapporte soit aux faits qui ont donné lieu à l'instruction, soit à des circonstances relatives à cette instruction. — Il pourrait seulement y avoir lieu à une plainte en faux témoignage. — Cass. 1er août 1806 (Piault), *J. p.*; 1er juillet 1825 (Hurel), *J. p.*; de Grattier, t. 1, p. 204.

8. L'électeur qui demande à faire consigner au procès-verbal un fait qui, par sa nature, peut faire influer sur la validité de l'élection, quand il y a bonne foi. — Cass. 29 août 1846 (Faure), *B. cr.*

9. Un maître qui donne sur son ancien domestique les renseignements qui lui sont demandés. — Chassan, t. 1, p. 388.

10. Celui qui, sur des indices suffisants pour motiver ses soupçons et sans intention calomnieuse, signale à tort un individu comme auteur d'un délit. — Cass. 30 janv. 1807 (Duval), *J. p.*; Riom, 8 nov. 1833 (Berton), *J. p.*; Dalloz, v⁰ *Presse*, n⁰ 882. — *Contrà :* Si le fait était en réalité mensonger; Chassan, t. 1, p. 29.

11. Celui qui, sur la foi de procès-verbaux dressés par des officiers publics, se borne à annoncer les faits qu'ils constatent contre plusieurs individus, alors même que ceux-ci seraient plus tard renvoyés des poursuites, pourvu que ces publications ne soient pas faites avec la volonté de nuire. — Chassan, t. 1, p. 379; de Grattier, t. 1, p. 183; Dalloz, v⁰ *Presse*, n⁰ 848.

12. Celui qui a imputé un fait à un individu qui en est reconnu coupable par justice. — Bordeaux, 14 avril 1833 (Duvoyon), *J. p.*

13. Celui qui, se trouvant dans un lieu de débauche, prend le titre de procureur du roi pour faire retirer des individus qui veulent en forcer l'entrée. — Nîmes, 9 mars 1826 (Maumejean), *J. p.*

14. Un réquisitoire du min. public à l'audience ne peut donner lieu à une plainte en diffamation, lorsque les paroles prétendues injurieuses ne présentent pas les caractères de mauvaise foi et de dessein de nuire exigés par la loi. — Cass. 24 déc. 1822 (Lafitte), *J. p.*

15. Cependant, en matière de diffamation, on est présumé agir avec une mauvaise intention. — Cass. 15 mars 1821 (Augé), *J. p.*; Toulouse, 30 déc. 1836, *J. p.*; Paris, 4 mars 1837 (Vernier), *J. p.*, 37. 1, 225; Rouen, 30 déc. 1841 (Dupuis), *J. p.*; Chassan, t. 1, p. 24, 425; Parant, p. 86; de Grattier, t. 1, p. 180. — *Contrà :* Dalloz, v⁰ *Presse*, n⁰ 883.

16. C'est au prévenu à établir qu'il a agi de bonne foi et sans intention de nuire. — Paris, 4 mars 1837 (Vernier), *J. p.*; de Grattier, *id.*

17. Il ne peut détruire cette présomption que par des faits particuliers qui doivent être énoncés dans le jugement, s'ils sont admis par le tribunal. — Cass. 15 mars 1821 (Augé), *J. p.*; Chassan, t. 1, p. 25; Parant, p. 86; de Grattier, *id.*

18. Si les tribunaux peuvent décider qu'il n'y a pas eu intention d'injurier ou de diffamer, ils ne peuvent, quand la diffamation est établie, relaxer le prévenu sous le prétexte de sa bonne foi, ils peuvent seulement atténuer la peine. — Toulouse, 30 déc. 1836, *J. p.*; Chassan, t. 1, p. 425.

19. La bonne foi résultant de la conviction qu'aurait l'inculpé de la vérité des faits par lui imputés ne suffit pas à elle seule pour détruire le délit, il faut encore que le prévenu ait agi sans intention malveillante et uniquement dans un intérêt public, par exemple dans le but d'éclairer des électeurs. — Rouen, 5 nov. 1846 (Dea), D. 46, 4, 415; Dalloz, v⁰ *Presse*, n⁰ 888.

20. Le prévenu de diffamation ne peut être excusé sous le prétexte que le fait allégué avait été par lui dénoncé à l'autorité compétente. — Cass. 2 déc. 1808 (Didier), *J. p.*; 12 juin 1818 (Cochard), *J. p.*; Chassan, t. 1, 409; de Grattier, t. 1, p. 181.

21. Ni sous prétexte qu'il était répété par la notoriété publique. — Chassan, t. 1, p. 30. — *Contrà :* Si le fait était public et notoire. — Parant, p. 347; de Grattier, t. 1, p. 178.

22. Ni sous prétexte qu'il était légalement constaté. — Chassan, t. 1, p. 369; Dalloz, v⁰ *Presse*, n⁰ˢ 613, 847. — Mais la preuve légale du fait imputé peut affranchir le prévenu de toute peine, s'il n'a pas agi avec une intention répréhensible. — Parant, p. 347; de Grattier, t. 1, p. 178. — Elle l'affranchit de toute peine. — Rauter, t. 1, p. 574.

23. Sous le prétexte que le prévenu n'aurait tenu les propos diffamatoires qu'en répondant à une interpellation à lui faite. — Cass. 4 nov. 1831 (Lion), *J. p.*; de Grattier, t. 1, p. 182; Chassan, t. 1, p. 408; Parant, p. 86. — Ou que ces propos auraient été tenus par d'autres personnes auparavant. — Même arrêt; de Grattier, *id.*

24. Cependant, ne commet point un délit celui qui se borne à raconter, sur la demande de plusieurs personnes, les injures qu'il a proférées contre un individu dans un autre lieu. — Metz, 26 fév. 1821 (Gœury), *J. p.*

25. Le gérant d'un journal qui a publié un fait diffamatoire ne peut être excusé par le motif qu'il est étranger aux parties, qu'il n'a pu avoir le dessein de leur préjudicier et que son but aurait été seulement de publier un article de nature à intéresser ses abonnés. — Paris, 4 mars 1837 (Vernier), *J. p.*, 37. 1, 225.

26. Ni par le motif que les faits publiés étaient contenus dans une plainte adressée à la justice, si l'article incriminé énonçait faussement que les faits étaient

établis par l'instruction. — Paris, 4 mars 1837 (Vernier), *J. p.*; Chassan, t. 1, p. 379.

27. Au contraire, c'est au plaignant à prouver la mauvaise foi de l'imputation et l'intention de nuire, lorsque le publicateur était, par la nature de ses fonctions, obligé de les révéler. — Cass. 27 juin 1851 (Mermet), *B. cr.*; Dalloz, vᵒ *Presse*, nᵒ 887.

28. En matière de diffamation, l'intention de nuire résulte suffisamment de la déclaration de culpabilité du prévenu, sans qu'il soit nécessaire que le juge constate explicitement cette intention. — Cass. 20 juillet 1855 (Monsel), *B. cr.*

29. En ne constatant pas qu'il y ait eu absence de la volonté de nuire et en déclarant les circonstances atténuantes, l'arrêt justifie suffisamment la condamnation. — Cass. 18 juillet 1851 (Monnier), *B. cr.*

30. L'excuse tirée de la provocation n'est pas admissible en matière de diffamation ou d'injures publiques. — Cass. 25 mars 1847 (Marlet), *B. cr.*; Poitiers, 10 fév. 1855 (Texcreau); Poitiers, 5 mars 1858 (Marsault), S. 58, 2, 358; Dalloz, vᵘ *Presse*, nᵒ 1332, — Commises par la voie de la presse. — Cass. 4 nov. 1842 (Bissette), *B. cr.*; Chassan, t. 1, p. 431. — *Contrà :* Cette excuse peut être admise en matière d'injures entre particuliers. — Cass. 11 oct. 1827 (Guichard), *J. p.*; de Grattier, t. 1, p. 190. — Elle ne peut être admise dans ce cas que pour ce qui concerne les intérêts civils. — Chassan, t. 1, p. 430. V. notes sous l'art. 471-11 C. pén. *Codes crim.*

31. Mais la rétractation qui serait faite sur-le-champ ferait disparaître le délit. — De Grattier, t. 1, p. 193; Chassan, t. 1, p. 428; Dalloz, vᵒ *Presse*, nᵒ 1315.

32. Il en serait de même de la rémission ou du pardon qu'aurait accordé la personne outragée. — Chassan, t. 1, p. 431; de Grattier, t. 1, p. 193; Dalloz, vᵘ *Presse*, nᵒ 1094. — *Contrà :* Si la personne outragée était revêtue d'un caractère public. — De Grattier, *id.*

33. En matière de calomnie, le juge du lieu où l'affiche, la vente, la distribution ont été faites a juridiction pour en connaître, comme étant le juge du lieu du délit. — Cass. 18 sept. 1818 (Dunoyer). V. sous l'art. 63 C. i. c., nᵒ 92. *Codes crim.*

§ 2. — *Dans quels cas il y a diffamation.*

34. On doit considérer comme une diffamation :

L'imputation faite publiquement à un homme marié de vivre en concubinage avec une femme non mariée. — Limoges, 14 mars 1827 (L.), *J. p.*; Chassan, t. 1, p. 380; de Grattier, t. 1, p. 186.

35. L'imputation à un individu d'avoir commis un faux. — Cass. 2 juillet 1812 (Broudetta), *J. p.*; 21 mai 1836 (Durand Vaugaron), *J. p.*; de Grattier, t. 1, p. 186.

36. D'avoir fait des prêts usuraires. — Nancy, 28 août 1850 (Aubry), D. 51, 2, 176.

37. D'avoir été marqué à l'épaule des lettres T. V. Cette imputation n'est pas une injure. — Cass. 30 nov. 1834 (Sibaday), *B. cr.*

38. D'être un reste de prison, qu'on a des motifs pour l'y faire remettre et qu'il y ira encore. — Cass. 15 fév. 1828 (Delogé), *J. p.*: Chassan, t. 1, p. 411; de Grattier, t. 1, p. 186. — *Contrà :* Dalloz, vᵘ *Presse*, nᵒ 825.

39. Celle faite à un commerçant de laisser protester les traites tirées sur lui, alors même que l'imputation aurait eu lieu de la part d'un failli dans le but de justifier l'état de ses propres affaires. — Rouen, 22 août 1844 (Delarue), S. 45, 2, 353.

40. Il en est de même de l'imputation faite par une partie, dans un acte signifié, à un arbitre, d'avoir donné des conseils à la partie adverse et d'avoir bu et mangé avec elle. — Nîmes, 14 déc. 1848, D. 50, 5, 372.

41. De l'annonce faite mensongèrement dans un journal qu'un individu s'est suicidé, alors surtout qu'on attribue ce fait à des motifs d'intérêt. — Rouen, 30 déc. 1841 (Dupuis), S. 42, 2, 55; Chassan, t. 1, p. 386.

42. De l'articulation faite dans un écrit que les coups qu'on a portés à un autre, et qui ont été l'objet d'une condamnation, sont des soufflets et non des coups de toute autre nature, lorsqu'elle a été faite méchamment et à dessein de nuire. — Cass. 24 mai 1844 (Salneuve), *B. cr.* — *Contrà :* Dalloz, vᵒ *Presse*, nᵒ 827.

43. Le reproche fait publiquement à un avocat de s'être écarté de la ligne d'un honnête homme dans une plaidoirie par lui prononcée, sans autre précision, peut être considéré, à raison de la généralité de ces paroles, comme ne constituant pas le délit de diffamation, mais il constitue une injure. — Cass. 8 juillet 1843 (Fradel), S. 44, 1, 67; Chassan, t. 1, p. 410.

44. On ne peut considérer comme un délit de calomnie l'imputation faite d'une manière hypothétique, par exemple en disant : Si tel individu a fait telle chose, c'est un brigand et un coquin. — Cass. 20 mars 1817 (Toutain), *J. p.*; Dalloz, vᵒ *Presse*, nᵒ 817.

45. La censure et la critique dirigées contre une entreprise industrielle, et dont le but est de dévoiler les déceptions auxquelles le public est exposé, constituent, lorsqu'elles sont fondées, une critique licite. — Chassan, t. 1, p. 371.

46. La critique littéraire ou scientifique, quelle qu'en soit la forme, tant qu'elle se renferme dans les limites de l'appréciation, ne peut autoriser une action en justice. — Chassan, t. 1, p. 381; de Grattier, t. 1, p. 185.

47. Mais l'article d'un journal qui, ne se renfermant pas dans l'examen littéraire des œuvres d'un auteur, contient des atteintes graves à sa personne, peut être considéré comme diffamatoire. — Cass. 29 nov. 1845 (Forneret), *B. cr.*; Chassan, *id.*, p. 382.

48. Un historien peut rendre compte de faits de nature à porter atteinte à l'honneur et à la considération d'un citoyen, si ces faits sont constatés ou divulgués dans des documents publics et se rattachent à l'histoire du pays et si le compte rendu est fait avec mesure et convenance. — Chassan, t. 1, p. 375.

49. De même on a le droit de rechercher et de rappeler les antécédents historiques d'une personne qui prétend diriger l'opinion publique, pourvu que le caractère privé de cette personne soit respecté et que le droit se trouve exercé avec mesure et convenance. — Chassan, t. 1, p. 376.

50. Le jugement, même injuste et passionné, porté sur la personne, le talent, la capacité d'un candidat électoral, ne constitue pas une diffamation ni une injure, si on ne s'est pas servi d'expressions injurieuses et méprisantes et si on ne s'est pas attaqué à sa vie privée. — Chassan, t. 1, p. 373.

51. La diffamation peut exister, encore bien que la personne diffamée n'ait pas été désignée par son nom, lorsqu'elle l'a été de manière qu'aucun doute ne soit possible. — Cass. 19 août 1841 (Martin), *B. cr.*; 12 août 1843 (Dahirel), *B. cr.*; Chassan, t. 1, p. 395; de Grattier, t. 1, p. 194; Dalloz, vᵒ *Presse*, nᵒˢ 839 et suiv.

52. Elle peut exister, quoiqu'elle n'ait pas pour base un fait directement personnel à celui qui se plaint, s'il l'atteint indirectement. — Chassan, t. 1, p. 396; de Grattier, t. 1, p. 194.

53. A l'égard du délit de diffamation commis envers la mémoire d'un mort, les héritiers sont sans

qualité pour intenter l'action. — Chassan, t. 1, p. 400 ; de Grattier, t. 1, p. 196. V. sur cette question diverses décisions sous l'art. 63 C. i, c., n°s 25 et suiv. *Codes crim.*

54. Il appartient aux juges du fond d'apprécier si un écrit diffamatoire s'adresse à une personne ou à une autre. — Cass. 12 sept. 1823 (de Bastoulh), *J. p.*

55. Mais la cour de cassation a le droit d'apprécier si les passages d'un écrit relatés dans l'arrêt constituent des allégations de faits de nature à porter atteinte à l'honneur et à la considération du fonctionnaire auquel ils sont imputés.— Cass. 8 mars 1861 (Antoni), *B. cr.*

56. Si un écrit a un caractère injurieux. — Cass. 21 janv. 1860 (Bourget), *B. cr.*

57. Il appartient aux tribunaux de déterminer souverainement les circonstances d'après lesquelles les faits imputés doivent être considérés comme ayant porté atteinte à l'honneur ou à la considération du plaignant. — Cass. 12 mai 1820 (Masson), *J. p.*; de Grattier, t. 1, 186. V. sur cette question les notes sous l'art. 408 C. i. cr., n°s 80 et suiv., 108, 114. *Codes crim.*

58. La diffamation est suffisamment caractérisée lorsque l'arrêt constate que, par l'article du journal incriminé, le plaignant a été attaqué dans son honneur et sa considération, et est fondé à se prétendre diffamé. — Cass. 23 sept. 1852 (Leconte), *B. cr.*

59. Lorsqu'il déclare que le prévenu est coupable d'avoir, dans un article de journal, imputé à un citoyen des faits portant atteinte à son honneur et à sa considération; alors que les faits de diffamation ont été articulés et qualifiés par la poursuite. — Cass. 30 nov. 1850 (Semac), D., 50, 5, 373.

60. Le juge saisi de la plainte peut, en appréciant l'écrit incriminé, ajouter aux passages articulés d'autres passages du même écrit non cités dans la plainte, pour fonder sa décision. — Cass. 8 juillet 1852 (Maillard), *B. cr.*

61. Un prévenu de diffamation n'est pas légalement acquitté s'il n'est point constaté par le jugement qu'il ne s'est pas rendu coupable par l'un des moyens énoncés en l'art. 1er, L. 17 mai 1819, de l'imputation d'un fait portant atteinte à l'honneur ou à la considération du plaignant. — Cass. 3 août 1820 (Chevreau), *J. p.*

§ 3. — *Dans quels cas il y a injure.*

62. La loi n'a pas distingué entre l'injure écrite et l'injure verbale. — Cass. 10 nov. 1826 (Cescaud), *J. p.*; de Grattier, t. 1, p. 221.

63. Elle n'exige pas que l'injure ou l'outrage aient été prononcés en présence de la personne offensée. — Cass. 9 fév. 1810 (Gochi), D.; Chassan, t. 1, p. 432; de Grattier, t. 1, p. 183. V. sous l'art. 222 C. pén., n° 54.

64. Dire en public à un juge de paix qu'il ne remplit pas ses devoirs, qu'on n'a aucun ménagement à garder avec un homme tel que lui, c'est commettre le délit d'injure et non celui de diffamation. — Cass. 11 avril 1822 (Cenac), *J. p.*; Chassan, t. 1, p. 411; de Grattier, t. 1. p. 199.—L'art. 6, L. 25 mars 1822, qualifie ce fait d'outrage. — De Grattier, *id.*

65. Dire à haute voix dans la rue, en parlant d'un maire qui procède à une inhumation : *Venez voir un prêtre de nouvelle espèce, un joli curé, un f.... curé qui ne chante pas, un enterreur de bête, etc.*, c'est commettre une injure publique contre un maire dans l'exercice de ses fonctions. — Cass. 16 mars 1832 (Grasset), *J. p.*

66. Les mots : *Voleur, brigand. scélérat, faussaire,*

renfermant uniquement des imputations de vices déterminés, constituent des injures et non des diffamations.—Riom, 13 nov. 1846 (Hyvert), D., 47, 2, 37.

67. Les expressions : *homme sans foi et sans honneur* présentent le caractère d'injure et non celui de diffamation ; elles ne renferment pas l'imputation d'un fait précis. — Cass. 5 déc. 1861 (Normand), *B. cr.*

68. Traiter de *mauvais soldats* des gardes nationaux qui se rendent pour un service au lieu qui leur est indiqué, c'est commettre l'injure prévue par l'art. 19. — Cass. 17 mai 1832 (Bertin), *J. p.*

69. La spécification des discours, termes ou expressions injurieux n'est pas substantielle aux motifs d'un jugement. Il ne peut jamais résulter ouverture à cassation de la qualification qui peut leur être donnée. — Cass. 11 avril 1822 (Cenac), *J. p.*; Parant, p. 86; de Grattier, t. 1, p. 201. Mais V. sous l'art. 408 C. i. cr., n°s 80, 88, 89 et suiv. *Codes crim.*, des décisions diverses sur les attributions de la cour de cassation.

Art. 14. La diffamation et l'injure commises par l'un des moyens énoncés en l'art. Ier de la présente loi seront punies d'après les distinctions suivantes.

§ 1er. — *Eléments des délits de diffamation et d'injures. — Publicité.*

1. Il n'y a pas de délit de diffamation sans publicité. — Cass. 18 avril 1823 (Ducœur Joly), *J. p.*; 7 mars 1823 (Maire), *J. p.*; 17 mai 1845 (Rheville), *B. cr.*

2. La diffamation, lorsqu'elle n'est pas publique, constitue une injure simple. — Cass. 2 déc. 1819 (Gouraincourt), *J. p.*; 23 août 1821 (Hutin), *J. p.*; 23 nov. 1843 (Meliande), *B. cr.*; 25 juillet 1861 (Guille), *B. cr.*; Chassan, t. 1, p. 419; Parant, p. 89; de Grattier, t. 1, p. 221. V. notes sous l'art. 47 C. pén., n°s 9 et suiv. *Codes crim.* — Même lorsqu'elle résulte d'un écrit. — Cass. 10 juin 1817 (Dussieu), *J. p.*; Colmar, 4 déc. 1821 (Wintzel), *J. p.*; Cass. 10 nov. 1826 (Cescaud), *J. p.*; 23 nov. 1843 (Méliande).

3. Il n'y a point publicité lorsque, indépendamment du plaignant et du prévenu, il n'y avait, au moment où l'outrage a été commis, qu'une troisième personne qui n'a pu entendre, à raison de son éloignement. — Cass. 30 juillet 1852 (Léger), *B. cr.*; Dalloz, v° *Presse*, n° 614.

4. Des propos tenus par un particulier dans sa maison, lorsqu'il n'y a pas de témoins, n'ont pas une publicité suffisante pour constituer une diffamation, quoiqu'ils aient été entendus au dehors. — Bourges, 8 mars 1822 (Galpy), *J. p.* — *Contrà :* Si l'auteur des propos les a proférés dans l'intention de se faire entendre au dehors. — Chassan, t. 1, p. 52; Dalloz, v° *Presse*, n° 866.

5. Des propos calomnieux tenus à une personne en présence de deux autres qui en étaient déjà informées ne tombent pas sous l'application de la loi ; art. 367 C. pén.— Cass. 23 juillet 1813 (Pettironi), *J. p.*; Parant, p. 88.

6. La publicité de la diffamation doit être constatée par le jugement à peine de nullité. — Cass. 2 déc. 1819 (Gouraincourt), *J. p.*; 23 août 1821 (Hutin), *J. p.*; 7 janv. 1826 (Destremont), *J. p.*; Parant, p. 71; de Grattier, t. 1, p. 123.

7. Le jugement doit déclarer que l'écrit a été rendu public par l'une des voies que l'art. 1er détermine. — Cass. 18 juillet 1828 (de Magnoncourt), *J. p.*; de Grattier, t. 1, p. 202.

8. Il doit déclarer les faits desquels il peut résulter que les propos imputés au prévenu ont été tenus ou dans un lieu public, ou dans une réunion publique. — Cass. 3 janv. 1822 (Dubreuil), *J. p.*

9. Les tribunaux doivent, à peine de nullité, indiquer les lieux où les propos injurieux ont été tenus, afin de mettre la cour de cassation à même d'exercer son contrôle. — Cass. 1er mars 1851 (Tripier), *B. cr.*

10. La déclaration que la publicité des imputations résulte de ce que les propos incriminés ont été tenus à haute voix établit suffisamment qu'ils ont été *proférés* dans le sens de cet article. — Cass. 27 sept. 1851 (Tripier) *B. cr.* — *Contrà :* S'il est déclaré seulement que les propos ont été *tenus* ou *dits*. — Cass. 1er mars 1851 (Tripier), *B. cr.* V. sous l'art. 1er, n° 6.

11. Au contraire, la loi, ne déterminant pas les caractères de la publicité, a laissé aux tribunaux le soin d'apprécier les faits desquels elle peut dériver. — Cass. 29 mars 1822 (Andrieux), D.; 26 janv. 1826 (Jacquot), *J. p.*; Orléans, 18 juillet 1835 (Rabier), *J. p.*

12. Les tribunaux apprécient d'une manière souveraine les circonstances qui constituent la publicité. — Cass. 4 août 1832 (Devolvé), *J. p.* — Celles qui doivent constituer un lieu public ou une réunion publique. — Cass. 27 déc. 1823 (Mazavon), *J. p.*

13. Il suffit que le jugement déclare que les propos ont été proférés publiquement. — Cass. 26 janv. 1826 (Jacquot), *J. p.*; Chassan, t. 1, p. 52; Parant, p. 70; de Grattier, t. 1, p. 123.

14. En déclarant que les faits diffamatoires ont été commis publiquement, quand ils ne l'ont point été dans des lieux publics, les tribunaux décident implicitement qu'ils l'ont été dans une réunion publique. — Même arrêt. V. *infrà*, n° 32.

§ 2. — *Diffamations et injures proférées dans des lieux publics.*

15. L'imputation faite dans une rue est publique; il n'est pas nécessaire qu'il y ait réunion publique. — Cass. 26 mars 1813 (Ricci), *J. p.*

16. Des propos proférés dans une boutique ont un caractère public lorsqu'il est déclaré que les portes étaient ouvertes, qu'elle était accessible à tous les habitants, et que les personnes qui s'y trouvaient les ont entendus. — Cass. 27 sept. 1851 (Tripier), *B. cr.*

17. Au contraire, des boutiques ou magasins, même dans les heures où ils sont accessibles aux acheteurs, ne perdent pas, en général, le caractère de lieux privés : ils ne deviennent momentanément publics que dans des circonstances exceptionnelles, telles qu'une vente à l'encan, une exposition annoncée au public. — Caen, 8 janv. 1849 (Leroux). D., 51, 2, 117.

18. Mais la diffamation serait publique si les propos avaient pu être entendus par un grand nombre d'acheteurs. — Même arrêt. V. sous l'art. 1er, n°s 55, 56, 62.

19. La diffamation qui a eu lieu dans la pièce commune d'une auberge où se trouvaient trois personnes est publique. — Cass. 1er août 1845 (Journée). D., 45, 5, 415. — *Contrà :* Dalloz, v° *Presse*, n° 863. V. sous l'art. 1er, n°s 43 et suiv.

20. Cependant des propos tenus dans une auberge peuvent n'avoir pas été proférés publiquement. — Cass. 11 juin 1831 (Latour du Pin), *J. p.* V. sous l'art 1er, n°s 44 et suiv.

21. On ne peut considérer comme ayant un caractère public :
Une imputation calomnieuse faite dans la maison d'un juge de paix, hors du lieu et du jour de l'audience de ce magistrat. — Metz, 18 oct. 1817, *J. p.*; Riom, 24 déc. 1829 (Berthon), *J. p.*; de Grattier, t. 1, p. 121.

22. Par exemple, lorsque ce juge remplissait seulement un bon office et non un ministère officiel. — Metz, 18 oct. 1817, *J. p.* V. sous l'art. 1er, n° 53.

23. Les propos tenus dans une voiture publique allant d'une ville à une autre, en présence de quelques voyageurs. — Cass. 27 août 1831 (Pellegrin), *J. p.*; Parant, p. 70; Dalloz, v° *Presse*, n° 859. — *Contrà :* Chassan, t. 1, p. 50; de Grattier, t. 1, p. 121.

24. Des paroles prononcées dans le greffe d'une maison d'arrêt, dans le cours d'un interrogatoire, en présence du fonctionnaire public. — Cass. 19 sept. 1846 (Garon), *B. cr.*; Dalloz, v° *Presse*, n° 562.

25. Un tribunal peut décider que des injures proférées dans une salle d'audience, en présence des juges, du substitut et du barreau, ne sont pas publiques. — Cass. 4 août 1832 (Devolvé), *J. p.*; de Grattier, t. 1, p. 121; Dalloz, v° *Presse*, n° 932.

26. Il faut que le discours tenu dans un lieu public ait frappé l'oreille de plusieurs personnes, la loi ne considère pas comme diffamateur celui qui l'aurait confié, dans un lieu public, à une seule personne, si aucune autre n'avait pu l'entendre. — Bourges, 8 mars 1822 (Galpy), *J. p.*; Dalloz, v° *Presse*, n°s 535, 863. V. *suprà*, n° 3. — *Contrà :* Chassan, t. 1, p. 48.

27. Mais une conversation en termes injurieux pour un fonctionnaire, tenue sur un chemin public, et surprise par des tiers qui se trouvaient dans une propriété voisine, constitue le délit d'injures publiques. — Bordeaux, 30 déc. 1847 (L.), D. 47, 5, 387; Chassan, t. 1, p. 48; de Grattier, t. I, p. 123. — *Contrà :* Il faut que les propos injurieux aient été *proférés*. — Dalloz, v° *Presse*, n° 944.

28. Une imputation calomnieuse proférée dans une réunion ou dans un lieu public, tel qu'une salle de spectacle, est réputée publique, encore qu'elle n'ait été entendue que de deux ou même d'une seule personne. — Cass. 2 juillet 1812 (Broudetta), *J. p.*; Parant, p. 69.

29. Au contraire, dans un lieu public de sa nature, il y a toujours ou réunion ou passage de citoyens, et conséquemment toujours aussi présomption nécessaire et légale de la publicité de l'imputation. — Cass. 26 mars 1813 (Ricci), *J. p.* — *Contrà :* Dalloz, v° *Presse*, n° 865.

30. Il n'est pas même nécessaire que l'imputation ait été entendue si elle a été *proférée* dans un lieu public de manière à être entendue de quiconque serait survenu. — Parant, p. 88; Chassan, t. 1, p. 48. — *Contrà :* Dalloz, *id.*

§ 3. — *Diffamations et injures proférées dans des réunions publiques.*

31. L'exposition d'un écrit diffamatoire est également coupable, qu'elle soit faite dans un lieu public ou dans une réunion publique. Une réunion peut être publique quoique formée dans un lieu non public. — Cass. 26 janv. 1826 (Jacquot), *J. p.*; 10 déc. 1842 (Chevalier), *B. cr.*; Chassan, t. 1, p. 52.

32. Ainsi, il ne suffit pas que le jugement déclare que le lieu dans lequel des propos ont été tenus n'était pas un lieu public, il faut en outre qu'il soit constaté qu'ils n'ont pas été tenus dans une réunion publique. — Cass. 10 janv. 1824 (Guynaud), *J. p.*; 26 janv. 1826 (Jacquot). *J. p.*; de Grattier, t. 1, p. 124; Chassan, t. 1, p. 52; Parant, p. 70. V. *suprà*, n° 14.

33. Un propos tenu dans une réunion de créan-

ciers présidée par un magistrat, à l'effet de procéder à un concordat par suite de faillite, a le caractère de publicité exigé par cet article. — Cass. 1ᵉʳ fév. 1851 (Rousseau), *B. cr.*

34. Les paroles injurieuses proférées dans la séance d'un conseil municipal n'ont pas un caractère public. — Cass. 8 nov. 1844 (Harment), *B. cr.* — *Contra :* Si elles ont été proférées non-seulement en présence des membres de ce conseil, mais encore en présence des propriétaires les plus imposés. — Orléans, 18 juillet 1835 (Rabier), *J. p.* — Sur ce qui constitue une réunion publique, V. les notes sous l'art. 1ᵉʳ, § 4.

§ 4. — *Diffamations et injures commises par écrit.*

35. La publicité nécessaire pour constituer le délit de diffamation résulte de lettres missives adressées à plusieurs personnes, surtout lorsque celles-ci ont été autorisées à leur donner de la publicité. — Cass. 29 juillet 1858 (Mouret), *B. cr.*; Dalloz, v° *Presse*, n° 868.

36. Elle peut résult. de la communication de l'écrit à plusieurs personnes séparément dans un but de publicité. — Cass. 23 mars 1844 (Delanney), *B. cr.* — Même faite clandestinement. — Cass. 17 août 1839 (Fraboulet), *B. cr.* — Ou sous forme confidentielle. — Chassan, t. 1, p. 44, 422 ; de Grattier, t. 1, p. 126. V. sous l'art. 1ᵉʳ, L. 17 mai 1819, n° 15.

37. Par exemple, la diffamation peut résulter de la distribution d'un écrit faite par une maison à ses agents ou correspondants dans un but de publicité. — Cass. 10 déc. 1842 (Chevallier), *B. cr.*; Chassan, t. 1, p. 423. — *Contra :* Si l'écrit est confidentiel. — Paris, 6 mars 1844 (Harville), *J. p.*; 44, 2, 81.

38. Au contraire, il n'y a pas publicité dans la dictée d'une lettre par un patron à son employé, ou dans la communication qui en a été donnée à un tiers à titre de confidence et en vue d'une conciliation. — Cass. 8 mai 1856 (Barthelemy), *B. cr.*

39. Le fait d'avoir montré à plusieurs personnes et à deux reprises, dans le cabinet d'un courtier de commerce, un écrit diffamatoire, a pu être considéré comme n'ayant pas eu la publicité exigée par la loi pour constituer le délit de diffamation. — Bordeaux, 2 mai 1833, *J. p.*; Cass. 29 nov. 1833 (Boudon), *J. p.*; Parant, p. 465 ; de Grattier, t. 1, p. 122.

40. La publicité donnée à une lettre particulière, par exemple à celle écrite par une jeune fille à son amant, peut constituer le délit de diffamation, si cette lettre est de nature à porter atteinte à l'honneur de la jeune fille. — Cass. 15 déc. 1859 (Moncaubet), *B. cr.*

41. L'imputation d'un fait portant atteinte à l'honneur et à la considération contenue dans un procès-verbal d'offres réelles dressé par un huissier, signifié dans l'étude d'un autre, ne peut constituer le délit de diffamation, la publicité n'existant pas. — Cass. 25 nov. 1859 (Meurs-Mazy), *B. cr.*; Dalloz, v° *Presse*, n° 853. — *Contra :* L'imputation faite par une partie dans un acte signifié par huissier à l'autre partie a un caractère public. — Cass. 11 vend. an IV (Deyris), *J. p.*; Nîmes, 14 déc. 1848 ; D., 50, 5, 372.

42. Si l'acte extra-judiciaire était suivi d'un procès, il devrait être considéré comme un écrit produit devant les tribunaux. — Chassan, t. 1, p. 408. — *Contra :* Dalloz, *id.* V. les notes sous l'art. 23, L. 17 mai 1819.

43. S'il était suivi d'une dénonciation, la plainte de la personne prétendue diffamée serait connexe aux poursuites. — Cass. 11 vend. an IV (Deyris),

J. p. V. notes sous l'art. 373 C. pén., *Codes crim.* Chassan, t. 1, p. 408.

44. Un acte notifié d'avoué à avoué dans le cours d'un procès civil n'a aucun des caractères de publicité prévus par l'art 1ᵉʳ, L. 17 mai 1819. — Cass. 21 sept. 1838 (Vialle), *B. cr.*; Chassan, t. 1, p. 423.

45. Ainsi, des imputations calomnieuses, consignées dans une requête signifiée d'avoué à avoué, ne peuvent constituer le délit de calomnie si cette requête n'a pas été rendue publique. — Cass. 27 août 1818 (Dragon-Gonnecourt), *J. p.*; Chassan, t. 1, p. 423 ; Parant, p. 88 ; de Grattier, t. 1, p. 202.

46. Une note distribuée à chacun des membres d'une juridiction civile, appelés à connaître d'un litige, ne peut être considérée comme publique. — Cass. 22 juin 1838 (Thomas), *B. cr.*

47. Mais la publicité donnée à des mémoires produits en justice peut constituer le délit de diffamation. — Paris, 24 avril 1847 (Christofle) ; D., 47, 2, 197.

48. Il y a diffamation lorsque des mémoires sont répandus dans le public sans utilité et sur des plaintes encore soumises à une instruction secrète. — Cass. 18 oct. 1821 (Ricard), *J. p.*

49. Des imputations calomnieuses consignées dans un registre authentique déposé au greffe d'un tribunal ont un caractère public. — Cass. 22 août 1828 (Clin), *J. p.*; Chassan, t. 1, p. 423 ; Parant, p. 87 ; de Grattier, t. 1, p. 203. — *Contra :* Dalloz, v° *Presse*, n° 857.

50. Au contraire, on ne peut considérer comme publiques :

La diffamation ou l'injure contenues dans un acte authentique, tel qu'un testament notarié qui n'a été ni distribué ni exposé dans des lieux publics. — Cass. 7 mars 1823 (Pommier), *J. p.*; Chassan, t. 1, p. 423 ; Parant, p. 87 ; de Grattier, t. 1, p. 202 ; Dalloz, v° *Presse*, n° 869.

51. Ni des imputations diffamatoires insérées dans une requête adressée contre un syndic à un juge commissaire lorsqu'elle n'a pas été distribuée. — Cass. 7 mai 1819 (Lemonnier) ; Dalloz, v° *Presse*, n° 869.

52. Ni des imputations renfermées dans une dénonciation adressée à une chambre d'accusation ou dans une demande formée devant le conseil d'Etat pour être autorisé à poursuivre. — Cass. 18 juillet 1828 (Magnoncourt), *J. p.*

53. Ni des imputations diffamatoires renfermées dans un écrit adressé à un ministre contre un de ses subordonnés, si elles n'ont pas été rendues publiques, mais elles peuvent être constitutives de la dénonciation calomnieuse. — Cass. 23 août 1816 (Maury), *J. p.*; Chassan, t. 1, p. 424 ; Parant, p. 87.

54. La diffamation et l'injure insérées dans une pétition adressée à la chambre des députés ou des pairs, sont publiques lorsqu'elles sont divulguées par le rapport fait à la tribune. La publicité est imputable à l'auteur de la pétition. — Chassan, t. 1, p. 424.

55. Les expressions diffamatoires contenues dans la délibération d'un conseil municipal ne peuvent donner lieu à une action en diffamation ; l'individu lésé doit se pourvoir devant l'autorité administrative. — Nancy, 17 juillet 1846 (Mayeur) ; D., 46, 2, 236.

Art. 15. *Remplacé par l'art. 5, Loi du 25 mars 1822.*

Art. 16. La diffamation envers tout dépositaire ou agent de l'autorité publique, pour des faits relatifs à ses fonctions, sera punie d'un emprisonnement de huit jours à dix-huit mois, et d'une amende de 50 fr. à 3,000 fr.

L'emprisonnement et l'amende pourront, dans ce cas, être infligés cumulativement ou séparément, selon les circonstances.

1. Cet article n'est pas abrogé par l'art. 6, L. 25 mars 1822. — Cass. 17 juillet 1845 (Vaguer), *B. cr.*; Parant, p. 91.

2. Il est encore applicable aux diffamations envers les simples agents de l'autorité. — Parant, p. 92; de Grattier, t. 1, p. 207.

3. Mais la diffamation verbale envers un fonctionnaire public dans l'exercice de ses fonctions prend le caractère d'outrage prévu par l'art. 222 du C. pén. — Cass. 7 déc. 1837 (Andrieu), *B. cr.*; Parant, p. 92; de Grattier, t. 1, p. 207. V. sous l'art. 222 C. pén., n° 11, *Codes crim.*

4. On ne peut considérer comme dépositaires ou agents de l'autorité publique, ou comme investis d'un caractère public que ceux qui, par délégation médiate ou immédiate du gouvernement, exercent, dans un intérêt public, une portion de son autorité. — Paris, 31 mars 1843 (Briet), *J. p.*; Dalloz, v° *Presse,* n° 903.

5. Doivent être considérés comme agents de l'autorité :
Les porteurs de contraintes. — Cass. 14 août 1843 (Armspach), *J. p.*; Chassan, t. 1, p. 442. V. sous l'art. 224 C. pén., n° 17.

6. Les gardes champêtres. — Metz, 4 déc. 1826 (Couturier), *J. p.* V. notes sous l'art. 24 C. pén., n° 24, *Codes crim.*

7. Les sergents de ville, quoiqu'ils n'aient pas prêté serment. — Cass. 9 mars 1833 (Pelleport), *J. p.*; Parant, p. 92; de Grattier, t. 1, p. 207.

8. Les appariteurs ou agents de police, lorsqu'ils exercent la surveillance municipale. — Cass. 28 août 1829 (Guichard), *J. p.*; 16 juin 1832 (Brian), *J. p.*; 27 mai 1837 (Bailly), *B. cr.*; Chassan, t. 1, p. 441; Parant, p. 92; de Grattier, t. 1, p. 207. — Et qu'ils agissent pour l'exécution des règlements. — Cass. 27 mai 1837 (Bailly), *J. p.* V. notes sous l'art. 234 C. pén., n°ˢ 18 et suiv., *Codes crim.*

9. Les gendarmes. — Limoges, 23 nov. 1851, S. 52, 2, 25.

10. Les gardes établis par les concessionnaires d'un droit de péage pour assurer la perception du droit. — Orléans, 12 mai 1845 (Quillier); D., 45, 2, 175.

11. Les gardes nationaux, lorsqu'ils font des actes relatifs à leur service. — Cass. 5 août 1831 (Savary), *J. p.*; 24 fév. 1832 (Fontaneau), *J. p.*; 17 mai 1832 (Bertin), *J. p.*; Chassan, t. 1, p. 441; Parant, p. 91; de Grattier, t. 1, p. 207; Dalloz, v° *Presse,* n° 1529.

12. Ne peuvent être réputés agents de l'autorité publique :
Les membres des commissions administratives des hospices. — Cass. 27 nov. 1840 (Clément), D. V. sous l'art. 6, L. 25 mars 1822, § 4.

13. Les chirurgiens ou médecins d'un hôpital. — Orléans, 16 août 1836 (Groubental), *J. p.*

14. Un directeur d'un dépôt de mendicité. — Bordeaux, 20 mars 1851 (Dugat); D., 53, 2, 159.

15. Les électeurs. — Cass. 25 mai 1838 (Mangin), *J. p.*; 13 fév. 1850 (de Maynard), *B. cr.*

16. Les ministres des cultes. — Paris, 31 mars 1843 (Briet); Dalloz, v° *Presse,* n° 907. V. encore les notes sous l'art. 6, L. 25 mars 1822, § 4.

17. Les arbitres volontaires. Ils n'ont aucun caractère public. — Cass. 29 avril 1837 (Parquin), *B.*

cr.; Chassan, t. 2, p. 169. — Il en était autrement des arbitres forcés. — Cass. 15 juillet 1836 (Salmon), *J. p.* — Même amiables compositeurs. — Cass., ch. réun., 15 mai 1838 (Parquin), *B. cr.* — *Contrà :* de Grattier, t. 1, p. 424.

18. Le secrétaire d'un sous-préfet et le commis d'une sous-préfecture. — Cass. 22 août 1851 (Capo de Feuillide), *B. cr.*

19. Les avoués ni les notaires. — Cass. 9 sept. 1836 (Fournier-Verneuil), *J. p.*; Riom, 13 nov. 1846 (Hyvert); D., 47, 2, 37 : de Grattier, t. 1, p. 208; Dalloz, v° *Presse,* n° 1517. V. encore sous l'art. 6, L. 25 mars 1822, autres décisions.

20. La circonstance que l'agent a été diffamé pour des faits relatifs à ses fonctions est constitutive du délit prévu par cet article. — Cass. 16 juin 1832 (de Brian), *J. p.*; de Grattier, t. 1, p. 213.

21. Cette circonstance est suffisamment constatée par la déclaration que les propos contenaient l'imputation de faits portant atteinte à l'honneur et à la considération et par l'énonciation des écrits incriminés. — Cass. 13 juin 1851 (Sémac), *B. cr.*

22. L'imputation ne porte pas sur des faits relatifs aux fonctions, lorsqu'elle ne s'attaque pas à un fait de l'agent parfaitement légal et régulier, mais porte seulement sur la corrélation de ce fait avec la position personnelle de cet agent. Il n'y a alors qu'une diffamation envers une personne privée. — Cass. 19 sept. 1850 (Bareste), *B. cr.*

23. La diffamation commise envers un professeur à l'occasion de la publication de ses leçons orales est étrangère à sa qualité d'officier de l'université. — Cass. 8 nov. 1844 (Barrier), *B. cr.*; Chassan, t. 2, p. 177.

24. Il est indifférent que l'agent eût cessé ses fonctions au moment où le délit a été consommé, s'il a été injurié pour des faits relatifs à ces fonctions. — De Grattier, t. 1, 214.

Art. 17. La diffamation envers les ambassadeurs, ministres plénipotentiaires, envoyés, chargés d'affaires ou autres agents diplomatiques accrédités près du roi, sera punie d'un emprisonnement de huit jours à dix-huit mois, et d'une amende de 50 fr. à 3,000 fr., ou de l'une de ces deux peines seulement, selon les circonstances.

Cet article n'exige pas, pour que la diffamation envers les agents diplomatiques accrédités soit punie des peines prononcées par ledit article, qu'elle ait pour objet des faits relatifs à leurs fonctions. — Cass. 27 janv. 1843 (Barrachin); S., 43, 1, 239; Chassan, t. 1, p. 439; Parant, p. 93; de Grattier, t. 1, p. 215; Dalloz, v° *Presse,* n° 913.

Art. 18. La diffamation envers les particuliers sera punie d'un emprisonnement de cinq jours à un an, et d'une amende de 25 fr. à 2,000 fr., ou de l'une de ces deux peines seulement, selon les circonstances.

1. La diffamation commise en France par un étranger envers un autre étranger résidant à l'étranger peut être poursuivie en France. — Cass. 22 juin 1826 (Wilson), *J. p.*; de Grattier, t. 1, p. 216; Dalloz, v° *Presse,* n° 1130. V. sous l'art. 7, n° 18, C. i. cr.

2. L'amende encourue pour délit de diffamation

envers un particulier par la voie d'un journal ne peut pas être moindre du double du *minimum* de celle fixée par l'art. 18. Art. 10, loi 9 juin 1819.— Cass. 6 juillet 1832 (Fourteau), *J. p.*

Art. 19. L'injure contre les personnes désignées par les art. 16 et 17 de la présente loi sera punie d'un emprisonnement de cinq jours à un an, et d'une amende de 25 fr. à 2,000 fr., ou de l'une de ces deux peines seulement, selon les circonstances.

L'injure contre les particuliers sera punie d'une amende de 16 fr. à 500 fr.

1. Cet article déroge à l'art. 224 C. pén., lorsqu'il s'agit d'injures publiques adressées à des agents ou dépositaires de l'autorité publique *dans l'exercice de leurs fonctions* ou pour *des faits relatifs à leurs fonctions*. — Orléans, 10 juillet 1843 (Isambert), *J. p.*, 43, 2, 433.

2. Il n'est applicable qu'autant que l'injure est relative aux fonctions. — Parant, p. 94 ; de Grattier, t. 2, p. 218.

3. L'injure verbale n'est réputée faite qu'à un simple particulier, lorsqu'elle n'a été adressée à un maire qu'à raison d'un fait qui lui était pleinement personnel. — Cass. 24 déc. 1819 (Leger), *J. p.*

4. Ou lorsqu'elle ne lui a été adressée ni dans l'exercice ni à l'occasion de l'exercice de ses fonctions. — Cass. 18 août 1832 (Bernardini), *J. p.*

5. Un maire est dans l'exercice de ses fonctions quand il appose une affiche annonçant une nouvelle importante.—Cass. 1ᵉʳ mars 1833 (Gueguen), *J. p.*

6. Un gendarme est dans l'exercice de ses fonctions quand, par ordre de ses chefs et pour le service du poste dont il fait partie, il achète du pain chez un boulanger. — Cass. 30 déc. 1853 (Ayraud), *B. cr.*

7. Cet article est applicable à l'outrage par paroles dans un cabaret à un garde champêtre agissant comme officier de police. — Metz, 29 mai 1826 (Hambourger), *J. p.*

8. V., dans quels cas l'art. 224 C. pén. est applicable, les notes sous ledit article, *Codes crim.*

Art. 20. Néanmoins, l'injure qui ne renfermerait pas l'imputation d'un vice déterminé, ou qui ne serait pas publique, continuera d'être punie des peines de simple police.

1. Aux termes de cet article, il ne suffit pas que l'injure soit publique pour donner lieu à une peine correctionnelle, il faut, en outre, qu'elle contienne l'imputation d'un vice déterminé. — Bordeaux, 13 janv. 1832 (Arnaud), *J. p.*; Cass. 20 août 1842 (Philippe), *B. cr.*; 11 nov. 1843 (Moynier), *B. cr.*; Chassan, t. 1, p. 411; Parant, p. 95 ; de Grattier, t. 1, p. 225 ; Dalloz, vᵒ *Presse*, nᵒ 933. V. sous l'art. 376, nᵒ 1, C. pén., *Codes crim.*— *Contrà :* Il suffit que l'injure soit publique. — Lyon, 5 janv. 1825 (Boissieux), *J. p.*; Cass. 15 fév. 1828 (Deloge), *J. p.*; 24 avril 1828 (Luneizolle), *J. p.*; 9 mars 1833 (Pelleport), *J. p.*

2. Ainsi l'injure, même commise par la voie de la presse, lorsqu'elle ne contient pas l'imputation d'un vice déterminé, ne peut être punie que des peines de police. — Cass. 11 nov. 1843 (Moynier), *B. cr.*

3. De même, l'injure qui renferme l'imputation d'un vice déterminé n'est pas pour cela de la compétence du tribunal correctionnel ; il faut qu'elle soit publique. — Poitiers, 19 déc. 1820 (Champion), *J. p.*; Bordeaux, 7 janv. 1832 (Arnaud), *J. p.*; Cass. 10 juillet 1840 (Nativel), *J. p.*, 41, 2, 619; 16 avril 1841 (Courtet), *J. p.*, 41, 2, 136; Chassan, t. 1, p. 411.

4. A l'égard de la diffamation non publique. — V. *suprà*, sous l'art. 14, nᵒ 2.

5. Lorsque le tribunal déclare que l'outrage n'a pas été public, il doit, lorsque aucun renvoi n'a été demandé soit par la partie publique, soit par la partie civile, prononcer les peines de police pour injures simples. — Cass. 30 juillet 1853 (Leger), *B. cr.* V. art. 192 C. i. cr.

6. On ne peut considérer comme contenant l'imputation d'un vice déterminé :

L'imputation faite dans une circulaire adressée par un négociant à ses correspondants que telle personne ne fait plus partie de sa maison pour des raisons assez graves pour ne pas les citer. Elle ne constitue qu'une injure simple punie par l'art. 471 C. pén. — Paris, 6 mars 1844 (Harviller), *J. p.*, 44, 2, 81.

7. Le mot *canaille*. — Cass. 20 août 1842 (Philippe), *B. cr.* ; Chassan, t. 1, p. 411. — *Contrà :* Dalloz, vᵒ *Presse*, nᵒ 926.

8. Ni les mots : *drôle* ou *polisson*. — Cass. 16 avril 1841 (Courtet), *J. p.*, 41, 2, 136 ; Nîmes, 3 juin 1841 (Courtet), *J. p.*, 41, 2, 136 ; Pau, 31 juill. 1857 ; D. 58, 2, 210 ; Chassan, t. 1, p. 411. — *Contrà :* Celui qui publiquement traite un autre de drôle, insolent et polisson commet une injure passible des peines portées par les art. 13 et 19. — Angers, 15 nov. 1828 (Demouti), *J. p.* — *Contrà :* Dalloz, vᵒ *Presse*, nᵒ 930.

9. Ni cette apostrophe : *Vous êtes un mauvais citoyen, un homme suspect.* — Bordeaux, 13 janvier 1832 (Arnaud), *J. p.* — *Contrà :* Dalloz, vᵒ *Presse*, nᵒ 927.

10. Ni le propos tenu à une dame : *qu'elle n'est qu'une marchande de chansons et qu'il y a un long cahier sur son compte.* — Cass. 10 juillet 1840 (Nativel), *J. p.*, 41, 2, 619.

11. Mais l'imputation d'être un fripon renferme l'imputation d'un vice déterminé. — Cass. 1ᵉʳ fév. 1851 (Rousseau), *B. cr.*

12. Lorsque les juges donnent à des paroles une qualification différente de leur sens apparent, il faut qu'ils spécifient à quel vice le prévenu a voulu attacher l'expression dont il s'est servi. — Cass. 20 août 1842 (Philippe), *B. cr.*

13. Cet article ne se réfère qu'au 2ᵉ paragraphe de l'art. 19, relatif aux injures contre les particuliers. Lorsque l'injure est publique et qu'elle est dirigée contre un agent de l'autorité, la juridiction correctionnelle est compétente, lors même que l'injure ne renfermerait pas l'imputation d'un vice déterminé. — Cass. 13 mars 1823 (Balthazard), *J. p.*; Orléans, 10 juillet 1843 (Isambert), *J. p.*; Cass. 6 août 1852 (Jusselain), *B. cr.*; Dalloz, vᵒ *Presse*, nᵒ 939. — *Contrà :* De Grattier, t. 1, p. 220. — C'est l'art. 6, L. 25 mars 1822, qui est applicable.— Parant, p. 95.

14. Ainsi, l'art. 19 est applicable aux injures adressées à un agent de police, encore qu'elles ne renferment pas l'imputation d'un vice déterminé, et encore que l'agent n'ait pas prêté serment. — Cass. 5 avril 1860 (Pinsart), *B. cr.* — *Contrà :* Pau, 31 juillet 1857 (N.); D., 58, 2, 210.

15. Le peu de gravité et la non-publicité des injures adressées à un fonctionnaire les font rentrer sous l'application de l'art. 224 C. pén. — Cass. 23 janv. 1829 (Dubreuil), *J. p.* — Ou dans celle de l'art. 222 C. pén. — Chassan, t. 1, p. 418. V. les notes sous les art. 222 et 224 C. pén. *Codes crim.*

CHAPITRE VI. — *Dispositions générales.*

Art. 21. Ne donneront ouverture à aucune action les discours tenus dans le sein de l'une des deux Chambres, ainsi que les rapports ou toutes autres pièces imprimées par ordre de l'une des deux Chambres.

1. L'immunité accordée par cet article ne couvrirait pas le pair ou le député, ni le tiers, qui sans l'ordre de la chambre reproduirait au dehors de son enceinte le discours qui y aurait été prononcé. — Chassan, t. 1, 63; Parant, p. 98; de Grattier, t. 1, p. 225; Dalloz, v° *Presse,* n° 1160. — Sauf l'application de l'art. 22 ci-après.

2. Elle ne couvrirait point un pétitionnaire dont la pétition renfermerait un délit, par exemple une diffamation. — Chassan, t. 1, p. 63; Parant, *id.*; de Grattier, t. 1, p. 227; Dalloz, v° *Presse,* n° 1164.

3. Elle ne peut s'étendre aux écrits publiés pendant les élections au sujet d'un candidat. — Cass. 16 nov. 1843 (Miramont), *B. cr.*; Chassan, t. 1, p. 62.

4. Ni aux protestations adressées à la Chambre contre une élection. — Orléans, 31 mai 1847 (Renou-Ruel); D., 47, 2, 161.

5. Elle n'est point applicable aux délits d'outrages commis dans les réunions des conseils municipaux.— Cass. 17 mai 1845 (de Théville), *B. cr.*; 22 août 1840 (Boubée), *B. cr.*; 30 nov. 1861 (Rambourg), *B. cr.*; Chassan, t. 1, p. 61. — *Contrà :* Dalloz, v° *Presse,* n° 1169.

6. La Chambre peut infliger elle-même certaines peines à ses membres, telles que le rappel à l'ordre, l'interdiction de la parole. — Chassan, t. 1, p. 74.

Art. 22. Ne donnera lieu à aucune action le compte fidèle des séances publiques de la Chambre des députés, rendu de bonne foi dans les journaux.

1. Le bénéfice de cet article ne peut être invoqué que par les journaux. — De Grattier, t. 1, p. 230.

2. La publication par extrait d'un ou plusieurs discours ne serait pas à l'abri des poursuites si le discours ainsi publié contenait quelque délit. — Chassan, t. 1, p. 123.

Art. 23. Ne donneront lieu à aucune action en diffamation ou injure les discours prononcés ou les écrits produits devant les tribunaux : pourront néanmoins les juges saisis de la cause, en statuant sur le fond, prononcer la suppression des écrits injurieux ou diffamatoires, et condamner qui il appartiendra en des dommages-intérêts.

Les juges pourront aussi, dans le même cas, faire des injonctions aux avocats et officiers ministériels, ou même les suspendre de leurs fonctions.

La durée de cette suspension ne pourra excéder six mois ; en cas de récidive, elle sera d'un an au moins, et de cinq ans au plus.

Pourront, toutefois, les faits diffamatoires étrangers à la cause donner ouverture, soit à l'action publique, soit à l'action civile des parties, lorsqu'elle leur aura été réservée par les tribunaux, et, dans tous les cas, à l'action civile des tiers. *V. art.* 1036 *C. proc.*

§ 1er. — *Discours prononcés devant les tribunaux.*

1. Cet article s'applique aussi bien au cas d'injures ou diffamations prononcées dans les plaidoiries, qu'au cas d'injures ou diffamations écrites dans les mémoires ou actes du procès. — Bordeaux, 7 août 1844 (Ballanger); S., 45, 2, 552; Chassan, t. 2, p. 543.

2. Une partie est responsable des imputations injurieuses ou diffamatoires étrangères à la cause contenues dans la plaidoirie de son avocat, lorsque les imputations ont eu lieu en sa présence et sans opposition de sa part. — Rouen, 7 mars 1835 (Maubert), *J. p.*; Bordeaux, 7 août 1844 (Ballanger); S., 45, 2, 552; Chassan, t. 2, p. 544. — *Contrà :* Dalloz, v° *Presse,* n° 1218.

3. Mais l'avocat qui a écrit ou plaidé des faits calomnieux par ordre de son client peut être personnellement tenu de dommages-intérêts. — Chassan, t. 1, p. 78; de Grattier, t. 1, p. 244; Dalloz, *id.* — — *Contrà :* Paris, 23 prair. an XIII (Lusignan), *J. p.*

4. Surtout lorsque ces faits sont imputés à des tiers et sont étrangers à la cause. — Rouen, 7 mars 1835 (Maubert), *J. p.*; Chassan, t. 1, p. 99.

5. L'avocat et l'avoué seraient cependant affranchis de toute responsabilité dans le cas où l'injure ou la diffamation ne résulteraient que de la publication de faits indispensables à la cause. — De Grattier, t. 1, p. 245.

6. Des paroles injurieuses prononcées par une partie pendant la plaidoirie de son conseil, et sans avoir obtenu la parole du président, ne peuvent être considérées comme faisant partie de la défense, ni jouir du bénéfice de cet article. — Caen, 30 avril 1842 (Lahille), *B. cr.*; de Grattier, t. 1, p. 232; Mangin, *Act. publ.*, t. 1, p. 321.

7. Il en est de même des paroles injurieuses proférées par une partie dans une de ces affaires dont l'instruction se fait par écrit. — Mangin, t. 1, p. 322; de Grattier, t. 1, p. 233. — *Contrà :* Dalloz, v° *Presse,* n° 1195.

8. Ou des paroles injurieuses proférées par un tiers pendant les plaidoiries. — De Grattier, t. 1, p. 234.

9. Le prévenu d'injures ne peut invoquer l'exception portée en cet article :
Lorsque les propos n'ont pas été tenus devant le juge. — Cass. 7 juillet 1827 (Chatel), *J. p.*

10. Ou lorsque les injures ont été proférées dans la salle d'audience en présence du barreau et du public pendant le délibéré des juges. — Cass. 19 nov. 1829 (Mestivier), *J. p.*; Mangin, t. 1, p. 323; de Grattier, t. 1, p. 233; Dalloz, v° *Presse,* n° 1196. — *Contrà :* Les juges saisis de l'affaire sont seuls compétents pour réprimer ces injures s'ils en ont connaissance. — Chassan, t. 2, p. 572.

11. Lorsque l'outrage a été prononcé non dans la plaidoirie, mais après le jugement, devant le juge, alors surtout que la personne outragée n'était pas présente et ne pouvait demander acte des réserves. — Grenoble, 9 mai 1834 (Piot), *J. p.*; de Grattier, t. 1, p. 234; Dalloz, v° *Presse,* n° 1196.

12. Cet article n'est pas applicable aux magistrats du min. public, lorsqu'ils donnent leurs conclusions.

Les tribunaux ne peuvent donner acte de réserves faites contre eux. — Cass. 30 oct. 1835 (Blavot), *J. p.*; 11 janv. 1851 (Bachelet); D., 51, 5, 408; de Grattier, t. 1, p. 232. — Même de leur consentement. — Cass. 20 oct. 1835 (Blavot), *J. p.*

13. Les réquisitions prises à l'audience par ces officiers ne peuvent donner lieu contre eux, dans aucun cas, à une action en diffamation ou en injures. — Cass. 30 oct. 1835 (Blavot), *J. p.* — *Contrà:* Dalloz, vᵒ *Presse*, nᵒ 1185.

14. Un acte d'accusation et un réquisitoire prononcé à l'audience ne peuvent donner lieu à une plainte en diffamation de la part des tiers, lorsque les paroles prétendues injurieuses ne présentent pas les caractères de mauvaise foi et de dessein de nuire. — Cass. 24 déc. 1822 (Lafitte), *J. p.*

15. Cet article n'est pas non plus applicable à un tribunal qui, appréciant dans son jugement un fait qui était l'un des éléments du procès, le qualifie de manière à nuire à l'honneur ou à la considération de l'une des parties. — Cass. 22 fév. 1825 (de Forbin Janson), *J. p.*; Chassan, t. 1, p. 107.

16. Mais si les motifs d'un jugement étaient de nature à constituer un véritable délit, la partie lésée aurait le droit de se pourvoir contre le juge par les voies ordinaires. — Cass. 29 janv. 1824 (Forbin Janson), *J. p.*; Chassan, *id.*, p. 110.

17. Il ne s'applique qu'aux diffamations envers les parties ou les tiers, et ne couvre pas les discours qui constituent des délits politiques. — Cass. 27 fév. 1832 (Raspail), *J. p.*; 7 juin 1832 (de Savignac), *J. p.*; Dalloz, vᵒ *Presse*, nᵒ 1197. — Ou des crimes ou délits de droit commun, art. 181 C. i. c. — De Grattier, t. 1, p. 233, 251.

18. Des faits diffamatoires non étrangers à la cause, prononcés dans une plaidoirie, à l'audience, au nom d'un prévenu de diffamation, ne peuvent constituer un nouveau délit; il n'y a lieu qu'à l'application de cet article. — Lyon, 16 fév. 1826 (Bœuf), *J. p.*

§ 2. — *Écrits produits devant les tribunaux.*

19. L'expression : *écrits produits* s'applique à toute remise ou émission aux juges saisis de l'affaire d'un écrit ou d'un imprimé. — Cass. 3 juin 1825 (Valade), *J. p.*; de Grattier, t. 1, p. 235; Mangin, t. 1, p. 327.

20. Il n'est pas nécessaire que l'écrit soit signifié comme défense ou comme pièce du procès. — Cass. 6 fév. 1829 (Thirion Montauban), *J. p.*; 12 sept. 1829 (Michel), *J. p.*; Bastia, 27 déc. 1834 (Biadelli), *J. p.*; Agen, 23 déc. 1851 (Benech); D., 52, 2, 117; Parant, p. 101; Mangin, *Act. publ.*, t. 1, p. 327; de Grattier, t. 1, p. 238; Chassan, t. 1, p. 91. — Ni qu'il soit signé. — Cass. 3 juin 1825 (Valade), *J. p.*; Chassan, *id.*; Mangin, *id.*; de Grattier, t. 1, p. 235.

21. Il suffit qu'il ait été distribué aux juges et que des fragments en aient été lus. — Bordeaux, 6 janv. 1834 (Rullié), *J. p.*

22. Ou même qu'il ait fait partie d'un dossier communiqué. — Bourges, 3 juillet 1841 (Bonneau), *J. p.*, 41, 2, 678; Chassan, t. 1, p. 104; de Grattier, t. 1, p. 238.

23. Qu'il ait été remis au juge rapporteur de l'affaire. — Cass. 30 déc. 1851 (du Martray); D., 52, 1, 154; Dalloz, vᵒ *Presse*, nᵒ 1203.

24. Une plainte en faux signée d'un avocat, quoique jointe au dossier, n'est pas réputée produite en justice si elle a été retirée et remplacée par une requête signée de la partie avant que l'affaire fût soumise à l'examen de la cour. — Cass. 21 fév. 1838 (Provins). *J. p.*; de Grattier, t. 1, p. 238.

25. L'immunité établie par cet article n'est point applicable aux mémoires distribués à d'autres qu'aux juges. — Cass. 14 déc. 1838 (Bernage), *B. cr.*; Dalloz, vᵒ *Presse*, nᵒ 1204. — Elle n'appartient pas aux articles publiés dans les journaux par un prévenu dans l'intérêt de sa défense. — Cass. 10 juin 1831 (Berge), *J. p.*; de Grattier, t. 1, p. 237.

26. La publicité donnée à des mémoires produits en justice peut constituer une diffamation, non couverte par l'immunité accordée par cet article. — Cass. 11 mai 1843 (Paya); Paris, 24 avril 1847 (Christofle), D. 47, 2, 1, 197; Parant, p. 101; Chassan, t. 2, p. 546.

27. On ne peut considérer comme produit devant les tribunaux le mémoire diffamatoire publié avant que l'instance fût engagée. — Cass. 18 fév. 1819 (Fortin), *J. p.* — Après le jugement et avant l'appel. — Cass. 21 juillet 1832 (Ricard), *J. p.*; Chassan, t. 1, p. 91; Parant, p. 101.

28. Ou après l'arrêt qui a mis fin au procès. — Cass. 16 nov. 1843 (Miramont), *B. cr.*; 15 juin 1854 (de Colmont), *B. cr.*

29. Le tribunal correctionnel est souverain pour décider, d'après les circonstances de fait qui ont accompagné la production d'un écrit dans une instance civile, si cet écrit a le caractère d'un mémoire produit en justice, ou s'il n'a eu pour objet que de faciliter, sous les apparences d'une légitime défense, des allégations diffamatoires. — Cass. 20 mai 1854 (Grass), *B. cr.*; 15 déc. 1854 (de Colmont), *B. cr.*

30. On ne peut réputer produit devant les tribunaux un écrit imprimé qui, quoique relatif à un procès et répandu dans le public, n'a pas été versé au procès ni distribué aux magistrats. — Rouen, 7 mars 1833 (Maubert), *J. p.*; Colmar, 27 juin 1836 (Lacroix), *J. p.*; Mangin, t. 1, p. 326; de Grattier, t. 1, p. 238.

31. Et alors que ceux-ci déclarent qu'ils n'ont aucun moyen de constater si une distribution en a été faite. Une action séparée en diffamation est recevable. — Cass. 24 déc. 1830 (Lacroix), *J. p.*; Mangin, *id.*; Parant, p. 102.

32. Ni un mémoire dont un seul exemplaire est tombé entre les mains du min. public. — Toulouse, 10 avril 1829 (Michel), *J. p.*; de Grattier, t. 1, p. 238. — Mais il pourrait y avoir *publication*. — Chassan, t. 1, p. 92.

33. Cependant un écrit adressé au roi, imprimé et distribué à l'occasion d'un procès, doit être considéré comme un mémoire sur procès, et ne peut donner lieu à une action directe en diffamation, lorsqu'il rapporte les mêmes faits que ceux présentés aux juges saisis. — Paris, 15 déc. 1825 (Bordeaux), *J. p.*

34. On ne peut assimiler à un écrit produit en justice une plainte calomnieuse déposée au greffe d'un tribunal et suivie d'une ordonnance de non-lieu. — Cass. 22 août 1828 (Clin), *J. p.*; de Grattier, t. 1, p. 238.

35. Ni l'écrit diffamatoire publié par un maire en réponse à une dénonciation transmise au ministre de l'intérieur. — Cass. 2 août 1821 (Titon Bergeras), *J. p.*; Chassan, t. 1, p. 94; Mangin, *Act. publ.*, t. 1, p. 324; Parant, p. 101; de Grattier, t. 1, p. 238.

36. Cet article n'est pas applicable lorsque la publication a eu lieu en dehors de tout débat judiciaire, et ne peut trouver son appui dans la nécessité de la défense. — Cass. 23 mars 1844 (Delanney), *B. cr.*; Chassan, t. 1, p. 77, t. 2, p. 545; Mangin, *Act. publ.*, t. 1, p. 326.

37. Ainsi, l'immunité accordée par cet article n'appartient pas à l'écrit d'un avocat, produit en dehors de tout débat judiciaire, répandu à un grand nombre

d'exemplaires. Il reste soumis à la loi générale. — Cass. 26 avril 1856 (Caseneuve), *B. cr.*

38. L'exception établie par cet article ne peut être invoquée lorsque le mémoire produit devant les tribunaux contient, non une diffamation ni une injure, mais une dénonciation calomnieuse. — Cass. 1er mars 1860 (Contour); S., 60, 1, 768.

39. Ainsi, cet article ne s'applique point à la dénonciation calomnieuse qui, après avoir été faite verbalement à l'audience, est ensuite rédigée, signée et déposée sur le bureau du tribunal. Celui-ci est hors d'état de statuer, et il n'est pas nécessaire que des réserves aient été expressément dénoncées, ni qu'il ait été statué sur l'extranéité des faits de la dénonciation pour que le droit d'action soit conservé à la partie lésée. — Cass. 16 fév. 1839 (Vacherie), *B. cr.*

40. La publication d'un interrogatoire subi devant un juge d'instruction peut donner lieu à des poursuites s'il contient des délits. — Cass. 19 mai 1832 (Leduc), *J. p.*

41. Les écrits publiés pendant les élections au sujet d'un candidat ne sont pas couverts par l'immunité consacrée par la loi, et peuvent être poursuivis pour diffamation. — Douai, 21 août 1861 (Plichon); S. 61, 534.

§ 3. — Tribunaux compétents pour prononcer sur les injures et diffamations.

42. Les tribunaux civils sont compétents pour réprimer les injures et diffamations contenues dans les écrits produits devant eux. — Cass. 3 juin 1825 (Valade), *J. p.*; Chassan, t. 1, p. 79; de Grattier, t. 1, p. 232.

43. De même, la suppression des mémoires et la condamnation à des dommages-intérêts peuvent être prononcées par les tribunaux de commerce. — Rennes, 20 juin 1810, *J. p.*; Chassan, t. 1, p. 79; Dalloz, v° *Presse*, n° 1270; de Grattier, t. 1, p. 232.

44. Mais les arbitres ne peuvent prononcer ni la suppression des écrits produits devant eux, ni la condamnation à des dommages-intérêts. Ils ne sont pas des juges. — Chassan, t. 1, p. 85; de Grattier, t. 1, p. 243; arg., Paris, 23 juin 1825 (Descourtils), *J. p.* — *Contrà* : Dalloz, v° *Presse*, n° 1272.

45. Le juge de police est compétent pour réprimer les injures et diffamations qui se produisent devant lui ou pour donner acte des réserves s'ils sont étrangers à la cause. — Nîmes, 25 janvier 1839 (Nicolas); Dalloz, v° *Presse*, n° 1221.

46. Les imputations injurieuses ou diffamatoires, étrangères à la cause, qui ont été faites devant un juge de paix procédant à un accès de lieux, par une des parties contre l'autre, ne peuvent servir de base à une action en injure ou diffamation, à moins que le juge ne l'ait expressément réservée. — Metz, 26 fév. 1821 (Gœury), *J. p.*

47. Mais le juge de paix siégeant au bureau de conciliation ne constitue pas un tribunal dans le sens de cet article. Les propos diffamatoires tenus devant lui par l'une des parties contre l'autre peuvent donner lieu à une action en dommages-intérêts, quoique cette action n'ait pas été réservée. — Aix, 30 avril 1845 (Charaboc); S. 47, 2, 88; Bordeaux, 16 mai 1861 (Giraud), *J. p.*, 61, 535.

48. Cependant une citation en conciliation lue à l'audience de la justice de paix constitue un écrit produit devant un tribunal; l'injure qu'elle contient doit être appréciée par les juges saisis de la cause et statuant sur le fond, et ne peut donner lieu à une action ultérieure. — Bordeaux, 8 août 1833 (Mari-

chon), *J. p.*; Chassan, t. 1, p. 92; Dalloz, v° *Presse*, n° 1176.

49. La cour de cassation peut blâmer les mémoires injurieux pour les magistrats qui ont rendu l'arrêt attaqué, et en ordonner le dépôt à son greffe. — Cass. 1 sept. 1810 (Launoy-Clervaux), *J. p.*; 10 avril 1818 (Debie), *J. p.*

50. Ou en ordonner la suppression. — Cass. 20 août 1831 (Lapelouze), *J. p.*

51. Ou réserver au procureur général son action. — Cass. 28 avril 1827 (Gourel), *J. p.*

52. La cour saisie par le renvoi n'est pas compétente pour apprécier les énonciations contenues dans une requête en renvoi pour cause de suspicion légitime, c'est à la cour de cassation à les réprimer si elles sont injurieuses. — Grenoble, 3 janv. 1827, D.

53. Cet article est applicable : aux écrits produits dans les contestations portées devant les conseils de préfecture. — Cass. 21 juillet 1838 (Mottet), *B. cr.*; Chassan, t. 1, p. 95; de Grattier, t. 1, p. 232.

54. Aux discours prononcés devant les tribunaux militaires et maritimes, le conseil d'État, la cour des comptes, les justices de paix. — De Grattier, t. 1, p. 232.

55. Il ne s'applique pas aux mémoires produits devant une chambre d'accusation où l'instruction n'est ni publique, ni contradictoire. — Cass. 18 oct. 1821 (Richard), *J. p.*; 7 déc. 1821 (Merlino), *J. p.*; Mangin, t. 3, n° 153; Chassan, t. 1, p. 93; de Grattier, t. 1, p. 242.

56. Ces chambres doivent suivre la marche tracée par l'article 29 C. i. cr. — Cass. 7 déc. 1821 (Merlino), *J. p.*

57. C'est à la cour d'assises saisie de l'affaire qu'il appartient de statuer et d'apprécier l'écrit. Elle ne peut se borner à délaisser les parties à se pourvoir ainsi qu'elles aviseront. — Bastia, 27 déc. 1834 (Biadelli), *J. p.* — *Contrà* : Chassan, t. 1, p. 93.

58. Mais un mémoire produit devant la chambre d'accusation peut donner lieu à une action en diffamation, lorsqu'il a été en même temps distribué et répandu dans le public, à raison d'un procès dont l'instruction était secrète. — Cass. 25 août 1837 (Dumoulin), *B. cr.*; de Grattier, t. 1, p. 242.

59. Les mémoires publiés pour la défense d'un accusé devant la cour d'assises ne peuvent avoir le caractère d'*écrits* produits devant les tribunaux; la défense écrite n'y étant pas admise. — Cass. 11 août 1820 (Cabet), *J. p.*; de Grattier, t. 1, p. 239; Chassan, t. 1, p. 93; Mangin, *Act. publ.*, t. 1, p. 322; Parant, p. 101. — *Contrà* : La cour d'assises peut prononcer la suppression du mémoire. — Cass. 12 mars 1812 (Campion), *J. p.*; Dalloz, v° *Presse*, n° 1215.

60. Ainsi, les témoins qui se trouvent diffamés par un mémoire produit par l'accusé pour sa défense peuvent exercer contre lui une action en diffamation. — Cass. 11 août 1820 (Cabet), *J. p.*

61. Mais les paroles injurieuses proférées par l'accusé contre un témoin ne peuvent être réprimées que par la cour d'assises. — Cass. 23 août 1838 (Delormel), *J. p.*, 39, 1, 40.

62. Les juges de la cause sont seuls compétents pour connaître des faits diffamatoires relatifs à cette cause. — Bastia, 27 déc. 1834 (Biadelli); de Grattier, t. 1, p. 241.

63. Les expressions diffamatoires prononcées par l'une des parties à l'audience peuvent donner lieu à une condamnation en dommages-intérêts, quoique les juges ne soient saisis que d'une question de compétence. — Cass. 22 août 1851 (Capò de Feuillide), *B. cr.*; Dalloz, v° *Presse*, n° 1269. — Au contraire, les juges qui ne sont saisis que d'un incident,

ou qui se déclarent incompétents, ne peuvent ni réprimer les diffamations, ni réserver l'action. — De Grattier, t. 1, p. 241, 278.

64. La cour à laquelle a été présenté un mémoire par une partie en cause peut, bien que, par suite d'un arrêté de conflit pris par le préfet et confirmé par le conseil d'Etat, elle ait été dessaisie de la connaissance de la contestation, prononcer encore la suppression de ce mémoire comme diffamatoire. — Paris, 20 déc. 1836 (Dudon); S., 58, 2, 32.

§ 4. — *Suppression des écrits.* — *Dommages-intérêts.*

65. Un tribunal peut d'office, d'après les dispositions de l'art. 1036 C. proc., supprimer des écrits produits au procès, lorsqu'ils sont injurieux pour des tiers. — Grenoble, 28 janv. 1832 (Bois), *J. p.* — Ou même pour l'autre partie. — Cass. 18 messid. an XII (Lecerf), *J. p.*; de Grattier, t. 1, p. 241; Dalloz, vᵒ *Presse*, nᵒ 1234; Chassan, t. 1, p. 86.

66. Ou lorsqu'ils sont injurieux pour la magistrature. — Bourges, 2 juillet 1841 (Bonneau), *J. p.*, 41, 2, 678.

67. Mais il ne pourrait accorder des dommages-intérêts s'il n'en était pas demandé. — Chassan, t. 1, p. 87; de Grattier, t. 1, p. 240; Dalloz, vᵒ *Presse*, nᵒ 1285.

68. La cour de cassation supprime d'office les mémoires injurieux pour les magistrats dont l'arrêt est attaqué. — Cass. 11 janv. 1808 (Fox Low), *J. p.*; 26 août 1831 (Lapelouze), *J. p.*; 26 août 1837 (Donnadieu), *B. cr.* — Ou pour l'autre partie. — Cass. 11 janv. 1808 (Fox Low), *J. p.*

69. Le ministère public a le droit de demander la suppression d'un mémoire distribué à la cour, après ses conclusions, et dans lequel se trouvent des termes injurieux et diffamatoires pour sa personne. — Rennes, 26 janv. 1835 (Desmortiers), *J. p.* — Ou pour un des avocats de la cause, encore bien que cet avocat ne prenne pas de conclusions à cet égard. — Rennes, 12 juin 1834 (Bourdomay), *J. p.*; Chassan, t. 1, p. 87; Dalloz, vᵒ *Presse*, nᵒ 1264.

70. Une partie peut obtenir la suppression d'un mémoire injurieux qui a été distribué aux magistrats, quoiqu'il ne soit signé que par la partie adverse et non par un avocat ou un avoué. — Bordeaux, 27 mars 1833 (Sureau), *J. p.*; Rennes, 26 janv. 1835 (Desmortiers), *J. p.*

71. Mais si la partie qui a produit un mémoire injurieux est un agent du gouvernement, agissant dans l'exercice de ses fonctions, le plaignant est non recevable à prendre contre lui des conclusions, tant que l'autorisation du gouvernement n'est pas rapportée. — Cass. 14 juin 1826 (Moussillac), *J. p.*

72. Au contraire, il n'est pas besoin d'une autorisation pour obtenir contre un fonctionnaire les condamnations auxquelles donnent lieu les discours ou les écrits produits en son nom; il n'agit point dans l'exercice de ses fonctions. — Cass. 12 mars 1829 (Charpin), *J. p.*

73. Une partie n'est pas fondée à demander la suppression d'un mémoire comme injurieux, si elle-même a, dans ses écritures et plaidoiries, provoqué la partie adverse par des expressions également offensantes. — Rennes, 11 mars 1812 (Gault), *J. p.*

74. Les tribunaux sont souverains pour déclarer que des écrits sont calomnieux; la loi s'en rapporte à leur prudence. — Cass. 17 juin 1817 (Bresson), *J. p.*

75. On ne peut considérer et punir comme diffamatoires l'articulation et la demande en preuve des faits mêmes du procès, quelque outrageants qu'ils

puissent être, pourvu qu'ils soient présentés en termes mesurés. — Chassan, t. 1, p. 77.

76. Pour supprimer simplement les écrits produits ou adjuger des dommages-intérêts, il n'est pas nécessaire que les faits diffamatoires soient étrangers au procès; il suffit qu'ils soient injurieux. — Cass., ch. req., 14 juin 1834 (Deschamps); S., 54, 1, 611.

77. Ils peuvent être supprimés, soit qu'ils soient relatifs à la cause, soit qu'ils y soient étrangers. — Dalloz, vᵒ *Presse*, nᵒ 1259.

78. La suppression totale d'un mémoire renfermant des faits diffamatoires peut être ordonnée lorsque les passages incriminés n'en forment point une partie distincte. — Cass. 8 juillet 1832 (Maillard), *B. cr.*

79. La partie qui se prétend injuriée par un discours ou un écrit ne peut en demander le dépôt au greffe. — Bordeaux, 18 nov. 1828 (Milhac), *J. p.*; de Grattier, t. 1, p. 250; Dalloz, vᵒ *Presse*, nᵒ 1263.

80. On ne peut demander la suppression d'un mémoire qui n'a point été distribué aux membres du tribunal. — Rouen, 7 mars 1835 (Maubert), *J. p.*; Chassan, t. 1, p. 91; Mangin, *Act. publ.*, t. 1, nᵒ 153. V. *supra*, nᵒ 23.

81. L'affiche et l'impression du jugement peuvent, en outre, être ordonnées en vertu de l'art. 1036 C. de proc. — Chassan, t. 2, p. 570. — Même d'office. — De Grattier, t. 1, p. 251.

82. L'impression, lorsqu'elle est ordonnée, doit avoir lieu dans les journaux, lorsqu'il n'y a pas affiche. — Cass. 14 juin 1834 (Deschamps); D., 54, 1, 389.

83. La suppression des écrits, seule et isolée, ne peut donner ouverture à l'appel. Il en serait autrement s'il y avait appel quant au principal ou quant aux dommages-intérêts. — Rennes, 18 juillet 1820 (Dussaut), *J. p.*; Chassan, t. 2, p. 553, 585. — Les décisions rendues par application de l'art. 23, § 1ᵉʳ, sont, dans les termes du droit commun, soumises à l'appel. — De Grattier, t. 1, p. 241.

§ 5. — *Injonctions aux avocats et avoués.* — *Peines disciplinaires.*

84. Les dispositions de cet article, qui bornent à six mois la durée de la suspension que les juges peuvent prononcer contre les avocats, n'est relative qu'aux diffamations envers les parties en cause. Elle ne peut être étendue aux manquements envers les tribunaux, les autorités publiques et les lois. L'exercice du pouvoir disciplinaire n'a, dans ce cas, d'autres limites que celles fixées par les art. 18 et 43 ord. du 20 nov. 1822. — Cass. 25 janv. 1834 (Pinart), *J. p.*; Chassan, t. 1, p. 87; Parant, p. 102; de Grattier, t. 1, p. 257.

85. *Quid* si les faits dégénéraient en délit? V. les notes sous les art. 181 et 505 C. inst. cr., *Codes crim.*

86. Les injonctions et la suspension peuvent être prononcées d'office et sans provocation du ministère public. — De Grattier, t. 1, p. 256.

87. Mais elles ne peuvent être appliquées aux avocats et officiers ministériels que par les tribunaux ordinaires. — Chassan, t. 2, p. 570; de Grattier, t. 1, p. 256. — Elles ne peuvent l'être par les juges de paix, les tribunaux de commerce, etc. — De Grattier, *id.*; Dalloz, vᵒ *Presse*, nᵒ 1279.

88. Un avocat ne peut être poursuivi, à raison de ses plaidoiries, devant une autre juridiction, si celle-ci n'a point réprimé l'infraction, ou, au cas où elle aurait été incompétente, dressé un procès-verbal et renvoyé devant qui de droit. — Cass. 5 oct. 1815 (Viguier), *J. p.*

89. Les décisions prises contre les avocats et offi-

ciers ministériels sont sujettes à appel dans le cas où il y a suspension temporaire. — Chassan, t. 2, p. 583; de Grattier, t. 1, p. 257; Dalloz, v° *Presse*, n° 156. V. art. 103 décr. 30 mars 1808.

§ 6. — *Des réserves.* — *Dans quels cas elles peuvent être demandées.*

90. A l'égard des faits étrangers à la cause, les juges peuvent en connaître ou réserver l'action pour être suivie devant la juridiction ordinaire. — Chassan, t. 1, p. 95.

91. Il ne peut être donné acte des réserves formées par une partie contre son adversaire, à raison des faits articulés contre elle, que dans le cas où ces faits sont étrangers à la cause. — Lyon, 25 mai 1836 (Chollet), *J. p.*

92. Et seulement dans le cas où il s'agit de faits *diffamatoires.* A l'égard des *injures*, elles ne peuvent donner lieu à une action. Les juges saisis de l'affaire ont seuls droit de les punir, soit qu'elles se rattachent à l'affaire, soit qu'elles s'y trouvent étrangères. — Mangin, *Act. publ.*, t. 1, p. 328; de Grattier, t. 1, p. 258; Dalloz, v° *Presse*, n° 1234; Chassan, t. 1, n°⁵ 129, 130; Parant, p. 100. — Soit même qu'elles concernent des tiers. — Chassan, t. 1, n° 130.

93. Sans la réserve accordée au plaignant, les tribunaux correctionnels ne peuvent jamais être saisis d'une plainte pour des imputations et des injures contenues dans des écrits, relatifs à la défense des parties, qui ont été produits devant d'autres juges. — Cass. 18 fév. 1820 (Ricard), *J. p.*; Mangin, t. 1, p. 330; Chassan, t. 1, p. 96; de Grattier, t. 1, p. 266.

94. Ces réserves peuvent être refusées. — Mangin, *id.*

95. Ainsi la cour, en ordonnant la suppression d'un mémoire imprimé, peut refuser de donner acte au ministère public de ses réserves. — Cass. 5 juin 1828 (Pevrard), *J. p.*

96. Mais elle ne peut se dispenser de statuer sur ses conclusions, afin qu'il lui en soit donné acte. — Cass. 3 oct. 1820, D.

97. L'action ne peut être réservée lorsque les propos injurieux n'ont pas été tenus devant le juge. — Cass. 7 juillet 1827 (Chatel), *J. p.*; Chassan, t. 1, p. 76; Mangin, *Act. publ.*, t. 1, n° 153. — Et ont été insérés dans un écrit publié et distribué à d'autres qu'aux juges. — Cass. 14 déc. 1838 (Bernage), *B. cr.*; de Grattier, t. 1, p. 271. V. *supra*, § 2.

98. Il ne suffit pas que le juge réserve à la partie diffamée par des discours prononcés devant lui son action, par une disposition expresse; il est nécessaire qu'il déclare les faits prétendus diffamatoires *étrangers à la cause*, autrement la partie lésée est non recevable à intenter une action. — Cass. 2 avril 1825 (Thirion), *J. p.*; 12 sept. 1829 (Michel), *J. p.*; 6 fév. 1829 (Thirion Montauban), *J. p.*; 3 mars 1837 (Villin), *B. cr.*; Chassan, t. 1, p. 96; Mangin, t. 1, p. 331; Parant, p. 102; de Grattier, t. 1, p. 274; Dalloz, v° *Presse*, n° 1231.

99. Des réserves générales sont insuffisantes; les faits étrangers à la cause doivent être précisés dans l'arrêt. — Bastia, 27 déc. 1834 (Biadelli), *J. p.*; Agen, 23 déc. 1851 (Beneck); D., 52, 2, 117; Chassan, *id.*; Mangin, *id.*; Dalloz, v° *Presse*, n° 1224. — Et déclarés diffamatoires. — Mangin, *id.* — *Contrà :* Il n'appartient qu'au juge, qui sera saisi de l'action de décider s'ils sont diffamatoires. — De Grattier, t. 1, p. 279; Dalloz, v° *Presse*, n° 1223.

100. Lorsque l'action est réservée, les faits sur lesquels elle repose doivent être fixés par le jugement ou par un procès-verbal, ou établis par toute autre preuve légale. — Cass. 18 fév. 1819 (Fortin), *J. p.*; de Grattier, t. 1, p. 278.

101. Cependant, des imputations diffamatoires contenues dans un mémoire de défense peuvent être considérées implicitement comme étrangères à la cause, lorsque la partie diffamée n'était point partie dans la poursuite exercée par le ministère public. — Cass. 8 juillet 1852 (Maillard), *B. cr.*

102. Lorsqu'un tribunal déclare que le sort du procès ne dépend point des pièces faisant l'objet d'une imputation de faux proférée à son audience, et réserve à la partie offensée l'action correctionnelle, il décide virtuellement que les faits imputés sont diffamatoires et étrangers à la cause. — Cass. 21 mai 1836 (Durand Vaugaron), *J. p.*

103. Le ministère public ne peut exercer le droit de poursuivre que lorsque les faits diffamatoires ont été déclarés étrangers à la cause. — Cass. 12 sept. 1829 (Michel), *J. p.*; 3 mars 1837 (Beaurin), *J. p.* — *Contrà :* De Grattier, t. 1, p. 267.

104. De même, le défaut de réserves, qui est un obstacle à l'exercice de l'action civile, s'oppose également à l'action publique. — Toulouse, 10 avril 1829 (Michel), *J. p.*; Mangin, *Act. publ.*, t. 1, p. 329; Chassan, t. 1, p. 96; Dalloz, v° *Presse*, n° 1225. — *Contrà :* De Grattier, t. 1, p. 259, 261. V. *infrà*, § 7.

105. Mais la fin de non-recevoir résultant de ce que l'action civile n'aurait pas été réservée à la partie injuriée dans une instance peut être couverte si l'autre partie conclut au fond, au lieu d'opposer le défaut de réserves. — Cass. 7 août 1844 (Jacques); S., 45, 1, 24; Chassan, t. 2, p. 547; Dalloz, v° *Presse*, n° 1232.

106. L'action en diffamation n'est pas recevable tant que le juge du fond n'a point rendu son jugement définitif et donné acte des réserves. — Cass. 21 juillet 1838 (Mottel); D., 38, 1, 470; de Grattier, t. 1, p. 280. — A l'égard des tiers, V. § 7, n° 138.

107. Lorsqu'un mémoire diffamatoire est produit devant des arbitres-juges, le plaignant ne peut agir par action directe tant que lesdits arbitres n'ont pas statué sur le fond de la contestation. — Paris, 23 juin 1825 (Descourtils), *J. p.*

§ 7. — *De l'action des tiers.* — *Ce qu'il faut entendre par tiers.*

108. L'immunité de cet article ne peut s'étendre à celui qui distribue, dans un procès où il n'est pas personnellement intéressé, un mémoire injurieux contre un tiers également étranger au débat. — Cass. 9 juin 1859 (Urtin), *B. cr.*

109. Ni à la partie qui produit dans une instance un écrit contenant une diffamation contre un tiers étranger à cette instance. — Cass. 20 mai 1854 (Grass), *B. cr.*; Mangin, t. 1, p. 33. — Lorsque ce tiers et l'imputation diffamatoire dirigée contre lui étaient étrangers au procès pour lequel le mémoire a été rédigé, et lorsque cette pièce a été distribuée à différentes personnes ou a été publiée même depuis l'arrêt. — Cass. 4 avril 1857 (Barville), *B. cr.*

110. Cet article n'autorise l'action en diffamation, même de la part des tiers, que pour les faits étrangers à la cause. — Cass. 2 avril 1825 (Thirion), *J. p.*; 14 déc. 1838 (Bernage), *B. cr.*; 23 nov. 1835 (de Magnoncourt), *J. p.*; Chassan, t. 1, p. 97; Mangin, *Act. publ.*, t. 1, p. 335; de Grattier, t. 1, p. 272.

111. Ainsi, des imputations contenues dans un

acte extra-judiciaire signifié à un tiers non partie au procès ne peuvent donner lieu, de la part de ce dernier, à une action en diffamation, s'il est déclaré que cet acte contenait des faits non étrangers à la cause. — Cass. 14 déc. 1838 (Bernage), *B. cr.*

112. Si les faits ne sont pas étrangers à la cause, le tiers ne peut même exercer une action civile en dommages-intérêts. — Chassan, t. 1, p. 97 ; de Grattier, t. 1, p. 273 ; Dalloz, vᵘ *Presse*, nº 1249. — *Contrà :* Mangin, *id.*, p. 338.

113. Il ne suit pas nécessairement de ce que les allégations prétendues diffamatoires ont été dirigées contre des tiers que les faits allégués fussent étrangers à la cause, puisque la loi n'admet l'action civile des tiers que dans le cas où les faits diffamatoires seraient étrangers à la cause. — Cass. 2 avr. 1825 (Thirion), *J. p.*

114. Cependant, des faits diffamatoires allégués devant un tribunal peuvent donner lieu à l'action en diffamation de la part des tiers, bien que le tribunal n'ait pas déclaré que les faits prétendus diffamatoires étaient étrangers à la cause. — Cass. 6 fév. 1841 (Brulard), *B. cr.* ; 8 juillet 1852 (Maillard), *B. cr.* ; Chassan, t. 1, p. 97 ; Dalloz, vᵒ *Presse*, nº 1248.

115. Mais les juges saisis de l'action sont dans la nécessité de déclarer si les imputations à raison desquelles elle a été intentée étaient étrangères à l'instance.—Cass. 23 nov. 1835 (de Magnoncourt), *J. p.* ; *arg.* Cass. 8 juillet 1852 (Maillard), *B. cr.* ; Mangin, t. 1, nº 155 ; de Grattier, t. 1, p. 277.

116. Des réserves ne sont pas exigées par cet article pour l'exercice ultérieur de l'action, lorsque les faits diffamatoires s'adressent à des tiers. — Cass. 8 mars 1861 (Antoni), *B. cr.* ; Chassan, t. 1, p. 97 ; Mangin, t. 1, nº 155 ; de Grattier, t. 1, p. 258.

117. Ainsi, les faits diffamatoires envers un tiers, publiés dans un écrit produit en justice, peuvent, sur la plainte de ce tiers, donner lieu à l'action du ministère public, bien qu'elle ne lui ait point été réservée. — Cass. 7 nov. 1834 (Legenvre), *J. p.* ; Chassan, t. 1, p. 98 ; Parant, p. 465 ; de Grattier, t. 1, p. 262 ; Dalloz, vᵒ *Presse*, nº 1252.

118. Doivent être considérés comme *tiers :*

Le plaignant qui ne s'est point porté partie civile dans une instance engagée à la requête du ministère public. — Cass. 5 juillet 1851 (Mailliard) ; D. 51, 5, 408. — *Contrà :* Il doit être considéré comme partie, bien qu'il ne se soit pas porté partie civile. — Bastia, 27 déc. 1834 (Biadelli), *J. p.*

119. Celui qui a été le conseil d'une partie et qui ne la défend pas à l'audience. — Nîmes, 20 fév. 1823 (Richard Crémieux), *J. p.* ; Chassan, t. 1, p. 100. —Alors même qu'il assisterait à l'audience. — Même arrêt ; Chassan, *id.*

120. Le magistrat qui, à l'occasion d'une enquête à laquelle il a procédé en qualité de juge-commissaire, a été diffamé dans des actes lus à l'audience. Il peut exercer une action civile. — Riom, 20 déc. 1826 (Leygonie), *J. p.* ; de Grattier, t. 1, p. 272 ; Dalloz, vᵒ *Presse*, nº 1247.

121. Un procureur impérial, relativement aux imputations dirigées contre lui devant la cour. — Cass. 8 mars 1861 (Antoni), *B. cr.*

122. Des experts doivent être considérés comme des tiers étrangers à l'instance, pour l'instruction de de laquelle leur ministère a été requis. Ils ne peuvent demander la suppression d'un mémoire injurieux.—Grenoble, 28 janv. 1832 (Bois), *J. p.* ; de Grattier, t. 1, p. 272 ; Dalloz, vᵒ *Presse*, nº 1246.

123. Au contraire, l'avocat, l'officier ministériel, l'agréé occupant au procès ne sont pas des tiers. — *Arg.* Cass. 16 août 1806 (Desperriers) ; Chassan, t. 1, p. 100 ; de Grattier, t. 1, p. 245, 271. — Les injures qui leur sont adressées doivent être réprimées par le tribunal saisi de la cause. — Cass. 16 août 1806 (Desperriers), *J. p.* ; Rouen, 25 mars 1808 (Bollant), D.

124. L'art. 23 n'est pas applicable aux outrages adressés aux témoins à l'audience ; l'absence de réserves ne fait pas obstacle à ce que le ministère public poursuive d'office ultérieurement. — Nancy, 9 nov. 1857 (Huvelin) ; S. 58, 2, 239. — Ni à ce que les témoins exercent eux-mêmes cette action.— Caen, 13 juin 1844 (Bessin) ; S. 44, 2, 316.

125. Au contraire, un témoin n'est pas un tiers. Il n'a pas le droit de se plaindre par la voie ordinaire des outrages et diffamations proférés contre lui. — Cass. 11 août 1820 (Cabet), *J. p.* ; Chassan, t. 1, p. 101 ; Parant, p. 102 ; de Grattier, t. 1, p. 246. — *Contrà :* Dalloz, vᵒ *Presse*, nº 1244. — Ou insérés dans un mémoire distribué aux juges et encore que ce mémoire n'ait point été lu. — Chassan, t. 1, p. 103.

126. Il appartient à la cour d'assises de prononcer les peines de la loi contre les excès d'une défense injurieuse ou diffamatoire qui n'aurait pas été justifiée par la nécessité de combattre les charges résultant des dépositions des témoins. — Cass. 11 août 1820 (Cabet), *J. p.*

127. La cour d'assises a le droit de prononcer les peines et dommages-intérêts qui peuvent être encourus à raison de ces outrages et diffamations, mais elle peut réserver l'action, si les discours tenus par l'accusé portaient sur des faits étrangers à la cause et s'ils n'étaient pas nécessaires dans l'intérêt de la défense. — Cass. 23 août 1838 (Delormel), *B. cr.* ; Nîmes, 27 mai 1841 (Marnas), *J. p.*, 41, 2, 137.

128. L'action en diffamation ne peut en ce cas être exercée par le témoin qu'autant que cette action a été formellement réservée. — Cass. 23 août 1838 (Delormel), *B. cr.*

129. Si le témoin injurié est absent ou si le tribunal est incompétent pour prononcer des peines, ses droits demeurent entiers, et il peut exercer son action par citation directe. — Cass. 6 nov. 1823 (Leprêtre), *J. p.*

130. De même, il doit recourir à la juridiction ordinaire, si la diffamation résulte d'un mémoire injurieux, la cour d'assises n'ayant pas juridiction pour connaître d'un mémoire. — Chassan, t. 1, p. 101. V. sous le § 3, nº 60. V. notes sous l'art. 319, nº 26 et suiv., C. i. cr., *Codes crim.*

131. Quant à la déposition d'un témoin, si les faits par lui déclarés contre un autre témoin se rapportent à l'affaire, elle ne peut motiver une plainte en diffamation, mais une plainte en faux témoignage. — Cass. 1ᵉʳ juillet 1825 (Hurel), *J. p.* ; Chassan, t. 1, p. 120.

132. La loi ne fait aucune distinction entre les tiers présents et les tiers absents. — Nîmes, 20 fév. 1823 (Richard Cremieux), *J. p.* ; Chassan, t. 1, p. 98.

133. Le tiers contre lequel un écrit produit en justice contient des imputations diffamatoires relatives à la cause peut intervenir au procès afin d'obtenir des juges saisis la réparation de cette diffamation. — Amiens, 15 mars 1833 (de Lagrené), *J. p.* ; Cass. 19 juillet 1851 (Recepon), *B. cr.* ; Mangin, *Act. publ.*, t. 1, p. 337 ; de Grattier, t. 1, p. 248.

134. Au contraire, des tiers qui sont nommés dans des écrits relatifs à la défense des parties ne peuvent intervenir dans l'instance pour demander la suppression de ces écrits. — Rouen, 29 nov. 1808 (Ricard), *J. p.* ; Grenoble, 9 août 1828, *J. p.* ; 28 janv. 1832 (Bois), *J. p.* ; Orléans, 5 août 1815 (Brulex), *J. p.* ; Chassan, t. 1, p. 98 ; Carré *Lois de la proc.*, t. 3,

p. 502. — Ou des dommages intérêts. — Amiens, 1er juillet 1851 ; D., 51, 2, 167.

135. Ils ne peuvent que se pourvoir par action principale. — Grenoble, 9 août 1828, *J. p.*; Grenoble, 28 janv. 1832 (Bois), *J. p.*

136. L'action civile des tiers peut être portée en même temps et devant les mêmes juges que l'action publique.— Cass. 5 juillet 1851 (Mailliard) ; D., 51, 5, 408.

137. Le tiers diffamé par un mémoire qui n'a pas été partie dans la cause peut porter son action en réparation soit devant la juridiction répressive, soit devant la juridiction civile. — Nîmes, 20 fév. 1823 (Richard Crémieux) , *J. p.*; Cass. 6 nov. 1823 (Leprêtre), *J. p.*; 17 juin 1842 (Griblin), *B. cr.*; 6 fév. 1841 (Brulard), *B. cr.*; Dalloz, v° *Presse,* n° 1450 ; Mangin, *Act. publ.*, t. 1, p. 333.

138. Les tiers ne peuvent être tenus d'attendre, pour poursuivre la répression des diffamations dont ils auraient à se plaindre, le jugement définitif du procès à l'occasion duquel ils ont été diffamés. — Riom, 20 déc. 1826 (Leygonie) ; Cass. 14 déc. 1838 (Bernage), *B. cr.*; Mangin, t. 1, p. 336 ; Chassan, t. 1, p. 98 ; de Grattier, t. 1, p. 266.

139. Il ne peut résulter une fin de non-recevoir contre l'action ultérieure du tiers diffamé du refus fait par le tribunal d'ordonner le dépôt de l'écrit diffamatoire. — Nîmes, 20 fév. 1823 (Richard Crémieux), *J. p.*

Art. 24. Les imprimeurs d'écrits dont les auteurs seraient mis en jugement en vertu de la présente loi, et qui auraient rempli les obligations prescrites par le titre II de la loi du 21 octobre 1814, ne pourront être recherchés pour le simple fait d'impression de ces écrits, à moins qu'ils n'aient agi sciemment, ainsi qu'il est dit à l'article 60 du Code pénal, qui définit la complicité.

1. Cet article n'est que la reproduction de l'art. 60 C. pén. et s'applique indistinctement à tous les modes de publication. — Cass. 20 oct. 1832 (Lecrène), *J. p.* —Même à la publication d'un journal.—Même arrêt.

2. C'est au ministère public à établir que l'imprimeur a agi sciemment. — Chassan, t. 1, p. 156.

3. Sa mauvaise foi serait suffisamment établie si l'auteur de l'écrit avait déjà subi des condamnations, et si le titre seul désignait la couleur passionnée de l'ouvrage. — Chassan, t. 1, p. 157.

4. Ou s'il n'avait pas rempli les formalités qui lui sont prescrites par la loi du 21 oct. 1814. — De Grattier, t. 1, p. 282.

5. L'imprimeur d'un journal peut être déclaré non coupable de complicité d'un délit de diffamation, quoiqu'il ait eu connaissance matérielle de la plupart des articles imprimés dans le journal.— Riom, 3 mai 1843 (Perol) ; S. 43, 2, 518 ; de Grattier, t. 1, p. 282 ; Dalloz, v° *Presse,* n° 1144.

6. Il peut même, suivant les circonstances, être dégagé de toute responsabilité civile. — Douai, 5 juin 1844 (Adam), D.

7. Un imprimeur peut être déclaré coupable comme auteur principal, en qualité de gérant d'un journal, et comme complice, en qualité d'imprimeur dudit journal du même délit. — Cass. 20 juin 1851 (Larcher), *B. cr.*

8. Il peut être poursuivi comme complice, quoique l'auteur principal ne soit pas poursuivi. — Cass. 15 oct. 1825 (Catineau) *J. p.*; Chassan, t. 1, p. 158 ;

de Grattier, t. 1, p. 286. V. décisions en ce sens sous l'art. 59, n°ˢ 84 et suiv., C. pén., *Codes crim.*

9. L'imprimeur serait considéré comme auteur principal si le rédacteur de l'écrit était inconnu et s'il n'y avait pas d'éditeur. — Chassan, t. 1, p. 135, 155.

10. L'auteur d'un écrit peut être condamné, quoique l'éditeur ait été déclaré non coupable de l'avoir vendu ou distribué. — Cass. 26 août 1837 (Donnadieu), *J. p.*

11. Les imprimeurs, vendeurs et crieurs ne sont pas les seuls qui peuvent se rendre coupables de complicité. — Chassan, t. 1, p. 164. V. sous l'art. 7, L. 17 mai 1819.

12. Ainsi, l'associé d'un imprimeur peut être poursuivi comme complice des délits contenus dans un écrit dont il a surveillé l'impression en l'absence et dans l'imprimerie du titulaire. — Cass. 31 août 1832 (Rival), *J. p.*; Chassan, t. 1, p. 164 ; de Grattier, t. 1, p. 284.

13. Le bénéfice de cet article est personnel à l'imprimeur. Il ne peut être étendu au libraire, à l'éditeur, au crieur distributeur. — De Grattier, t. 1, p. 284 ; Dalloz, v° *Presse,* n° 1149.

Art. 25. En cas de récidive des crimes et délits prévus par la présente loi, il pourra y avoir lieu à l'aggravation de peines prononcées par le chapitre IV, livre Iᵉʳ du Code pénal.

1. La disposition de cet article reçoit son application aux cas prévus par les lois du 9 juin 1819 et par celles des 25 mars 1822 et 18 juillet 1828, ces diverses lois n'étant qu'une suite, une extension de celle de 1819. —Cass. 22 janv. 1824 (Bugeard), *J. p.*; 26 fév. 1835 (Delvigne), *J. p.*; Dalloz, v° *Presse,* n° 1021 ; Chauveau et Hélie, t. 1, p. 328 ; Parant, p. 105 ; de Grattier, t. 1, p. 288 ; Chassan, t. 1, p. 173.

2. L'art. 58 C. pén., sur la récidive, n'a pas été abrogé par cet article et s'applique aux délits prévus par la loi du 17 mai 1819, lorsque la première condamnation a été prononcée pour un crime ou délit commun. L'art. 25 rend seulement l'aggravation de peine facultative lorsque la récidive dérive de condamnations prononcées pour des faits prévus par cette loi. — Cass. 22 janv. 1824 (Bugeard), *J. p.*; Metz, 18 janv. 1825, *J. p.*; Cass. 12 sept. 1829 (Vallier), *J. p.*; 13 sept. 1832 (Clausel), *J. p.*; Parant, p. 105 ; de Grattier, t. 1, p. 291. — *Contrà* : Chauveau et Hélie, t. 1, p. 335 ; Chassan, t. 1, p. 174; Douai, 11 déc. 1829 (Ghemar), *J. p.* V. notes sous l'art. 58, n° 2, C. pén., *Codes crim.*, et sous l'art. 10, L. 9 juin 1819.

3. Mais il faut, pour qu'il y ait récidive, que la première condamnation pour délit de presse ait été de plus d'un an d'emprisonnement. — Chassan, t. 1, p. 177; Chauveau et Hélie, t. 1, p. 339 ; de Grattier, t. 1, p. 287.

4. Une condamnation prononcée par la chambre des députés pour délit d'offense envers cette chambre, commis par la voie de la presse, peut, en cas de récidive d'un autre délit de cette nature, donner lieu à l'application des art. 58 C. pén. et 25, L. 17 mai 1819.—Cass. 19 oct. 1833 (Lionne), *J. p.*; Chassan, t. 1, p. 175 ; Chauveau et Hélie, t. 1, p. 317; Parant, p. 106 ; de Grattier, t. 1, p. 294.

5. La disposition de cet article n'est pas applicable aux infractions purement matérielles. Les peines prononcées pour contravention aux dispositions relatives à la police de la presse demeurent, quant à l'aggravation résultant de la récidive, sous l'empire des termes du C. pén. — De Grattier, t. 1, p. 289.

V. notes sous les art. 58 et 483 C. pén., *Codes crim.*

Art. 26. Les art. 102, 217, 367, 368, 369, 370, 371, 372, 374, 375, 377, du Code pénal, et la loi du 9 novembre 1815, sont abrogés.

Toutes les autres dispositions du Code pénal, auxquelles il n'est pas dérogé par la présente loi, continueront d'être exécutées.

26 MAI 1819. — LOI *relative à la poursuite et au jugement des crimes et délits commis par la voie de la presse, ou par tout autre moyen de publication.*

Art. 1. La poursuite des crimes et délits commis par la voie de la presse, ou par tout autre moyen de publication, aura lieu d'office et à la requête du ministère public, sous les modifications suivantes.

Un écrit réimprimé n'est pas légalement à l'abri des poursuites parce qu'il n'a pas été poursuivi lors de sa première publication. — Paris, 15 janv. 1825 (Barba); Parant, p. 116.

Art. 2. Dans le cas d'offense envers les Chambres ou l'une d'elles par voie de publication, la poursuite n'aura lieu qu'autant que la Chambre qui se croira offensée l'aura autorisée.

1. Cet article n'a pas été abrogé par les lois postérieures, ni par l'institution d'une assemblée nationale réunissant tous les pouvoirs. — Cass. 15 nov. 1849 (Dufraisse), *B. cr.* — *Contrà :* Dalloz, v° *Presse,* n° 1070.

2. Le ministère public est non recevable à poursuivre d'office les délits d'offense commis envers une chambre des députés dissoute. — Cass. 7 déc. 1827 (Lardier), *J. p.*; de Grattier, t. 1, p. 331; Parant, p. 109; Mangin, *Act. publ.,* t. 1, p. 313.

3. Les tribunaux ne peuvent être saisis qu'en vertu de l'autorisation délivrée par la chambre existante. — Même arrêt; Chassan, t. 2, p. 22; de Grattier, *id.*

4. Le délit d'excitation publique au mépris ou à la haine des citoyens contre les membres des chambres renferme nécessairement une offense envers ces chambres; la poursuite n'en peut avoir lieu qu'autant que la chambre offensée l'aurait autorisée.—Cass. 13 janv. 1838 (Sers), *B. cr.*; Chassan, t. 1, p. 247; de Grattier, t. 1, p. 332.

5. De même, le délit de compte rendu infidèle, soit qu'il y ait offense ou non, des séances d'une chambre, ne peut être jugé par les tribunaux sans l'autorisation de la chambre. — Chassan, t. 2, p. 21; de Grattier, t. 1, p. 332.

Art. 3. Dans le cas du même délit contre la personne des souverains et celle des chefs des gouvernements étrangers, la poursuite n'aura lieu que sur la plainte ou à la requête du souverain ou du chef du gouvernement qui se croira offensé.

La plainte doit être portée au nom du souverain

offensé, il ne suffirait pas qu'elle le fût au nom de son ambassadeur. — De Grattier, t. 1, p. 332; Chassan, t. 2, p. 22.

Art. 4. Dans les cas de diffamation ou d'injure contre les cours, tribunaux ou autres corps constitués, la poursuite n'aura lieu qu'après une délibération de ces corps, prise en assemblée générale et requérant les poursuites. Art. 5, L. 25 mars 1822.

1. Le ministère public peut poursuivre d'office, et sans délibération préalable des cours et tribunaux, le délit d'infidélité et de mauvaise foi dans le compte rendu de leurs audiences.— Cass. 11 mai 1833 (Paulin), *J. p.*; Colmar, 11 janv. 1834 (Blanc), *J. p.* — Fût-il même injurieux. — Cass. 2 août 1839 (Lafond), *B. cr.*; de Grattier, t. 1, p. 336. V. sous l'art. 16, L. 25 mars 1822.

2. La délibération d'un tribunal en assemblée générale ne peut être remplacée par une plainte collective rédigée par les magistrats composant le tribunal. — Cass. 3 août 1850 (Prière), *B. cr.* — Ni par un jugement rendu à l'audience. — Cass. 25 juillet 1839 (Pesnel), *J. p.*, 39, 2, 489; Chassan, t. 2, p. 43.

3. Aucune délibération n'est nécessaire lorsque l'outrage a été commis contre un tribunal à son audience. — Cass. 27 fév. 1832 (Raspail), *J. p.*; de Grattier, t. 1, p. 337; Chassan, t. 2, p. 23; Parant, p. 212.

4. La délibération prise par un tribunal pour requérir le ministère public de poursuivre des injures dirigées contre ses membres n'a point pour effet de faire cesser sa compétence relativement à la connaissance du délit. — Limoges, 25 juin 1852 (Bardon); D., 53, 2, 7.

5. La délibération d'un corps constitué ne peut autoriser les poursuites si le corps a été illégalement composé ou convoqué. — Chassan, t. 2, p. 43. — *Contrà :* Parant, p. 220. — Il en serait autrement si elle n'était entachée que par des irrégularités de forme sans influence sur sa substance.— Chassan, *id.*

6. La délibération d'un conseil municipal qui requiert les poursuites n'est pas un acte administratif. — Cass. 10 nov. 1820 (Pujos), *J. p.* — Elle n'en vaut pas moins comme plainte et comme autorisation de poursuivre, lors même qu'un comme acte d'administration elle serait sujette à critique. — Mangin, t. 1, p. 319; Parant, p. 221; Chassan, t. 2, p. 48.

7. Une faculté de droit est sans qualité pour rendre plainte des diffamations commises envers les juges d'un concours dont quelques-uns de ses membres seulement font partie. — Toulouse, 31 juillet 1823 (Crivelli), *J. p.*

8. Ne sont pas des corps constitués :
Une chambre des notaires. — Cass. 9 sept. 1836 (Fournier-Verneuil), *J. p.*; Chassan, t. 1, p. 488.

9. Une chambre des avoués. — Douai, 1er mars 1831 (Cressent), *J. p.*; de Grattier, t. 1, p. 333; Dalloz, v° *Presse,* n° 897.

10. Un collège électoral. Ce caractère ne peut appartenir qu'aux corps dont l'existence est permanente et la réunion toujours possible. — Rennes, 15 fév. 1838 (Maugin), *J. p.*; de Grattier, t. 1, p. 333; Chassan, t. 1, p. 488; Dalloz, v° *Presse,* n° 895.

11. Des gendarmes réunis pour le service d'une ville; ils peuvent en conséquence exercer une action en diffamation en leur nom personnel.—Cass. 25 fév 1830 (Guise), *J. p.*; de Grattier, t. 1, p. 333.

12. Les gardes nationales. — Cass. 29 avril 1831 (Ragon), *J. p.*; 24 fév. 1832 (Fontaneau), *J. p.* — Les outrages dirigés contre elles hors de l'exer-

cice de leurs fonctions, et non à l'occasion de cet exercice, peuvent être poursuivis d'office par le ministère public. — Cass. 29 avril 1831 (Ragon), *J. p.*; Chassan. t. 1, p. 347; Mangin, *Act. publ.*, t. 1, p. 318; de Grattier, t. 1, p. 333.

13. Mais lorsque les attaques sont dirigées contre des gardes nationaux de service ou à l'occasion de leur service, au lieu de l'être contre la garde nationale en corps, une plainte est nécessaire. — Cass. 5 août 1831 (Savary), *J. p.*; Chassan, t. 2, p. 25; Mangin, t. 1, p. 319.

14. Il y a assimilation complète entre les autorités ou administrations publiques (art. 5, L. 25 mars 1822) et les corps constitués; l'art. 4, L. 26 mai 1819, est donc également applicable aux premières. — Parant, p. 210; de Grattier, t. 1, p. 333. — *Contrà:* Chassan, t. 2, p. 26; Dalloz, v° *Presse*, n° 1062.

Art. 5. Dans le cas des mêmes délits contre tout dépositaire ou agent de l'autorité publique, contre tout agent diplomatique étranger, accrédité près du Roi, ou contre tout particulier, la poursuite n'aura lieu que sur la plainte de la partie qui se prétendra lésée.

1. La condition d'une plainte préalable de la partie lésée n'a point été abrogée par le décret du 17 fév. 1852.—Montpellier, 5 déc. 1855 (Falgous); S., 56, 2, 177; Cass. 31 mai 1856 (Rogeard), *B. cr.*; Metz, 5 nov. 1856 (Stoffel), *J. p.*, 57, 557. — *Contrà:* Limoges, 25 juin 1852 (Bardon); D., 53, 2, 7; Metz, 3 avril 1856 (Schmitt). *J. p.*, 56, 1, 561. V. notes sous l'art. 1, § 4, C. i. cr., *Codes crim.*

2. La poursuite pour cause de diffamation ou d'injures ne peut avoir lieu que sur la plainte de la partie lésée, soit que l'injure ait été publique, soit qu'elle ne l'ait pas été. — Cass. 17 fév. 1832 (Passe), *J. p.*; Chassan, t. 2, p. 27; Mangin, t. 1, p. 319.

3. Soit qu'elle ait été verbale ou écrite. — Cass. 1er juillet 1830 (Filioux), *J. p.*; 13 mai 1831 (Lebosse. *J. p.*; de Grattier, t. 1, p. 348. V. sous l'art. 1er C. i. cr., n° 91, *Codes crim.*

4. Soit que l'injure s'adresse à un fonctionnaire public. — Cass. 22 oct. 1831 (Blanchet), *J. p.*

5. La plainte préalable est nécessaire, même dans le cas où il s'agit d'un outrage public dirigé contre un fonctionnaire à raison de ses fonctions, prévu par l'art. 6, L. 25 mars 1822. — Cass. 25 sept. 1847 (Malin); D., 47, 4, 390; Limoges, 29 juin 1850 (Dubreuil), D.; Poitiers, 26 oct. 1850 (Dubreuil), D.; Montpellier, 5 déc. 1855 (Falgous); D., 56, 2, 73; Cass. 31 mai 1856 (Rogeard). *B. cr.*; Dalloz, v° *Presse*, n° 1057; Parant, p. 212; de Grattier, t. 1, p. 339; Rauter, t. 2, p. 466. — *Contrà:* Metz, 30 janv. 1856 (Didier); Paris, 8 mars 1856 (Nisard); Dijon, 19 sept. 1856 (Beaux); D., 58, 2, 122; Chassan, t. 2, p. 28. V. sous l'art. 1 C. i. cr., § 4, *Codes crim.*

6. Mais la plainte préalable n'est pas nécessaire au cas d'outrage fait publiquement par paroles, gestes ou menaces, envers un fonctionnaire public, ou autres personnes publiques, dans l'exercice de leurs fonctions, délit prévu par l'art. 222 C. pén. — Cass. 19 janv. 1850 (Boutet), *B. cr.*; 31 mai 1856 (Rogeard). *B. cr.*; Chassan, t. 2, p. 31; Dalloz, v° *Presse*, n° 1063.

7. Alors que ces outrages ne présentent pas les caractères constitutifs de la diffamation et de l'injure qualifiés par l'art. 13, L. 17 mai 1819. — |

Amiens, 28 juillet 1855 (Lelièvre), *J. p.*, 56, 1, 97.

8. La plainte n'est pas non plus nécessaire lorsque l'outrage a été commis envers un magistrat à l'audience. — Cass. 30 déc. 1858 (Coutanceau), *B. cr.*; 5 juin 1851 (Dubois), *B. cr.*; Parant, p. 212; Chassan, t. 2, p. 31; de Grattier, t. 1, p. 342. V. sous l'art. 222 C. pén., n° 20, *Codes crim.*

9. A l'égard des jurés et des ministres du culte. V. notes sous l'art. 6, L. 25 mars 1822.

10. L'exception prise de ce que l'action publique n'était recevable que sur la plainte de la partie lésée ne peut être invoquée devant la cour de cassation, alors que, proposée devant les juges du fond, elle a été repoussée par un jugement non frappé d'appel. — Cass. 14 nov. 1840 (Herbreteau), *J. p.*, 41, 2, 438.

11. Le chef d'une administration publique, par exemple le préfet de police, peut porter plainte à raison des diffamations commises contre les membres de cette administration, lorsque le diffamateur ne les a ni nommés, ni suffisamment désignés. — Cass. 16 juin 1832 (Brian), *J. p.*; 12 août 1843 (Dahirel), *B. cr.*; de Grattier, t. 1, p. 344; Parant, p. 110, 218; Chassan, t. 2, p. 40. — *Contrà:* Si l'injure était dirigée contre des personnes désignées, la plainte de ces personnes serait nécessaire.—Chassan, t. 2, p. 37.

12. De même, le maire, comme chef de la police municipale, a le droit de porter plainte à raison d'un délit de diffamation envers les agents de police non désignés individuellement et qui ne se plaignent pas. — Cass. 17 août 1849 (Le Bihannic), *B. cr.*

13. Le chef de la garde nationale a qualité pour rendre plainte des outrages adressés aux gardes nationaux collectivement. — Parant, p. 219.

14. Les membres d'une communauté religieuse, même non autorisée, ont qualité pour former une action en diffamation à raison de faits injurieux qui leur sont adressés en cette qualité.—Angers, 24 mars 1842 (les dames du Bon Pasteur); S., 42, 2, 456; Chassan, t. 2, p. 42.

15. L'action en diffamation, lorsque la partie qui se prétend diffamée est une société civile, ne peut être exercée que par les membres de cette société agissant en leur nom personnel, et non par le directeur. Au contraire, lorsque cette partie est une société anonyme, l'action est valablement exercée par le directeur, pourvu qu'elle soit autorisée par le gouvernement. — Cass. 21 juillet 1854 (Gerson Lévy), *B. cr.*; Dalloz, v° *Presse*, n° 1124.

16. Il faut que la plainte soit personnelle.

Ainsi, un procès-verbal dressé par un maire d'une injure adressée à son adjoint dans le sein du conseil municipal ne peut constituer une plainte de la part de ce dernier, encore qu'il ait signé ce procès-verbal avec tous les assistants.—Cass. 26 avril 1833 (Veau); Dalloz, v° *Presse*, n° 1107.

17. Celui qui remplace un fonctionnaire par intérim ne peut porter plainte pour une injure proférée contre ce fonctionnaire même, à raison de ses actes administratifs. — Douai, 8 mai 1833 (Varnier), *J. p.*; Cass. 30 juillet 1835 (Varnier), *J. p.*; Parant, p. 474; Chassan, t. 2, p. 37; de Grattier, t. 1, p. 343.

18. Un fils n'a pas qualité pour porter plainte au nom de son père. Cette nullité ne peut être couverte par la ratification du père donnée ultérieurement. — Agen, 9 mars 1843 (Comède Miramont), *J. p.*, 45, 1, 128.

19. La plainte d'un mineur ou d'une femme mariée met en mouvement l'action publique, aussi bien que la plainte des parties maîtresses de leurs droits. — Cass. 5 fév. 1857 (Blondeau), *B. cr.* V. sous l'art. 63, nos 5 et suiv., C. pén., *Codes crim.*

20. Le décès de la partie qui se prétend diffamée

n'a pas pour effet de dépouiller la juridiction correctionnelle de la plainte dont elle est saisie, ni d'en attribuer la connaissance à la juridiction civile.—Cass. 21 mars 1836 (Durand Vaugaron), *J. p.* — Il en est de même de la prescription de l'action publique. — Cass. 20 mai 1842 (Laurent et Vacherie), *J. p.*, 42, 2, 635. V. sous l'art. 2, n° 6, C. i. cr., *Codes crim.*

21. L'action en réparation d'injures déjà intentée par la personne injuriée passe à ses héritiers.—Montpellier, 22 déc. 1825 (Audouy), *J. p.*; Mangin, *Act. publ.*, n° 127; de Grattier, t. 1, p. 343; Dalloz, v° *Presse*, n° 1126.— *Contrà :* Si l'action n'avait pas été intentée. — Chassan, t. 2, p. 39; Dalloz, *id.* — Elle pourrait encore, en ce cas, être exercée par les héritiers si l'injure était grave. — Mangin, *id.*

22. Les héritiers d'une personne décédée ont le droit de demander la réparation des faits diffamatoires imputés à sa mémoire, lorsque ces faits sont de nature à porter atteinte à leur honneur et à leur considération, et qu'ils ont été publiés dans cette intention. — Paris, 11 juillet 1836 (Fournier-Verneuil), *J. p.*; Dalloz, v° *Presse*, n° 1128. V. autres décisions sous l'art. 63, n° 25, C. i. cr., *Codes crim.*

23. A l'égard de ceux qui ont qualité pour porter plainte, V. sous l'art. 63, § 1er, C. i. cr., *Codes crim.*

24. La plainte n'est assujettie à aucune forme déterminée. Il appartient aux tribunaux d'apprécier si l'action du ministère a été suffisamment provoquée. — Cass. 23 fév. 1832 (Crocq), *J. p.*; 9 janv. 1858 (Duparc), *B. cr.*; Parant, p. 219; de Grattier, t. 1, p. 345; Chassan, t. 2, p. 42. V. sous l'art. 1er C. i. cr., n°s 99 et suiv., *Codes crim.*

25. On doit considérer comme constituant la plainte exigée :

La demande que la partie offensée fait auprès du maire pour faire constater le délit. — Limoges , 25 juin 1852 (Bardou); D., 53, 2, 7. — Mais la seule dénonciation d'une injure ne constitue pas la plainte. — Chassan, t. 2, p. 49.

26. La plainte constatée par le procès-verbal d'un brigadier de gendarmerie envoyé au parquet. —Cass. 29 mai 1845 (Beaujoin), *J. p.*, 45, 2, 567.

27. L'envoi d'un procès-verbal adressé au ministère public par un lieutenant de gendarmerie, pour outrages contre lui proférés dans ses fonctions. — Cass. 23 fév. 1832 (Crocq), *J. p.*; 9 janv. 1858 (Duparc), *B. cr.*; Parant, p. 110; de Grattier, t. 1, p. 345. V. sous l'art. 1er, n° 99 et suiv., C. i. cr., *Codes crim.*

28. Au contraire, la plainte ne peut s'entendre que d'un acte légal et authentique, et non d'une lettre écrite au sous-préfet ou au procureur du roi. — Bourges, 22 avril 1831 (Vaillant), *J. p.*

29. Une action formée par la partie offensée devant la juridiction civile ne peut tenir lieu de plainte. — De Grattier, t. 1, p. 347; Dalloz, v° *Presse*, n° 1098.

30. La plainte qui désigne l'auteur du délit s'étend virtuellement aux coauteurs et complices qui pourraient être découverts. — Cass. 23 mars 1860 (Sain), *B. cr.* V. sous l'art. 1er C. i. cr., n° 116, *Codes crim.*

31. Il n'est pas même besoin qu'elle désigne l'auteur du délit. —Chassan, t. 2, p. 50; de Grattier, t. 1, p. 346.

32. Mais elle ne peut s'étendre aux faits postérieurs qui ne sont pas dénoncés. — Cass. 13 janv. 1837 (Edeline), *B. cr.*; de Grattier, t. 1, p. 348.

33. Ni aux faits à l'égard desquels elle garde le silence. — Cass. 15 fév. 1834 (Roux), *J. p.*; de Grattier, *id.*; Dalloz, v° *Presse*, n° 1100.

34. Le ministère public n'est pas obligé de suivre sur les plaintes qui lui sont adressées, soit par les chambres, soit par les chefs des gouvernements étrangers, soit par les fonctionnaires, etc. —Chassan, t. 2, p. 14; de Grattier, t. 1, p. 307; Dalloz, v° *Presse*, n° 1073.

35. Alors même que le plaignant se constituerait partie civile devant le juge d'instruction. — Chassan, *id.*, p. 25. — *Contrà :* Parant, p. 226; de Grattier, t. 1, p. 312; Dalloz, v° *Presse*, n° 1074. V. sous l'art. 1er C. i. cr., n° 44 et suiv., *Codes crim.*

36. Mais cet article n'interdit pas à la partie lésée de citer directement le prévenu devant le tribunal correctionnel. — Cass. 25 fév. 1830 (Guise), *J. p.* : Parant, p. 222; Chassan, t. 2, p. 15; de Grattier, t. 1, p. 313.

37. Le ministère public saisi d'une plainte en diffamation n'est pas tenu de la relater dans la citation par lui donnée au prévenu. — Cass. 21 mai 1840 (Moreau); D., 40, 1, 416.

38. Si en matière de diffamation l'exercice de l'action publique est subordonnée à la plainte de la partie lésée, les poursuites exercées après cette plainte sont valablement continuées, nonobstant le désistement du plaignant. —Cass. 28 mai 1852 (Tomasini); D., 52, 1, 144; de Grattier, t. 1, p. 315; Parant, p. 223; Chassan, t. 2, p. 52. V. sous l'art. 1er C. i. cr., n°s 108, 111, *Codes crim.*

39. Sur les effets de la plainte, V. notes sous l'art. 1er, § 4, C. i. cr., *Codes crim.*

Art. 6 à **11.** *Abrogés par le décret du 17 févr.* 1852, *art.* 27 (1). *V. sous l'art.* 183 *C. i. cr. des Codes crim.*

Art. 12. Dans les cas où les formalités prescrites par lois et règlements concernant

---

(1) *Texte des anciens articles :*

ART. 6. La partie publique, dans son réquisitoire, si elle poursuit d'office, ou le plaignant, dans sa plainte, seront tenus d'articuler et de qualifier les provocations, attaques, offenses, outrages, faits diffamatoires ou injures, à raison desquels la poursuite est intentée, et ce, à peine de nullité de la poursuite.

ART. 7. Immédiatement après avoir reçu le réquisitoire ou la plainte, le juge d'instruction pourra ordonner la saisie des écrits, imprimés, placards, dessins, gravures, peintures, emblèmes ou autres instruments de publication. — L'ordre de saisir et le procès-verbal de saisie seront notifiés, dans les trois jours de ladite saisie, à la personne entre les mains de laquelle la saisie aura été faite, à peine de nullité.

ART. 8. Dans les huit jours de ladite notification, le juge d'instruction est tenu de faire son rapport à la chambre du conseil, qui procède ainsi qu'il est dit au C. d'instr. crim., liv. Ier, chap. IX, sauf les dispositions ci-après.

ART. 9. Si la chambre du conseil est unanimement d'avis qu'il n'y a pas lieu à poursuivre, elle prononce la mainlevée de la saisie.

ART. 10. Dans le cas contraire, ou dans le cas de pourvoi du procureur du roi ou de la partie civile contre la décision de la chambre du conseil, les pièces sont transmises, sans délai, au procureur général près la cour royale, qui est tenu, dans les cinq jours de la réception, de faire son rapport à la chambre des mises en accusation, laquelle est tenue de prononcer dans les trois jours dudit rapport.

ART. 11. A défaut par la chambre du conseil du tribunal de première instance d'avoir prononcé dans les dix jours de la notification du procès-verbal de saisie, la saisie sera de plein droit périmée. Elle le sera également à défaut par la cour royale d'avoir prononcé sur cette même saisie dans les dix jours du dépôt en son greffe de la requête que la partie saisie est autorisée à présenter, à l'appui de son pourvoi, contre l'ordonnance de la chambre du conseil. Tous les dépositaires des objets saisis seront tenus d'eles rendre au propriétaire sur la simple exhibition du certificat des greffiers respectifs, constatant qu'il n'y a pas eu d'ordonnance ou d'arrêt dans les délais ci-dessus prescrits. — Les greffiers sont tenus de délivrer ce certificat à la première réquisition, sous peine d'une amende de 300 fr., sans préjudice des dommages-intérêts, s'il y a lieu. — Toutes les fois qu'il ne s'agira que d'un simple délit, la péremption de la saisie entraînera celle de l'action publique.

le dépôt auront été remplies, les poursuites à la requête du ministère public ne pourront être faites que devant les juges du lieu où le dépôt aura été opéré, ou de celui de la résidence du prévenu.

En cas de contravention aux dispositions ci-dessus rappelées concernant le dépôt, les poursuites pourront être faites soit devant le juge de la résidence du prévenu, soit dans les lieux où les écrits et autres instruments de publication auront été saisis.

Dans tous les cas, la poursuite à la requête de la partie plaignante pourra être portée devant les juges de son domicile lorsque la publication y aura été effectuée.

1. Cet article se trouve abrogé par le décret du 17 fév. 1852, qui a fait rentrer les délits commis par la voie de la presse, quant à la juridiction, à la compétence et aux formes de la poursuite, dans les dispositions générales du Code d'instruction criminelle. — Cass. 30 janv. 1858 (Dumont), *B. cr.*

2. Cette décision nous paraît contestable; nous avons de la peine à admettre qu'on puisse assimiler *aux formes de la poursuite* les règles relatives à la compétence dont s'occupe l'art. 12. V. en ce sens Rousset, *Code annoté de la presse*, p. 137. — Nous croyons donc devoir rapporter toutes les solutions qui se réfèrent à cet article.

§ 1er.

3. La disposition du premier alinéa de cet article est applicable à la presse périodique. Art. 9, L. 9 juin 1819. — Chassan, t. 2, p. 102; de Grattier, t. 1, p. 393; Dalloz, v° *Presse*, n° 1413.

4. L'attribution de juridiction est établie par cet article dans l'intérêt du prévenu, et ne peut pas être invoquée par le ministère public qui a saisi le tribunal de la poursuite. — Amiens, 8 mars 1823 (Vernot), *J. p.*; de Grattier, t. 1, p. 391.

5. Elle ne concerne que les imprimeurs ou éditeurs, et ne s'applique pas aux poursuites exercées contre les libraires qui ne sont pas chargés de faire le dépôt. — Même arrêt.

6. L'appréciation des faits qui constituent la résidence appartient aux tribunaux; une cour peut considérer comme résidence du prévenu la prison où il est détenu. — Cass. 7 nov. 1834 (Legenvre), *J. p.* — *Contrà :* De Grattier, t. 1, p. 390; Dalloz, v° *Presse*, n° 1412.

7. Lorsque des poursuites sont exercées contre le colporteur ou le distributeur d'un écrit, à raison du contenu de la publication, devant le tribunal du lieu où la publication a été faite, on ne peut, sur le motif de la connexité, entraîner l'éditeur devant le même tribunal si cet écrit a été déposé conformément à la loi. — Cass. 14 sept. 1849 (Durand); D., 49, 1, 303; Chassan, *Lois de la presse*, p. 100.

§ 2.

8. Les mots : *et autres instruments de publication* ne désignent autre chose que les gravures, lithographies et autres instruments semblables de publication. — Chassan, t. 2, p. 106; Dalloz, v° *Presse*, n° 1414. — *Contrà :* Ils s'étendent aux caractères d'imprimerie et aux presses. — De Grattier, t. 1, p. 392.

§ 3.

9. La partie plaignante qui use de la faculté accordée par le dernier paragraphe de cet article peut porter son action aussi bien devant le tribunal civil que devant le tribunal répressif de son domicile. — Paris, 31 mars 1835 (Ciceron), *J. p.*; Chassan, t. 2, p. 214; de Grattier, t. 1, p. 393; Dalloz, v° *Presse*, n° 1460.

10. Pour que la poursuite puisse être portée devant le tribunal du domicile de la partie offensée, lorsque la publication y a été effectuée, il n'est pas nécessaire que cette partie se constitue partie civile, il suffit qu'elle ait rendu plainte. — Cass. 25 mai 1838 (Mangin), *B. cr.*; de Grattier, t. 1, p. 393. — *Contrà :* Dalloz, v° *Presse*, n° 1459. — Sans qu'il y ait lieu de distinguer entre les simples citoyens et les cours et tribunaux. — Cass. 20 sept. 1844 (Ricard); S. 45, 1, 313; de Grattier, t. 1, p. 399; Parant, p. 279; Chassan, t. 2, p. 116.

11. Le tribunal du lieu où l'écrit a été distribué et vendu par le fait d'une personne autre que l'auteur n'est pas compétent pour connaître de l'action en diffamation. — Cass. 18 sept. 1818 (Dunoyer), *J. p.*

Art. 13. Les crimes et délits commis par la voie de la presse ou tout autre moyen de publication, à l'exception de ceux désignés dans l'article suivant, seront renvoyés par la chambre des mises en accusation de la cour royale devant la cour d'assises, pour être jugés à la plus prochaine session. L'arrêt de renvoi sera de suite notifié au prévenu.

1. Cet article a été remplacé seulement quant aux délits par l'art. 25 déc. 17 fév. 1852. — Circ. min. just., 27 mars 1852.

2. Celui qui, poursuivi à raison d'un article, insère dans un journal l'arrêt de la chambre d'accusation, rendu dans son affaire, qui contient textuellement l'article incriminé, ne se rend pas coupable d'un nouveau délit. — Cass. 3 nov. 1831 (Robert), *J. p.*

Art. 14. Les délits de diffamation verbale ou d'injure verbale contre toute personne, et ceux de diffamation ou d'injure par une voie de publication quelconque contre des particuliers, seront jugés par les tribunaux de police correctionnelle, sauf les cas attribués aux tribunaux de simple police.

Art. 15. *Abrogé implicitement par les art. 25 et 27 du décret du 17 février 1852.*

Cass., 23 février 1854 (Guillelouvette), *B. cr.* (1).

Art. 16 à **22.** *Abrogés implicitement par le décret du 17 février 1852, art. 27* (2).

---

(1) *Ancien article :*

ART. 15. Sont tenues, la chambre du conseil du tribunal de première instance, dans le jugement de mise en prévention, et la chambre des mises en accusation de la cour royale, dans l'arrêt de renvoi devant la cour d'assises, d'articuler et de qualifier les faits à raison desquels lesdits prévention ou renvoi sont prononcés, à peine de nullité desdits jugements ou arrêts.

(2) *Anciens articles :*

ART. 16. Lorsque la mise en accusation aura été prononcée pour crimes commis par voie de publication, et que l'accusé n'aura pu être saisi, ou qu'il ne se présentera pas, il sera procédé contre lui

Art. 23. *Abrogé implicitement par l'art. 28 décret du 17 février 1852* (1).

Art. 24. *Abrogé implicitement par l'art. 27 décret du 17 février 1852.*

Circul. min. just. du 25 mars 1852 (2).

Art. 25. Lorsque les faits imputés seront punissables selon la loi, et qu'il y aura des poursuites commencées à la requête du ministère public, ou que l'auteur de l'imputation aura dénoncé ces faits, il sera, durant l'instruction, sursis à la poursuite et au jugement du délit de diffamation.

1. Cet article n'a pas été abrogé par l'art. 28 du décret du 17 fév. 1852. — Cass. 19 janv. 1855 (Carles), *B. cr.*; 1ᵉʳ juin 1855 (Roux), *B. cr.*; Orléans, 26 fév. 1855 (Piemontesi); D., 55, 2, 228.

2. Sa disposition sur le sursis est générale et absolue. Elle n'établit aucune distinction entre le cas où la poursuite en diffamation a lieu sur la plainte d'un fonctionnaire public, et celui où elle est exercée par un simple particulier. — Cass. 21 avril 1821 (Galeypy); 26 juillet 1821 (Mène), *J. p.*, D.; Chassan, t. 2, p. 373; Mangin, t. 1, p. 571; de Grattier, t. 1, p. 496.

3. Elle est applicable encore que la preuve de la vérité des faits ne soit pas admise par la loi. — Cass. 21 avril 1821 (Galeypy), *J. p.* — L'art. 28 décr. du 17 fév. 1852, qui interdit la preuve des faits diffamatoires n'est applicable qu'aux faits non punissables par la loi. — Dalloz, vᵒ *Presse*, nᵒ 1365.

4. Mais elle ne peut s'étendre aux faits d'outrage, soit que ces faits soient prévus par les art. 222 et suiv. C. pén., soit qu'ils rentrent dans les termes de l'art. 6 loi 25 mars 1822. — Cass. 27 juin 1811 (Royer), *J. p.*; 26 nov. 1812 (Siblot), *J. p.*; 3 août 1850 (Pierre), *B. cr.*; Chassan, t. 2, p. 378; Dalloz, vᵒ *Presse*, nᵒ 1362. — *Contrà :* Cass. 15 oct. 1812, *J. p.*

5. Le sursis peut être prononcé d'office. — De Grattier, t. 1, p. 498; Dalloz, vᵒ *Presse*, nᵒ 1357.

6. Il peut être demandé par le ministère public. — Chassan, t. 2, p. 371; de Grattier, *id.*; Dalloz, *id.*

7. Il peut être proposé en tout état de cause, même en appel. — Chassan, t. 2, p. 372; de Grattier, *id.*; Dalloz, vᵒ *Presse*, nᵒ 1359.

8. Il y a lieu au sursis soit que la dénonciation ait précédé, soit qu'elle ait suivi la plainte. Cet article ne distingue pas. — Cass. 11 juin 1808 (Hersant); 26 juillet 1821 (Mène), *J. p.*; Parant, p. 336; Chassan, t. 1, p. 373, 376; Mangin, t. 1, p. 569; de Grattier, t. 1, p. 497; Dalloz, vᵒ *Presse*, nᵒ 1349.

9. Le tribunal ne peut refuser de surseoir par le motif que les faits dénoncés ne sont point vraisemblables. — Cass. 6 mars 1812 (Pepin), *J. p.*; Chassan, t. 2, p. 370; Dalloz, vᵒ *Presse*, nᵒ 1340.

10. Ni en se fondant sur ce que le ministère public aurait déclaré ne vouloir pas donner suite à la dénonciation. — Cass. 8 déc. 1837 (Goujard), *B. cr.*; 5 juillet 1844 (Lambert), *B. cr.*; Chassan, t. 2, p. 369. — Les parties ayant dans ce cas le droit de saisir le juge d'instruction en se portant parties civiles. — Montpellier, 24 mars 1851 (F.); D., 52, 2, 195; de Grattier, t. 1, p. 493.

11. Il ne peut dépendre du ministère public de priver les parties de ce moyen d'instruction. — Cass. 8 déc. 1837 (Goujard), *B. cr.*

12. Le refus du ministère public ne peut avoir d'autre effet que de maintenir indéfiniment le sursis. — Chassan, t. 2, p. 369.

13. Ainsi, le ministère public ne peut se refuser de suivre sur la dénonciation. Ses poursuites sont obligatoires. — Montpellier, 22 nov. 1841 (Balestrier); S. 42, 2, 160; Bordeaux, 2 juillet 1846 (Rambaud), *J. p.*, 48, 1, 51; Dalloz, vᵒ *Presse*, nᵒ 1351; Chassan, t. 2, p. 370. — *Contrà :* Parant, p. 108; de Grattier, t. 1, p. 492.

14. Le tribunal saisi d'une plainte en calomnie peut, lorsque les faits sont dénoncés par le prévenu, enjoindre au ministère public et au juge d'instruction d'informer sur ces faits. — Cass. 24 juin 1819 (Cochenet). — *Contrà :* Cass. 8 déc. 1826 (Cahuette), *J. p.*

---

ainsi qu'il est prescrit au liv. II, tit. IV du C. d'instr. crim., chap. des *contumaces*.

Art. 17. Lorsque le renvoi à la cour d'assises aura été fait pour délits spécifiés dans la présente loi, le prévenu, s'il n'est présent au jour fixé pour le jugement par l'ordonnance du président, dûment notifiée audit prévenu ou à son domicile, dix jours au moins avant l'échéance, outre un jour par cinq myriamètres de distance, sera jugé par défaut. La cour statuera sans assistance ni intervention de jurés, tant sur l'action publique que sur l'action civile.

Art. 18. Le prévenu pourra former opposition à l'arrêt par défaut dans les dix jours de la notification qui lui en aura été faite ou à son domicile, outre un jour par cinq myriamètres de distance, à charge de notifier son opposition, tant au ministère public qu'à la partie civile. — Le prévenu supportera, sans recours, les frais de l'expédition et de la signification de l'arrêt par défaut et de l'opposition, ainsi que de l'assignation et de la taxe des témoins appelés à l'audience pour le jugement de l'opposition.

Art. 19. Dans les cinq jours de la notification de l'opposition, prévenu devra déposer au greffe une requête tendant à obtenir du président de la cour d'assises une ordonnance fixant le jour du jugement de l'opposition : cette ordonnance fixera le jour aux plus prochaines assises; elle sera signifiée, à la requête du ministère public, tant au prévenu qu'au plaignant, avec assignation au jour fixé dix jours au moins avant l'échéance. Faute par le prévenu de remplir les formalités mises à sa charge par le présent article, ou de comparaître par lui-même ou par un fondé de pouvoir au jour fixé par l'ordonnance, l'opposition sera réputée non avenue, et l'arrêt par défaut sera définitif.

Art. 20. Nul ne sera admis à prouver la vérité des faits diffamatoires, si ce n'est dans le cas d'imputation contre des dépositaires ou agents de l'autorité, ou contre toutes personnes ayant agi dans un caractère public, de faits relatifs à leurs fonctions. Dans ce cas, les faits pourront être prouvés par-devant la cour d'assises par toutes les voies ordinaires, sauf la preuve contraire par les mêmes voies. — La preuve des faits imputés met l'auteur de l'imputation à l'abri de toute peine, sans préjudice des peines prononcées contre toute injure qui ne serait pas nécessairement dépendante des mêmes faits.

Art. 21. Le prévenu qui voudra être admis à prouver la vérité des faits dans le cas prévu par le précédent article, devra dans les huit jours qui suivront la notification de l'arrêt de renvoi devant la cour d'assises, ou de l'opposition à l'arrêt par défaut rendu contre lui, faire signifier au plaignant, — 1ᵒ Les faits articulés et qualifiés dans cet arrêt desquels il entend prouver la vérité; 2ᵒ La copie des pièces; 3ᵒ Les noms, professions et demeures des témoins par lesquels il entend faire sa preuve. — Cette signification contiendra élection de domicile près la cour d'assises; le tout à peine d'être déchu de la preuve.

Art. 22. Dans les huit jours suivants, le plaignant sera tenu de faire signifier au prévenu, au domicile par lui élu, la copie des pièces, et les noms, professions et demeures des témoins par lesquels il entend faire la preuve contraire; le tout également sous peine de déchéance.

(1 et 2) *Anciens articles :*

Art. 23. Le plaignant en diffamation ou injure pourra faire entendre des témoins qui attesteront sa moralité : les noms, professions et demeures de ces témoins seront notifiés au prévenu ou à son domicile, un jour au moins avant l'audition. — Le prévenu ne sera point admis à faire entendre des témoins contre la moralité du plaignant.

Art. 24. Le plaignant sera tenu, immédiatement après l'arrêt de renvoi, d'élire domicile près la cour d'assises, et de notifier cette élection au prévenu et au ministère public, à défaut de quoi toutes significations seront faites valablement au plaignant au greffe de la cour. Lorsque le prévenu sera en état d'arrestation, toutes notifications, pour être valables, devront lui être faites à personne.

15. Cependant si le prévenu de diffamation abandonne sa dénonciation sur laquelle le ministère public n'a pas cru devoir poursuivre, il ne peut y avoir dans cette dénonciation un motif de sursis. — Cass. 2 oct. 1817 (Ferrets) ; Chassan, t. 2, p. 376 ; Mangin, t. 1, p. 567.

16. Il n'y a pas non plus lieu à surseoir, lorsque le procureur général refuse de donner suite à une plainte portée contre un magistrat, lequel ne peut être jugé que par la cour d'appel. — Cass. 11 nov. 1842 (Lafond), *B. cr.*; Dalloz, v° *Presse*, n° 1353.

17. Ni lorsque, sur une plainte en forfaiture adressée contre un magistrat au ministre de la justice, celui-ci n'a voulu donner aucun ordre de poursuite, et lorsque aucune autorité compétente n'a été saisie de la dénonciation dans le délai imparti. Art. 486 C. i. cr. — Cass. 13 mars 1818 (Selves) ; Dalloz, v° *Presse*, n° 1113.

18. Lorsque les faits dénoncés ont été commis par un agent de l'autorité, le refus d'autorisation de poursuivre ne peut empêcher le sursis, s'il y a recours au conseil d'État. — Cass. 24 juin 1819 (Cochenet), *J. p.*; de Grattier, t. 1, p. 492.

19. Il n'y a lieu de prononcer un sursis sur une plainte en diffamation qu'autant que le prévenu se porte dénonciateur d'une manière expresse et par écrit, une plainte verbale ne suffit pas. — Cass. 8 déc. 1837 (Goujard), *B. cr.*; Chassan, t. 2, p. 369 ; de Grattier, t. 1, p. 491. — La plainte doit être assimilée à la dénonciation. — Chassan, t. 2, p. 369.

20. Qu'autant que la poursuite sur les faits dénoncés a lieu par voie d'instruction criminelle ou correctionnelle. Une action civile ne peut autoriser le sursis. — Cass. 24 avril 1818 (Guénier), *J. p.*; Bruxelles, 23 mai 1829 (V.), *J. p.*

21. Qu'autant que la dénonciation a été portée devant une autorité compétente : l'autorité judiciaire. — Cass. 15 juin 1815 (Vallée), *J. p.*; 28 sept. 1815 (Selves), *J. p.*; Chassan, t. 1, p. 369 ; Mangin, t. 1, p. 566.

22. Ainsi il ne suffit pas que les faits imputés à un employé des contributions indirectes aient été dénoncés à l'administration générale. — Cass. 15 juin 1815 (Vallée), *J. p.*; de Grattier, t. 1, p. 490 ; Dalloz, v° *Presse*, n° 1346.

23. Que les faits imputés à des avoués aient été dénoncés à leur chambre. — Cass. 28 sept. 1815 (Selves), *J. p.*

24. Le sursis ne peut avoir lieu si la dénonciation a été portée devant un tribunal étranger. — Cass. 7 mars 1817 (Mendiry), *J. p.*; Parant, p. 337 ; Mangin, t. 1, p. 565 ; de Grattier, t. 1, p. 491.

25. Il n'est pas nécessaire que le dénonciateur se porte partie civile. — Bordeaux, 2 juillet 1846 (Rambaud), *J. p.*, 48, 1, 51 ; Dalloz, v° *Presse*, n° 1356.

26. Ni qu'il consigne les frais auxquels les poursuites peuvent donner lieu. — Montpellier, 22 nov. 1841 (Balestrier); S. 42, 2, 160 ; Dalloz, *id.*

27. Le sursis ne peut être accordé qu'autant que le fait dénoncé est personnel au plaignant. — Orléans, 31 mai 1847 (Renon-Ract) ; D., 47, 2, 161. — *Contrà* : Chassan, t. 2, 372 ; Montpellier, 22 nov. 1841 (Balestrier), *J. p.*

28. Qu'autant que les faits dont la preuve est requise sont identiquement les mêmes que ceux allégués dans l'imputation diffamatoire ; il ne suffit pas que les faits soient de même nature, quelque directe que soit la relation du fait dénoncé avec le fait articulé. — Cass. 9 juin 1815 (Selves), *J. p.*; 21 mai 1836 (Durand-Vaugaron), *J. p.*; 9 nov. 1839 (Reynaud), *B. cr.*; Mangin, t. 1, p. 567 ; de Grattier, t. 1, p. 494.

29. Qu'autant que les faits dénoncés par le prévenu sont punissables suivant la loi. — Cass. 27 juin 1811 (Royer), *J. p.*; 28 fév. 1812 (Aublin), *J. p.*; **9 fév.** 1821 (Selves), *J. p.*; 18 sept. 1845 (Dupuy), *B. cr.*; Orléans, 31 mai 1847 (Renon-Ract); D., 47, 2, 161 ; Parant, p. 336 ; Chassan, t. 2, p. 374 ; Mangin, t. 1, p. 562 ; de Grattier, t. 1, p. 489 ; Dalloz, v° *Presse*, n° 1338.

30. Ou que l'auteur de ces faits est encore vivant. — Chassan, t. 2, p. 375.

31. Ainsi il n'y a pas lieu à sursis lorsque les faits dénoncés ne présentent que l'imputation de défauts et de vices. — Cass. 27 juin 1811 (Royer), *J. p.*; 28 fév. 1812 (Aublin), *J. p.*; Mangin, t. 1, p. 562 ; de Grattier, t. 1, p. 489.

32. Ou que l'imputation d'un fait immoral. — Cass. 18 sept. 1845 (Dupuy), *B. cr.*

33. Il ne suffirait pas qu'ils fussent susceptibles de motiver une peine disciplinaire. — Cass. 28 sept. 1815 (Selves), *J. p.*; de Grattier, t. 1, p. 489 ; Dalloz, v° *Presse*, n° 1339.

34. Mais lorsque le ministère public a agi d'office ou qu'il a exercé des poursuites sur les faits dénoncés, le tribunal saisi de la plainte en calomnie n'est point maître de refuser le sursis, sous le prétexte que les faits ne sont pas punissables. — Cass. 17 avril 1817, *J. p.*; Mangin, *Act. publ.*, t. 1, p. 564 ; Chassan, t. 2, p. 375 ; de Grattier, t. 1, p. 490 ; **Dalloz,** v° *Presse*, n° 1342.

35. Il y a toujours lieu à sursis lorsque, sur une plainte en diffamation, le ministère public rend plainte contre le plaignant lui-même, à raison des faits que celui-ci prétend diffamatoires. — Cass. 18 juin 1824 (Guyard), *J. p.*

36. Il n'y a plus lieu à surseoir lorsque les faits imputés sont prescrits. — Arg. cass. 9 mai 1845 (Bousquet), *B. cr.*; Chassan, t. 2, p. 374 ; Parant, p. 336 ; Mangin, t. 1, p. 563 ; de Grattier, t. 1, p. 492 ; Dalloz, v° *Presse*, n° 1341. — Lorsqu'ils ont été déclarés prescrits par la chambre d'accusation. — Cass. 23 mai 1829 (V.), *J. p.*

37. Ou qu'il a été déclaré n'y avoir lieu à suivre. — Bruxelles, 23 mai 1829 (Adrien), *J. p.*; de Grattier, t. 1, p. 492.

38. Lorsque les faits ont été amnistiés. — Chassan, t. 2, p. 375.

39. Lorsque celui à qui les faits diffamatoires étaient imputés est décédé. — Cass. 21 mai 1836 (Durand-Vaugaron), *J. p.*

40. Lorsqu'une plainte porte sur plusieurs faits, dont un ou plusieurs sont punissables, ces faits punissables deviennent des faits principaux dont les autres ne sont que des accessoires qui doivent demeurer soumis aux règles prescrites pour les faits principaux. Il y a donc lieu à surseoir sur le tout. — Cass. 26 juillet 1821 (Mène), *J. p.*; Chassan, t. 2, p. 376 ; Mangin, t. 1, p. 568 ; de Grattier, t. 1, p. 489 ; Dalloz, v° *Presse*, n° 1344.

41. Cependant lorsque la dénonciation ne porte que sur une partie des faits diffamatoires objet de la plainte, elle ne peut arrêter la poursuite qu'en ce qui concerne ces faits. — Cass. 18 sept. 1845 (Dupuy), *B. cr.*

42. La dénonciation faite à l'autorité compétente n'autorise pas à donner à l'individu qui en a été l'objet des qualifications injurieuses, alors même qu'elles feraient allusion aux faits dénoncés. Des poursuites pourraient être commencées à raison de ces injures, sans qu'il y ait lieu de surseoir. — Chassan, t. 2, p. 377 ; Mangin, t. 1, p. 568 ; de Grattier, t. 1, p. 495.

43. Lorsque la dénonciation a donné lieu à une condamnation, elle doit réagir sur l'action en diffamation et faire disparaître le délit. — Chassan, t. 2, p. 371 ; de Grattier, t. 1, p. 498. — Alors qu'il est établi qu'il n'y a pas eu intention coupable. —

Bordeaux, 14 avril 1833 (Duvoyon), *J. p.* — *Contrà :* Le prévenu n'est point complètement justifié, sa culpabilité peut seulement être atténuée. — Cass. 21 avril 1821 (Galeypy), *J. p.*; Montpellier, 22 nov. 1841 (Balestrier), *J. p.*, 42, 2, 573; Dalloz, v° *Presse*, n° 1360.

Art. 26. Tout arrêt de condamnation contre les auteurs ou complices des crimes et délits commis par voie de publication ordonnera la suppression ou la destruction des objets saisis, ou de tous ceux qui pourront l'être ultérieurement, en tout ou en partie, suivant qu'il y aura lieu pour l'effet de la condamnation.

L'impression ou l'affiche de l'arrêt pourront être ordonnées aux frais du condamné.

Ces arrêts seront rendus publics dans la même forme que les jugements portant déclaration d'absence.

1. Cet article n'a pas été abrogé par l'art. 27 du décr. du 17 fév. 1852. — Circ. min. 27 mars 1852.

2. La suppression d'un écrit ne peut être prononcée lorsqu'il y a acquittement du prévenu sur la poursuite d'un prétendu délit contenu audit écrit. — Cass. 17 août 1860 (Poplinaux), *B. cr.* — *Contrà :* S'il a un caractère blâmable ou immoral. — Paris, 15 janv. 1825 (Barha), *J. p.*; Poitiers, 2 juin 1860 (Poplinaux); S., 60, 2, 329; de Grattier, t. 1, p. 499.

3. De même, lorsque le prévenu est acquitté, la destruction des exemplaires d'un ouvrage saisi comme immoral et précédemment condamné ne peut être ordonnée. — Cass. 20 juin 1840 (Lavigne), *B. cr.*; Dalloz, v° *Presse*, n° 1037. — *Contrà :* Chassan, t. 1, p. 152; t. 2, p. 444.

4. Même en cas de condamnation du prévenu, la suppression ne peut être ordonnée si la condamnation porte sur un fait extérieur à l'écrit, et, par exemple, sur un fait de distribution. — Cass. 17 août 1860 (Poplinaux), *B. cr.*

5. Mais la cour d'assises peut, à titre de dommages-intérêts, sur la demande de la partie civile, ordonner la suppression de l'écrit, malgré l'acquittement du prévenu. — Cass. 5 avril 1839 (Salbois), *J. p.*; 3 mars 1842 (Champanhet), *B. cr.*; Chassan, t. 2, p. 445. V. *Codes crim.*, sous l'art. 358 C. inst. cr., n°° 68 et suiv.

6. Le tribunal qui reconnaît l'existence d'un délit de diffamation ne peut s'abstenir de statuer sur les conclusions de la partie civile tendant à la saisie et à la suppression de l'écrit diffamatoire. — Cass. 11 juillet 1823 (Gemond), *J. p.*

7. Les objets non saisis dont la destruction est ordonnée peuvent être appréhendés par un officier de police ou de justice, qui dresse procès-verbal. — Chassan, t. 2, p. 459; de Grattier, t. 1, p. 501.

8. Un jugement ne peut être imprimé ni affiché si la mesure n'a été ordonnée par justice. — Chassan, t. 2, p 447.

9. Il doit indiquer le nombre d'exemplaires des affiches. — De Grattier, t. 1, p. 502.

10. Ce nombre ne peut être dépassé sans constituer un fait dommageable. — Paris, 1er juin 1831 (Dumont), *J. p.*; Chassan, *id.*

11. Le juge ne peut ordonner à la fois l'impression et l'affiche; il doit prescrire l'une ou l'autre. — Dalloz, v° *Presse*, n° 1040. — *Contrà :* De Grattier, t. 1, p. 502.

12. Il peut ordonner l'insertion du jugement dans un journal, au lieu de l'impression et de l'affiche. — Bordeaux, 17 août 1826 (Gaye); Dalloz, v° *Presse*, n° 1040.

13. Cette réparation peut être ordonnée par la juridiction civile saisie d'un fait de diffamation commis par la voie de la presse. — Cass. 29 janv. 1840 (Salmon); Dalloz, v° *Presse*, n° 1039.

14. L'insertion dans les journaux, autorisée par cet article, est une véritable peine qui peut être prononcée par le juge d'appel sur l'appel seul du ministère public, sans qu'il y ait appel de la partie civile. — Cass. 19 mai 1860 (Larbaud), *B. cr.*

15. Elle peut être ordonnée d'office. — De Grattier, t. 1, p. 502.

16. Quand la loi permet l'affiche d'un jugement, elle est censée aussi autoriser le juge à ordonner qu'il en sera fait publiquement lecture. — Cass. 25 mars 1813 (Gaillard), *J. p.*; de Grattier, t. 1, p. 503. — *Contrà :* Legraverand, t. 2, p. 275.

Art. 27. Quiconque, après que la condamnation d'un écrit, de dessins ou gravures, sera réputée connue par la publication dans les formes prescrites par l'article précédent, les réimprimera, vendra ou distribuera, subira le *maximum* de la peine qu'aurait pu encourir l'auteur.

1. Cet article n'a pas été abrogé par l'art. 27 décr. 17 fév. 1852. — Circ. min. just., 27 mars 1852.

2. La destruction d'exemplaires d'ouvrages, ordonnée d'office sans opposition de la partie saisie, ne peut, quoique rendue publique, avoir l'effet d'une condamnation légale. — Paris, 14 janv. 1830 (Langlois), *J. p.*

3. Au contraire, il suffit qu'il y ait eu condamnation de l'écrit. Ainsi, cet article est applicable au cas où, en prononçant l'acquittement du prévenu, les juges auraient maintenu la saisie de l'ouvrage et ordonné sa suppression. — Chassan, t. 1, p. 152.

4. L'exposition ou la mise en vente dans un magasin de librairie ouvert au public d'un ouvrage antérieurement condamné équivaut à sa vente même. — Cass. 10 nov. 1826 (Fleury), *J. p.*; 11 oct. 1851 (Ollivier), *B. cr.*; Chassan, t. 1, p. 149; de Grattier, t. 1, p. 510. — *Contrà :* A l'égard des individus qui ne font pas profession de vendre des livres. — Chassan, *id.*; de Grattier, *id.*; Dalloz, v° *Presse*, n° 964.

5. L'inscription de l'envoi d'un ouvrage condamné, sur le livre-journal d'un libraire, n'est pas une preuve qu'il en a opéré la vente. — Paris, 14 janv. 1830 (Langlois), *J. p.*

6. La condamnation qui a pour objet des paroles extraites d'une chanson écrite peut servir de base à l'incrimination contenue dans cet article. — Cass. 11 oct. 1851 (Ollivier), *B. cr.*

7. La réimpression et la vente d'un ouvrage déjà condamné ne constituent pas invariablement une simple contravention; elles peuvent aussi se produire soit comme crime, soit comme délit, selon que la publication reproduite aura constitué par elle-même une contravention, un crime ou un délit. — Cass. 13 oct. 1837 (Gombert), *J. p.*; Dalloz, v° *Presse*, n° 963.

8. La moralité d'un ouvrage déjà condamné est remise en question lorsque la réimpression en est poursuivie, il n'y a pas chose jugée. — Cass. 20 juin 1840 (Lavigne), *B. cr.*; 13 oct. 1837 (Gom-

bert); D., 38, 1, 33; 8 déc. 1837 (Spony); D., 38, 1, 180; 12 janv. 1839 (Paguerre), *B. cr.* — *Contra :* De Grattier, t. 1, p. 520. — Cette réimpression constitue un délit et non une simple contravention. — Chassan, t. 1, p. 143. — *Contra :* De Grattier, *id.*

9. Les tribunaux peuvent apprécier les circonstances de moralité, examiner l'intention et la bonne foi du prévenu. — Cass. 13 oct. 1837 (Gombert); 8 déc. 1837 (Spony), *loc. cit.*

10. La condamnation précédente n'est qu'une circonstance aggravante du délit. — Cass. 10 nov. 1826 (Fleury), *J. p.*; Chassan, t. 1, p. 150.

11. L'impression de l'arrêt ou du réquisitoire qui renferme les passages incriminés ou condamnés ne peut donner lieu à une nouvelle poursuite. — Cass. 3 nov. 1831 (Robert), *J. p.*; Chassan, t. 1, p. 151; de Grattier, t. 1, p. 511; Dalloz, vᵒ *Presse,* nᵒ 969.

Art. 28. *Abrogé implicitement par l'art.* 27 *décret du* 17 *février* 1852.

Circul. min. just., 27 mars 1852 (1).

Art. 29. *Abrogé par le même décret.*

Cass. 23 février 1854 (Guillelouvette), *B. cr.*; Circul. min. just., 27 mars 1852 (2). *V.* notes sous l'art. 638 C. inst. crim., nᵒ 35. *Codes crim.,*

25 MARS 1822. — LOI *relative à la répression et à la poursuite des délits commis par la voie de la presse ou par tout autre moyen de publication.*

TITRE Iᵉʳ. — *De la répression.*

Art. 1. Quiconque, par l'un des moyens énoncés en l'art. 1ᵉʳ de la loi du 17 mai 1819, aura outragé ou tourné en dérision la religion de l'État, sera puni d'un emprisonnement de trois mois à cinq ans et d'une amende de 300 fr. à 6,000 fr.

Les mêmes peines seront prononcées contre quiconque aura outragé ou tourné en dérision toute autre religion dont l'établis-

sement est légalement reconnu en France. Art. 8, L. du 17 mai 1819.

1. L'outrage à la religion n'ayant point été défini par la loi, qui n'en détermine point les éléments, la cour de cassation ne peut rechercher si la loi a été violée dans la qualification de ce délit. — Cass. 15 oct. 1825 (Catineau), *J. p.*; 17 mars 1827 (Touquet), *J. p.*; 15 janv. 1830 (Marquezy), *J. p.* V. décisions contraires sous l'art. 408 C. inst. cr., nᵒˢ 104 et suiv., *Codes crim.*

2. Se rend coupable du délit d'outrages à la religion celui qui s'oppose à la célébration, par le ministre du culte, d'une cérémonie funèbre, et célèbre lui-même, dans l'église, cette cérémonie. — — Cass. 5 fév. 1852 (Morin), *B. cr.* V. notes sous l'art. 262 C. pén., *Codes crim.*

3. Celui qui porte la croix en tête d'une mascarade publique, offrant le simulacre d'un enterrement. — Cass. 26 juin 1852 (Routhier), *B. cr.*

4. Il est dans les attributions des cours royales d'apprécier si la négation d'un dogme religieux peut, par les circonstances dont elle est accompagnée et les expressions dont on s'est servi, constituer le délit d'outrage à la religion. — Cass. 15 janv. 1830 (Rousseau Marquezy), *J. p.*; Chassan, t. 1, p. 302.

5. Ne constitue point le délit d'outrage à la religion :
La simple négation d'un dogme religieux, par exemple, la négation de la perpétuité du christianisme. — Aix, 3 déc. 1829 (Rousseau Marquezy), *J. p.*; Paris, 17 déc. 1829 (Chatelain), *J. p.*; de Grattier, t. 2, p. 37; Chassan, t. 1, p. 297, 301.

6. Il en serait autrement si la négation était accompagnée de sarcasmes et d'ironies. — Aix, 3 déc. 1829.

7. La dénégation de la révélation des vérités du christianisme et de la divinité de Jésus-Christ. — Paris, 22 janv. 1828 (de Sénancourt), *J. p.*; Chassan, t. 1, p. 301; de Grattier, *id.*

8. Mais la publication incomplète ou mutilée des livres saints, qui sont le fondement de la religion catholique, ou des livres dogmatiques des autres religions, et spécialement la publication de l'Évangile, dans laquelle on aurait supprimé les miracles et autres faits qui démontrent la divinité de Jésus-Christ, peut constituer le délit d'outrage envers ces religions. — Cass. 17 mars 1827 (Touquet), *J. p.*; de Grattier, t. 2, p. 38; Chassan, t. 1, p. 299.

9. Les juges d'appel peuvent déclarer coupable d'avoir tourné en dérision la religion un individu qui n'a été poursuivi que comme prévenu d'avoir outragé cette même religion. Ces faits ne constituent pas des délits différents. — Cass. 15 janv. 1830 (Rousseau Marquezy), *J. p.*; de Grattier, t. 2, p. 38.

Art. 2. *Remplacé par les art.* 1, *L. du* 29 *novembre* 1830, *décr. du* 11 *août* 1848; *L. du* 27 *juillet* 1849 (1).

Art. 3. *Remplacé par l'art.* 3 *décr. du* 11 *août* 1848 (2).

---

(1) *Ancien article :*

ART. 28. Toute personne inculpée d'un délit commis par la voie de la presse, ou par tout autre moyen de publication, contre laquelle il aura été décerné un mandat de dépôt ou d'arrêt, obtiendra sa mise en liberté provisoire, moyennant caution. La caution à exiger de l'inculpé ne pourra être supérieure au double du *maximum* de l'amende prononcée par la loi contre le délit qui lui est imputé.

(2) *Ancien article :*

ART. 29. L'action publique contre les crimes et délits commis par la voie de la presse, ou tout autre moyen de publication, se prescrira par six mois révolus, à compter du fait de publication qui donnera lieu à la poursuite. — Pour faire courir cette prescription de six mois, la publication d'un écrit devra être précédée du dépôt et de la déclaration que l'éditeur entend le publier. — S'il a été fait, dans cet intervalle, un acte de poursuite ou d'instruction, l'action publique ne se prescrira qu'après un an, à compter du dernier acte, à l'égard même des personnes qui ne seraient pas impliquées dans ces actes d'instruction ou de poursuite. — Néanmoins, dans le cas d'offense envers les chambres, le délai ne courra pas dans l'intervalle de leurs sessions. — L'action civile ne se prescrira, dans tous les cas, que par la révolution de trois années, à compter du fait de la publication.

(1) *Ancien article :*

ART. 2. Toute attaque, par l'un des mêmes moyens, contre la dignité royale, l'ordre de successibilité au trône, les droits que le roi tient de sa naissance, ceux en vertu desquels il a donné la charte, son autorité constitutionnelle, l'inviolabilité de sa personne, les droits ou l'autorité des chambres, sera punie d'un emprisonnement de trois mois à cinq ans et d'une amende de 300 fr. à 6,000 fr.

(2) *Ancien article :*

ART. 3. L'attaque, par l'un de ces moyens, des droits garantis

Art. 4. *Remplacé par l'art. 4 décret du 11 août 1848 (1).*

Art. 5. La diffamation ou l'injure, par l'un des mêmes moyens, envers les cours, tribunaux, corps constitués, autorités ou administrations publiques, sera punie d'un emprisonnement de quinze jours à deux ans, et d'une amende de 150 fr. à 5,000 fr.

1. Cet article ne s'applique qu'à la diffamation et à l'injure commises par voie de publication envers les cours et tribunaux, *pour des faits relatifs à leurs fonctions*, et n'a point dérogé à l'art. 222 C. pén., qui prévoit les outrages par paroles contre les magistrats *dans l'exercice de leurs fonctions.* — Cass. 27 fév. 1832 (Raspail), *J. p.*; de Grattier, t. 2, p. 46.

2. Le tribunal est compétent pour rechercher si la diffamation a eu lieu envers un corps constitué. — Cass. 28 avril 1826 (Descoutures), *J. p.*; Chassan, t. 1, p. 488; de Grattier, t. 2, p. 48.

3. Mais le tribunal saisi d'une plainte en diffamation envers un conseil municipal est incompétent pour rechercher s'il était légalement composé et si ses délibérations, à l'occasion desquelles il y avait eu diffamation, étaient régulières. — Cass. 28 août 1826 (Descoutures), *J. p.*; Riom, 19 mars 1827 (Descoutures), *J. p.*; de Grattier, t. 2, p. 48; Dalloz, v⁰ *Presse*, n⁰ 898; Chassan, t. 1, p. 489; Parant, p. 109.

4. L'offense n'est pas moins punissable lorsqu'elle a lieu à l'occasion d'un acte susceptible d'annulation. — Cass. 28 avril 1826 (Descoutures), *J. p.*; de Grattier, *id.*

5. L'ordre des avocats n'est pas un corps constitué. — Chassan, t. 1, p. 488.

6. V., sur ce qu'on doit entendre par corps constitué, les notes sous l'art. 4, L. 26 mai 1819.

7. On doit comprendre sous le nom d'administration publique l'administration de la police. — Cass. 16 juin 1832 (de Brian), *J. p.*; Chassan, t. 1, p. 487; de Grattier, t. 2, p. 48.

Art. 6. L'outrage fait publiquement, d'une manière quelconque, à raison de leurs fonctions ou de leur qualité, soit à un ou plusieurs membres de l'une des deux chambres, soit à un fonctionnaire public, soit enfin à un ministre de la religion de l'Etat ou de l'une des religions dont l'établissement est légalement reconnu en France, sera puni d'un emprisonnement de quinze jours à deux ans, et d'une amende de 100 fr. à 4,000 fr.

Le même délit envers un juré, à raison de ses fonctions, ou envers un témoin, à raison de sa déposition, sera puni d'un emprisonnement de dix jours à un an, et d'une amende de 50 fr. à 3,000 fr.

L'outrage fait à un ministre de la religion de l'Etat, ou de l'une des religions légalement reconnues en France, dans l'exercice même de ses fonctions, sera puni des peines portées par l'art. 1ᵉʳ de la présente loi.

Si l'outrage, dans les différents cas prévus par le présent article, a été accompagné d'excès ou violences prévus par le premier paragraphe de l'art. 228 du Code pénal, il sera puni des peines portées audit paragraphe et à l'art. 229, et, en outre, de l'amende portée au premier paragraphe du présent article.

Si l'outrage est accompagné des excès prévus par le second paragraphe de l'article 228 et par les art. 231, 232 et 233, le coupable sera puni conformément audit Code.

§ 1ᵉʳ. — *Règles générales.*

1. Cet article n'a pas été abrogé par la loi du 8 oct. 1830. — Cass. 19 janv. 1833 (Ledieu), *J. p.* —Mais le premier paragraphe dudit article a été remplacé par l'art. 5 du décret du 11 août 1848.

2. Il comprend l'outrage public fait par écrit aussi bien que l'outrage public par paroles, il n'exige pas la présence du fonctionnaire. — Cass. 18 juillet 1828 (de Magnoncourt), *J. p.*; Parant, p. 143; Chassan, t. 1, p. 415, 432; de Grattier, t. 2, p. 52. V. sous l'art. 222 C. pén., n⁰ˢ 54 et suiv., *Codes crim.*

3. Il comprend les paroles et gestes menaçants comme tout autre mode d'outrage. — Cass. 13 août 1841 (Billiout-Jouard), *B. cr.*; Chassan, t. 1, p. 450.

4. A plus forte raison, le jet d'ordures à un fonctionnaire au moment où il remplit ses fonctions. — Dalloz, v⁰ *Presse*, n⁰ 685.

5. Il n'a fait que changer la pénalité de l'art. 19. L. 17 mai 1819, en résumant par le mot *outrage* l'ensemble des injures, expressions outrageantes, termes de mépris ou invectives qui s'adressent aux fonctionnaires publics, et en y ajoutant : *d'une manière quelconque.*—Cass. 17 juillet 1846 (Lambert), *B. cr.*; Parant, p. 141.

6. Il modifie, en ce qui concerne les fonctionnaires, les art. 16 et 17, L. 17 mai 1819; aux délits de diffamation et d'injures définis par cette loi, il a substitué l'outrage, dont il laisse l'appréciation aux magistrats. — Cass. 18 juillet 1828 (de Magnoncourt), *J. p.*; Chassan, t. 1, p. 256, 414; Parant, p. 92; de Grattier, t. 2, p. 53. — *Contrà :* il n'a point abrogé l'art. 16, L. 17 mai 1819. Les dispositions de ces articles ne sont point inconciliables. — Cass. 17 juillet 1843 (l'Espérance), *B. cr.*; Dalloz, v⁰ *Presse*, n⁰ 902. V. les notes sous l'art. 16, L. 17 mai 1819.

7. Le délit d'outrage envers les fonctionnaires s'identifie avec celui de diffamation et d'injure défini par les art. 13 et 14, L. 17 mai 1819. — Douai, 1ᵉʳ mars 1831 (Cressent), *J. p.*; Cass. 10 juillet 1834 (Lanta), *J. p.*

8. L'outrage par paroles fait publiquement à un magistrat de l'ordre administratif ou judiciaire, à *l'occasion* de l'exercice de ses fonctions, est réprimé par cet article et non par l'art. 222 C. pén. —Cass.

---

par les art. 5 et 8 de la Charte constitutionnelle, sera punie d'un emprisonnement d'un mois à trois ans et d'une amende de 100 fr. à 4,000 fr.

(1) *Ancien article :*

Art. 4. Quiconque, par l'un des mêmes moyens, aura excité à la haine ou au mépris du gouvernement du roi, sera puni d'un emprisonnement d'un mois à quatre ans et d'une amende de 150 fr. à 5,000 fr. — La présente disposition ne peut pas porter atteinte au droit de discussion et de censure des actes des ministres.

22 fév. 1844 (Pierrel). *B. cr.*; de Grattier, t. 2, p. 58. V. sous l'art. 222 C. pén., § 1er, *Codes crim.*

9. A l'égard des fonctionnaires non compris dans l'énumération des art. 222 et suiv. C. pén., si l'outrage commis contre eux *dans l'exercice* de leurs fonctions avait pour motif ou pour occasion l'exercice même de ces fonctions, il serait punissable comme fait à raison de cet exercice. — Chassan, t. 1, p. 456.

10. V. dans quels cas l'outrage par paroles tombe sous l'application des art. 222 et suiv. C. pén., les notes sous cet article, § 1er, *Codes crim.*

11. Les outrages publics envers un fonctionnaire, à raison de ses fonctions, ne peuvent être excusés parce qu'il y aurait eu de sa part provocation par injures. — Cass. 19 août 1842 (Germigney), *B. cr.*; Rouen, 11 janv. 1844 (Godalier); Dalloz, v^o *Presse*, n° 1333; Chassan, t. 1, p. 431. — *Contrà :* Grenoble, 21 avril 1825 (Charmeil), *J. p.*

12. Cependant des expressions qui, considérées isolément, peuvent paraître inconvenantes, ne sont pas punissables s'il est reconnu que celui à qui elles sont imputées ne s'en est servi que dans le but de se justifier d'imputations odieuses. — Riom, 19 mars 1827 (Descoutures), *J. p.*

§ 2. — *De la publicité.*

13. A la publicité définie et restreinte par l'art. 1er, loi 17 mai 1819, cet article a substitué une publicité dont il laisse l'appréciation aux magistrats. — Cass. 18 juillet 1828 (de Magnoncourt), *J. p.*; 30 nov. 1844 (Duporzon), *B. cr.*; Chassan, t. 1, p. 417; Parant, p. 142; de Grattier, t. 2, p. 52. — *Contrà :* Dalloz, v^o *Presse*, n° 725.

14. Ainsi, il suffit que le jugement constate que l'outrage a été public. — Cass. 18 juillet 1828 (de Magnoncourt), *J. p.*; de Grattier, *id.*

15. Les expressions outrageantes contenues dans un acte extra-judiciaire signifié à un magistrat sont, par le caractère public de cet acte, légalement aggravées. — Cass. 5 juin 1845 (Duporzon), *B. cr.*

16. Ainsi, une citation en conciliation, notifiée par huissier au magistrat outragé, étant, par sa nature, destinée à recevoir de la publicité, imprime aux imputations et expressions outrageantes qui y sont contenues le caractère de publicité exigé par cet article. — Cass. 30 nov. 1844 (Duporzon), *B. cr.* V. notes sous l'art. 14, § 4.

17. De même, des expressions outrageantes pour un juge de paix, contenues dans une citation donnée devant lui, entre deux particuliers, deviennent publiques par la lecture qui en est donnée à l'audience. — Cass. 22 fév. 1839 (Faure), *B. cr.* — Elles ne sont point adressées au magistrat dans l'exercice de ses fonctions. — Même arrêt.

18. Mais des expressions outrageantes adressées à un maire dans une lettre missive qui ne devait être connue que du magistrat lui-même, et qui n'a reçu aucune publicité, ne constituent pas le délit d'outrages. — Cass., ch. réun., 11 fév. 1839 (Castillon), *J. p.*, 39, 1, 201. — Mais elles peuvent donner lieu à des peines de simple police. — Cass. 30 août 1851 (Allain), *B. cr.*; Chassan, t. 1, p. 421. — Elles ne constituent ni crime ni délit. — Cass. 22 juin 1844 (Presle-Duplessis), *J. p.*, 44, 2, 591. V. autres décisions sous l'art. 222 C. pén., n°s 56 et suiv., *Codes crim.*

19. V. ce qu'on doit entendre par lieux et réunions publics, les notes sous l'art. 1, L. 17 mai 1819, §§ 3 et 4, et sous l'art. 14, L. 17 mai 1819, §§ 2 et 3.

§ 3. — *Dans quels cas il y a outrage envers un fonctionnaire public.*

20. Des interpellations agressives adressées à un magistrat, dans la rue, au sujet d'un acte de ses fonctions, suivies d'une scène scandaleuse constituent le délit d'outrage. — Cass. 16 déc. 1859 (Faure), *B. cr.*

21. De même, dire à un fonctionnaire : *Allez moucharder ailleurs*, c'est l'outrager. — Cass. 2 janv. 1834 (Gazard), *J. p.*

22. Un magistrat n'est point outragé pour des faits relatifs à ses fonctions, lorsque cet outrage lui est fait à raison de ses sollicitations pour un avancement. — Cass. 28 fév. 1845 (Crestin), *B. cr.*

23. Il en est de même d'un député outragé à raison de la demande d'un emploi, si elle ne se rattache pas à un acte de participation aux actes du pouvoir législatif. — Cass. 25 nov. 1843 (Peyrot), *B. cr.*; Chassan, t. 2, p. 164; Dalloz, v^o *Presse*, n° 1531.

24. Ou à raison d'une affaire qu'il aurait procurée à un tiers par son influence auprès des ministres. — Cass. 4 mai 1839 (Viennot), *B. cr.*; Dalloz, v^o *Presse*, n° 668.

25. Ces articles punissent aussi bien les outrages adressés à un ancien fonctionnaire pour faits relatifs à ses fonctions, que ceux adressés à un fonctionnaire actuellement en fonctions. — Cass. 23 mars 1860 (Sain), *B. cr.*; de Grattier, t. 2, 70; Dalloz, v^o *Presse*, n° 907.

26. La cour de cassation a le droit d'apprécier si les faits constatés par l'arrêt constituent le délit d'outrage public à un fonctionnaire. — Cass. 16 déc. 1859 (Faure), *B. cr.*

27. V. sur les attributions de la cour de cassation l'art. 408 C. inst. crim., n°s 80 et suiv., *Codes crim.*

28. Les jugements doivent énoncer et caractériser les propos offensants. — Cass. 7 oct. 1825 (Chagnon), *J. p.*; 11 déc. 1845 (Tasson), *B. cr.*; Dalloz, v^o *Presse*, n° 683. — *Contrà :* Cass. 11 avril 1822 (Cénac), *J. p.*; de Grattier, t. 2, p. 52. V. sous l'art. 408 C. inst. crim., n°s 80 et suiv., *Codes crim.*

§ 4. — *Quels sont ceux qui peuvent être réputés fonctionnaires.*

29. Le fonctionnaire public est celui qui est revêtu de l'autorité publique, qui a la puissance du commandement dans le cercle des attributions qui lui sont confiées. Lorsque cette puissance manque à une personne revêtue d'un caractère public, elle n'est plus qu'un simple agent de l'autorité ou de la force publique. — De Grattier, t. 2, p. 54.

30. Les agents de l'autorité ne sont point des fonctionnaires publics. Les art. 16 et 17, L. 17 mai 1819, restent applicables aux injures et diffamations qui leur sont adressées. — Chassan, t. 1, p. 418, 440. — *Contrà :* Dalloz, v^o *Presse*, n° 908.

31. On doit considérer comme des fonctionnaires publics :

Les professeurs de l'université. — Cass. 31 mai 1856 (Rogeard), *B. cr.*

32. Les juges suppléants, lorsqu'ils exercent leurs fonctions. — Cass. 14 avril 1831 (Fourdinier), *J. p.*; de Grattier, t. 2, p. 54.

33. Les employés des contributions indirectes. — Bordeaux, 4 août 1853 (Sorbier); D., 53, 2, 218.

34. Les agents des contributions directes. — Cass. 26 juillet 1821 (Mine), *J. p.*; Chassan, t. 1, p. 441. — Par exemple, les contrôleurs et percepteurs,

lorsqu'ils procèdent au recensement prescrit par leur administration. — Poitiers, 19 janv. 1842 (Grousseau). J. cr., n° 2998.

35. Les maires et les sous-préfets.—Cass. 16 janv., 10 juin 1834, J. p.; de Grattier, id.

36. Le rapporteur d'un conseil municipal. — Riom, 19 mars 1827 (Descoutures), J. p.; Cass. 28 avril 1826 (Descoutures), J. p.; de Grattier, t. 2, p. 54.

37. Le président d'une assemblée électorale.—De Grattier, t. 2, p. 64.

38. Les commissaires de police. — Cass. 13 juin 1828 (Buhot Launay), J. p.; Parant, p. 142; de Grattier, t. 2, p. 54. V. sous l'art. 222 C. pén., nos 25 et suiv., Codes crim.

39. Les gardes champêtres. — Poitiers, 11 mars 1843 (Viaud), J. p., 43, 2, 825; Nancy, 7 nov. 1854 (Richard); D., 56, 2, 288; Cass. 9 janv. 1858 (Duparc), B. cr. — Alors même qu'ils constatent des délits autres que les délits ruraux.— Poitiers, 11 mars 1843 (Viaud); Dalloz, v° Presse, n° 709. — Contrà : Les gardes champêtres ne sont que des dépositaires ou agents de l'autorité. L'art. 224 C. pén., ou l'art. 19, L. 17 mai 1819, leur est seul applicable. — Metz, 4, 5 déc. 1826, J. p. V. sous l'art. 224 C. pén., nos 24 et suiv., Codes crim.

40. Les gardes particuliers.—Metz, 7 nov. 1825 (Hugo), J. p.

41. Les officiers d'une compagnie de sapeurs-pompiers. — Grenoble, 9 mai 1834 (Piot), J. p.; de Grattier, t. 2, p. 54.

42. On ne peut pas restreindre la protection accordée par cet article aux agents qui ne peuvent être poursuivis sans autorisation du conseil d'Etat. Ainsi, il est applicable aux injures adressées à un agent-voyer. — Cass. 28 juillet 1859 (Poindextre), B. cr.

43. Ne sont point fonctionnaires publics :
Les gendarmes. — Limoges, 23 nov. 1851; S., 52, 2, 23.

44. Les membres des commissions des hospices. — Cass. 23 mai 1862 (Dithurbide), B. cr.

45. Les avoués. — Cass. 14 avril 1831 (Fourdinier), J. p.; 9 sept. 1836 (Hocmelle), J. p.; Paris, 19 nov. 1836 (Hocmelle); Chassan, t. 1, p. 441; de Grattier, t. 2, p. 54.

46. Les notaires; ils doivent être rangés dans la classe des simples particuliers. — Cass. 9 sept. 1836 (Hocmelle); Paris, 19 nov. 1836 (Hocmelle), J. p.; Cass. 27 nov. 1840 (Clément), J. p., 41, 1, 438; Riom, 13 nov. 1846; D., 47, 2, 37; Bordeaux, 21 mars 1860 (Chavenat); S., 60, 2, 620; de Grattier, id. — Contrà : Cass. 22 juin 1809 (Vincent), J. p. V. sous l'art. 224 C. pén., Codes crim.

47. Les huissiers. Ils ne sont que de simples particuliers. — Cass. 25 juin 1831 (Bergé), J. p.

§ 5. — Des jurés, des témoins, des ministres des cultes.

48. Jurés. — La disposition de cet article s'applique aux jurés nommés pour une expropriation. — Chassan, t. 1, p. 446; de Grattier, t. 2, p. 72. — Contrà : Dalloz, v° Presse, n° 720.

49. Témoins.—En punissant l'outrage fait au témoin à raison de sa déposition, cet article n'a pas restreint sa disposition pénale, soit au cas où la déposition n'a pas encore eu lieu, soit à celui où le témoin est interrompu en l'émettant. Il suffit que la déposition soit l'objet de l'outrage. — Cass. 13 août 1841 (Billiout-Jouard), B. cr. — Contrà : Cet article n'est applicable qu'à l'outrage fait au juré dans l'exer-

cice de ses fonctions, et au témoin pendant sa déposition. — De Grattier, t. 2, p. 73.

50. L'outrage n'en est pas moins punissable, quoiqu'il ait été proféré en l'absence du témoin. Il ne peut être considéré comme constituant une simple diffamation envers un particulier. — Cass. 12 sept. 1828 (Jaussand), J. p.; Parant, p. 141.

51. Mais si l'outrage n'est pas public, il rentre dans la catégorie des injures simples. — De Grattier, t. 2, p. 73.

52. A l'égard des témoins, la loi ne fait aucune distinction entre les matières civiles et les matières criminelles. — Dalloz, v° Presse, n° 721.

53. L'outrage public envers des témoins ou des jurés peut être poursuivi d'office par le ministère public et sans une plainte préalable. — Cass. 8 fév. 1851 (Robert); D., 51, 1, 175; Nancy, 9 avril 1851 (Robert); D., 51, 5, 439; Chassan, t. 2, p. 28. — Contrà : De Grattier, t. 1, p. 341; Parant, p. 212.

54. S'il a eu lieu à l'audience, il doit être réprimé immédiatement par le juge. Celui-ci ne pourrait remettre à un autre jour pour statuer en même temps que sur la contravention. Il n'appartient pas à un autre tribunal d'y statuer. — Cass. 24 déc. 1858 (Rojou), B. cr.; Chassan, t. 2, p. 31; de Grattier, t. 1, p. 341. V. notes sous l'art. 319 C. inst. cr., nos 27 et suiv., Codes crim.

55. Si le tribunal est incompétent pour prononcer des peines correctionnelles, ou si, l'outrage ayant été fait au témoin hors de sa présence, celui-ci n'a pas pu saisir de sa plainte le tribunal devant qui l'outrage lui a été fait, et qui avait caractère pour prononcer des peines correctionnelles, ses droits, dans ces deux cas, n'en demeurent pas moins entiers, et il peut exercer son action conformément aux règles de l'art. 17, L. 25 mars 1822. — Cass. 6 nov. 1823 (Leprêtre), J. p.

56. Ministres du culte. — Le ministère public peut de même poursuivre d'office l'outrage adressé à un ministre du culte dans l'exercice de son ministère, délit prévu par l'arrêt 262 C. pén. Mais la poursuite ne pourrait avoir lieu sans une plainte de la partie lésée, si les injures et les outrages avaient été adressés à un ministre du culte seulement à raison de ses fonctions ou de sa qualité. — Cass. 10 janv. 1833 (Godet), J. p.; 25 juin 1846 (Detrez), B. cr.; Parant, p. 213; Chassan, t. 2, p. 31; de Grattier, t. 1, p. 340. — Contrà : La plainte n'est pas nécessaire. — Metz, 30 janv. 1856 (Didier); D., 57, 2, 20.

57. L'outrage adressé au ministre du culte à raison de ses fonctions, lorsqu'il n'est pas public, rentre dans la catégorie des injures non publiques commises envers de simples particuliers. — De Grattier, t. 2, p. 71; Chassan, t. 1, p. 448. — Il est réprimé par l'art. 262 C. pén., s'il a été commis dans l'exercice des fonctions sans publicité. — Chassan, t. 1, p. 465; Parant, p. 138; de Grattier, t. 2, p. 71. V. sous l'art. 262, n° 1, C. pén., Codes crim.

58. S'il est accompagné de voies de fait, il rentre dans le droit commun, et la plainte préalable n'est pas nécessaire. — Chassan, t. 2, p. 31; Parant, id.; de Grattier, t. 2, p. 75.

59. Si l'outrage ne consiste que dans des coups portés publiquement, l'art. 6 de cette loi, combiné par les art. 228 et 229 C. pén., reste applicable. — Cass. 21 mars 1839 (Lagarde), J. p.; de Grattier, t. 2, p. 76; Chassan, t. 1, p. 448.

60. Lorsque les voies de fait n'ont pas été publiques, il y a lieu de recourir aux art. 228, 229, 230 C. pén. — Chassan, id. — Contrà : Il faut recourir

aux art. 311 et suiv. **C. pén.** L'art. 263 C. pén. est dans tous les cas complétement abrogé. — **Parant**, p. 140 ; de Grattier, t. 2, p. 75.

Art. 7. L'infidélité et la mauvaise foi dans le compte que rendent les journaux et écrits périodiques des séances des chambres et des audiences des cours et tribunaux, seront punies d'une amende de 1,000 fr. à 6,000 fr.

En cas de récidive, ou lorsque le compte rendu sera offensant pour l'une ou l'autre des chambres, ou pour l'un des pairs ou des députés, ou injurieux pour la cour, le tribunal, ou l'un des magistrats, des jurés ou des témoins, les éditeurs du journal seront en outre condamnés à un emprisonnement d'un mois à trois ans.

Dans les mêmes cas, il pourra être interdit, pour un temps limité ou pour toujours, aux propriétaires et éditeurs du journal ou écrit périodique condamné, de rendre compte des débats législatifs ou judiciaires. La violation de cette défense sera punie de peines doubles de celles portées au présent article.

§ 1er. — *Des comptes rendus.*

1. Cet article ne s'applique qu'aux comptes rendus faits par les journaux et écrits périodiques ; si le compte rendu injurieux est fait par d'autres écrits, l'action qui en résulte est celle résultant de l'outrage ordinaire.— Chassan, t. 1, p. 446 ; de Grattier, t. 2, p. 81.

2. Il appartient au juge du fait d'apprécier les circonstances qui constituent l'infidélité et la mauvaise foi dans les comptes rendus faits par les journaux des audiences. — Cass. 11 nov. 1843 (Leleux), *B. cr.*; Chassan, t. 1, p. 491 ; de Grattier, t. 2, p. 80.

3. Mais il appartient à la cour de cassation de décider si un article d'un journal contient les éléments qui constituent le compte rendu d'un procès.—Cass. 12 mai 1837 (Lebon), *B. cr.*; 23 fév. 1837 (Brière), *J. p.*; 2 mars 1838 (Delamarre), *J. p.*; Dalloz, v° *Presse*, n° 298 ; Chassan, t. 1, p. 644.

4. Et d'apprécier les exceptions que le prévenu oppose à la poursuite. — Cass. 12 mai 1837 (Lebon), *B. cr.*

5. Le caractère d'un compte rendu ne doit se déterminer ni par la place qu'il occupe dans le journal, ni par la forme qu'on lui a donnée, mais par le contenu de l'article. — Cass. 18 oct. 1833 (Paulin), *J. p.*; de Grattier, t. 2, p. 79.

6. Les observations ou appréciations mêlées au récit d'un débat judiciaire n'enlèvent pas à ce récit le caractère d'un compte rendu.—Cass. 18 oct. 1833 (Paulin), *J. p.*; 2 août 1839 (Lafond), *B. cr.*; haute cour, 26 oct. 1849 (Tribune des peuples), D., 49, 1, 266.

7. On doit considérer comme un compte rendu :

L'article inséré dans un journal immédiatement à la suite d'un compte rendu d'une audience, et qui se rattache à lui par une transition, par le mode de rédaction et surtout par l'objet dont il s'occupe. — Cass. 6 juin 1834 (Crépu), *J. p.* — *Contrà :* Si cet article, sans reproduire le précédent, se borne à faire

des réflexions sur son contenu.— Cass. 2 août 1839 (Souilhac), *B. cr.*

8. Un article de journal qui présente des faits plus ou moins nombreux comme s'étant passés à l'audience d'une cour d'assises, encore bien qu'il se trouve dans la même feuille un récit plus étendu de cette même audience. — Cass. 18 oct. 1833 (Paulin), *J. p.*; de Grattier, t. 2, p. 79 ; Chassan, t. 1, p. 492 ; Parant, p. 144. — Et qu'il soit écrit dans un style burlesque et ironique. — Cass. 19 oct. 1833 (Cruchet), *J. p.*

9. L'article d'un journal qui, au sujet d'un arrêt rendu par la chambre correctionnelle, contient le nom du prévenu, la qualification du fait à lui imputé, l'indication des témoins entendus, l'appréciation de leurs dépositions, et en substance le dispositif du jugement et celui de l'arrêt. — Orléans, 27 mai 1851 (Tavernier); D., 52, 2, 87.

10. Cet article est applicable au compte rendu d'une ordonnance du président d'une cour d'assises, prononçant le renvoi de l'affaire aux prochaines assises, lorsque cette ordonnance a été prononcée à l'audience publique. — Cass. 6 juin 1834 (Crépu), *J. p.*; de Grattier, t. 2, p. 80 ; Chassan, t. 1, p. 493 ; Parant, p. 145.

11. L'infidélité ne suffit pas pour donner lieu aux poursuites, il faut encore qu'il y ait mauvaise foi. — Parant, p. 144 ; Dalloz, v° *Presse*, n° 998.

12. L'infidélité d'un compte rendu ne peut être excusée sous prétexte qu'à raison de la distance il était impossible de vérifier l'exactitude du compte rendu envoyé par un correspondant, surtout lorsque le récit était écrit dans un style passionné et injurieux. — Rennes, 11 oct. 1850 (Mangin); D., 52, 5, 436.

13. Il suffit que l'arrêt énonce que le compte rendu est infidèle, et qu'il fasse résulter cette infidélité du rapprochement de l'article et des enquêtes faites ; la précision des circonstances du fait établissant l'infidélité n'est point exigée à peine de nullité.—Il en est de même pour la mauvaise foi et l'injure. — Cass. 11 nov. 1843 (Leleux), *B. cr.*

14. Le délit d'infidélité et de mauvaise foi dans un compte rendu peut-il être poursuivi d'office ? V. notes sous l'art. 16, L. 25 mars 1822.

§ 2. — *Compte rendu injurieux.*

15. La loi n'exige pas que le compte rendu renferme une injure ou une offense caractérisée ; il suffit qu'il soit offensant ou injurieux par le ton général de l'article. — Chassan, t. 1, p. 495 ; de Grattier, t. 2, p. 64 ; Dalloz, v° *Presse*, n° 1004.

16. Le compte rendu injurieux n'est que l'accessoire du compte infidèle et de mauvaise foi ; il suit le sort du principal. — Cass. 4 août 1839 (Lafond), *B. cr.*—La poursuite pour compte rendu injurieux, lorsque la circonstance de l'infidélité et de la mauvaise foi est écartée, est de la compétence des juges ordinaires de la diffamation. — Cass. 12 mai 1837 (Lebon), *J. p.*; Chassan, t. 1, p. 494 ; de Grattier, t. 2, p. 84 ; Dalloz, v° *Presse*, n° 1443.

17. Il appartient aux juges du fait d'apprécier souverainement si un compte rendu est injurieux. — Cass. 2 août 1839 (Lafond), *B. cr.*; 11 nov. 1843 (Leleux), *B. cr.*

§ 3. — *Récidive.*

18. Il y a récidive lorsque le journal condamné pour un compte rendu infidèle d'un débat législatif tombe dans le même délit en rapportant un débat judiciaire. — Chauveau et Hélie, t. 1, p. 330 ; Chas-

san, t. 1, p. 182; Parant, p. 147; de Grattier, t. 2, p. 86.

19. Il n'est pas nécessaire en ce cas que la première condamnation excède un an d'emprisonnement. L'art. 7, L. 25 mars 1822, fait une exception à l'art. 25, L. 17 mai 1819. — Chauveau et Hélie, t. 1, p. 330; Chassan, t. 1, p. 182; de Grattier, t. 2, p. 85; Dalloz, vᵒ *Presse*, nᵒ 1001.

20. En cas de récidive, l'emprisonnement est obligatoire comme l'amende. — Chassan, t. 1, p. 162; de Grattier, t. 2, p. 85. — *Contrà :* Chauveau et Hélie, t. 1, p. 330.

21. Mais les juges ne sont pas obligés de prononcer le maximum de l'amende ni celui de l'emprisonnement. — Chassan, t. 1, p. 183; Chauveau et Hélie, t. 1, p. 330; Parant, p. 148; de Grattier, t. 2, p. 85.

22. Une première condamnation pour compte rendu infidèle et de mauvaise foi ne peut devenir la base de la récidive en cas de condamnation ultérieure pour offense ou injure par compte rendu, quoique les deux infractions soient de même nature. — De Grattier, t. 2, p. 86. — *Contrà :* Chassan, t. 1, p. 183; Dalloz, vᵒ *Presse*, nᵒ 1001.

23. La récidive pour délit d'offense n'est encourue qu'autant qu'il y a eu précédente condamnation à plus d'un an d'emprisonnement pour délit de presse. — Chassan, t. 1, p. 184.

24. Il y a lieu, en ce cas, à l'application des peines de la récidive, lors même que la deuxième poursuite ne porterait pas sur une offense envers la même autorité. — Chassan, t. 1, p. 183; Dalloz, vᵒ *Presse*, nᵒ 1001. V. *suprà*, nᵒ 18.

25. Pour la peine, en cas de récidive du délit d'offense, il faut se référer à l'art. 25, L. 17 mai 1819, et à l'art. 10, L. 9 juin 1819. — Chassan, t. 1, p. 184; de Grattier, t. 2, p. 86.

§ 4. — *Interdiction de rendre compte.*

26. L'interdiction de rendre compte des débats est facultative, même au cas de récidive du délit d'offense. — Chassan, t. 1, p. 184; Chauveau et Hélie, t. 1, p. 330; de Grattier, t. 2, p. 87.

27. L'interdiction de rendre compte des débats législatifs de la chambre qui a prononcé l'interdiction ne peut s'étendre aux débats législatifs de l'autre chambre. — Chassan, t. 1, p. 254.

28. De même, la défense prononcée contre un journal de rendre compte des débats judiciaires ne doit s'entendre que des débats ouverts devant la cour ou le tribunal dont les audiences ont été reproduites avec infidélité ou mauvaise foi. On ne peut l'étendre aux débats judiciaires de toutes les cours et de tous les tribunaux. — Cass. 14 déc. 1833 (Paulin), *J. p.*; Parant, p. 148; de Grattier, t. 2, p. 87; Chassan, t. 1, p. 495; Dalloz, vᵒ *Presse*, nᵒ 1008.

29. Alors même que, par suite d'un renvoi de la cour de cassation, l'interdiction serait prononcée par un autre tribunal. — Chassan, *id.*; de Grattier, *id.*; Parant, *id.*

30. La prohibition de rendre compte des débats judiciaires est exécutoire le jour même où le pourvoi en cassation est rejeté, sans qu'il soit nécessaire que l'arrêt soit notifié. — Cass. 31 mai 1834 (Paulin), *J. p :* Parant, p. 146; de Grattier, t. 2, p. 90. V. notes sous l'art. 16, L. 25 mars 1822.

31. Lorsqu'il a été interdit à un journal de rendre compte des débats judiciaires, la question de savoir si un autre journal fondé par les mêmes propriétaires est nouveau, ou s'il est la continuation du même journal, appartient aux juges du fond. — Cass., ch. réun.,

6 août 1834 (Carrel), *J. p.* — *Contrà :* Cass. 4 avril 1834 (Carrel), *J. p.*; Dalloz, vᵒ *Presse*, nᵒ 1014.

32. Quant au *double* de la peine, il faut l'entendre de cette manière, qu'on ne pourra pas condamner à moins de 2,000 francs d'amende et de deux mois d'emprisonnement (double du *minimum*), et qu'on pourra élever ces deux peines jusqu'à une amende de 12,000 francs et un emprisonnement de six ans (double du *maximum*). — Chassan, t. 1, p. 255; de Grattier, t. 2, p. 94; Dalloz, vᵒ *Presse*, nᵒ 1012.

Art. 8. Seront punis d'un emprisonnement de six jours à deux ans, et d'une amende de 16 fr. à 4,000 fr., tous cris séditieux publiquement proférés.

Art. 9, 10. *Abrogés et remplacés par les art. 6 et 7 décret du 11 août 1848.*

Cass., 13 déc. 1855 (Roussel), *B. cr.* (1).

Art. 11. Les propriétaires ou éditeurs de tout journal ou écrit périodique seront tenus d'y insérer, dans les trois jours de la réception, ou dans le plus prochain numéro, s'il n'en était pas publié avant l'expiration des trois jours, la réponse de toute personne nommée ou désignée dans le journal ou écrit périodique, sous peine d'une amende de 50 fr. à 500 fr., sans préjudice des autres peines et dommages-intérêts auxquels l'article incriminé pourrait donner lieu. Cette insertion sera gratuite, et la réponse pourra avoir le double de la longueur de l'article auquel elle sera faite. *V. art. 13, L. du 27 juillet* 1849.

§ 1ᵉʳ. — *Règles générales.*

1. La poursuite de cette contravention peut avoir lieu d'office à la requête du ministère public, sans plainte préalable. — Chassan, t. 1, p. 664; de Grattier, t. 2, p. 109. — *Contrà :* La plainte du réclamant est nécessaire. — Dalloz, vᵒ *Presse*, nᵒ 341.

2. La loi n'exige pas que la réponse soit notifiée par huissier. Il suffit qu'elle soit déposée au bureau du journal. Ce dépôt peut être prouvé par tous les moyens de preuve admis en matière criminelle. — Chassan, t. 1, p. 664; de Grattier, t. 2, p. 352; Rauter, *T. du dr. crim.*, t. 1, p. 578; Dalloz, vᵒ *Presse*, nᵒ 342.

3. Lorsque la réponse a été signifiée au bureau de la rédaction du journal, siége de l'administration, le gérant ne peut se justifier du défaut d'insertion en prétendant qu'il est étranger à tout ce qui se passe

---

(1) *Anciens articles :*

ART. 9. Seront punis d'un emprisonnement de quinze jours à deux ans et d'une amende de 100 fr. à 4,000 fr., — 1ᵒ l'enlèvement ou la dégradation des signes publics de l'autorité royale, opérés en haine ou mépris de cette autorité; 2ᵒ le port public de tous signes extérieurs de ralliement non autorisés par le roi ou par des règlements de police; 3ᵒ l'exposition dans les lieux ou réunions publics, la distribution ou la mise en vente de tous signes ou symboles destinés à propager l'esprit de rébellion ou à troubler la paix publique.

ART. 10. Quiconque, par l'un des moyens énoncés en l'art. 1ᵉʳ de la loi du 17 mai 1819, aura cherché à troubler la paix publique en excitant le mépris ou la haine des citoyens contre une ou plusieurs classes de personnes, sera puni des peines portées en l'article précédent.

dans le bureau de la rédaction. — Metz, 23 mai 1850 (Merentie), D., 51, 2, 55 ; Chassan, *Lois de la presse,* p 109 ; Dalloz, v° *Presse,* n° 342. — Ou qu'il n'y avait pas place dans le numéro du journal. — Chassan, *Traité des délits de la presse,* t. 1, p. 663.

4. Il appartient aux tribunaux d'apprécier si l'insertion est satisfaisante, soit par la place qu'elle occupe, soit par les caractères d'imprimerie dont on s'est servi. — Chassan, *Lois de la presse,* p. 109 ; Dalloz, v° *Presse,* n° 347.

5. Lorsqu'un journal cesse de paraître après avoir refusé sans motif légitime l'insertion d'une réponse, les juges peuvent ordonner l'impression et l'affiche aux frais du gérant de l'arrêt contenant la lettre dont l'insertion a été illégalement refusée. Art. 26, L. 26 mai 1819 ; — Metz, 23 mai 1850 (Merentie). D., 51, 2, 55 ; Chassan, *Lois de la presse,* p. 109 ; Dalloz, v° *Presse,* n° 348.

6. Une seconde réponse peut être requise lorsqu'elle est nécessitée par un nouvel article du journal, ou par les observations dont il a accompagné la première réclamation. — Cass. 24 août 1832 (Legall), *J. p.;* Riom, 14 janv. 1844 (de Pons) ; S. 47, 2, 502 ; de Grattier, t. 2, p, 106 ; Chassan, t. 1, p. 662 ; Parant, p. 441 ; Dalloz, v° *Presse,* n° 331.

7. Néanmoins les observations dont un journaliste fait précéder l'insertion de la réponse ne sont pas toujours de nature à justifier une réplique. — Chassan, *id.*

8. Le journaliste a, dans tous les cas, un délai de trois jours pour insérer la réponse. — Dalloz, v° *Presse,* n° 343.

9. Indépendamment du droit de réponse, la partie désignée dans un journal peut exercer l'action en diffamation. — Cass. 15 fév. 1834 (Roux), *J. p.;* Chassan, t. 1, p. 661 ; Parant, p. 152 ; de Grattier, t. 2, p. 108 ; Dalloz, v° *Presse,* n° 353.

§ 2. — *A qui le droit de réponse appartient.*

10. Il suffit que l'on ait été l'objet de l'article d'un journal pour avoir le droit de faire insérer une réponse. — Cass. 11 sept. 1829 (Marquezy), *J. p.;* Paris, 25 juin 1846 ; D., 46, 4, 417 ; Parant, p. 151.

11. Encore que l'on n'ait pas été nommé, si l'on est suffisamment désigné. — Metz, 23 mai 1850 (Merentie) ; D., 51, 2, 55.

12. Les rédacteurs d'un journal sont fondés à exiger l'insertion d'une réponse à un article d'un autre journal, lors même que cet article ne les aurait pas désignés individuellement et n'aurait nommé que le journal auquel ils sont attachés. — Orléans, 28 sept. 1859 (Delafare) ; S., 60, 2, 27 ; de Grattier, t. 2, p. 102 ; Dalloz, v° *Presse,* n° 339. — *Contrà :* Si la polémique ne s'adresse qu'au journal. — Chassan, t. 1, p. 656.

13. La personne nommée ou désignée doit seule apprécier son intérêt à répondre à l'article qui la concerne. — Cass. 1er mars 1838 (Lavalesquerie), *B. cr.;* 27 nov. 1845 (Lovau de Lacy), *B. cr.;* Chassan, t. 1, p. 650. — Quelle que soit la nature des faits ou des réflexions à l'occasion desquels son nom figure dans le journal. — Cass. 27 nov. 1845, *loc. cit.;* Orléans, 9 juin 1846. — *Contrà :* Elle doit justifier d'un intérêt appréciable. — Paris, 20 fév. 1836 (de la Pelouze), *J. p.;* de Grattier, t. 2, p. 103 ; Dalloz, v° *Presse,* n° 332.

14. On ne peut lui refuser ce droit par le motif qu'elle n'aurait été nommée que dans un article de critique littéraire. — Lyon, 19 janv. 1826 (Galois), *J. p.;* Cass. 11 sept. 1829 (de Flotte) ; Chassan, t. 1, p. 656 ; de Grattier, t. 2, p. 104. — *Contrà :* Paris, 20 fév. 1836 (de la Pelouze), *J. p.*

15. Par exemple, dans le compte rendu d'une tragédie par elle livrée au public et parce que les citations inexactes étaient peu importantes. — Cass. 27 nov. 1845 (Lovau de Lacy), *B. cr.;* Orléans, 9 juin 1846 (Lovau de Lacy) ; S. 46, 2, 332.

16. Il n'est pas nécessaire que l'article ait été injurieux ou diffamatoire. — Lyon, 19 janv. 1826 (Galois), *J. p.;* Cass. 11 sept. 1829 (Marquezy), *J. p.;* 24 août 1832 (Legal), *J. p.;* Chassan, t. 1, p. 651 ; Parant, p. 151 ; de Grattier, t. 2, p. 104.

17. Le droit accordé par cet article à toute personne nommée ou désignée dans un journal n'est point subordonné au contrôle des tribunaux. — Cass. 1er mars 1838 (Lavalesquerie), *B. cr.* — *Contrà :* Paris, 20 fév. 1836 (de la Pelouze), *J. p.*

18. Le tribunal ne peut refuser ce droit sous prétexte que la réponse ne s'appliquait pas à l'article dans lequel le plaignant était nommé, mais à un autre article du même journal qui lui était étranger, et que d'ailleurs l'article dans lequel il était nommé n'était pas de nature à faire peser sur lui la responsabilité morale des réflexions contenues dans l'autre article. — Cass. 1er mars 1838 (Lavalesquerie), *B. cr.;* Chassan, t. 1, p. 651 ; de Grattier, t. 2, p. 106.

19. Le droit de réponse peut être exercé par les personnes qui ont été nommées dans un compte rendu des débats judiciaires comme dans tout autre article. — Rouen, 13 déc. 1839 (Rivoire) ; S. 40, 2, 77. — Sans qu'elles soient tenues d'établir que le compte rendu est inexact. — Chassan, t. 1, p. 660 ; Dalloz, v° *Presse,* n° 337.

20. Il peut être exercé à raison de l'appréciation faite par un journal d'une séance de l'assemblée législative. — Paris, 19 oct. 1849 (Pecoul), *ined.;* Chassan, *Lois de la presse,* p. 108 ; Dalloz, *id.*

21. Un représentant du peuple nommé ou désigné dans un compte rendu, fait par un journal, du discours qu'il a prononcé, peut toujours exercer le droit de réponse. — Cass. 8 fév. 1858 (Morel-Lombard), *B. cr.*

22. Mais la publication des actes officiels et notamment du compte rendu des séances du corps législatif et du sénat ne peut donner ouverture au droit de réponse de la part des personnes désignées. — Paris, 15 juin 1861 (Leymarie) ; S. 61, 2, 420.

23. Les héritiers d'une personne nommée dans un journal peuvent exiger l'insertion de leur réponse. — De Grattier, t. 2, p. 105 ; Dalloz, v° *Presse,* n° 338.

24. Le droit de réponse peut être invoqué non-seulement par les simples particuliers et les fonctionnaires, mais encore par une administration, par un corps constitué, un tribunal, etc. — Cass. 31 déc. 1835 (Degeorge), *J. p.;* Chassan, t. 1, p. 656 ; de Grattier, t. 2, p. 101 ; Dalloz, v° *Presse,* n° 352.

§ 3. — *Forme de la réponse. — Refus d'insertion.*

25. Les personnes nommées dans un article sont juges de la convenance des réponses qu'elles se croient dans le cas d'adresser. — Cass. 24 août 1832 (Legall), *J. p.;* Paris, 3 juin 1841 (Tirebarbe), *J. p.,* p. 43, 2, 786 ; Chassan, t. 1, p. 650.

26. Elles sont seules juges de leur opportunité et de leur étendue. — Cass. 26 mars 1841 (Tirebarbe), *B. cr.;* Paris, 3 juin 1841 (Tirebarbe), *loc. cit.;* Chassan, t. 1, p. 650.

27. Le droit consacré par cet article est absolu; c'est à celui qui l'exerce qu'il appartient de juger de ce qu'il est nécessaire à sa défense de faire entrer dans sa réponse, d'en régler la forme et la teneur. — Cass. 1er nov. 1838 (Lavalesquerie), *B. cr.;* 26 mars 1841 (Tirebarbe), *B. cr.;* Metz, 23 mai 1850 (Merentic); D., 51, 2, 55 ; 8 fév. 1850 (Morel-Lombard), *B. cr.;*

20 juillet 1854 (Panier), *B. cr.*; Dalloz, v° *Presse*, n° 345.

28. Un député peut exiger l'insertion du texte officiel de son discours comme réponse à l'article qui en fait la critique. — Cass. 8 fév. 1850 (Lombard), *B. cr.*

29. Le refus d'insertion ne pourrait être justifié que si la réponse avait le caractère de crime ou de délit. — Cass. 1er mars 1838 (Lavalesquerie), *B. cr.*

30. Que si elle était contraire aux lois et aux bonnes mœurs. — Cass. 29 janv. 1842 (Fournet de Marsilly), *B. cr.*

31. Ainsi, le gérant peut refuser l'insertion d'une lettre qui présente les caractères d'un délit de diffamation envers un tiers. — Cass. 6 oct. 1842 (Fournet de Marsilly), *B. cr.* — Et qui est injurieuse. — Paris, 12 déc. 1846; S. 47, 2, 507; Cass. 21 janv. 1860 (Bourget), *B. cr.*; Chassan, t. 1, p. 652; de Grattier, t. 2, p. 106; Dalloz, v° *Presse*, n° 334.

32. Il n'est pas affranchi de toute responsabilité à l'égard des tiers. — Cass. 11 sept. 1829 (Marquesy), *J. p.*; de Grattier, t. 2, p. 107; Chassan, t. 1, p. 652; Dalloz, *id.*

33. Les tribunaux ont le droit d'autoriser le journaliste à refuser l'insertion d'une réponse contraire aux lois, à l'intérêt légitime des tiers ou à son honneur personnel. — Metz, 23 mai 1850 (Merentie); D., 51, 2, 55; Cass. 8 fév. 1850 (Morel-Lombard), p. 50, 1, 641, *B. cr.*; 20 juillet 1854 (Panier), *B. cr.*; Chassan, t. 1, p. 651; de Grattier, t. 2, p. 108.

34. Mais l'exercice du droit d'examen des juges doit se réduire aux seuls cas où l'ordre social, la morale publique, l'intérêt d'un tiers, l'honneur du journal réclameraient cet examen. — Cass. 26 mars 1841 (Tirebarbe), *B. cr.*; Chassan, *id.*

35. Les tribunaux sont fondés, dans l'appréciation qu'ils font d'une réponse, à prendre en considération la nature et la forme de l'attaque, les besoins de la défense et la légitime susceptibilité de la personne nommée. — Cass. 24 juillet 1854 (Panier), *B. cr.*

36. On ne peut considérer comme injurieuse pour le gérant une réponse qui renferme des expressions vives, énergiques même, lorsqu'elles sont inspirées par la gravité excessive de l'imputation. — Metz, 23 mai 1850 (Merentie); D., 51, 2, 55; Chassan, t. 1, p. 653; Dalloz, v° *Presse*, n° 336. — Lorsqu'elles s'expliquent par l'espèce de provocation résultant du ton et du contenu des articles. — Riom, 14 janv. 1844 (de Pons); S. 47, 2, 502. — Lorsqu'elles n'excèdent pas le droit de légitime défense. — Paris, 25 juin 1846 (Béranger); D., 46, 5, 417.

37. Le gérant d'un journal ne peut refuser l'insertion de la réponse d'une personne nommée ou désignée dans ce journal, par le motif que la réponse contiendrait des assertions hasardées et étrangères aux faits qui concernent cette personne. — Paris, 25 fév. 1840 (Desertine), *J. p.*; Cass. 29 janv. 1842 (Fournet de Marsilly), *B. cr.*; Chassan, t. 1, p. 651.

38. Ni sous le prétexte du défaut de convenance sous le rapport de la forme et de ce qu'il y a d'affligeant dans la polémique engagée. — Riom, 14 janv. 1844 (de Pons); S. 47, 2, 501.

39. La cour de cassation a le droit d'apprécier si une réponse faite à un article de journal contenait une énonciation de nature à autoriser le refus d'insertion. — Cass. 31 déc. 1857 (Lardin), *B. cr.*

40. La réponse doit être intégralement insérée. Il ne peut y être fait aucune suppression, alors que les passages supprimés ne portent atteinte ni à la morale ni aux lois. — Cass. 26 mars 1841 (Tirebarbe), *loc. cit.*; Paris, 3 juin 1841 (Tirebarbe); D., 42, 1, 11; Douai, 16 juin 1845 (Dayez); D. 48, 2, 11; Dalloz, v° *Presse*, n° 344.

41. Mais le journaliste a le droit de refuser l'insertion d'un article qui ne se rattacherait ni directement ni indirectement à l'attaque dont on le supposerait la réfutation; ce qui lui ôterait le caractère de réponse. — Paris, 3 juin 1841 (Tirebarbe); 12 décembre 1846 (La Démocratie); D., 47, 2, 221; Dalloz, v° *Presse*, n° 330.

42. Il a le droit de retrancher tout ce qui est étranger aux faits qu'il avait publiés. — Rouen, *J. p.*; 20 août 1840 (Tirebarbe); D., 41, 2, 39.

43. Lorsqu'il a fait des suppressions dans la réponse d'une personne nommée dans son journal, sur le motif que cette réponse renfermait des passages injurieux, il doit prouver que ces passages supprimés avaient ce caractère. — Cass. 7 nov. 1834 (Roux), *J. p.*; de Grattier, t. 2, p. 106; Chassan, t. 1, p. 653; Parant, p. 470.

Art. 12. *Remplacé par l'art.* 22 *décret du* 17 *février* 1852 (1).

Art. 13. L'art. 10 de la loi du 9 juin 1819 est commun à toutes les dispositions du présent titre, en tant qu'elles s'appliquent aux propriétaires ou éditeurs d'un journal ou écrit périodique. *V. art.* 14, *L. du* 18 *juillet* 1828.

Les dispositions de l'art. 58 C. pén. s'appliquent aux délits prévus par la loi du 25 mars 1822. — Cass. 26 fév. 1835 (Delvigne), *J. p.*

Art. 14. Dans les cas de délits correctionnels prévus par les premier, second et quatrième paragraphes de l'art. 6, par l'art. 8 et par le premier paragraphe de l'art. 9 de la présente loi, les tribunaux pourront appliquer, s'il y a lieu, l'art. 463 du Code pénal.

Décidé avant le décret du 11 août 1848 que l'art. 463 était inapplicable aux délits de diffamation envers les particuliers. — Cass. 5 juin 1829 (Coste), *J. p.* — Qu'il était inapplicable aux autres délits prévus par la loi du 25 mars 1822 et par celle du 17 mai 1819. — Cass. 6 fév. 1823 (Bêche), *J. p.*; Parant, p. 153. — Mais voir les art. 8 du décret du 11 août 1848 et 23, L. du 27 juillet 1849 et les notes.

TITRE II. — *De la poursuite.*

Art. 15. Dans le cas d'offense envers les chambres ou l'une d'elles par l'un des moyens énoncés en la loi du 17 mai 1819, la chambre offensée, sur la simple réclamation d'un de ses membres, pourra, si mieux elle n'aime autoriser les poursuites par la voie ordinaire, ordonner que le prévenu sera traduit à sa barre. Après qu'il aura été entendu ou dûment appelé, elle le condamnera, s'il y a lieu, aux peines

---

(1) *Ancien article :*

ART. 12. Toute publication, vente ou mise en vente, exposition, distribution, sans autorisation préalable du gouvernement, de dessins gravés ou lithographiés, sera, pour ce seul fait, punie d'un emprisonnement de trois jours à six mois, et d'une amende de 10 fr. à 500 fr., sans préjudice des poursuites auxquelles pourrait donner lieu le sujet du dessin.

portées par les lois. La décision sera exécutée sur l'ordre du président de la chambre.

1. Cet article n'a été abrogé par aucune loi postérieure. — **Cass.** 15 nov. 1849 (Dufraisse), *B. cr.*

2. Il est applicable au député qui aurait commis une offense envers la chambre des pairs. — Chassan, t. 1, p. 69; de Grattier, t. 2, p. 115.

3. Ou qui aurait commis une offense envers la chambre dont il fait partie. — De Grattier, *id.*

Art. 16. Les chambres appliqueront elles-mêmes, conformément à l'article précédent, les dispositions de l'art. 7 relatives au compte rendu par les journaux de leurs séances.

Les dispositions du même art. 7 relatives au compte rendu des audiences des cours et tribunaux seront appliquées directement par les cours et tribunaux qui auront tenu ces audiences.

1. Les dispositions de cet article n'ont été abrogées par aucune loi postérieure. — **Cass.** 11 mai 1833 (Paulin), *J. p.*; 4 janv. 1850 (Dusautoir), *B. cr.*; Chassan, t. 2, p. 611; Parant, p. 155.

2. L'art. 25 du décret du 17 fév. 1852, en déférant à la juridiction correctionnelle les délits commis par la voie de la presse ou tout autre moyen de publication, n'a pu comprendre les infractions prévues par l'art. 7 de la loi du 25 mars 1822, ni déroger à la compétence spéciale créée par l'art. 16 de ladite loi pour ces infractions. — Cass. 29 juillet 1852 (Busseuil), *B. cr.*

3. La compétence de la chambre, en cas d'infidélité du compte rendu de ses séances, est exclusive; elle ne peut se borner à autoriser la poursuite de ce délit par les voies ordinaires. — Chassan, t. 2, p. 683.— *Contrà :* De Grattier, t. 2, p. 119.

4. Le délit d'infidélité et de mauvaise foi dans le compte rendu par un journal de l'audience d'une cour ou d'un tribunal peut être poursuivi par le ministère public, sans provocation de la cour ou du tribunal. — Cass. 2 août 1839 (Lafond), *B. cr.*; Parant, p. 214; Chassan, t. 2, p. 33, 600; de Grattier, t. 2, p. 121. — Et sans délibération préalable. — Cass. 11 mai 1833 (Paulin), *J. p.*; Colmar, 11 janv. 1834 (Blanc), *J. p.*; Orléans, 27 mai 1851 (Tavernier); D., 52. 2, 87. — Encore qu'il soit injurieux. — Cass. 2 août 1839 (Lafond), *B. cr.*; Orléans, 27 mai 1851 (Tavernier); Parant, p. 217; de Grattier, *id.*

5. Si le tribunal qui a tenu l'audience dont le compte rendu a été infidèle ne possède pas un ministère public, il tient de lui-même et directement l'exercice de la poursuite et peut, en vertu de son autorité, mander l'inculpé à sa barre pour y être jugé. — Chassan, t. 2, p. 599.

6. Une délibération préalable du tribunal doit en ce cas enjoindre à un huissier de citer le journaliste. — Chassan, t. 2, p. 625.

7. Le tribunal civil est seul compétent pour juger un compte rendu infidèle de ses audiences. Il doit exercer ce pouvoir à l'audience civile à charge d'appel. — Cass. 24 juillet 1846 (Bernez), *B. cr.*

8. La loi n'ordonne pas que la cour appelée à juger une inculpation du délit de compte rendu infidèle et de mauvaise foi soit composée des mêmes juges que ceux qui siégeaient à l'audience dont le compte rendu est incriminé. — Cass. 6 mars 1823 (Catineau), *J. p.*; 23 fév. 1837 (Brière), *B. cr.*; de Grattier, t. 2, p. 120;

Chassan, t. 2, p. 618; Mangin, t. 1, p. 335.— Mais il faut que ce soit la même chambre de la cour ou du tribunal.— Chassan, t. 2, p. 620; de Grattier, t. 2, p. 121.

9. Si l'audience dont il a été rendu un compte infidèle est la dernière de la session de la cour d'assises, le délit pourra être légalement déféré à la session suivante.—Chassan, t. 2, p. 621; de Grattier, t. 2, p. 121; Dalloz, v° *Presse*, n° 1444.

10. Ainsi encore, le tribunal saisi d'une affaire de cette nature par un renvoi prononcé après cassation est compétent pour statuer au fond. — Cass. 18 oct. 1833 (Paulin), *J. p.*; Parant, *id.*; Chassan, t. 2, p. 640; Dalloz, v° *Presse*, n° 1446.

11. Le droit conféré par cet article aux chambres comme aux cours et tribunaux, leur donne nécessairement celui de prononcer sans audition de témoins sur les faits qui se sont passés sous leurs yeux. — Cass. 26 août 1831 (Lapelouze), *J. p.*; 24 déc. 1836 (Dupont), *J. p.*; Chassan, t. 2, p. 630.

12. Lorsque les souvenirs des juges sont suffisants, la preuve testimoniale peut être rejetée, autrement il y a lieu d'ordonner d'office une instruction orale. — Cass. 7 déc. 1822 (Guise), *J. p.*; Parant, p. 158; Chassan, t. 2, p. 630; de Grattier, t. 2, p. 123.

13. Les juges peuvent n'admettre la preuve testimoniale que sur une partie des faits, lorsque leur conviction n'est pas formée pour ceux-ci. — Cass. 24 déc. 1836 (Dupont), *J. p.*; de Grattier, t. 2, p. 123.

14. Les juges qui ont tenu l'audience peuvent être cités comme témoins en cause d'appel, ou devant le tribunal de renvoi. — Cass. 7 déc. 1822 (Guise), *J. p.*; de Grattier, t. 2, p. 126. — Pourvu qu'ils n'aient pas connu de la poursuite pour délit de compte rendu. — Chassan, t. 2, p. 633.

15. En statuant sur un compte rendu infidèle ou de mauvaise foi, le tribunal doit déclarer dans son jugement, ou plutôt dans un procès-verbal séparé, au cas d'une nullité qui pourrait le faire anéantir, les faits et discours tels qu'ils se sont passés ou ont été tenus en sa présence, sans cependant que cette omission opère nullité.—Cass. 7 déc. 1822 (Guise), *J. p.*; Parant, p. 158; Chassan, t. 2, p. 630; de Grattier, t. 2, p. 125.

16. Le procès-verbal ou le jugement dans lequel les juges ont constaté les faits d'infidélité, de mauvaise foi ou d'injures dans le compte rendu de leurs audiences, a pour effet de les fixer irrévocablement. — Cass. 6 mars 1823 (Catineau), *J. p.* — Mais non jusqu'à inscription de faux. — Chassan, p. 634. — *Contrà :* Grenoble, 26 déc. 1828 (Pélissier), *J. p.*

17. Il ne pourrait y être suppléé par une déclaration délibérée par le tribunal postérieurement au jugement. — Cass. 7 déc. 1822 (Guise), *J. p.*; de Grattier, t. 2, p. 126; Chassan, p. 631.

18. Mais le jugement n'a pas besoin de l'appui du procès-verbal. — Cass. 26 août 1831 (Valentin), *J. p.*

19. Toutefois, à défaut de procès-verbal ou d'aucune preuve pour y suppléer, le tribunal d'appel peut déclarer qu'il manque d'éléments nécessaires pour apprécier le bien ou le mal jugé et renvoyer le prévenu de la poursuite. — Cass. 12 mai 1837 (Lebon), *B. cr.*; de Grattier, t. 2, p. 126.

20. Les jugements intervenus en vertu de cette attribution spéciale sont régis par les dispositions du droit commun; ainsi, ils sont soumis à l'appel. — Cass. 23 nov. 1833 (Blanc), *J. p.*; Colmar, 11 janv. 1834 (Blanc), *J. p.*; de Grattier, t. 2, p. 123; Parant, p. 157; Chassan, t. 2, p. 636; Dalloz, v° *Presse*, n° 1555. — A l'opposition et au recours en cassation. — Cass. 7 déc. 1822 (Guise), *J. p.*;

6 mars 1823 (Catineau), *J. p.*; Parant, *id.*; Chassan, t. 2, p. 626; de Grattier, *id.*

21. L'appel, s'il s'agit d'un jugement du tribunal civil ou de commerce, doit être jugé par l'une des chambres civiles de la cour imp. — Cass. 24 juillet 1846 (Bernez), *B. cr.*; Chassan, t. 2, p. 637.

22. Le délai pour l'interjeter doit être celui qui concerne l'appel des infractions commises à l'audience. — Chassan, *id.* V. *Codes criminels*, les notes sous les art. 181 et 505 C. i. cr.

23. Lorsqu'il a été interdit à un journal de rendre compte des séances d'une cour d'assises, cette cour est exclusivement *compétente pour connaître de toutes les infractions faites à cette défense.* — Cass. 8 fév. 1834 (Carrel), *J. p.*; Chassan, t. 2, p. 615; Parant, p. 157, *J. p.*; Dalloz, vᵒ *Presse*, nᵒ 1447.

24. Ces infractions sont jugées sans assistance du jury. — Cass. 14 déc. 1833 (Paulin), *J. p.*; de Grattier, t. 2, p. 120.

25. Le tribunal des audiences duquel il a été rendu un compte infidèle reste *compétent pour prononcer sur les infractions à la défense de rendre compte de ses débats judiciaires*, quoique, par suite d'un renvoi ordonné après cassation, cette interdiction ait été prononcée par un autre tribunal. — Cass. 14 déc. 1833 (Paulin), *J. p.*; 8 fév. 1834 (Carrel), *J. p.*; Parant, p. 158; Chassan, t. 2, p. 615; de Grattier, t. 2, p. 127.

Art. 17, 18. *Abrogés par l'art.* 5, *Loi du 8 octobre* 1830.

8 OCTOBRE 1830. — LOI *sur l'application du jury aux délits de la presse et aux délits politiques.*

Art. 1, 2, 3, 4. *Abrogés par le décret du 17 février 1852, art. 25, et par le décret du 25 février 1852, art.* 1ᵉʳ (1).

Art. 5. Les art. 12, 17 et 18 de la loi du 25 mars 1822 sont abrogés.

Art. 6, 7. *Abrogés par les décrets des 17 et 25 février 1852* (2).

22 MARS 1848. — DÉCRET *relatif au jugement des délits commis par la voie de la presse, ou par tout autre moyen de publication, contre les fonctionnaires ou contre tout citoyen revêtu d'un caractère public.*

Art. 1ᵉʳ. Les tribunaux civils sont in-compétents pour connaître des diffamations, injures ou autres attaques dirigées par la voie de la presse ou par tout autre moyen de publication contre les fonctionnaires ou contre tout citoyen revêtu d'un caractère public, à raison de leurs fonctions ou de leur qualité. Ils renverront devant qui de droit toute action en dommages-intérêts fondée sur des faits de cette nature.

1. Ce décret s'applique même au cas où la diffamation contre un fonctionnaire public a été verbale, encore bien qu'elle soit de la compétence des tribunaux correctionnels. — Cass. 29 mai 1854 (Labarthe); D., 53, 1, 64.

2. Mais il ne s'applique pas à l'action civile pour diffamation non publique; cette action peut être exercée séparément de l'action publique devant la juridiction civile. — Cass. 14 janv. 1861 (Vuidepot); D., 61, 1, 372.

3. Les réparations à raison d'une attaque contre un fonctionnaire pour des faits relatifs à ses fonctions, alors que cette attaque n'a pas dégénéré en délit qualifié, peuvent toujours être poursuivies devant les tribunaux civils. — Chassan, *Lois sur la presse*, p. 16.

Art. 2. L'action civile résultant des délits commis par la voie de la presse ou par toute autre voie de publication contre les fonctionnaires ou contre tout citoyen revêtu d'un caractère public ne pourra, dans aucun cas, être poursuivie séparément de l'action publique. Elle s'éteindra de plein droit par le seul fait de l'extinction de l'action publique.

Cet article doit être entendu en ce sens que l'action civile ne pourra être poursuivie qu'autant que l'action publique pourra l'être. La loi n'a pas voulu interdire l'action civile devant les tribunaux correctionnels, sans le concours du ministère public. — Chassan, *id.*, p. 18.

11 AOUT 1848. — DÉCRET *relatif à la répression des crimes et délits commis par la voie de la presse.*

Les lois des 17 mai 1819 et 25 mars 1822 sont modifiées ainsi qu'il suit :

Art. 1ᵉʳ. Toute attaque par l'un des moyens énoncés en l'art. 1ᵉʳ de la loi du 17 mai 1819 contre les droits et l'autorité de l'assemblée nationale, contre les droits et l'autorité que les membres du pouvoir exécutif tiennent des décrets de l'assemblée, contre les institutions républicaines et la Constitution, contre le principe de la souveraineté du peuple et du suffrage universel,

---

(1 et 2) *Anciens articles* :

ART. 1ᵉʳ. La connaissance de tous les délits commis, soit par la voie de la presse, soit par tous les autres moyens de publication énoncés en l'art. 1ᵉʳ de la loi du 17 mai 1819, est attribuée aux cours d'assises.

ART. 2. Sont exceptés les cas prévus par l'art. 14 de la loi du 26 mai 1819.

ART. 3. Sont pareillement exceptés les cas où les chambres, cours et tribunaux jugeraient à propos d'user des droits qui leur sont attribués par les art. 15 et 16 de la loi du 25 mars 1822.

ART. 4. La poursuite des délits mentionnés en l'art. 1ᵉʳ de la présente loi aura lieu d'office et à la requête du ministère public, en se conformant aux dispositions des lois des 26 mai et 9 juin 1819.

ART. 6. La connaissance des délits politiques est pareillement attribuée aux cours d'assises.

ART. 7. Sont réputés politiques les délits prévus, — 1ᵒ Par les chapitres I et II du titre 1ᵉʳ du livre III du Code pénal; 2ᵒ par les paragraphes 2 et 4 de la section III et par la section VII du chapitre III des mêmes livre et titre ; 3ᵒ par l'art. 9 de la loi du 25 mars 1822.

sera punie d'un emprisonnement de trois mois à cinq ans, et d'une amende de 300 fr. à 6,000 fr. *V. art.* 3, *Loi 25 mai 1822.*

1. Cet article a remplacé l'art. 1ᵉʳ de la loi du 29 nov. 1830 (1).

2. La loi considère comme une attaque la discussion qui a pour but de mettre en question l'existence, la légalité, ou même la perpétuité du gouvernement établi. — Chassan, t. 1, p. 274.

3. L'article d'un journal qui déclare que le gouvernement peut et doit, dans certaines circonstances, changer la loi d'élection par ordonnance, ne sort pas des limites d'une controverse permise aux écrivains, et ne commet point une attaque contre les droits et l'autorité des chambres. — Paris, 16 avril 1830 (Henrion), *J. p.*

Art. 2. L'offense par l'un des moyens énoncés en l'article 1ᵉʳ de la loi du 17 mai 1819, envers l'assemblée nationale, sera punie d'un emprisonnement d'un mois à trois ans, et d'une amende de 100 fr. à 5,000 fr.

1. Cet article n'a aucunement abrogé les art. 2, L. 26 mai 1819, et 15, L. 25 mars 1822, qui exigent l'autorisation des chambres pour les poursuites à exercer en cas d'outrages commis envers elles.— Cass. 15 nov. 1849 (Dufraisse), *B. cr.* — *Contra :* Il ne s'applique pas au sénat et au corps législatif créés par la constitution de 1852. Les outrages envers ces corps doivent être poursuivis comme s'ils étaient adressés aux autres corps constitués.—Dalloz, vⁿ *Presse,* nⁿ 655.

2. Il y a offense contre la chambre alors même que l'outrage serait dirigé contre une partie de la chambre seulement. — Chassan, t. 1, p. 246; de Grattier, t. 1, p. 170; Dalloz, vⁿ *Presse,* nⁿ 660.

3. Les attaques dirigées contre les députés pris collectivement constituent le délit d'offense envers les chambres, et non le délit d'excitation contre une classe de personnes.— Cass. 13 janv. 1838 (Sers), *B. cr.*; Chassan, t. 1, p. 247.

4. L'offense envers une chambre de députés dissoute ne peut constituer un délit. — Paris, 19 oct. 1827 (Lardier), *J. p.*; Dalloz, v° *Presse,* nⁿ 664. — *Contra :* De Grattier, t. 1, p. 171.

5. L'appréciation de cette offense, en fait comme en droit, n'appartient pas à l'autorité judiciaire tant qu'il n'est pas intervenu une autorisation de poursuivre émanée de la nouvelle chambre. — Cass. 7 déc. 1827 (Lardier), *J. p.*; Mangin, t. 1, p. 313; Chassan, t. 2, p. 22; de Grattier, t. 1, p. 173; Parant, p. 109.

Art. 3. L'attaque par l'un de ces moyens contre la liberté des cultes, le principe de la propriété et les droits de la famille, sera punie d'un emprisonnement d'un mois à trois ans, et d'une amende de 100 fr. à 4,000 fr.

Art. 4. Quiconque, par l'un des moyens énoncés en l'art. 1ᵉʳ de la loi du 17 mai 1819, aura excité à la haine ou au mépris du gouvernement de la République, sera puni d'un emprisonnement d'un mois à quatre ans, et d'une amende de 150 fr. à 5,000 fr.

La présente disposition ne peut porter atteinte au droit de discussion et de censure des actes du pouvoir exécutif et des ministres.

1. Cet article a remplacé l'art. 4, L. 25 mars 1822.

2. La disposition qui punit l'excitation à la haine et au mépris du gouvernement ne peut s'entendre que des ministres agissant collectivement sous l'autorité du souverain et responsables de leurs actes.— Cass. 27 mars 1830 (Coudert), *J. p.*; Paris, 1ᵉʳ avril 1830 (Bert), *J. p.*; de Grattier, t. 2, p. 42.

3. Cependant l'excitation contre le ministère ne constitue pas toujours et dans tous les cas l'excitation contre le gouvernement. On doit apprécier l'ensemble de l'écrit, examiner son but, sa tendance, l'effet désiré, etc. — Chassan, t. 1, p. 288. — Ces solutions ne sont plus applicables sous la constitution de 1852 ; le ministère ne constitue pas le gouvernement. — Dalloz, v° *Presse,* n° 565.

4. En matière de presse, la cour de cassation a le droit de juger l'appréciation et la qualification des écrits sur lesquels sont intervenues les décisions qui lui sont déférées, et, par exemple, de décider si les expressions d'un article désignent clairement le gouvernement et renferment le délit d'excitation au mépris et à la haine du gouvernement. — Cass. 7 fév. 1833 (Garnier), *J. p.*; ch. réun., 23 mai 1834 (Coulange), *J. p.*; 29 mai 1834 (Rupert), *J. p.*: 13 déc. 1848 (Lemoine); D., 51, 5, 409; 17 août 1860 (Poplinaux), *B. cr.* — Ou le délit d'attaque contre les institutions. — Cass. 15 décembre 1848 (Lemoine) ; *J. p.*, 50, 1, 160.

5. Au contraire, la loi, ne définissant pas les caractères et les circonstances du délit d'excitation à la haine et au mépris du gouvernement, en laisse nécessairement l'appréciation à la conscience des juges du fond. — Cass. 27 mars 1830 (Coudert), *J. p.*

6. La déclaration en fait d'une chambre d'accusation qu'un article ne désigne point clairement le gouvernement, et qu'il ne renferme point le délit d'excitation à la haine et au mépris, est à l'abri de la censure de la cour de cassation.—Cass., ch. réun., 4 nov. 1834 (Rupert), *J. p.* V. décisions contraires sous l'art. 408, n° 108, C. inst. cr., *Codes crim.*

7. C'est exciter à la haine et au mépris du gouvernement que de lui supposer l'intention d'imposer des contributions publiques et de modifier le système électoral sans le concours des chambres. — Paris, 1ᵉʳ avril 1830 (Bert), *J. p.*; de Grattier, t. 2, p. 44.

8. Une association ayant pour objet le refus de tout impôt qui serait illégalement perçu peut constituer le délit d'excitation à la haine et au mépris du gouvernement. — Cass. 27 mars 1830 (Coudert), *J. p.*

---

(1)   LOI DU 29 NOVEMBRE 1830.

Offenses contre le roi et les chambres.

Aʀᴛ. 1ᵉʳ. Toute attaque, par l'ou des moyens énoncés en l'art. 1ᵉʳ de la loi du 17 mai 1819, contre la dignité royale, l'ordre de successibilité au trône, les droits que le roi tient du vœu de la nation française, exprimé dans la déclaration du 7 août 1830, et de la charte constitutionnelle par lui acceptée et jurée dans la séance du 9 août de la même année, son autorité constitutionnelle, l'inviolabilité de sa personne, les droits et l'autorité des chambres, sera punie d'un emprisonnement de trois mois à cinq ans et d'une amende de 300 fr. à 6,000 fr.

9. On ne peut admettre la preuve par témoins des imputations contenues dans un article ayant pour objet d'exciter à la haine et au mépris du gouvernement.—Cass. 27 déc. 1850 (Treillard), *B. cr.*

10. Un individu peut être déclaré coupable comme auteur principal, en qualité de gérant d'un journal, et comme complice, en qualité d'imprimeur dudit journal, du même délit d'excitation à la haine et au mépris du gouvernement. — Cass. 20 juin 1851 (Larcher), *B. cr.*

11. L'arrêt ne doit pas se borner à spécifier les numéros d'un journal contenant l'article incriminé; il doit encore constater le fait de la publication. — Cass. 19 janv. 1850 (Marion), *B. cr.*

Art. 5. L'outrage fait publiquement d'une manière quelconque, à raison de leurs fonctions ou de leur qualité, soit à un ou plusieurs membres de l'assemblée nationale, soit à un ministre de l'un des cultes qui reçoivent un salaire de l'État, sera puni d'un emprisonnement de quinze jours à deux ans, et d'une amende de 100 fr. à 4,000 fr. *V. art. 6, Loi 25 mars 1822.*

Art. 6. Seront punis d'un emprisonnement de quinze jours à deux ans, et d'une amende de 100 fr. à 4,000 fr. :

1° L'enlèvement ou la dégradation des signes publics de l'autorité du gouvernement républicain, opéré en haine ou mépris de cette autorité;

2° Le port public de tous signes extérieurs de ralliement non autorisés par la loi ou par des règlements de police;

3° L'exposition dans des lieux ou réunions publics, la distribution ou la mise en vente de tous signes ou symboles propres à propager l'esprit de rébellion ou à troubler la paix publique.

Cet article a remplacé l'art. 9, L. 25 mars 1822.

§ 2.

1. Le jugement doit exprimer, à peine de nullité, que les signes extérieurs exposés sont des signes de ralliement. — Cass. 6 janv. 1821 (Champigny), *J. p.*; Dalloz, vº *Presse*, nº 582.

§ 3.

2. La distribution ou la mise en vente clandestine de signes ou symboles destinés à propager l'esprit de rébellion ou à troubler la paix publique constituent un délit, quoiqu'elles n'aient pas été précédées d'une exposition publique et qu'elles aient eu lieu dans un magasin. — Cass. 16 août 1833 (Alexandre Léon), *J. p.*; Parant, p. 150; de Grattier, t. 2, p. 96; Dalloz, vº *Presse*, nº 584.

3. Constitue le délit prévu par le 3ᵉ § de cet article : L'exposition dans une cérémonie publique et religieuse de fleurs de lis et de bannières blanches. — Cass. 18 nov. 1834 (Malary). *B. cr.*

4. L'exposition de fleurs de lis sur le toit d'une maison au-dessus d'une girouette. — Cass. 30 sept. 1832 (Dubourg). *J. p.*; Chassan, t. 1, p. 260; Parant, p. 150; de Grattier, t. 2, p. 96.—*Contra :*

Si elle était faite dans l'intérieur de la maison.—Même arrêt.

5. La vente de foulards à l'effigie du duc de Bordeaux, sous le nom de Henri V. — Cass. 16 août 1833 (Alexandre Léon), *J. p.*

6. L'envoi avec un journal d'une gravure représentant Henri V. — Cass. 22 fév. 1834 (Coulange), *J. p.*; de Grattier, t. 2, p. 96. — Au contraire, un arrêt a pu décider que cette distribution n'avait pas été destinée à propager l'esprit de rébellion, ni à troubler la paix publique.—Cass., ch. réun., 23 mai 1834 (Coulange), *J. p.*

7. Celui qui a exposé dans un lieu public un emblème séditieux peut être renvoyé des poursuites s'il est déclaré qu'il n'a pas agi avec une intention coupable. — Cass. 16 janv. 1830 (Rommel), *J. p.*; de Grattier, t. 2, p. 95; Dalloz, vº *Presse*, nº 586.

8. Il en est de même de celui qui a enlevé ou dégradé des signes publics de l'autorité. — Chassan, t. 1, p. 222.

9. Les tribunaux peuvent déclarer que, s'il résulte d'un procès-verbal que le prévenu a mis en vente des marchandises dont les enveloppes portaient l'effigie de Henri de France, les circonstances de la cause sont exclusives de toute idée coupable et de toute intention criminelle. — Cass. 22 avril 1854 (Paulin), *B. cr.* V. notes sous l'art. 22; D., 17 fév. 1852.

10. Un tribunal saisi du délit d'emblèmes séditieux peut y substituer la contravention d'exposition et de mise en vente de ces emblèmes sans autorisation, prévue par l'art. 22 décr. 17 fév. 1852.— Cass. 2 avril 1853 (Delpret), *B. cr.*; Dalloz, vº *Presse*, nº 514.

Art. 7. Quiconque, par l'un des moyens énoncés en l'art. 1ᵉʳ de la loi du 17 mai 1819, aura cherché à troubler la paix publique en excitant le mépris ou la haine des citoyens les uns contre les autres, sera puni des peines portées en l'article précédent.

1. Cet article a remplacé l'art. 10, L. 25 mars 1822.

2. Exciter le mépris ou la haine des citoyens contre une partie d'entre eux, en les désignant par un nom générique, c'est chercher à troubler la paix publique. — Cass. 27 fév. 1832 (Raspail), *J. p.*; Chassan, t. 1, p. 346; Parant, p. 470.

3. L'excitation au mépris ou à la haine des citoyens contre une classe de personnes, étant de nature à troubler la paix publique, une cour qui reconnaît qu'un article tendait à cette excitation ne peut renvoyer le prévenu des poursuites sous le prétexte qu'il n'a pas eu l'intention de troubler la paix publique. — Cass. 3 oct. 1834 (Thoumas), *J. p.*; de Grattier, t. 2, p. 97; Chassan, t. 1, p. 346. — *Contra :* Dalloz, vº *Presse*, nº 594.

4. Le délit d'excitation à la haine et au mépris contre les membres de la chambre des pairs ou des députés renferme une offense envers ces chambres, qui ne peut être poursuivie sans leur autorisation.—Cass. 13 janv. 1838 (Sers), *B. cr.*; de Grattier, t. 2, p. 100.

5. L'attaque dirigée non contre une cour ou un tribunal, en particulier, mais contre les magistrats ou la magistrature, en général, constitue le délit d'excitation contre une classe de personnes. — Chassan, t. 1, p. 348.

6. Il en est de même de l'attaque dirigée contre une classe de citoyens désignés sous le nom de

riches privilégiés, de bourgeois. — Cass. 27 fév. 1832 (Raspail), *J. p.*

7. L'excitation au mépris ou à la haine des citoyens les uns contre les autres est uniquement celle qui, allant atteindre un nombre important ou toute une catégorie de citoyens, peut avoir pour résultat de troubler la paix publique. L'art. 7, L. 11 août 1848, est inapplicable quand l'écrit ne s'attaque qu'à quelques personnes vaguement désignées. — Cass. 3 fév. 1865 (Molot) *B. cr.*,

8. Doivent être considérés comme une *classe* de citoyens :

Les gardes nationaux. — Cass. 29 avril 1831 (Ragon), *J. p.*; Chassan, t. 1, p. 347 ; Mangin, *Act. publ.*, t. 1, p. 318 ; de Grattier, t. 2, p. 99.

9. Les militaires d'une armée.—Cass. 6 avril 1832 (Bouchard), *J. p.* ; Chassan, *id.* ; de Grattier, *id.*

10. Les électeurs. —Chassan, *id.* ; de Grattier, *id.*

11. Les décorés de juillet. — Cass. 3 oct. 1834 (Thoumas), *J. p.* ; de Grattier, t. 2, p. 100.

12. Ces solutions, antérieures au décret du 11 août 1848, peuvent encore avoir leur intérêt.

13. Les outrages adressés à des gardes nationaux rentrent dans l'application de l'art. 19, L. 17 mai 1819, lorsqu'ils leur sont adressés dans l'exercice de leurs fonctions d'agents de la force publique ou à l'occasion de cet exercice ; autrement ils constituent le délit prévu par l'art. 7 du décret du 11 août 1848. — V. Cass. 19 avril 1831 (Ragon). *J. p.*; Chassan, t. 1, p. 347 ; Mangin, t. 1, p. 318.

14. L'attaque limitée au parti socialiste et républicain, qui se propose la destruction des lois et la ruine de la société, ne constitue pas le délit d'excitation à la haine et au mépris des citoyens les uns contre les autres, dans le but de troubler la paix publique. — Limoges, 30 mars 1850 (Vignaud); D., 50, 2, 108 ; Dalloz, vº *Presse*, nº 595.

15. Le délit prévu par cet article n'a rien de commun avec celui de diffamation ou d'injures. — Cass. 6 avril 1832, *J. p.* — Ce n'est pas le caractère propre à ce dernier délit qui peut constituer le délit d'excitation à la haine des citoyens. Chassan, t. 1, p. 349.

16. Ainsi, la preuve par témoins de la vérité des inculpations diffamatoires contre une classe de citoyens est inadmissible. — Cass. 6 avril 1832 (Bouchard), *J. p.*

Art. 8. *L'art. 463 du Code pénal est applicable aux délits de la presse.*

Cet article est remplacé et implicitement abrogé par l'art. 15, L. 11 mai 1868.

27 JUILLET 1849. — LOI *sur la presse.*

CHAPITRE Ier. — *Délits commis par la voie de la presse ou par toute autre voie de publication.*

Art. 1. Les art. 1er et 2 du décret du 11 août 1848 sont applicables aux attaques contre les droits et l'autorité que le président de la république tient de la Constitution, et aux offenses envers sa personne.

La poursuite sera exercée d'office par le ministère public.

1. Dénier que l'élévation du souverain au trône ait été dans le vœu de la nation, déclarer que cet acte n'a été que l'œuvre d'une coterie, c'est attaquer les droits qu'il tient du vœu de la nation. — Cass. 21 oct. 1831 (Hardoin), *J. p.* ; de Grattier, t. 2, p. 44. 228.

2. C'est de même attaquer les droits que le souverain tient du vœu de la nation que de dire que l'ordre de choses paraît funeste à la France ; qu'on ne doit pas volontairement lui prêter appui ; qu'en cas de guerre civile, on se réunira aux partisans de la branche aînée des Bourbons. — Cass. 7 juin 1832 (Desavignac), *J. p.* ; de Grattier, t. 2, p. 228.

3. Que de prêter au souverain le dessein de se soumettre à la réélection, de déposer sa couronne en faveur d'un plus digne, et de soutenir que l'état de choses ne pouvait durer plus longtemps, qu'une nouvelle ère s'ouvrait pour la France. — Cass. 10 juillet 1841 (feuille de Douai), *B. cr.*

4. Que de dire que le duc de Bordeaux ne mourrait pas dans l'exil, et qu'il serait un jour roi. — Cass. 5 août 1831 (Robert), *J. p.*

5. Enfin, que de faire adhésion à une autre forme de gouvernement par les moyens prévus par l'art. 1. L. 17 mai 1819. — Dalloz, vº *Presse*, nº 560.

6. L'offense envers la personne de l'Empereur est prévue et punie par les art. 9. L. 17 mai 1819, et 86 C. pénal.— V. notes sous l'art. 9, L. 17 mai 1819.

Art. 2. Toute provocation par l'un des moyens énoncés en l'art. 1er de la loi du 17 mai 1819, adressée aux militaires des armées de terre et de mer, dans le but de les détourner de leurs devoirs militaires et de l'obéissance qu'ils doivent à leurs chefs, sera punie d'un emprisonnement d'un mois à deux ans, et d'une amende de 25 fr. à 4,000 fr., sans préjudice des peines plus graves prononcées par la loi, lorsque le fait constituera une tentative d'embauchage ou une provocation à une action qualifiée crime ou délit.

La provocation, pour être punissable, n'a pas besoin d'avoir pour but un délit ou un crime qualifié et puni par la loi. — Chassan, *Lois sur la presse,* p. 89 ; Dalloz, vº *Presse*, nº 590.

Art. 3. Toute attaque par l'un des mêmes moyens contre le respect dû aux lois et l'inviolabilité des droits qu'elles ont consacrés, toute apologie de faits qualifiés crimes ou délits par la loi pénale, sera punie d'un emprisonnement d'un mois à deux ans, et d'une amende de 16 fr. à 1,000 fr. (1).

1. L'attaque contre le respect dû aux lois ne doit pas être confondue avec la provocation à la désobéissance réprimée par l'art. 6, L. 17 mai 1819. — Chassan, *Lois de la presse,* p. 91 ; *id.*, *Traité des délits de la presse,* t. 1, p. 329.

(1)   SÉNATUS-CONSULTE DU 18 JUILLET 1866.

Art. 2. Est interdite toute discussion ayant pour objet la critique ou la modification de la Constitution, et publiée ou reproduite soit par la presse périodique, soit par des affiches, soit par des écrits non périodiques des dimensions déterminées par le § 1er de l'art. 9 du décret du 17 février 1852.

Les pétitions ayant pour objet une modification ou une interprétation de la Constitution ne peuvent être rendues publiques que par la publication du compte rendu officiel de la séance dans laquelle elles ont été rapportées.

Toute infraction aux prescriptions du présent article constitue une contravention punie d'une amende de 500 à 10,000 francs.

2. La critique de la loi, lorsqu'elle est faite avec convenance, ne constitue pas le délit d'attaque au respect dû à la loi. — Chassan. t. 1, p. 329 ; Dalloz. v° *Presse*, n° 600. V. les notes sous l'art. 6, L. 17 mai 1819.

3. L'apologie d'un fait qualifié simple contravention de police n'est pas réprimée par la loi. — Chassan, t. 1, p. 343 ; de Grattier, t. 2, p. 318 ; Dalloz, v° *Presse*, n° 609.

4. Il en est autrement des contraventions qui entraînent des peines correctionnelles. — De Grattier, Dalloz, *id.*

5. La cour de cassation a le droit d'apprécier si un article renferme le délit d'apologie de faits qualifiés crimes. — Cass. 10 mars 1865 (Guillon), *B. cr.*

Art. 4. *Remplacé par l'art. 15, décret du 17 février 1852* (1).

Art. 5. Il est interdit d'ouvrir ou annoncer publiquement des souscriptions ayant pour objet d'indemniser des amendes, frais, dommages et intérêts prononcés par des condamnations judiciaires. La contravention sera punie, par le tribunal correctionnel, d'un emprisonnement d'un mois à un an et d'une amende de 500 fr. à 1,000 fr.

1. L'interdiction dont parle cet article ne concerne pas seulement les journaux, elle s'étend à toute annonce faite publiquement d'une manière quelconque. — Chassan, t. 1, p. 673 ; de Grattier, t. 2, p. 329 ; Dalloz, v° *Presse*, n° 314.

2. Ainsi, une quête entreprise dans le but d'indemniser d'une condamnation, si elle présente le caractère de publicité prévue par la loi, rentre dans les prohibitions de cet article. — Chassan, t. 1, p. 674 ; Dalloz, *id.*

3. L'interdiction s'applique aux condamnations étrangères à la presse, mais non aux condamnations civiles étrangères à la politique. — Chassan, t. 1, p. 674 ; de Grattier, t. 2, p. 331 ; Dalloz, v° *Presse*, n° 318.

4. L'annonce de souscriptions ouvertes dans le but de faciliter à des prévenus des moyens d'appel ne constitue pas une contravention à l'art. 11, L. 9 sept. 1835. — Douai, 23 août 1847 (Leleux) ; D., 47, 2, 215 ; Chassan, t. 1, p. 675 ; Dalloz, v° *Presse*, n° 317. — *Contrà :* de Grattier, t. 2, p. 330.

5. L'annonce indirecte et déguisée d'une souscription est punissable comme l'annonce directe. — Paris, 14 juillet 1836 (Voillet de Saint-Philbert) ; Cass. 1er sept. 1836 (même affaire), *J. p.* ; Cass. 2, août 1862 (Aubry-Foucaut) ; D., 62, 1, 446.

6. Ainsi, l'annonce de la mise en vente d'une brochure contenant le compte rendu du procès suffit pour constituer le délit prévu par cet article, lorsque la volonté d'ouvrir une souscription est clairement exprimée. — Paris, 14 juillet 1836 (Voillet de Saint-Philbert) ; Cass. 1er sept. 1836 (Voillet de Saint-Philbert), *J. p.*, Chassan, t. 1, p. 677 ; de Grattier, t. 2, p. 330. — *Contrà :* Elle doit être formellement exprimée. — Douai, 28 juillet 1836, *J. p.*

(1) *Ancien article.*

ART. 4. La publication ou reproduction, faite de mauvaise foi, de nouvelles fausses, de pièces fabriquées, falsifiées ou mensongèrement attribuées à des tiers, lorsque ces nouvelles ou pièces seront de nature à troubler la paix publique, sera punie d'un emprisonnement d'un mois à un an, et d'une amende de 50 fr. à 1,000 francs.

7. L'arrêt par lequel une cour, appréciant les termes d'un article de journal, décide en fait qu'il constitue ou ne constitue pas l'annonce d'une souscription, échappe à la censure de la cour de cassation. — Cass. 26 août 1836 (la Mode), *J. p.* ; 1er sept. 1836 (Voillet), *J. p.* ; Chassan, t. 1, p. 676. V. sous l'art. 408 C. i. cr., n° 104 et suiv.

8. Les annonces d'une souscription prohibée ne constituent pas un délit continu et successif ; mais elles constituent autant de délits particuliers qu'il y a d'annonces. — Paris, 14 juillet 1836, *J. p.* ; Cass. 1er sept. 1836 (Voillet de Saint-Philbert), *J. p.* ; Chassan, t. 1, p. 679 ; de Grattier, t. 2, p. 331.

9. La répression de cette infraction peut être poursuivie non-seulement contre le gérant du journal, mais encore contre tous ceux qui l'ont aidé avec connaissance. — Chassan, t. 1, p. 679.

Art. 6. Tous distributeurs ou colporteurs de livres, écrits, brochures, gravures et lithographies devront être pourvus d'une autorisation qui leur sera délivrée, pour le département de la Seine, par le préfet de police, et, pour les autres départements, par les préfets.

Ces autorisations pourront toujours être retirées par les autorités qui les auront délivrées.

Les contrevenants seront condamnés, par les tribunaux correctionnels, à un emprisonnement d'un mois à six mois, et à une amende de 25 fr. à 500 fr., sans préjudice des poursuites qui pourraient être dirigées pour crimes ou délits, soit contre les auteurs ou éditeurs de ces écrits, soit contre les distributeurs ou colporteurs eux-mêmes.

§ 1er. — *Dans quels cas cet article est applicable.*

1. Cet article n'a point abrogé la loi du 16 fév. 1834 ; il ne s'occupe que des distributeurs ou colporteurs de livres, écrits, et non des crieurs publics. — Caen, 13 mars 1851 (Cusse) ; D., 52, 2, 41.

2. L'autorisation du préfet de colporter et distribuer des imprimés ne contient pas celle de les crier sur la voie publique, et ne dispense pas de l'autorisation municipale exigée à cet effet par l'art. 1er, L. 16 fév. 1834. — Caen, 13 mars 1851 (Cusse) ; D., 52, 2, 41 ; Dalloz, v° *Presse*, n° 462.

3. L'infraction prévue par cet article n'est pas soumise à la condition de l'exercice de la profession de distributeur, ni à la circonstance de distribution sur la voie publique. — Cass. 25 avril 1850 (Desquesnes), *B. cr.*

4. La loi de 1834 s'applique aux distributeurs sur la voie publique : la loi nouvelle s'applique au colportage et à la distribution hors la voie publique, dans les maisons comme dans les lieux ou réunions publics. — Même arrêt. Chassan, *Lois sur la presse*, p. 95.

§ 2. — *Quels écrits ne peuvent être colportés ou distribués sans autorisation.*

5. L'autorisation de colporter n'est pas spéciale à la personne et à la profession, elle s'applique plus particulièrement à la nature des ouvrages. Le préfet a le droit de spécifier les écrits dont il autorise le colportage. — Chassan, *Lois de la presse*, p. 97, Dalloz, v° *Presse*, n° 441.

6. Le mot écrit est employé dans l'acception la

plus large; il s'étend aux simples bulletins électo-raux. — Cass. 27 sept. 1855 (Palun), *B. cr.*; 16 nov. 1855 (Delayen), *B. cr.*; ch. réun., 26 mars 1856 (Brun), *B. cr.*; 28 mars 1856 (Delayen), *B. cr.*; 3 avril 1856 (Thomas), *B. cr.*; ch. réun., 30 janv 1857 (Thomas), *B. cr.*; 11 juillet 1862 (Michel), Rousset, *Code de la presse*, p. 163. — *Contrà :* Aix, 3 mars 1854 (Esmenard), *Gaz. des Trib.* du 14 mars; Aix, 28 déc. 1855; Amiens, 12 janv. 1856; Lyon, 25 janv. 1856 (Thomas), *Gaz. des Trib.* 12, 18 janv., 7 juillet 1856; Riom, 4 juin 1862 (Michel); Dalloz, v° *Presse*, n° 429. Mais voir notes sous l'art. 10, L. 16 juillet 1850.

7. Aux listes imprimées de candidats au conseil des prud'hommes. — Cass. 20 mai 1854 (Esmenard), *B. cr.*

8. Cet article ne distingue pas entre les journaux et les autres imprimés, la nécessité de l'autorisation s'applique aux uns comme aux autres. — Paris, 26 juin 1850 (Lherminier); D., 52, 5, 434; Montpellier, 7 mai 1850 (Relin); D., 50, 2, 84; Caen, 30 janv. 1850; D., 50, 2, 121; trib. de la Seine, 7 juillet 1857, *Gaz. des Trib.* 8 juillet. Chassan, *Lois de la presse*, p. 96; Dalloz, v° *Presse*, n° 428.

9. Il ne s'applique pas à la distribution d'un mémoire en défense à des poursuites correctionnelles dirigées contre l'auteur de cette distribution, si des faits de distribution distincts de l'exercice du droit de défense ne sont pas constatés. — Cass. 8 mars 1861 (Antoni), *B. cr.*; Dalloz, v° *Presse*, n° 430.

10. Mais il est applicable à la distribution d'un écrit qualifié défense, lorsqu'il a eu lieu antérieurement à l'introduction de toute action en justice. — Cass. 25 juin 1852 (Bocher), *B. cr.*

11. Il est applicable à un écrit publié à l'occasion d'un procès sur lequel il a été définitivement statué par la cour de cassation. — Cass. 7 mars 1863 (Mirès). *B. cr.*

12. Il n'est pas limitatif, il doit s'appliquer à la distribution de médailles avec effigie et inscriptions. — Cass. 6 sept. 1851 (Lalanne), *B. cr.*; Dalloz, v° *Presse*, n° 431.

§ 3. — *Dans quels cas il y a colportage.*

13. Doivent être considérés comme colporteurs : les individus qui présentent à domicile des brochures ou livraisons d'ouvrages, à l'effet d'obtenir des souscriptions. — Cass. 2 sept. 1852 (Chaufour), *B. cr.* — *Contrà :* Antérieurement à la loi de 1849. — Paris, 23 août 1834 (Leauté), *J. p.*

14. Le facteur d'une administration particulière portant et remettant à leurs adresses des écrits imprimés. — Bordeaux, 15 fév. 1850 (Danna); D., 52, 2, 41; Dalloz, v° *Presse*, n° 425.

15. La distribution d'écrits par la voie de la poste, sans autorisation, ne peut constituer le délit de colportage ou de distribution. — Cass. 17 août 1850 (Jacquemart), *B. cr.*; 8 avril 1853 (de Thieffries); D., 2 juillet 1853 (de Thieffries), *B. cr.*; Cass. 10 août 1867 (Faure), *B. cr.*; Chassan, *Lois de la presse*, p. 99; Dalloz, v° *Presse*, n° 436.

16. Il en est de même de la distribution personnelle, lorsqu'elle n'est que la continuation de la distribution faite par la poste. — Cass. 17 août 1850 (Jacquemart), *B. cr.* — *Contrà :* Chassan, *id.*

17. Cet article demeure applicable aux colporteurs, même en temps d'élection. — Chassan, *Lois sur la presse*, p. 97. Mais V. l'art. 10 L. 16 juillet 1850 et les notes.

18. Le seul fait de possession de livres, brochures et écrits imprimés, de la part d'un individu qui ne fait pas habituellement métier de colporter, sans avoir été suivi d'aucun acte ayant pour objet la vente ou la distribution de ces écrits, ne constitue pas de délit. — Douai, 23 juin 1854 (d'Ecquevillez); D., 55, 2, 23.

19. Ainsi n'est pas punissable celui dans la malle duquel des livres, brochures et imprimés séditieux apportés de l'étranger ont été saisis au moment de son débarquement en France et avant qu'il ait pu faire aucune démarche pour les distribuer. — Même arrêt. Dalloz, v° *Presse*, n° 437. Mais s'il s'agissait de journaux politiques publiés à l'étranger, il y aurait le délit d'introduction, puni par l'art. 2, décr. 17 fév. 1852.

20. Les distributions gratuites sont assujetties à l'autorisation comme celles faites à prix d'argent. — Orléans, 18 juin 1850 (Camus); D., 51, 5, 413; Agen, 14 juillet 1850 (Bruchet); D., 50, 2, 122.

§ 4. — *Distributions accidentelles.*

21. La disposition de cet article atteint non-seulement la profession de colporteur, mais encore la distribution accidentelle d'un écrit par toute personne non autorisée. — Paris, 28 déc. 1849; D., 50, 2, 120; Cass. 15 fév. 1850 (Chrétien), *B. cr.*; 6 juin 1850 (Bruchet). *B. cr.*; 25 juin 1852 (Bocher), *B. cr.*; 26 mars 1856 (Brun), *B. cr.*; ch. réun., 30 janv. 1857 (Thomas), *B. cr.*; Cass. 12. déc. 1862 (Guibouin), *B. cr.*; 7 mars 1862 (Mirès), *B. cr.*; Rousset, *Code de la presse*, p. 164.

22. La remise de deux exemplaires d'un écrit à une seule personne peut, selon les circonstances qui ont précédé et suivi ce fait, constituer le délit de colportage. — Bourges, 21 mars 1850 (Gillet); D., 50, 2, 121.

23. Un fait de communication ou de distribution d'un livre peut être considéré comme un fait de colportage ou de distribution, lorsque l'arrêt constate qu'il se rattache à des faits antérieurs de même nature et qu'il n'est que la continuation d'une œuvre de propagande dont le prévenu s'est constitué l'agent. — Cass. 29 avril 1859 (Bœsner), *B. cr.*

24. Mais des communications particulières d'écrits ou d'imprimés, bien que répétées, ne peuvent être considérées, quand elles n'émanent pas de la même personne, comme des actes de colportage ou de distribution, à moins qu'elles n'aient eu lieu par suite d'un concert arrêté. — Bourges, 4 janv. 1854 (Roger); D., 54, 5, 588.

25. Ne constitue pas le délit de distribution :
La communication confidentielle d'un écrit à une seule personne alors qu'il n'est pas établi qu'il ait circulé. — Cass. 11 mai 1854 (Hubin); D., 54, 5, 588; Dalloz, v° *Presse*, n° 433. — Encore bien que cette personne l'ait communiqué à d'autres. — Bourges, 4 janv. 1854 (Roger); D., 54, 5, 588.

26. La distribution, par un membre d'une association fraternelle, dans son domicile, à ses coassociés, d'une brochure contenant les statuts de cette association, et imprimée aux frais de celle-ci. — Cass. 11 avril 1851 (Peigné), *B. cr.*

27. Le fait de confier momentanément un écrit à un tiers, dans le but d'y faire apposer les signatures des citoyens qui adhéreraient à son contenu. — Cass. 7 fév. 1851 (Ismeur), *B. cr.*

28. Par exemple, la simple présentation à des personnes, dont on veut obtenir la signature, d'une pétition imprimée. — Cass. 6 juillet 1850 (Oudin); D., 50, 1, 207; 18 juillet 1850 (Richard), *B. cr.*; 9 août 1850 (Caubet). *B. cr.*; 24 janvier 1851 (Sansanné), *B. cr.*; Chassan, *Lois sur la presse*, p. 99.

29. Cet article s'applique aussi bien à l'auteur qui colporte son propre écrit qu'à l'individu qui ré-

pand l'écrit d'autrui. —Cass. 6 juin 1850 (Bruchet), *B. cr.* — *Contrà :* Rousset, *Code de la presse,* p. 168.

30. Par exemple, il est applicable à l'auteur d'un écrit qui remet et transmet par différentes voies, à diverses personnes, un certain nombre d'exemplaires de son écrit. — Poitiers, 2 juin 1860 (Popelineau); S., 60, 2, 329.

31. Il est applicable à celui qui remet lui-même, au domicile de plusieurs personnes, une circulaire relative à ses affaires commerciales, encore qu'elle soit cachetée et porte l'adresse du destinataire, si cette remise n'était pas le résultat soit d'une convention antérieure, soit même d'une relation personnelle du signataire avec les destinataires. — Cass. 26 avril 1862 (Micolei), *B. cr.*

32. A la distribution personnelle faite par l'auteur de son écrit à des magistrats, s'ils ne sont pas saisis du fond du procès. — Cass. 10 août 1867 (Faure), *B. cr.*

33. Mais il n'est pas applicable à l'auteur qui distribue son propre ouvrage à un petit nombre de personnes, à titre d'hommage. — Cass. 15 oct. 1852 (Thibaudeau); D., 54, 1, 46; Chassan; *Lois de la presse,* p. 100; Dalloz, v° *Presse,* n° 427.

§ 5. — *Distribution à domicile.*

34. Cet article est applicable aux personnes qui font à leur domicile des distributions d'imprimés. — Paris, 16 janv. 1850 (Collier); D., 50, 2, 122; Paris, 26 juin 1850 (Lherminier); D., 52, 5, 434; Orléans, 18 juin 1850 (Camus); D., 51, 5, 413; Montpellier, 7 mai 1850 (Relin); D., 50, 2, 85; Dalloz, v° *Presse,* n° 434. — Sans être libraires. — Chassan, *Lois sur la presse,* p. 96; Paris, 16 janv. 1850 (Collier), *J. p.,* 50, 2, 203.

35. Il s'applique à toutes distributions publiques de livres, écrits, brochures, à titre gratuit ou onéreux, soit au dehors, soit à domicile, et, par exemple, au peintre vitrier qui, après avoir placé une annonce contre un carreau de vitre d'une fenêtre de sa boutique, aurait distribué chez lui plusieurs exemplaires de cet écrit. — Cass. 25 avril 1850 (Desquesnes), *B. cr.* — Ou au limonadier qui expose des imprimés aux vitres de son magasin.— Paris, 16 janv. 1850 (Collier).

36. Mais il n'est pas applicable aux libraires même non brevetés qui se livrent au commerce des livres, sans aucun fait de distribution ou de colportage en dehors de ce commerce. Cette contravention est réprimée par la loi du 21 oct. 1814. —Cass. 28 mars 1851 (Delcloque), *B. cr.*; 21 août 1851 (Couturat), *B. cr.*; Dalloz, v° *Presse,* n° 426.

37. La vente des numéros d'un journal légalement publié, au siége de l'établissement et pour le compte des propriétaires, ne rentre pas dans la disposition de cet article; l'autorisation préalable n'est pas nécessaire. — Cass. 3 juillet 1851 (Meyselle, *B. cr.*; Dalloz, v° *Presse,* n° 435. — *Contrà :* Si le gérant établit des bureaux de distribution et de vente de son journal. — Chassan, *Lois de la presse,* p. 98.

§ 6. — *Complicité.*

38. L'infraction à cet article pouvant exister indépendamment de l'intention et de la bonne foi, constitue une simple contravention qui ne comporte pas les éléments constitutifs de la complicité prévue par les art. 59, 60 C. pén. — Cass. 11 avril 1856 (Casencuve). *B. cr.*; Metz, 23 avril 1856 (Donyeau); S., 56, 2, 405; Dalloz, v° *Presse,* n° 490. — *Contrà :* Cass. 18 août 1849 (Chevallier), *B. cr.*; Metz,

9 fév. 1849 (Oudin), *J. p.,* 54, 2, 241. — *Contrà :* Ceux qui permettent à un individu non autorisé d'exposer en vente des écrits à l'étalage extérieur de leur boutique se rendent complices de la contravention.— Chassan, *Lois de la presse,* p. 98.

39. Il n'y a pas lieu de rechercher si le distributeur agit pour son compte ou pour le compte d'un tiers. — Paris, 25 avril 1850 (Brosse); D., 52, 2, 41; Chassan, *id.*

40. La loi n'atteint que l'auteur direct du fait matériel de distribution, et non celui pour le compte et par les ordres duquel il agit. — Cass. 11 avril 1856 (Casencuve), *B. cr.*; Chassan, t. 1, p. 709. — *Contrà :* Cass. 18 août 1849 (Chevalier), *B. cr.*

41. Le distributeur d'un écrit renfermant des délits n'est pas recevable à exciper du défaut de poursuites contre l'auteur de l'écrit. — Colmar, 20 nov. 1823 (Zickel), *J. p.*

Art. 7. Indépendamment du dépôt prescrit par la loi du 21 octobre 1814, tous écrits traitant de matières politiques ou d'économie sociale et ayant moins de dix feuilles d'impression, autres que les journaux ou écrits périodiques, devront être déposés par l'imprimeur au parquet du procureur de la république du lieu de l'impression vingt-quatre heures avant toute publication et distribution.

L'imprimeur devra déclarer, au moment du dépôt, le nombre d'exemplaires qu'il aura tirés.

Il sera donné récépissé de la déclaration.

Toute contravention aux dispositions du présent article sera punie, par le tribunal de police correctionnelle, d'une amende de 100 fr. à 500 fr.

1. Les circulaires électorales et les écrits relatifs aux élections ne sont pas exemptés de l'application de cet article en temps d'élection. — Chassan, *Lois de la presse,* p. 101. V. art. 10 L. 16 juillet 1850.

2. Une lettre circulaire portant convocation à une réunion politique rentre dans la catégorie des écrits dont le dépôt au parquet est ordonné. — Cass. 22 août 1850 (Tousch), *B. cr.*

3. Mais un écrit par lequel le gérant d'un journal annonce à ses abonnés la suspension du journal peut, suivant les circonstances, n'être considéré que comme un dernier numéro du journal. — Cass. 30 août 1851 (Delamarre), *B. cr.*

4. Lorsqu'un écrit politique a été déposé au parquet et non en même temps à la préfecture, conformément à l'art. 16, L. 21 oct. 1814, c'est l'amende édictée par cette dernière loi qui doit être prononcée et non celle portée par cet article — Toulouse, 3 mai 1850 (Périès), D., 52, 2, 138. V. notes sous l'art. 9, L. 16 juill. 1850.

5. Les brochures ou écrits traitant de matières politiques ou d'économie sociale et ayant moins de 10 feuilles d'impression doivent continuer à être déposés au parquet, quoiqu'ils jouissent de l'exemption de timbre au-dessus de 6 feuilles par une innovation de l'art. 3, § 4. de la loi du 11 mai 1868. — Circ. min. just., 4 juin 1868.

CHAPITRE II. — *V. la IIIe Partie.*

CHAPITRE III. — *De la poursuite.*

Art. 16 à **22** (1). *Ces articles se trouvent implicitement abrogés par le décret du 17 février 1852, dont l'art. 25 attribue aux tribunaux correctionnels la connaissance des délits de la presse. Circ. min. just. 27 mars 1852.*

Art. 23. *L'art. 463 du Code pénal est applicable aux délits prévus par la présente loi.*

Lorsqu'en matière de délits, le jury aura déclaré l'existence des circonstances atténuantes, la peine ne s'élèvera jamais au-dessus de moitié du *maximum* déterminé par la loi. *V. art.* 14, *loi du 25 mars* 1822.

1. Le premier paragraphe de cet article est implicitement abrogé et remplacé par l'art. 15, loi du 11 mai 1868.

2. Les délits de presse sont aujourd'hui soumis à la juridiction des tribunaux correctionnels.

---

(1) *Anciens articles :*

ART. 16. Le ministère public aura la faculté de faire citer directement à trois jours, outre un jour par cinq myriamètres de distance, les prévenus devant la cour d'assises, même après qu'il y aura eu saisie.

La citation contiendra l'indication précise de l'écrit ou des écrits, des imprimés, placards, dessins, gravures, peintures, médailles ou emblèmes incriminés, ainsi que l'articulation et la qualification des délits qui ont donné lieu à la poursuite.

Dans le cas où une saisie aurait été ordonnée ou exécutée, copie de l'ordonnance ou du procès-verbal de ladite saisie sera notifiée au prévenu en tête de la citation, à peine de nullité.

ART. 17. Si le prévenu ne comparaît pas au jour fixé par la citation, il sera jugé par défaut par la cour d'assises, sans assistance ni intervention de jurés.

L'opposition à l'arrêt par défaut devra être formée dans les trois jours de la signification à personne ou à domicile, outre un jour par cinq myriamètres de distance, à peine de nullité.

L'opposition emportera de plein droit citation à la première audience.

Si, à l'audience où il doit être statué sur l'opposition, le prévenu n'est pas présent, le nouvel arrêt rendu par la cour sera définitif.

ART. 18. Toute demande en renvoi, pour quelque cause que ce soit, tout incident sur la procédure suivie, devront être présentés avant l'appel et le tirage au sort des jurés, à peine de forclusion.

ART. 19. Après l'appel et le tirage au sort des jurés, le prévenu, s'il a été présent à ces opérations, ne pourra plus faire défaut.

En conséquence, tout arrêt qui interviendra, soit sur la forme, soit sur le fond, sera définitif, quand bien même le prévenu se retirerait de l'audience et refuserait de se défendre. Dans ce cas, il sera procédé avec le concours du jury, et comme si le prévenu était présent.

ART. 20. Aucun pourvoi en cassation sur les arrêts qui auront statué soit sur les demandes en renvoi, soit sur les incidents de procédure, ne pourra être formé qu'après l'arrêt définitif, et en même temps que le pourvoi contre cet arrêt, à peine de nullité.

ART. 21. Le pourvoi en cassation devra être formé dans les vingt-quatre heures au greffe de la cour d'assises ; vingt-quatre heures après, les pièces seront envoyées à la cour de cassation. Dans les dix jours qui suivront l'arrivée des pièces au greffe de la cour de cassation, l'affaire sera instruite et jugée d'urgence, toutes autres affaires cessantes.

ART. 22. Si, au moment où le ministère public exerce son action, la session de la cour d'assises est terminée, et s'il ne doit pas s'en ouvrir d'autres à une époque rapprochée, il pourra être formé une cour d'assises extraordinaire par ordonnance motivée du premier président. Cette ordonnance prescrira le tirage au sort des jurés conformément à la loi.

Les dispositions de l'art. 81 du décret du 6 juillet 1810 sont applicables aux cours d'assises extraordinaires formées en exécution du paragraphe précédent.

17 FÉVRIER 1852. — DÉCRET ORGANIQUE SUR LA PRESSE.

CHAPITRES I ET II. — *Voir la IIIe Partie.*

CHAPITRE III. — *Délits et contraventions non prévus par les lois antérieures. — Juridiction. — Exécution des jugements. — Droit de suspension et de suppression.*

Art. 14. Toute contravention à l'art. 42 de la Constitution sur la publication des comptes rendus officiels des séances du corps législatif sera punie d'une amende de 1,000 fr. à 5,000 fr. (1).

1. La prohibition d'insérer un compte rendu autre que le compte rendu officiel n'enlève pas à la presse la faculté de discuter soit la matière mise en délibération, soit même les discours des orateurs et les débats dont ils font partie.

Un article de discussion ne perd pas son caractère par cela seul qu'il énonce quelques-uns des faits de la séance, lorsque ces énonciations sont nécessaires à cette discussion et servent à en préciser le terrain.

Il en serait autrement de la relation des débats qui se trouverait mêlée à la discussion sans utilité pour celle-ci. Cette relation peut, selon les cas, constituer un compte rendu, soit total, soit partiel. — Cass. 3 juillet 1868 (Fouray), *B. cr.*

2. Les tribunaux ont le droit d'apprécier dans chaque affaire, si les énonciations de l'article poursuivi présentent à un degré punissable le caractère de compte rendu, sauf le contrôle de la cour de cassation — Même arrêt.

3. La loi interdit tout compte rendu des séances dont il n'est pas rédigé de compte rendu officiel, et par conséquent des séances tenues à huis clos par le Corps législatif ou des séances d'une de ses commissions. — Cass. 4 avril 1868 (Vrignault), *B. cr.*

4. Le décret du 5 février 1867, art. 96, permet aux membres du Corps législatif de faire imprimer et distribuer à leurs frais les discours qu'ils ont prononcés, pourvu qu'ils en aient obtenu l'autorisation du Corps législatif. Art. 74, déc. 22 mars 1852.

Art. 15. La publication ou la reproduction de nouvelles fausses, de pièces fabriquées, falsifiées ou mensongèrement attribuées à des tiers, sera punie d'une amende de 50 fr. à 1,000 fr.

---

(1) SÉNATUS-CONSULTE DU 2 FÉVRIER 1861.

Les débats des séances du Sénat et du Corps législatif sont reproduits par la sténographie et insérés *in extenso* dans le journal officiel du lendemain.

En outre, les comptes rendus de ces séances, rédigés par des secrétaires rédacteurs placés sous l'autorité du président de chaque assemblée, sont mis, chaque soir, à la disposition de tous les journaux.

Le compte rendu des séances du Sénat et du Corps législatif par les journaux, ou tout autre moyen de publication, ne consistera que dans la reproduction des débats insérés *in extenso* dans le journal officiel, ou du compte rendu rédigé sous l'autorité du président, conformément aux paragraphes précédents.

Néanmoins, lorsque plusieurs projets ou pétitions auront été discutés dans une séance, il sera permis de ne reproduire que les débats relatifs à un seul de ces projets ou à une seule de ces pétitions. Dans ce cas, si la discussion se prolonge pendant plusieurs séances, la publication devra être continuée jusques au vote et y compris le vote.

Le Sénat, sur la demande de cinq membres, pourra décider qu'il se forme en comité secret.

Si la publication ou reproduction est faite de mauvaise foi, ou si elle est de nature à troubler la paix publique, la peine sera d'un mois à un an d'emprisonnement, et d'une amende de 500 fr. à 1,000 fr. Le *maximum* de la peine sera appliqué si la publication ou reproduction est tout à la fois de nature à troubler la paix publique et faite de mauvaise foi.

Cet article a remplacé l'art. 4, L. 27 juill. 1849. — Circ. min. just. 27 mars 1852.

§ 1ᵉʳ.

1. La publication ou la reproduction de fausses nouvelles par la voie de la parole est punie par cet article aussi bien que leur publication ou reproduction par la voie de la presse. — Douai, 25 août 1853 (Chaumont); S., 54, 2, 144; Cass. 28 avril 1854 (Coum), *B. cr.*; 29 sept. 1854 (Baessler), *B. cr.*; 13 mars 1855, ch. réun. (Bonneau), *B. cr.*; Dalloz, vᵒ *Presse*, nᵒ 980.

2. Cet article n'exige pas, comme condition essentielle du délit, la publicité du lieu où les propos auraient été tenus. — Cass. 8 déc. 1854 (Bonneau), *B. cr.*

3. Il n'exige pas que la publication ou la reproduction de nouvelles fausses ait eu lieu par les moyens énoncés dans l'art. 1, L. 17 mai 1819; il suffit que la nouvelle ait été contée à un tiers en particulier et qu'elle ait, par ce fait, circulé dans le public. — Cass., ch. réun., 13 mars 1855 (Bonneau), *B. c.*, 25 juin 1858 (Beaumont), *B. cr.* — *Contrà.* Orléans, 25 janv. 1854 (Fagot), *J. p.*, 54, 2, 289; Cass. 29 sept. 1854 (Baessler), *B. cr.*; Dalloz. vᵒ *Presse*, nᵒ 983.

4. Le délit de publication de fausse nouvelle existe par la simple volonté de publier et le fait de publication, quels que soient le mode ou les moyens employés. — Cass. 8 déc. 1854 (Bonneau), *B. cr.*; 29 avril 1858 (Jobard); S., 58, 1, 496; Nancy, 24 janv. 1865, *J. cr.*, nᵒ 7979.

5. Le fait de conter une fausse nouvelle sous la forme de simple conversation dans une maison en présence de trois personnes ne constitue aucun délit, si cette fausse nouvelle n'a reçu aucune publicité. — Cass., ch. réun., 13 mars 1855 (Bonneau), *B. cr.*

6. De même, la simple volonté de conter une fausse nouvelle par forme de conversation, suivie de sa publication, ne suffit pas pour constituer le délit, il faut que le prévenu ait eu l'intention de lui donner de la publicité. — Cass. 13 mars 1855 (Bonneau), *B. cr.*; 25 juin 1858 (Beaumont), *B. cr.*

7. Cependant, il n'est pas nécessaire que la fausse nouvelle ait été publiée de mauvaise foi. — Cass. 24 nov. 1853 (de la Bigne-Villeneuve), *B. cr.*; 29 avril 1858 (Jobard), *B. cr.*; Paris, 28 nov. 1867 (Terme), *J. cr.*, nᵒ 8522.

8. La mauvaise foi n'est pas un élément constitutif du délit, mais seulement une circonstance aggravante. — Cass. 9 janv. 1864 (Barlatier), *J. p.*

9. Il suffit que la fausse nouvelle soit publiée imprudemment et légèrement, surtout, par exemple, lorsqu'elle peut induire l'opinion publique en erreur sur l'esprit public de plusieurs départements. — Rennes, 3 sept. 1853 (Journal de Rennes); *Gaz. des trib.* du 6 sept. 1853.

10. Le reproducteur de fausses nouvelles ne peut être acquitté parce qu'il n'aurait fait que reproduire ce qu'il avait entendu dire, et qu'il aurait même fait connaître la source où il aurait puisé. — Cass. 9 janv. 1864 (Barlatier), *J. p.*

11. Ou parce qu'il n'aurait fait que reproduire des rumeurs qui auraient circulé dans le public. — Même arrêt. Nîmes, 11 fév. 1864 (Barlatier), *J. p.*

12. C'est au ministère public à faire la preuve de la fausseté de la nouvelle. — Rennes, 17 fév. 1864 (Pastol), *J. p.*, 64, 698.

§ 2.

13. L'intention de troubler la paix publique ne suffirait pas si la publication n'était pas de nature à amener ce résultat. — Chassan, *Lois de la presse*, p. 93.

14. Mais le délit existe, encore que la paix publique n'ait pas été troublée, si la nouvelle était de nature à la troubler. — Chassan, *id.*

15. Se rend coupable du délit de publication de fausses nouvelles :

Le journaliste qui attribue faussement au préfet des instructions, des paroles et des mesures qu'il n'a pas ordonnées. — Cass. 24 fév. 1854 (Brodu), *B. cr.*

16. Celui qui fait une déclaration mensongère à des magistrats d'un vol à l'aide de violences dont il aurait été victime, lorsqu'elle est de nature à répandre l'alarme dans le public. — Colmar, 31 mars 1857 (Brossel); D. 58, 2, 67.

17. Celui qui fait croire à un assassinat sur sa personne. — Nancy, 24 janv. 1865 (B.) *J. cr.* nᵒ 7979.

18. La transformation mensongère d'une mort accidentelle en un assassinat précédé de vol peut en soi devenir l'élément du délit de fausse nouvelle, si le récit, même verbal, se produit dans des circonstances de nature à le constituer, s'il est fait avec l'intention de mettre la nouvelle en circulation, et si ce but a été atteint. — Cass. 11 fév. 1864 (Foucault), *B. cr.*

19. Encore que le récit puisse être considéré comme une diffamation, le même acte pouvant être réprimé par deux dispositions différentes. — Même arrêt.

20. En supposant vrai, au fond, l'article de journal qui a publié une nouvelle, cet article peut être condamné, si une circonstance dénaturée présentée comme un accessoire, sans conséquence, de la nouvelle vraie, constitue un fait principal et grave reconnu faux et porte préjudice à autrui. — Cass. 8 nov. 1861 (Sauvestre), *B. cr.*

21. Mais ne peut tomber sous le coup de cet article :

Une nouvelle entièrement indifférente et inoffensive qui ne porte ni directement ni indirectement aucun préjudice matériel ou moral à la chose publique ni aux intérêts privés. — Cass. 8 nov. 1861 (Sauvestre), *B. cr.*; Cass. 9 janv. 1864 (Barlatier), *B. cr.*; Nîmes, 11 février 1864 (Barlatier), *J. p.*

22. Si elle est insignifiante, sans portée et sans gravité. — Colmar, 26 août 1862 (Houmomel), *J. cr.*, nᵒ 7560.

23. Un propos simplement mensonger ou une opinion erronée sur une question de contribution. — Cass. 15 déc. 1865 (Boutant), *B. cr.*

24. L'annonce de faits à titre de pronostics ou de prédictions, alors que le prévenu n'a pas annoncé ou laissé entendre qu'il fondait ses prédictions sur des données actuelles ou déterminées. — Cass. 28 juin 1860 (Berthon), *B. cr.*

25. L'appréciation morale d'un fait par le journaliste qui le publie ne peut, lorsque ce fait est vrai en lui-même et que d'ailleurs cette appréciation n'est pas de nature à en changer le caractère, constituer une fausse nouvelle. — Cass. 8 juil. 1853 (Brodu), *B. cr.*

26. Il appartient à la cour de cassation d'apprécier

si un article d'un journal a le caractère d'une nouvelle. — Cass. 30 janv. 1858 (Dumont), *B. cr.*

27. Les faux bruits et les fausses nouvelles pour porter atteinte à la liberté des élections sont prévus par l'art. 40, L. 2 fév. 1852, et l'art. 107, L. 15 mars 1849.

Art. 16. Il est interdit de rendre compte des séances du Sénat autrement que par la reproduction des articles insérés au journal officiel. *V. suprà, art.* 14.

Il est interdit de rendre compte des séances non publiques du conseil d'Etat.

Un journal ne peut, même après avoir inséré en totalité le compte rendu analytique d'une séance du Sénat, publier une reproduction partielle des débats insérés *in extenso* dans le journal officiel, en se bornant à insérer un discours ou des fragments de discours. — Rennes, 9 mars 1864 (de Courmaceul), *J. p.*, 64, 249.

Art. 17. Il est interdit de rendre compte des procès pour délits de presse. La poursuite pourra seulement être annoncée ; dans tous les cas, le jugement pourra être publié.

Dans toutes affaires civiles, correctionnelles ou criminelles, les cours et tribunaux pourront interdire le compte rendu du procès. Cette interdiction ne pourra s'appliquer au jugement, qui pourra toujours être publié. *V. art.* 11, *loi du* 27 *juillet* 1849.

1. Ces dispositions s'appliquent non-seulement aux journaux, mais à tout autre moyen de publication. — Circ. min. just. 27 mars 1852.

2. Elles s'appliquent aussi bien aux actes de l'instruction qu'aux débats de l'audience. — Cass. 17 mars 1854 (Dayez), *B. cr.*; 27 avril 1854 (Arnold), *B. cr.* — *Contrà :* Dalloz, v° *Presse*, n° 308.

3. L'interdiction s'étend à la publication des détails sur la tenue de l'audience, sur sa composition, sur les précautions prises par l'autorité, sur le nom des magistrats et des membres du barreau chargés de la défense. — Circulaire du directeur de la sûreté générale du 28 août 1853.

4. Mais elle ne s'applique qu'aux *délits* et non aux contraventions. — Dalloz, v° *Presse*, n° 307.

5. L'initiative de la prohibition de rendre compte d'un procès appartient au tribunal ; l'audition du ministère public n'est pas indispensable.—Cass. 23 avril 1857 (Combe), *B. cr.*

6. Elle peut être prononcée sans interpellation préalable à l'inculpé ou à son conseil.—Cass. 24 fév. 1860 (Millons) ; S. , 60, 1, 488.

Art. 18. Toute contravention aux dispositions des art. 16 ou 17 de la présente loi sera punie d'une amende de 50 fr. à 5,000 fr., sans préjudice des peines prononcées par la loi, si le compte rendu est infidèle et de mauvaise foi. *V. art.* 7, *loi du* 25 *mars* 1822.

Art. 19. Tout gérant sera tenu d'insérer en tête du journal les documents officiels, relations authentiques, renseignements, ré

ponses et rectifications qui lui seront adressés par un dépositaire de l'autorité publique.

La publication devra avoir lieu dans le plus prochain numéro qui paraîtra après le jour de la réception des pièces.

L'insertion sera gratuite.

En cas de contravention, les contrevenants seront punis d'une amende de 50 fr. à 1,000 fr. En outre, le journal pourra être suspendu *par voie administrative* pendant quinze jours au plus.

1. Les dépositaires de l'autorité publique sont seuls juges de la forme et de la teneur des documents dont ils requièrent l'insertion ; il n'appartient ni au journaliste, ni même aux tribunaux, de modifier l'exercice de ce droit en se constituant juges de l'importance des mots supprimés dans l'insertion de l'article. — Cass. 5 août 1853 (Union de la Sarthe), *B. cr.*

2. La mauvaise foi n'est pas un élément essentiel de la contravention prévue par cet article ; elle peut résulter de la négligence ou de l'inexactitude du gérant. — Même arrêt.

3. Un journaliste peut toujours se refuser à l'insertion d'un jugement rendu dans un intérêt privé, lorsqu'il a été étranger dans la cause, encore bien que l'impression dans son journal ait été ordonnée et que la partie intéressée offre de payer le prix. — Paris, 16 nov. 1839 (Mothès) ; D., 40, 2, 38 ; Donai, 9 août 1843 (Maniel), *J. p.*, 44, I, 144 ; Chassan, t. I, p. 666. — *Contrà :* S'il s'agit d'un fermier d'annonces. — Paris, 29 nov. 1861 (Panis), *J. p.*, 62, 620.

4. L'art. 16 de la loi du 11 mai 1868 n'attribue qu'à l'autorité judiciaire le droit de prononcer la suspension du journal.

Art. 20. Si la publication d'un journal ou écrit périodique frappé de suppression ou de suspension *administrative ou judiciaire* est continuée sous le même titre, ou sous un titre déguisé, les auteurs, gérants ou imprimeurs seront condamnés à la peine d'un mois à deux ans d'emprisonnement, et, solidairement, à une amende de 500 fr. à 3,000 fr., par chaque numéro ou feuille publiée en contravention.

1. La peine portée par cet article n'est applicable aux auteurs, gérants et imprimeurs, que dans le cas où ils avaient, avant de commettre la contravention qui leur est imputée, connu l'existence des condamnations ou des décisions administratives, soit par la publicité de droit des unes ou des autres, soit par la notification administrative ou judiciaire qui leur en aurait été faite, soit par tout autre moyen équivalent. — Cass. 11 juin 1858 (Blondeau), *B. cr.*

2. Ainsi, l'imprimeur d'un journal deux fois condamné, qui a ignoré la première condamnation à laquelle il était étranger, n'est passible d'aucune peine à raison de la publication continuée du journal. — Cass. 11 juin 1858 (Blondeau), *B. cr.*

3. La loi du 11 mai 1868 a supprimé la suspension administrative.

Art. 21. La publication de tout article traitant de matières politiques ou d'économie sociale, et émanant d'un individu condamné à une peine afflictive et infamante, ou infamante seulement, est interdite.

Les éditeurs, gérants, imprimeurs qui auront concouru à cette publication seront condamnés solidairement à une amende de 1,000 fr. à 5,000 fr. *V. art. 9, loi du 11 mai 1868.*

Art. 22. Aucuns dessins, aucunes gravures, lithographies, médailles, estampes ou emblèmes, de quelque nature ou espèce qu'ils soient, ne pourront être publiés, exposés ou mis en vente sans l'autorisation préalable du ministre de la police à Paris, ou des préfets dans les départements.

En cas de contravention, les dessins, gravures, lithographies, médailles, estampes ou emblèmes pourront être confisqués, et ceux qui les auront publiés seront condamnés à un emprisonnement d'un mois à un an, et à une amende de 100 fr. à 1,000 fr. (1).

1. Cet article a remplacé l'art. 20, L. 9 sept. 1835, mais il laisse subsister l'art. 6, L. 27 juillet 1849, relatif aux distributeurs et colporteurs. — Circ. min. just. 27 mars 1852.

2. Les expressions *emblèmes, dessins* sont générales et embrassent tout produit des arts, toute manifestation de la pensée autre que celle du geste et de la parole, comme tout mode quel qu'il soit d'exhibition. — Douai, 12 août 1844 (Bion), *J. p.*, 44, 2, 522.

3. Elles embrassent tous dessins et emblèmes sur quelques matières qu'ils soient reproduits. — Cass. 22 avril 1854 (Paulin), *B. cr.*

4. Elles s'appliquent à la fleur de lis, encore qu'elle soit dépourvue de légende ou attributs. — Cass. 1ᵉʳ fév. 1861 (César), *B. cr.*

5. Aux statuettes accompagnées d'épigraphes ou emblèmes contenant des allusions. — Douai, 12 août 1844 (Bion), *loc. cit.* — *Contrà :* Si elles ne présentaient rien d'emblématique. — Dalloz, vᵒ *Presse*, nᵒ 415.

6. Aux dessins sur étoffe, aux gravures et lithographies publiées dans les ouvrages ou journaux scientifiques. — Chassan, t. 1, p. 695; Dalloz, vᵒ *Presse*, nᵒ 413.

7. Mais elles ne s'appliquent pas aux caractères

de musique reproduits par un procédé quelconque. — Paris, 15 nov. 1837 (Schlesinger), *J. p.*, 37, 2, 5, 593; Chassan, t. 1, p. 693; de Grattier, t. 2, p. 363.

8. Les gravures et lithographies exposées postérieurement à la loi du 9 sept. 1835 se sont trouvées subordonnées aux formalités qu'elle a prescrites (art. 20), quoiqu'elles aient été publiées avant cette loi. — Paris, 14 fév. 1845 (Morel), *J. p.*, 45, 1, 668. — Quoique le dépôt et la déclaration, seules conditions exigées par les lois antérieures, en aient été faits. — Cass. 9 déc. 1836 (Lemière), *J. p.*; 10 mars 1847 (Avanzo), *B. cr.*; Chassan, t. 1, p. 696; de Grattier, t. 2, p. 365; Dalloz, vᵒ *Presse*, nᵒ 416.

9. De même, sous l'empire de la loi du 25 mars 1822, art. 12, les dessins qui avaient été livrés au commerce avant cette loi ne pouvaient continuer à être exposés et mis en vente sans autorisation du gouvernement. — Cass. 28 déc. 1827 (Priston), *J. p.* — *Contrà :* Cass. 17 janv. 1823 (Engelmann), *J. p.*

10. L'exposition d'emblèmes sans autorisation peut être poursuivie d'office, quoique l'emblème soit injurieux pour un particulier. — Douai, 12 août 1844 (Bion); D., 45, 2, 11.

11. L'autorisation de publier des gravures, donnée par le ministre de l'intérieur, suffit pour la publication dans toute la France. Il n'y a pas lieu d'en demander une nouvelle aux préfets. — Cass. 10 mars 1837 (Avanzo), *B. cr.*; Chassan, t. 1, p. 692; de Grattier, t. 2, p. 367.

12. Mais l'autorisation délivrée par un préfet n'a d'effet que pour son département. — Même arrêt; Chassan, *id.*; de Grattier, *id.*

13. L'autorisation ne peut profiter à d'autres personnes que celles qui l'ont obtenue, si ce n'est au successeur, ni pour d'autres recueils ou publications. — Chassan, *id.*

14. La distribution de dessins, médailles ou autres emblèmes, de quelque nature qu'ils soient, peut constituer un fait de publication alors même que la distribution a eu lieu dans une maison particulière ou dans une réunion privée. — Cass. 2 janv. 1845 (Rohan-Chabot), *B. cr.*; Chassan, t. 1, p. 691; Dalloz, vᵒ *Presse*, nᵒ 418.

15. La détention de gravures, dessins non autorisés, dans un portefeuille, en magasin, est un véritable fait de mise en vente. — Cass. 16 août 1833 (Léon), *J. p.*; Bordeaux, 24 nov. 1852 (Maggi); D. 52, 5, 440; Parant, p. 444; Dalloz, vᵒ *Presse*, nᵒ 417.

16. La vente sans autorisation d'un dessin gravé est punissable lors même que l'éditeur en aurait fait le dépôt préalable. — Cass. 28 déc. 1827 (Priston), *J. p.*; Chassan, t. 1, p. 694; Parant, p. 443; de Grattier, t. 2, p. 366. — Et encore que le dessin n'ait pas un caractère séditieux. — Même arrêt

17. L'imprimeur ou le graveur, lorsqu'il n'est pas éditeur, n'est pas le publicateur; il ne peut être passible de la peine encourue; sauf le cas de complicité. — Chassan, t. 1, p. 699.

18. La mise en vente de dessins, emblèmes non autorisés, ne peut être excusée sous prétexte de la bonne foi du prévenu. — Cass. 22 avril 1854 (Paulin), *B. cr.*; de Grattier, t. 2, p. 368.

Art. 23. Les annonces judiciaires exigées par les lois pour la validité ou la publicité des procédures ou des contrats seront insérées, à peine de nullité de l'insertion, dans le journal ou les journaux de l'arrondissement qui seront désignés, chaque année, par le préfet.

---

(1) *Ordonnance du 9 septembre 1835 concernant l'exécution des diverses dispositions de la loi du 9 septembre 1835 relatives à la publication des dessins, gravures, lithographies, estampes ou emblèmes.*

ART. 1ᵉʳ. L'autorisation préalable exigée par l'art. 35, loi du 9 sept. 1835, contiendra la désignation sommaire du dessin, de la gravure, lithographie, estampe ou emblème qu'on voudra publier, et le titre qui lui aura été donné. L'auteur ou l'éditeur sera tenu de la représenter à toute réquisition.

Lorsqu'il s'agira de gravures, lithographies, estampes ou emblèmes se multipliant par le tirage, l'auteur ou l'éditeur, en recevant l'autorisation, déposera au ministère de l'intérieur ou au secrétariat de la préfecture une épreuve destinée à servir de pièce de comparaison. Il certifiera la conformité de cette épreuve avec celles qu'il se proposera de publier.

ART. 2. L'autorisation dont tout dessinateur, graveur ou autre individu est obligé de se pourvoir, d'après l'arrêté du 26 mars 1804, et l'ordonnance du 24 mars 1832, pour faire frapper dans les ateliers du gouvernement les médailles de sa composition, tiendra lieu de celle qui lui est imposée par la loi du 9 septembre 1835 pour la publication, exposition ou mise en vente de ces mêmes médailles, dont un exemplaire devra préalablement être déposé au ministère de l'intérieur.

ART. 3. Les autorisations délivrées à Paris et dans les départements seront insérées, chaque semaine, par ordre alphabétique et de matières, dans le journal général de la librairie.

A défaut de journal dans l'arrondissement, le préfet désignera un ou plusieurs journaux du département.

Le préfet réglera en même temps le tarif de l'impression de ces annonces.

Cet article ne fait pas obstacle à ce que, même alors qu'il existe des journaux dans l'arrondissement, le préfet désigne valablement, au lieu d'un de ces journaux, un journal du département. — Rennes, 23 janv. 1862 (Deschamps), *J. p.*, 62, 531 ; Metz, 15 janv. 1863, *J. p.*, 63, 344. Il nous paraît difficile de concilier cette décision avec les termes de l'art. 23.

Art. 24. Tout individu qui exerce le commerce de la librairie sans avoir obtenu le brevet exigé par l'art. 11 de la loi du 21 octobre 1814 sera puni d'une peine d'un mois à deux ans d'emprisonnement, et d'une amende de 100 fr. à 2,000 fr. L'établissement sera fermé.

1. Il ne suffit pas que le brevet ait été demandé, il faut qu'il ait été obtenu. — Cass. 13 mai 1854 (Gauret), *B. cr.*
2. Celui qui tient un cabinet de lecture doit être assimilé à un libraire, et est soumis aux mêmes obligations. — Même arrêt. V. sous l'art. 11, L. 21 octobre 1814, nº 8.

Art. 25. Seront poursuivis devant les tribunaux de police correctionnelle, 1º Les délits commis par la voie de la presse ou tout autre moyen de publication mentionné dans l'art. 1ᵉʳ de la loi du 17 mai 1819, et qui avaient été attribués par les lois antérieures à la compétence des cours d'assises ; 2º les contraventions sur la presse prévues par les lois antérieures ; 3º les délits et contraventions édictés par la présente loi.

Art. 26. Les appels des jugements rendus par les tribunaux correctionnels sur les délits commis par la voie de la presse seront portés directement, sans distinction de la situation locale de ces tribunaux, devant la chambre correctionnelle de la cour d'appel.

Les dispositions de cet article sont aujourd'hui conformes au droit commun.

Art. 27. Les poursuites auront lieu dans les formes et délais prescrits par le Code d'instruction criminelle. *V. décret des 25-28 février 1852, art. 1 et 2, et la loi du 11 mai 1868, art. 10.*

1. Cet article a abrogé les art. 6 et 15 de la loi du 26 mai 1819, il suffit que la citation soit conforme aux art. 182, 183 C. d'inst. crim. Elle n'a pas besoin de qualifier les faits imputés. — Cass. 17 août 1861 (Laurent), *B. cr.* ; 22 janv. 1863 (Aillaud), *B. cr.* ; 26 nov. 1864 (Bravay), *B. cr.* ; 17 janv. 1866 (Joly), *B. cr.*
2. Le jugement peut leur donner une qualification différente. — Cass. 4 nov. 1861 (Viviani), D. 66, 1, 361. V. sous l'art. 183, nº 54, C. i. cr. *Codes crim.*

3. Le prévenu ne peut se plaindre de ce que le réquisitoire introductif et le réquisitoire définitif ne contiennent pas les éléments de la prévention. — Cass. 19 janv. 1866 (Joly), *B. cr.*
4. Cet article abroge l'art. 19, L. 26 mai 1819, qui autorisait le prévenu d'un délit de presse à se faire représenter par un fondé de pouvoir. — Cass. 25 août 1854 (Conet de Lory), *B. cr.*
5. Il abroge l'art. 29, L. 26 mai 1819, qui fixait à six mois la prescription des délits commis par la voie de la presse. La prescription de ces délits est maintenant déterminée par l'art. 638 C. i. cr. — Cass. 23 fév. 1854 (Guillelouvette), *B. cr.* ; Paris, 24 juillet 1862 (Harguin-Deguy), *J. p.*, 63, 773 ; Colmar, 2 mai 1865 (Moch), *J. p.* ; 65, 846. — *Contrà :* L'art. 29 reste encore en vigueur à l'égard des délits de diffamation verbale. — Rouen, 23 juin 1864 (Patin), *J. p.*, 64, 1025. V. sous l'art. 638, nº 35, C. i. cr. *Codes crim.*
6. Lorsqu'il s'agit d'une publication nouvelle ou d'une réimpression, la prescription ne remonte pas au jour de la première publication, mais au jour de chacune des publications nouvelles. — Cass. 13 déc. 1855 (Roussel), *B. cr.*

Art. 28. En aucun cas, la preuve par témoins ne sera admise pour établir la réalité des faits injurieux ou diffamatoires.

1. Cet article ne contient aucune disposition dérogatoire à celle de l'art. 25, L. du 26 mai 1819. — Cass. 19 janv. 1855 (Carles), *B. cr.* ; Orléans, 26 fév. 1855 (Carles) ; D.. 55, 2, 292 ; Cass. 1ᵉʳ juin 1855 (Roux), *B. cr.* — Il n'a entendu s'occuper que des faits non punissables. — Dalloz, vº *Presse*, nº 1365.
2. Il n'interdit pas la preuve par *écrit* de la vérité des faits diffamatoires imputés aux fonctionnaires, notamment à un huissier. — Cass. 29 juillet 1865 (Desmarest), *B. cr.* ; Dalloz, vº *Presse*, nº 1492 ; Aix, 14 mai 1868 (Barlatier), *J. cr.*, nº 8651.
3. Au contraire, il ne permet aucune espèce de preuve pour établir la vérité des faits diffamatoires lorsqu'ils sont imputés *verbalement* à un fonctionnaire public à raison de ses fonctions. — Cass. 29 fév. 1868 (Barlatier), *B. cr.* — *Contrà :* Aix, 14 mai 1868.
4. L'art. 20, loi du 26 mai 1819, aujourd'hui abrogé, interdisait toute espèce de preuve, mais à l'égard des particuliers seulement. Il admettait la preuve, devant la cour d'assises, des faits imputés par écrit à un fonctionnaire. — V. Chassan, t. 2, p. 497.
5. La production de la preuve légale du fait imputé ne peut détruire le délit ; mais elle peut être un moyen de justification ou d'atténuation de la peine, par exemple, si l'auteur s'est trouvé en quelque sorte obligé de faire une pareille imputation. — Chassan, t. 2, p. 413. V. les notes sous l'art. 13, § 1ᵉʳ, L. 17 mai 1819.
6. La prohibition de prouver par témoins la fausseté des faits diffamatoires étant absolue, le plaignant lui-même ne peut être admis à faire cette preuve. — Cass. 2 fév. 1827 (Bicil), *J. p.* ; Parant, p. 355 ; Dalloz, vº *Presse*, nº 1543.
7. Cependant il peut faire entendre des témoins sur sa moralité. — Parant, *id.* ; Chassan, t. 2, p. 427. — *Contrà :* Dalloz, *id.*
8. Le min. public peut user de ce droit. — Cass. 1ᵉʳ nov. 1833 (Aubry-Foucaut), *J. p.* ; Chassan, *id.* — *Contrà :* Dalloz, vº *Presse*, nº 1542.

Art. 29. Dans les trois jours de tout jugement ou arrêt définitif de contravention de presse, le gérant du journal devra acquitter le montant des condamnations qu'il aura encourues ou dont il sera responsable.

En cas de pourvoi en cassation, le montant des condamnations sera consigné dans le même délai.

1. En cas de condamnation pour crime ou délit, V. l'art. 6, loi du 16 juillet 1850.

2. Le défaut de consignation du montant des condamnations ne rend pas le pourvoi en cassation non recevable. — Cass. 13 juin 1858 (Cottenest), *B. cr.* V. notes sous l'art. 6, L. 16 juillet 1850.

Art. 30. La consignation ou le payement prescrit par l'article précédent sera constaté par une quittance délivrée en duplicata par le receveur des domaines.

Cette quittance sera, le quatrième jour au plus tard, remise au procureur de la république, qui en donnera récépissé. *V. art. 7, loi du 16 juillet 1850.*

Art. 31. Faute par le gérant d'avoir remis la quittance dans les délais ci-dessus fixés, le journal cessera de paraître, sous les peines portées par l'art. 5 de la présente loi. *V. art. 8, loi du 16 juillet 1850.*

En cas d'offres réelles, si ces offres viennent à être en définitive déclarées insuffisantes par le tribunal, et que dans l'intervalle le gérant ait continué la publication, la contravention est acquise. — Cass. 15 sept. 1832 (Vaillant), *J. p.*; Parant, p. 121; de Grattier, t. 2, p. 11.

Art. 32. *Abrogé par la loi de 1868 (1).*

CHAPITRE IV. — *Dispositions transitoires.*

Art. 36. La présente loi n'est pas applicable à l'Algérie et aux colonies.

Sont abrogées les dispositions des lois antérieures contraires à la présente loi, et notamment les articles 14 et 18 de la loi du 16 juillet 1850.

---

(1) *Ancien article :*

ART. 32. Une condamnation pour crime commis par la voie de la presse, *deux condamnations pour délits ou contraventions commis dans l'espace de deux années*, entraînent de plein droit la suppression du journal dont les gérants ont été condamnés.

Après une condamnation prononcée pour contravention ou délit de presse contre le gérant responsable d'un journal, le gouvernement a la faculté, pendant les deux mois qui suivent cette condamnation, de prononcer soit la suspension temporaire, soit la suppression du journal.

Un journal peut être suspendu par décision ministérielle, alors même qu'il n'a été l'objet d'aucune condamnation, mais après deux avertissements motivés et pendant un temps qui ne pourra excéder deux mois.

Un journal peut être supprimé soit après une suspension judiciaire ou administrative, soit par mesure de sûreté générale, mais par un décret spécial du président de la république, publié au *Bulletin des lois.*

LOI DU 2 JUILLET 1861.

ARTICLE UNIQUE. Le premier paragraphe de l'art. 32 de la loi du 17 février 1852 est abrogé en ce qui concerne la suppression de plein droit d'un journal condamné deux fois pour délits ou contraventions.

Le deuxième paragraphe du même article est abrogé.

Tout avertissement donné en vertu du paragraphe 3 dudit article est périmé deux ans après sa date.

25-28 FÉVRIER 1852. — DÉCRET.

Art. 1ᵉʳ. Tous les délits dont la connaissance est actuellement attribuée aux cours d'assises, et qui ne sont pas compris dans les décrets des 31 décembre 1851 et 17 février 1852, seront jugés par les tribunaux correctionnels, sauf les cas pour lesquels il existe des dispositions spéciales à raison des fonctions ou de la qualité des inculpés.

Art. 2. *Dispositions transitoires.*

Art. 3. Les poursuites seront dirigées selon les formes et les règles prescrites par le Code d'instruction criminelle.

Art. 4. Sont et demeurent abrogées toutes dispositions relatives à la compétence contraires au présent décret, et notamment celles qui résultent de la loi du 8 octobre 1830, en matière de délits politiques ou réputés tels; de l'art. 6 de la loi du 10 décembre 1830, relatives aux afficheurs et crieurs publics; de l'art. 10 du décret du 7 juin 1848, sur les délits d'attroupement; de l'art. 16, § 2, de la loi du 28 juillet 1848, sur les clubs et les sociétés secrètes; de l'art. 117 de la loi électorale du 15 mars 1849.

5 JANVIER 1853. — DÉCRET *concernant le payement des amendes en matière de presse.*

Art. 1ᵉʳ. Les amendes à acquitter en exécution du paragraphe 1ᵉʳ de l'art. 6 de la loi du 16 juillet 1850, et de l'art. 29 du décret du 17 février 1852, seront versées, à l'avenir, à la caisse des consignations à Paris, et à celle de ses préposés dans les départements; elles y resteront déposées pendant trois mois, avec leur affectation spéciale au profit du trésor.

Les sommes consignées, en cas de pourvoi en cassation, conformément au paragraphe deuxième des articles ci-dessus mentionnés, resteront également déposées pendant le même délai de trois mois, à partir de la date soit du désistement, soit de l'arrêt de rejet, soit du jugement ou de l'arrêt définitif à intervenir.

Art. 2. A l'expiration du délai de trois mois, dans les deux cas prévus en l'article précédent, si le droit de grâce n'a pas été exercé, les sommes consignées seront irrévocablement acquises à l'Etat, et elles seront versées par la caisse des consignations au bureau du receveur de l'enregistrement, chargé de la recette des amendes et frais de justice dans la ville où se publiait le journal.

TROISIÈME PARTIE.

LOIS RELATIVES A LA PUBLICATION DES JOURNAUX
OU ÉCRITS PÉRIODIQUES.

9 JUIN 1819. — LOI *relative à la publication des journaux ou écrits périodiques.*

Art. 1, 2. *Remplacés par les art.* 1, 6, *loi du* 18 *juillet* 1828, *et l'art.* 1ᵉʳ *de la loi du* 11 *mai* 1868.

Art. 3. Le cautionnement (des journaux) sera affecté, par privilége, aux dépens, dommages-intérêts et amendes auxquels les propriétaires ou éditeurs pourront être condamnés : le prélèvement s'opérera dans l'ordre indiqué au présent article. En cas d'insuffisance, il y aura lieu à recours solidaire sur les biens des propriétaires ou éditeurs déclarés responsables du journal ou écrit périodique, et des auteurs et rédacteurs des articles condamnés. *V. art.* 13, *loi* 18 *juillet* 1828.

1. Sur le cautionnement des journaux, V. les art. 3 et 4 du décret du 17 fév. 1852.
2. Cet article ne fait aucune distinction entre les amendes prononcées par la cour de cassation dans le cours d'une poursuite pour délits de presse, en cas de rejet d'un pourvoi, et celles qui seraient prononcées pour le fait même du délit par les juridictions ordinaires. Elles doivent donc être acquittées conformément à l'art. 4. — Cass. 21 mars 1851 (Pons), *B. cr.* — *Contrà :* Dalloz, vᵒ *Presse,* nᵒ 288.
3. La loi n'admet pas de privilége de second ordre en cette matière. — Dalloz, vᵒ *Presse,* nᵒ 290.

Art. 4. *Remplacé par l'art.* 29 *décret du* 17 *février* 1852 (1).

Art. 5. *Au moment de la publication de chaque feuille ou livraison du journal ou écrit périodique, il en sera remis, à la préfecture pour les chefs-lieux de département, à la sous-préfecture pour ceux d'arrondissement, et, dans les autres villes, à la mairie, un exemplaire signé d'un propriétaire ou éditeur responsable.*

Cette formalité ne pourra ni retarder ni suspendre le départ ou la distribution du journal ou écrit périodique.

Cet article a été abrogé et remplacé par l'article **2** de la loi du 17 mars 1822, puis par l'article **8** de la loi du 18 juillet 1828, qui ont substitué le dépôt au parquet au dépôt à la préfecture. Ce dernier article a été remplacé lui-même par l'article 7 de la loi du 11 mai 1868, qui prescrit les deux dépôts. — V. les notes sous cet article.

Art. 6, 7, 8. *Remplacés par les art.* 5, 14, 16, 19 *du décret du* 17 *février* 1852 (1).

Art. 9. Les propriétaires ou éditeurs responsables d'un journal ou écrit périodique, ou auteurs ou rédacteurs d'articles imprimés dans ledit journal ou écrit, prévenus de crimes ou délits pour faits de publication, seront poursuivis et jugés dans les formes et suivant les distinctions prescrites à l'égard de toutes les autres publications.

Sur la forme des poursuites, V. les art. 25, 26, 27 du décret du 17 fév. 1852 et le décret des 25-28 fév. 1852.

Art. 10. En cas de condamnation, les mêmes peines leur seront appliquées ; toutefois les amendes pourront être élevées au double, et, en cas de récidive, portées au quadruple, sans préjudice des peines de la récidive prononcées par le Code pénal. — *Art.* 25, *L.* 17 *mai* 1819.

1. Cet article est toujours en vigueur. — Cass. 20 juin 1851 (Larcher), *B. cr.* Il n'a été abrogé ni modifié par le décret du 11 août 1848 ni par la loi du 16 juill. 1850. — Cass. 6 déc. 1850 (Nefftzer), *B. cr.*
2. Il doit être appliqué à toutes les dispositions des lois postérieures qui prévoient un délit nouveau de presse commun aux éditeurs de journaux et à tous autres auteurs d'écrits distribués et publiés, si ces lois ne dérogent pas expressément aux dispositions dudit article. — Cass. 6 déc. 1850 (Nefftzer), *B. cr.* ; Dalloz, vᵒ *Presse,* nᵒ 1045.

---

(1) *Ancien article :*
ART. 4. Les condamnations encourues devront être acquittées et le cautionnement libéré ou complété dans les quinze jours de la notification de l'arrêt ; les quinze jours révolus sans que la libération ou le complément ait été opéré, et jusqu'à ce qu'il le soit, le journal ou écrit périodique cessera de paraître.

(1) *Anciens articles :*
ART. 6. Quiconque publiera un journal ou écrit périodique sans avoir satisfait aux conditions prescrites par les art. 1, 4 et 5 de la présente-loi sera puni correctionnellement d'un emprisonnement d'un mois à six mois et d'une amende de 200 fr. à 1,200.
ART. 7. Les éditeurs de tout journal ou écrit périodique ne pourront rendre compte des séances secrètes des chambres, ou de l'une d'elles, sans leur autorisation.
ART. 8. Tout journal sera tenu d'insérer les publications officielles qui lui seront adressées à cet effet par le gouvernement le lendemain du jour de l'envoi de ces pièces, sous la seule condition du payement des frais d'insertion.

3. La faculté de quadrupler l'amende n'exclut pas l'application forcée du *maximum* des peines corporelles et pécuniaires édictées par l'art. 58 C. pén., en cas de récidive. — Chassan, t. 1, p. 176 ; Dalloz, vᵒ *Presse*, nᵒ 1044. — *Contra :* L'aggravation est purement facultative même en cas de récidive. Cet article ne déroge pas à l'art. 25, L. 17 mai 1819. — Parant, p. 124 ; Chauveau et Hélie, t. 1, p. 328 ; de Grattier, t. 2, p. 26.

4. Sur la récidive, V. art. 25 L. 17 mai 1819 ; 15, L. 18 juillet 1828 ; 15, L. 27 juillet 1849 ; 12, loi du 11 mai 1868.

Art. 11. Les éditeurs du journal ou écrit périodique seront tenus d'insérer dans l'une des feuilles ou des livraisons qui paraitront dans le mois du jugement ou de l'arrêt intervenu contre eux, extrait contenant les motifs et le dispositif dudit jugement ou arrêt.

1. L'insertion prescrite par cet article n'a pas besoin d'être ordonnée par le jugement pour être obligatoire. — Chassan, t. 2, p. 449 ; de Grattier, t. 2, p. 28 ; Dalloz, vᵒ *Presse*, nᵒ 1050.

2. La cour peut ordonner l'insertion d'un arrêt incident, en outre des motifs et du dispositif de l'arrêt définitif, lorsqu'il en fait partie intégrante. — Cass. 2 août 1839 (Lafond), *B. cr.*

3. Elle peut ordonner le dépôt au parquet d'un certain nombre d'exemplaires du journal condamné, en déclarant que ce dépôt avait pour objet de rendre public l'arrêt de condamnation. — Même arrêt. — Chassan, t. 2, p. 447.

4. Le gérant condamné à faire l'insertion n'est pas responsable du refus fait par le gérant du journal qui lui a succédé, alors que la vente est antérieure à la condamnation. — Douai, 9 août 1843 (Vaxin) ; Dalloz, vᵒ *Presse*, nᵒ 1052.

5. Si le journal est suspendu, l'impression de la condamnation peut être ordonnée dans un autre journal. — Cass. 30 nov. 1850 (Semac) ; D., 50, 5, 365.

Art. 12. La contravention aux art. 7, 8 et 11 de la présente loi sera punie correctionnellement d'une amende de 100 fr. à 1,000 fr.

Art. 13. Les poursuites auxquelles pourront donner lieu les contraventions aux art. 7, 8 et 11 de la présente loi se prescriront par le laps de trois mois, à compter de la contravention ou de l'interruption des poursuites, s'il y en a de commencées en temps utile.

Cet article n'est plus applicable qu'au cas prévu par l'art. 11 resté en vigueur. — De Grattier, t. 2, p. 30.

18 JUILLET 1828. — LOI *sur les journaux et écrits périodiques.*

Art. 1, 2, 3. *Remplacés par les art.* 1, 2, 3 *du décret du* 17 *février* 1852 (1), *et l'art.* 1ᵉʳ *loi du* 11 *mai* 1868, *infrà.*

Art. 4. En cas d'association, la société devra être l'une de celles qui sont définies et régies par le Code de commerce.

Hors le cas où le journal serait publié par une société anonyme, les associés seront tenus de choisir entre eux un, deux ou trois gérants, qui, aux termes des art. 22 et 24 du Code de commerce, auront chacun individuellement la signature.

Si l'un des gérants responsables vient à décéder ou à cesser ses fonctions par une cause quelconque, les propriétaires seront tenus, dans le délai de deux mois, de le remplacer ou de réduire, par un acte revêtu des mêmes formalités que celui de société, le nombre de leurs gérants. Ils auront aussi, dans les limites ci-dessus déterminées, le droit d'augmenter ce nombre en remplissant les mêmes formalités. S'ils n'en avaient constitué qu'un seul, ils seront tenus de le remplacer dans les quinze jours qui suivront son décès ; faute par eux de le faire, le journal ou écrit périodique cessera de paraître, à peine de 1,000 fr. d'amende pour chaque feuille ou livraison qui serait publiée après l'expiration de ce délai.

1. Les sociétés en participation sont comprises au nombre de celles auxquelles la loi permet de publier des journaux. — Douai, 21 avril 1842, *J. p.*, 42, 1, 570 ; Dalloz, vᵒ *Presse*, nᵒ 242. — *Contra :* Metz, 2 juillet 1850 (Quesne) ; D., 51, 2, 137.

2. Au cas de société anonyme, le gérant du journal est naturellement l'administrateur de la société.

3. Les délais de deux mois et de quinze jours accordés aux entrepreneurs de journaux, à l'effet de régulariser leur position, ne sont relatifs qu'à des cas spéciaux ou de force majeure, et ne s'appliquent pas au cas de retraite volontaire de l'un des gérants, retraite ne laissant plus sur la tête des entrepreneurs du journal qu'une fraction de cautionnement. — Metz, 3 juillet 1850 (Quesne) ; D., 51, 2, 137. — *Contra :* La loi ne nous paraît pas faire cette distinction. V. Dalloz, vᵒ *Presse*, nᵒ 286.

4. L'amende de 1,000 francs prononcée par la dernière disposition de cet article n'est applicable qu'au cas où il n'y avait qu'un seul gérant. — Chas-

---

pourra, sans autorisation préalable, publier un journal ou écrit périodique, en se conformant aux dispositions de la présente loi.

ART. 2. Le propriétaire ou les propriétaires de tout journal ou écrit périodique seront tenus, avant sa publication, de fournir un cautionnement....

ART. 3. Seront exempts de tout cautionnement, — 1ᵒ les journaux ou écrits périodiques qui ne paraissent qu'une fois par mois ou plus rarement ; 2ᵒ les journaux ou écrits périodiques exclusivement consacrés, soit aux sciences mathématiques, physiques et naturelles, soit aux travaux et recherches d'érudition, soit aux arts mécaniques et libéraux, c'est-à-dire aux sciences et aux arts dont s'occupent les trois académies des sciences, des inscriptions et des beaux-arts de l'Institut royal ; 3ᵒ les journaux ou écrits périodiques étrangers aux matières politiques et exclusivement consacrés aux lettres ou à d'autres branches de connaissances non spécifiées précédemment, pourvu qu'ils ne paraissent au plus que deux fois par semaine ; 4ᵒ tous les écrits périodiques étrangers aux matières politiques et qui seront publiés dans une autre langue que la langue française ; 5ᵒ les feuilles périodiques exclusivement consacrées aux avis, annonces, affiches judiciaires, arrivages maritimes, mercuriales et prix courants. — Toute contravention aux dispositions du présent article et du précédent sera punie conformément à l'art. 6 de la loi du 9 juin 1819.

---

(1) *Anciens articles :*

ART. 1ᵉʳ. Tout Français majeur, jouissant des droits civils,

san. t. 1, p. 617; de Grattier, t. 2, p. 145. Cette opinion paraît résulter de la discussion de la loi à la Chambre des députés.

Art. 5. Les gérants responsables, ou l'un ou deux d'entre eux, surveilleront et dirigeront par eux-mêmes la rédaction du journal ou écrit périodique.

Chacun des gérants responsables devra avoir les qualités requises par l'art. 980 du Code civil, être propriétaire au moins d'une part ou action dans l'entreprise, et posséder, en son propre et privé nom, un quart au moins du cautionnement. *V. art.* 3, *décr.* 17 *février* 1852.

1. La direction unique, exclusive du journal doit appartenir au gérant. — Chassan, t. I, p. 610.

2. Mais il n'est pas nécessaire qu'il soit investi d'un pouvoir illimité; la société peut placer à côté de lui un contrôle et une surveillance, de manière à concilier l'influence sociale avec l'action du gérant. — **Cass.** 10 juillet 1843 (Borie); D., 43, 2, 390; Dalloz, v° *Presse*, n° 245.

3. Le gérant qui, par l'acte social, ne peut faire aucun payement, aucune recette, aucune dépense, et qui, pour toutes les choses qui sont de l'essence de l'administration, est sous la dépendance d'un tiers, ne peut être accepté comme un gérant sérieux. — Orléans, 8 août 1844; Cass. 10 juillet 1843 (Borie); D., 43, 2, 390; Chassan, t. 1, p. 608.

4. La gérance d'un journal peut être retirée, pour cause d'extranéité, à l'individu que l'administration avait d'abord investi de cette gérance par erreur. — Douai, 17 janv. 1848 (Vandcrest); D., 48, 2, 164.

5. La disposition qui exige que le gérant soit propriétaire d'un quart du cautionnement, remplacée d'abord par l'article 1, loi 14 déc. 1830, et par l'article 15, loi 9 sept. 1835, depuis abrogée, a été remise en vigueur par l'art. 11, loi 16 juill. 1850. C'est ainsi que cela est compris et pratiqué par l'administration.

Art. 6. *Aucun journal ou écrit périodique soumis au cautionnement par les dispositions de la présente loi ne pourra être publié, s'il n'a été fait préalablement une déclaration contenant :*

1° Le titre du journal ou écrit périodique, et les époques auxquelles il doit paraître; 2° le nom de tous les propriétaires autres que les commanditaires, leur demeure, leur part dans l'entreprise; 3° le nom et la demeure des gérants responsables; 4° l'affirmation que ces propriétaires et gérants réunissent les conditions de capacité prescrites par la loi; 5° l'indication de l'imprimerie dans laquelle le journal ou écrit périodique devra être imprimé.

Toutes les fois qu'il surviendra quelque mutation, soit dans le titre du journal ou dans les conditions de sa périodicité, soit parmi les propriétaires ou les gérants responsables, il en sera fait déclaration devant l'autorité compétente dans les quinze jours qui suivront la mutation, à la diligence des gérants *responsables. En cas de négligence, ils seront punis d'une amende de 500 fr.*

Il en sera de même si le journal ou écrit périodique venait à être imprimé dans une autre imprimerie que celle qui a été originairement déclarée.

Dans le cas où l'entreprise aurait été formée par une seule personne, le propriétaire, s'il réunit les qualités requises par le § 2 de l'article 5, sera en même temps le gérant responsable du journal.

Dans le cas contraire, il sera tenu de présenter un gérant responsable, conformément à l'article 5.

Les journaux exceptés du cautionnement seront tenus de faire la déclaration préalable prescrite par les n°ˢ 1, 2 et 5 du premier paragraphe du présent article.

Cet article est remplacé et implicitement abrogé par l'art. 2 de la loi du 11 mai 1868, sauf les §§ 5 et 6, dont les dispositions ne sont pas reproduites par la loi nouvelle.

Art. 7. Ces déclarations seront accompagnées du dépôt des pièces justificatives : elles seront signées par chacun des propriétaires du journal ou écrit périodique, ou par le fondé de pouvoir de chacun d'eux. *Elles seront reçues, à Paris, à la direction de la librairie, et dans les départements, au secrétariat général de la préfecture.*

1. Cet article n'a pas été abrogé par le décret du 17 fév. 1852. — Circ. min. just. 27 mars 1852.

2. Sa dernière disposition est abrogée par l'art. 2 de la loi du 11 mai 1868, qui prescrit de faire la déclaration, à Paris, à la préfecture de police et dans les départements, à la préfecture.

Art. 8. Chaque numéro de l'écrit périodique sera signé en minute par le propriétaire, s'il est unique; par l'un des gérants responsables, si l'écrit périodique est publié par une société en nom collectif ou en commandite; et par l'un des administrateurs, s'il est publié par une société anonyme.

L'exemplaire signé pour minute sera, au moment de la publication, déposé au parquet du procureur du roi du lieu de l'impression, ou à la mairie, dans les villes où il n'y a pas de tribunal de première instance, à peine de 500 fr. d'amende contre les gérants. Il sera donné récépissé du dépôt.

La signature sera imprimée au bas de tous les exemplaires, à peine de 500 fr. d'amende contre l'imprimeur, sans que la révocation du brevet puisse s'ensuivre.

Les signataires de chaque feuille ou livraison seront responsables de son contenu et passibles de toutes les peines portées par la loi à raison de la publication des articles ou passages incriminés, sans préjudice de la

poursuite contre l'auteur ou les auteurs desdits articles ou passages, comme complices.
En conséquence, les poursuites judiciaires
pourront être dirigées tant contre les signataires des feuilles ou livraisons que contre
l'auteur ou les auteurs des passages incriminés, si ces auteurs peuvent être connus
ou mis en cause.

§ 1ᵉʳ. — *Signature*.

1. La signature de l'exemplaire déposé au parquet
doit être autographe. — Chassan, t. 1, p. 612; de
Grattier, t. 2, p. 168.

2. Sur les autres exemplaires, elle doit être imprimée au bas du journal et au-dessous des annonces.
—Chassan, t. 1, p. 632; Dalloz, vᵒ *Presse*, nᵒ 381.—
Dont le gérant est responsable. — Bordeaux, 2 déc.
1840 (Coudert), *J. p.*; de Grattier, t. 2, p. 173.

3. La signature qui sert de complément au journal ne peut valablement intervenir que quand la rédaction en est achevée et livrée à l'imprimeur; elle
ne peut être donnée en blanc à l'avance. — Cass.
4 avril 1851 (Lefrançois), *B. cr.*; 7 février 1852
(Maréchal), *B. cr.*; Parant, p. 440; de Grattier,
t. 2, p. 168; Dalloz, vᵒ *Presse*, nᵒ 373. — Encore
que le gérant ait vérifié les articles ensuite imprimés.
— Cass. 7 fév. 1852 (Maréchal), *B. cr.*

4. Elle est donnée sur le journal imprimé et non
sur le manuscrit. — Dalloz, vᵒ *Presse*, nᵒ 372.

5. La publication d'un numéro de journal au bas
duquel se trouve, pendant que le gérant subit la prison, la signature d'un individu non désigné suivant
la loi, constitue le fait de la publication d'un journal
sans gérant, et non le fait de publication par un gérant d'un numéro qu'il n'a pas signé.—Caen, 23 janv.
1850 (Henri L.); D., 52, 2, 250. — *Contrà :* Chassan, t. 1, p. 617; de Grattier, t. 2, p. 359; Dalloz,
vᵒ *Presse*, nᵒ 373.

6. Les journaux non cautionnés sont exempts de
la signature en minute. — De Grattier, *id.*; Dalloz,
vᵒ *Presse*, nᵒ 369. — *Contrà :* l'art 5, L. 9 juin
1819, leur reste applicable.—Chassan, t. 1, p. 622.

7. De même, l'obligation d'imprimer la signature
du gérant au bas de chaque feuille n'est imposée qu'aux
journaux politiques. — Dijon, 13 mai 1831 (de Jussieu). *J. p.*; Dalloz, vᵒ *Presse*, nᵒ 380; de Grattier,
t. 2, p. 165.

8. Aujourd'hui les journaux ou écrits non cautionnés
ne sont pas dispensés de l'obligation de la signature
en minute de leur gérant. — V. art. 7, loi 11 mai 1868
et les notes.

9. L'omission de la signature était, indépendamment du dépôt, punie par l'art. 16, loi 9 sept. 1835,
mais cette loi a été abrogée par le décret du 6 mars
1848 et n'a pas été remplacée.

§ 2. — *Dépôt au parquet*.

9. Le § 2 de cet article, qui prescrit le dépôt au
parquet, a été remplacé par l'article 7 de la loi du
11 mai 1868, qui n'a pas reproduit cependant la sanction par l'amende. V. les notes sous cet article.

§ 3. — *Responsabilité du gérant*.

10. Ceux qui se sont présentés à l'autorité comme
propriétaires d'un journal, et qui ont fait en cette
qualité leur déclaration au ministère de l'intérieur et
signé les exemplaires des journaux, ne peuvent, pour
se dégager de la responsabilité des infractions aux
lois de la presse, prétendre qu'ils ne sont que des
prête-noms. — Paris, 17 août 1833 (Rollet), *J. p.*,
43, 2, 784.

11. L'éditeur déclaré d'un journal ou écrit périodique est responsable de tous les articles qui y sont
insérés, soit qu'il ait, soit qu'il n'ait pas participé à
leur rédaction. — Cass. 22 avril 1824 (Hurez), *J.
p.*; 21 oct. 1831 (Hardoin), *J. p.*; Chassan, t. 1,
p. 125.

12. Il ne peut exciper de l'ignorance dans laquelle
il serait resté relativement au contenu des articles publiés par le journal. — Cass. 29 nov. 1860 (Gounouilhou), *B. cr.*; Chassan, *id.*, p. 129; de Grattier,
t. 2, p. 176.

13. Ni de son absence ou de son éloignement
causé par la maladie. — Chassan, t. 1, p. 127.—Il
peut seulement obtenir une atténuation de peine. —
Chassan, t. 1, p. 175.

14. Ni de sa bonne foi. Cette exception n'est admise que pour l'imprimeur par l'art. 24, L. 17 mai
1819. — Cass. 22 avril 1824 (Hurez), *J. p.*

15. Il ne peut être excusé sous prétexte qu'il n'a
fait que reproduire un article déjà publié dans un
autre journal. — Cass. 21 oct. 1831 (Hardoin). *J. p.*,
Rennes, 24 déc. 1835 (Mangin), *J. p.*; de Grattier,
t. 1, p. 20. — Et non poursuivi. — Cass. 22 avril
1824 (Hurez), *J. p.*; de Grattier, t. 2, p. 178;
Chassan, t. 1, p. 143. — Ou déjà acquitté. — Chassan, *id.*

16. Il ne peut appeler l'auteur de cet article en
garantie des condamnations civiles qui pourraient être
prononcées à raison de la diffamation qu'il contient.
— Riom, 24 mars 1836 (Seguin), *J. p.*; Chassan,
t. 1, p. 126; de Grattier, t. 2, p. 176; Dalloz,
vᵒ *Presse*, nᵒ 1141.

17. Il est passible des peines édictées par la loi,
lors même qu'il y a poursuite contre l'auteur des
passages incriminés. — Rennes, 11 oct. 1850 (Mangin); D., 52, 5, 436; Chassan, t. 1, p. 128.

18. Cependant, si l'auteur est connu et s'il est en
cause, le gérant peut prouver qu'il n'a pas eu, lui,
de mauvaise intention. Il peut, dans ce cas, être condamné à une peine moindre que celle de l'auteur, ou
même être affranchi de toute peine. — Chassan, t. 1,
p. 130.

19. Le rédacteur de l'article peut être poursuivi,
quoique le gérant ne soit pas mis en cause. — Paris,
26 août 1828 (Grandjean), *J. p.*; Chassan, t. 1,
p. 161. — Quoique le gérant soit acquitté. — Cass.
8 sept. 1837 (Laurent), *J. p.*, 37, 2, 586; de Grattier, t. 2, p. 177.

20. La participation à la publication comme auteur constitue un mode de complicité spécial. La
qualification d'auteur suffit pour caractériser le délit,
sans qu'il soit nécessaire de constater l'intention coupable. — Cass. 29 mars 1844 (de Léon), *J. p.*, 44,
1, 609.

21. L'auteur d'un article diffamatoire, condamné
comme tel à des dommages-intérêts, ne peut avoir
un recours contre l'éditeur du journal qui l'a publié
pour la répétition de ces dommages.—Paris, 10 mai
1830 (Buret), *J. p.*

22. Le gérant responsable d'un journal ne peut
être mis en prévention pour les délits que renferment les numéros qu'il n'a pas signés, et à la rédaction desquels il n'a pas coopéré, bien qu'il déclare
en accepter la responsabilité. Celui qui a signé en
son absence peut seul en être responsable. — Douai,
24 mai 1831 (Degeorge), *J. p.*; Caen, 23 janv. 1850;
D., 52, 2, 250.

23. Au contraire, il serait responsable de ces délits si aucune signature n'avait été apposée au bas de
la feuille.—Chassan, t. 1, p. 130; de Grattier, t. 2,
p. 14. 178.

24. Ou si le journal portait la signature d'un individu qui avait été reconnu par jugement n'avoir pas

la qualité de gérant. — Chassan, t. 1, p. 132; de Grattier, t. 2, p. 179.

25. Dans le cas où un journal a plusieurs gérants, la responsabilité des contraventions aux lois sur la presse commises dans ce journal est exclusivement à la charge de celui qui a signé les numéros incriminés. — Orléans, 19 nov. 1850 (Groubental); D., 55, 2, 200; de Grattier, t. 2, p. 180.

26. A l'égard des journaux non politiques et non sujets à cautionnement, la responsabilité d'articles déclarés diffamatoires atteint le propriétaire du journal et non l'individu qui signe la feuille en qualité de gérant ou d'éditeur-gérant. — Cass. 29 juin 1844 (Martin), *B. cr.*; Dalloz, v° *Presse*, n° 1137. — *Contrà* : Chassan, t. 1, p. 133; de Grattier, t. 2, p. 182.

27. Est régulière et valable la signification faite au gérant d'un journal dans les bureaux du journal. — Cass. 2 mars 1833 (Brunet), *J. p.*; 23 avril 1846 (Moussard), *B. cr.;* de Grattier, t. 2, p. 182.

Art. 9. *Dispositions transitoires.*

Art. 10. En cas de contestation sur la régularité ou la sincérité de la déclaration prescrite par l'art. 6 et des pièces à l'appui, il sera statué par les tribunaux, à la diligence du préfet, sur mémoire, sommairement et sans frais, la partie ou son défenseur et le ministère public entendus.

Si le journal n'a point encore paru, il sera sursis à la publication jusqu'au jugement à intervenir, lequel sera exécutoire nonobstant appel.

1. Cet article n'a pas été abrogé par le décret du 17 février 1852. — Circ. min. just. 27 mars 1852 — ni par la loi du 11 mai 1868.

2. Il prévoit le cas où, avant toute publication du journal, le préfet conteste la régularité ou la sincérité de la déclaration faite en vertu de l'art. 6. — Cass. 7 août 1850 (Zeppenfeld); D., 50, 1, 213.

3. Les tribunaux civils en statuant ne peuvent prononcer aucune peine. — Cass. 7 août 1850 (Zeppenfeld), *loc. cit.*; de Grattier, t. 2, p. 185; Dalloz, v° *Presse*, n° 506. — *Contrà* : Orléans, 16 juillet 1836 (Valéry), *J. p.*

4. Le préfet est investi du droit d'examiner s'il y a eu publication de l'acte de société et si cette publication a été faite selon la loi. — Orléans, 8 août 1844 (Borie) ; D., 45, 1, 386.

6. Le refus par le préfet ou par le secrétaire général de recevoir, comme dénuée de sincérité, la déclaration préalable à la publication d'un nouveau journal constitue une contestation dont l'effet, tant qu'elle subsiste, est d'empêcher la publication du journal. — Cass. 2 juillet 1847 (gérant des Deux Frances); D., 47, 1, 873.

5. Le ministère public est non recevable à dénoncer à la juridiction correctionnelle l'insuffisance des déclarations acceptées par le préfet. — Cass. 25 mai 1850 (Raynal), *B. cr.*; Dalloz, v° *Presse*, n° 259.

Art. 11. Si la déclaration prescrite par l'art. 6 est reconnue fausse et frauduleuse en quelqu'une de ses parties, le journal cessera de paraître. Les auteurs de la déclaration seront punis d'une amende dont le *minimum* sera d'une somme égale au dixième,

et le *maximum*, d'une somme égale à la moitié du cautionnement.

1. Cet article n'a pas été abrogé par le décret du 17 fév. 1852. — Circ. min. just. 27 mars 1851 — ni par la loi du 11 mai 1868.

2. Il n'est applicable qu'à un journal qui a déjà paru. — Cass. 7 août 1850 (Zeppenfeld); D., 50, 1, 253; Chassan, t. 1, p. 587.

3. Le délit n'existe que lorsqu'à la déclaration est venu se joindre le fait de la publication. — Amiens, 13 mars 1843 (Coste); S. 43, 2, 213 ; Parant, p. 169; de Grattier, t. 2, p. 188. — Et l'intention de fraude. — De Grattier, t. 2, p. 188

4. Il constitue un délit successif. La prescription ne peut courir tant qu'il se renouvelle. — Cass. 3 sept. 1842 (Coste), *B. cr.*; Amiens, 13 mars 1843 (Coste); S. 43, 2, 213; Chassan, t. 1, p. 588, t. 2, p. 83; Dalloz, v° *Presse*, n° 520.

5. Le tribunal correctionnel est seul compétent pour appliquer l'amende. — Cass. 7 août 1850 (Zeppenfeld); D., 50, 1, 213; 5 juillet 1850 (Thomas), *B. cr.*; de Grattier, t. 2, p. 190. — *Contrà* : Les contraventions prévues par cet article sont de la compétence du tribunal civil. — Orléans, 16 juillet 1836 (Valéry), *J. p.*

6. Lorsque la publication du journal a été précédée d'une déclaration fausse et frauduleuse, le tribunal correctionnel est aussi seul compétent pour apprécier la sincérité de la déclaration. Il n'est pas nécessaire que cette appréciation ait été préalablement faite par les tribunaux civils. — Cass. 5 juillet 1850 (Thomas), *B. cr.*

7. Mais, à défaut d'exercice de l'action du ministère public pour fausse déclaration, le tribunal civil est seul compétent pour statuer à la diligence du préfet sur la sincérité de la déclaration. — **Cass.** 17 janv. 1851 (Chastaing), *B. cr.*

8. Ainsi le tribunal correctionnel saisi des poursuites dirigées contre un journal publié sans versement préalable de cautionnement ne peut déclarer responsable un citoyen autre que celui désigné dans la déclaration faite au préfet comme propriétaire du journal en se fondant sur ce que cette déclaration n'est pas sincère, lorsque l'action ouverte par l'art. 11 loi du 18 juil. 1828 n'a pas été exercée par le ministère public. — **Cass.** 17 janv. 1851 (Chastaing), *B. cr.*; Dalloz, v° *Presse*, n° 506.

9. Mais il est compétent pour décider si le versement du cautionnement du gérant d'un journal a été légalement effectué, alors que la déclaration préalable faite au secrétariat de la préfecture était régulière et sincère. — Toulouse, 1er juin 1837 (Gazette du Languedoc); S. 38, 2, 206.

10. Le tribunal saisi d'une poursuite pour fausse déclaration de gérance peut conclure de l'état connu d'insolvabilité du gérant proposé et de son incapacité littéraire que les déclarations relatives soit à la copropriété du prétendu gérant dans l'entreprise, soit à sa copropriété du cautionnement versé, sont fausses et frauduleuses. — Angers, 7 déc. 1847 (Muller); D., 47, 2, 215; Cass. 7 août 1850 (Zeppenfeld); D., 50, 1, 213.

11. Il n'appartient pas au tribunal correctionnel de statuer sur la question de savoir si le gérant d'un journal poursuivi pour n'avoir pas fait la déclaration du changement d'imprimeur peut se prévaloir de celle qui aurait été faite par le nouvel imprimeur. Il doit être statué sur cette contestation par les tribunaux civils à la diligence du préfet. — Cass. 31 janv. 1851 (Amy), *B. cr.*

12. Lorsque la juridiction civile est saisie d'une contestation sur la capacité du gérant ou rédacteur

responsable et sur le taux du cautionnement, le tribunal correctionnel doit surseoir au jugement de l'action publique et non renvoyer le prévenu en se déclarant incompétent.— Cass. 29 nov. 1850 (Groubental), *B. cr.*; Parant, p. 168; de Grattier, t. 2, p. 185.

13. De même, lorsqu'il y a instance devant la juridiction civile sur la propriété du cautionnement d'un journal, les tribunaux correctionnels doivent surseoir à statuer sur la régularité de la transmission de ce cautionnement.—Cass. 30 août 1850 (Quesne), *B. cr.*

14. L'infraction à la prohibition de paraître doit être punie conformément à l'article 2 de la loi du 11 mai 1868, qui renvoie à l'article 5 du décret du 17 février 1852, le journal dont la déclaration a été annulée comme fausse et frauduleuse étant réputé n'avoir fait aucune déclaration. Nous ne pensons pas qu'il y ait lieu de faire application de l'art. 20 du décret du 17 fév. qui prévoit un cas tout différent, celui où le journal a été frappé de suspension à raison d'un délit de presse.

Art. 12. Dans le cas où un journal ou écrit périodique est établi et publié par un seul propriétaire, si ce propriétaire vient à mourir, sa veuve ou ses héritiers auront un délai de trois mois pour présenter un gérant responsable; ce gérant devra être propriétaire d'immeubles libres de toute hypothèque et payant au moins 500 fr. de contributions directes, si le journal est publié dans les départements de la Seine, de Seine-et-Oise et de Seine-et-Marne, et 150 fr. dans les autres départements.

Le gérant que la veuve ou les héritiers seront admis à présenter devra réunir les conditions requises par l'art. 980 du Code civil.

Dans les dix jours du décès, la veuve ou les héritiers seront tenus de présenter un rédacteur, qui sera responsable du journal jusqu'à ce que le gérant soit accepté.

Le cautionnement du propriétaire décédé demeurera affecté à la gestion.

1. Pendant l'intervalle de dix jours accordé à la veuve ou aux héritiers pour présenter un rédacteur, le journal peut continuer à paraître, mais la responsabilité de la publication incombe à la veuve et aux héritiers. — Chassan, t. 1, p. 620; de Grattier, t. 2, p. 195.

2. Il n'est pas nécessaire que ce rédacteur réunisse les conditions d'idonéité exigées pour les gérants. Il suffit qu'il ait la capacité prescrite par l'art. 980 C. Nap. — Chassan, t. 1, p. 620; de Grattier, *id.*

Art. 13. Les condamnations pécuniaires prononcées soit contre les signataires responsables, soit contre l'auteur ou les auteurs des passages incriminés, seront prélevées :

1° Sur la portion du cautionnement appartenant en propre aux signataires responsables ;

2° Sur le reste du cautionnement dans le cas où celle-ci serait insuffisante, sans préjudice, pour le surplus, des règles établies par les art. 3 et 4 de la loi du 9 juin 1819.

Art. 14. Les amendes, autres que celles portées par la présente loi, qui auront été encourues pour délit de publication par la voie d'un journal ou écrit périodique, ne seront jamais moindres du double du *minimum* fixé par les lois relatives à la répression des délits de la presse. *V. art.* 10, 12, *loi du 9 juin* 1819, *et l'art.* 15, *loi du 11 mai* 1868.

1. Cet article, n'ayant rien d'inconciliable avec les dispositions nouvelles du décr. du 17 fév. 1852, se trouve maintenu. — Circ. min. 27 mars 1852.

2. Il ne s'applique qu'aux infractions commises par la voie des journaux et non à celles réprimées par l'art. 11, L. 9 sept. 1835 (art. 5, L. 27 juil. 1849) ; Paris, 14 juil. 1836 (Voillet), *J. p.*; Dalloz, vᵒ *Presse*, nᵒ 319.

3. L'amende encourue pour un délit de diffamation par la voie d'un journal ne peut être moindre du double du *minimum* de celle fixée par l'art. 18, L. 17 mai 1819. — Cass. 6 juil. 1832 (Fourteau), *J. p.* V. art. 10, L. 9 juin 1819 ; Dalloz, vᵒ *Presse*, nᵒ 1043.

Art. 15. En cas de récidive par le même gérant, et dans les cas prévus par l'art. 58 du Code pénal, indépendamment des dispositions de l'art. 10 de la loi du 9 juin 1819, les tribunaux pourront, suivant la gravité du délit, prononcer la suspension du journal ou écrit périodique pour un temps qui ne pourra excéder deux mois, ni être moindre de dix jours. Pendant ce temps, le cautionnement continuera à demeurer en dépôt à la caisse des consignations, et il ne pourra recevoir une autre destination.

V. sur la récidive et sur les cas où il y a lieu à suspension du journal l'art. 15, loi du 27 juillet 1849, et l'art. 12 de la loi du 11 mai 1868, et les notes.

Art. 16. Dans les procès qui ont pour objet la diffamation, si les tribunaux ordonnent, aux termes de l'art. 64 de la Charte, que les débats auront lieu à huis clos, les journaux ne pourront, à peine de 2,000 fr. d'amende, publier les faits de diffamation, ni donner l'extrait des mémoires ou écrits quelconques qui les contiendraient.

Dans toutes les affaires civiles ou criminelles où un huis clos aura été ordonné, ils ne pourront, sous la même peine, publier que le prononcé du jugement.

1. Les art. 16 et 17 ne sont pas abrogés par l'art. 17 du décret du 17 fév. 1852 qui interdit le compte rendu des procès pour délits de presse. — Circ. min. 27 mars 1852. V. art. 11 L. 27 juillet 1849.

2. La prohibition de publier plus que le prononcé des jugements dans les procès jugés à huis clos est absolue. La publicité de l'acte d'accusation et celle du résumé des débats par le président n'autorisent pas la presse périodique à donner des extraits ou analyses de ces pièces ou documents. — Dijon, 20 déc. 1843 (Duchesne); D., 44, 2, 112; Chassan, t. 1, p. 646; Dalloz, vᵒ *Presse*, *id.*, 299.

3. Mais la prohibition ne doit courir que du moment où le huis clos a été ordonné ; les audiences antérieures peuvent être reproduites. — Dalloz, vᵒ *Presse,* nᵒ 301.

Art. 17. Lorsque, aux termes du dernier paragraphe de l'art. 23 de la loi du 17 mai 1819, les tribunaux auront, pour les faits diffamatoires étrangers à la cause, réservé soit l'action publique, soit l'action civile des parties, les journaux ne pourront, sous la même peine, publier ces faits, ni donner l'extrait des mémoires qui les contiendraient.

29 JUILLET 1828. — ORDONNANCE *concernant l'exécution de la loi du 18 juillet* 1828.

Art. 1ᵉʳ. Avant toute publication d'un journal ou écrit périodique soumis au cautionnement par les dispositions de la loi du 18 juillet 1828, il sera justifié au procureur du roi du lieu de l'impression du versement du cautionnement auquel ce journal ou écrit périodique est soumis, et de la déclaration prescrite par l'art. 6 de ladite loi. Le procureur du roi donnera acte sur-le-champ de cette justification, et en tiendra registre.

27 JUILLET 1849. — LOI *sur la presse.*

CHAPITRE I. — *V. la IIᵉ Partie.*

CHAPITRE II. — *Dispositions relatives aux journaux et écrits périodiques.*

Art. 8. *Dispositions transitoires* (1).

Art. 9. *Aucun journal ou écrit périodique ne pourra être signé par un représentant du peuple en qualité de gérant responsable. En cas de contravention, le journal sera considéré comme non signé, et la peine de 500 fr. à 3,000 fr. d'amende sera prononcée contre les imprimeurs et propriétaires.*

Cet article est remplacé par l'art. 8 de la loi du 11 mai 1868.

Art. 10. Il est interdit de publier les actes d'accusation et aucun acte de procédure criminelle avant qu'ils aient été lus en audience publique, sous peine d'une amende de 100 fr. à 2,000 fr.

En cas de récidive commise dans l'année, l'amende pourra être portée au double et le coupable condamné à un emprisonnement de dix jours à six mois.

1. Les dispositions de cet article s'appliquent aux matières correctionnelles aussi bien qu'aux matières

de grand criminel. — **Cass.** 18 juin 1851 (Rives), *B. cr.*; Dalloz, vᵒ *Presse,* nᵒ 989.

2. Elles s'appliquent à une reproduction, même partielle, de l'arrêt de renvoi ou de l'acte d'accusation. — **Cass.** 31 mars 1854 (Dayex), *B. cr.*; Dalloz, vᵒ *Presse,* nᵒ 989.

Art. 11. Il est interdit de rendre compte des procès pour outrages ou injures et des procès en diffamation où la preuve des faits diffamatoires n'est pas admise par la loi.

La plainte pourra seulement être annoncée sur la demande du plaignant. Dans tous les cas, le jugement pourra être publié.

Il est interdit de publier les noms des jurés, excepté dans le compte rendu de l'audience où le jury aura été constitué ;

De rendre compte des délibérations intérieures, soit des jurés, soit des cours et tribunaux.

L'infraction à ces dispositions sera punie d'une amende de 200 fr. à 3,000 fr.

En cas de récidive commise dans l'année, la peine pourra être portée au double.

V. l'art. 17 du décret du 17 fév. 1852, qui interdit de rendre compte des procès pour délits de presse.

1. La contravention prévue par le premier paragraphe de cet article peut être poursuivie soit d'office par le ministère public, soit à la requête de la partie civile. — Chassan, t. 1, p. 645.

2. Cet article est applicable aux procès engagés devant la juridiction civile. — Chassan, t. 1, p. 642. C'est la jurisprudence du tribunal de la Seine.

3. Il interdit de rendre compte d'un procès pour offenses envers le souverain, les membres de sa famille ou les Chambres. — Parant, p. 430 ; de Grattier, t. 2, p. 321 ; Dalloz, vᵒ *Presse,* nᵒ 304. — *Contrà :* Chassan, t. 1, p. 641. V. l'art. 17 décr. 17 fév. 1852.

4. Il interdit le compte rendu des procès en diffamation, lorsqu'il s'agit d'une diffamation *verbale* contre un fonctionnaire où toute espèce de preuve des faits de diffamation est prohibée. — Cass. 29 fév. 1868 (Barlatier). *B. cr.* — *Contrà :* Le compte rendu est permis, la preuve par écrit pouvant être faite. — Montpellier, 24 janv. 1868 ; Aix, 14 mai 1868 (Barlatier). V. art. 28 déc. 17 fév. 1852 et les notes.

5. Les juges sont-ils appréciateurs souverains de ce qui constitue un compte rendu ? V. sur cette question les notes sous l'art. 7, L. 25 mars 1822 et sous l'art. 14 décr. 17 fév. 1852.

6. Un journal ne peut publier les exordes ou les péroraisons des plaidoiries prononcées contre les individus poursuivis pour diffamation, alors même que ces extraits ne contiendraient ni l'exposé de l'affaire, ni l'indication de la défense du prévenu. — Chassan, t. 1, p. 642 ; de Grattier, t. 2, p. 322.

7. Des réflexions générales sur le procès sont également interdites, alors même qu'elles ne reproduiraient point les faits. — De Grattier, t. 2, p. 325.

8. Le prévenu qui a publié un compte rendu d'un procès d'outrage ne peut être renvoyé de la poursuite par le motif que d'autres journaux de la localité auraient pris l'initiative, et qu'il éprouvait le besoin de publier des explications dans l'intérêt de sa réputation. — Cass. 12 mai 1837 (Lebon), *B. cr.*; ch. réun., 2 mars 1838 (Lebon), *J. p.*; Chassan, t. 1, p. 643 ; de Grattier, t. 2, p. 322.

9. A l'égard des jugements, il peut être rendu

<hr>

(1) ART. 8. Le décret du 9 août 1848, relatif au cautionnement des journaux et écrits périodiques, est prorogé jusqu'à la promulgation de la loi organique sur la presse

compte de tous ceux rendus sur les questions incidentes ou préjudicielles, aussi bien que du jugement définitif. — Chassan, t. 1, p. 642 ; de Grattier, t. 2, p. 326.

10. L'interdiction de publier les noms des jurés n'est pas restreinte à la presse périodique. — Chassan, t. 1, p. 669.

11. Elle ne s'applique pas à la liste des jurés tirés au sort à l'audience publique de la première chambre de la cour impériale.—Chassan, *id.*; Dalloz, vᵒ *Presse,* nᵒ 313.

12. La défense de rendre compte des délibérations intérieures des tribunaux emporte celle de publier la décision qui est le résultat de la délibération. — Rouen, 13 août 1847 (Cazavan); D., 47, 2, 224.

13. Elle ne permet pas de faire connaître à quelle majorité une décision a été rendue. — Cass. 24 fév. 1837, *B. cr.*; Chassan, t. 1, p. 672.

14. Elle s'applique aux délibérations, quels qu'en soient l'objet et le résultat, par exemple aux délibérations sur des matières d'ordre intérieur, de discipline, sur l'examen d'un projet de loi, d'une adresse. — Chassan, t. 1, p. 670 ; de Grattier, t. 2, p. 327.

Art. 12. Les infractions aux dispositions des deux articles précédents seront poursuivies devant les tribunaux de police correctionnelle. *V. art.* 17 *décret du* 17 *février* 1852.

Art. 13 (1). L'insertion sera gratuite pour les réponses et rectifications prévues par l'art. 11 de la loi du 25 mars 1822, lorsqu'elles ne dépasseront pas le double de la longueur des articles qui les auront provoquées ; dans le cas contraire, le prix d'insertion sera dû pour le surplus seulement.

1. Le premier alinéa de cet article a été remplacé par l'art. 19 décr. 17 fév. 1852.

2. Le fonctionnaire désigné peut exiger l'insertion en qualité de citoyen et en vertu du deuxième paragraphe de cet article, et non en qualité de dépositaire de l'autorité publique ; il ne doit payer que ce qui dépasse le double de l'article du journal. — Metz, 23 mai 1850 (Merentie) ; D., 51, 2, 55 ; Chassan, *Lois de la presse,* p. 109.

3. Ce qui excède le double de la longueur de l'article doit être payé suivant le tarif des annonces, L. 9 sept. 1835.—Chassan, *Lois de la presse,* p. 108 ; Parant, p. 441 ; Dalloz, vᵒ *Presse.* nᵒ 350.

4. Cet article n'impose pas le payement préalable du prix d'insertion. — Rouen, 13 déc. 1839 (Rivoire); S., 40, 2, 77; Riom, 14 janv. 1844 (de Pons); S., 47, 2, 502 ; Paris, 16 mai 1850 (Grégoire), *J. p.,* 50, 1. 645 ; Metz, 23 mai 1850 (Merentie) ; D., 51, 2, 55 ; Chassan, *Lois de la presse,* p. 107. — *Contrà :* Le journaliste peut exiger le payement de ce qui excède le double, avant l'insertion. — Chassan, *Traité des délits de la presse,* t. 1, p. 648 ; de Grattier, t. 2, p. 352; Dalloz, vᵒ *Presse,* nᵒ 351.

(1) *Ancien art.* 13, § Iᵉʳ. Tout gérant sera tenu d'insérer en tête du journal les documents officiels, relations authentiques, renseignements et rectifications qui lui seront adressés par tout dépositaire de l'autorité publique. La publication devra avoir lieu le lendemain de la réception des pièces, sous la seule condition du payement des frais d'insertion. Toute autre insertion réclamée par le gouvernement, par l'intermédiaire des préfets, sera faite de la même manière, sous la même condition, dans le numéro qui suivra le jour de la réception des pièces. Les contrevenants seront punis, par les tribunaux de police correctionnelle, d'une amende de 50 à 500 fr.

5. La quotité du double ne doit pas se déterminer par l'étendue entière de l'article dans lequel la personne qui fait la réponse est nommée, si la totalité de l'article ne lui est pas personnelle. — De Grattier, t. 2. p. 353; Chassan, t. 1, p. 649 ; Dalloz, vᵒ *Presse,* nᵒ 350.

Art. 14. En cas de condamnation du gérant pour crime, délit ou contravention de la presse, la publication du journal ou écrit périodique ne pourra avoir lieu, pendant toute la durée des peines d'emprisonnement et d'interdiction des droits civiques et civils, que par un autre gérant remplissant toutes les conditions exigées par la loi. Si le journal n'a qu'un gérant, les propriétaires auront un mois pour en présenter un nouveau, et, dans l'intervalle, ils seront tenus de désigner un rédacteur responsable. Le cautionnement entier demeurera affecté à cette responsabilité.

Le gérant condamné qui prend, du fond de sa prison, une part active soit à la rédaction du journal, soit à la direction de cette entreprise, se met en contravention à cet article et à l'art. 6, L. 9 juin 1819. — Metz, 3 juillet 1850 (Quesne); D., 51, 2, 137.

Art. 15. La suspension autorisée par l'art. 15 de la loi du 18 juillet 1828 pourra être prononcée par les cours d'assises, toutes les fois qu'une deuxième ou ultérieure condamnation pour crime ou délit sera encourue, dans la même année, par le même gérant ou par le même journal.

La suspension pourra être prononcée, même par un premier arrêt de condamnation, lorsque cette condamnation sera encourue pour provocation à l'un des crimes prévus par les art. 87 et 91 du Code pénal.

Dans ce dernier cas, l'art. 28 *de la loi du* 26 *mai* 1819 *cessera d'être applicable.*

1. Cet article a été modifié par l'article 12 de la loi du 11 mai 1868.

2. Il n'exige pas la récidive légale dans les termes de l'art. 58 C. pén. — Chassan, *Lois de la presse,* p. 111 ; Dalloz, vᵒ *Presse,* nᵒ 1046.

3. L'article 28 de la loi du 26 mai 1819 est abrogé.

CHAPITRE III. — *V. la* IIᵉ *Partie.*

16 JUILLET 1850. — LOI *sur le cautionnement des journaux et le timbre des écrits périodiques ou non périodiques.*

Art. 1, 2. *Remplacés par les art.* 3, 4, 5 *du décret du* 17 *février* 1852 (1).

Art. 3. Tout article de discussion politi-

(1) *Texte des anciens articles :*

Aʀт. 1ᵉʳ. Les propriétaires de journaux ou écrits périodiques politiques seront tenus de verser au trésor un cautionnement en numéraire dont l'intérêt sera payé au taux réglé pour les cautionnements. — Pour les départements de la Seine, de Seine-etque, philosophique ou religieuse, inséré dans un journal, devra être signé par son auteur, sous peine d'une amende de 500 fr. pour la première contravention, et de 1,000 fr. en cas de récidive.

Toute fausse signature sera punie d'une amende de 1,000 fr. et d'un emprisonnement de six mois, tant contre l'auteur de la fausse signature que contre l'auteur de l'article et l'éditeur responsable du journal.

§ 1ᵉʳ. — *Des articles de discussion politique, philosophique et religieuse.*

1. Le premier paragraphe s'applique à tout article de discussion politique, philosophique ou religieuse inséré dans un journal, quel qu'il soit, *politique ou non politique.* — Chassan, *Lois de la presse*, p. 128. — Et à tout article d'économie sociale touchant à la politique. — Dalloz, vᵒ *Presse*, nᵒ 366.

2. L'article d'un journal qui critique des actes de l'autorité municipale a un caractère politique qui le soumet à l'obligation de la signature. — Cass. 18 juin 1858 (Gounouilhou), *B. cr.*

3. V. sur ce qui constitue une discussion politique les notes sous l'art. 3 décr. 17 fév. 1852.

4. La critique d'une circulaire ministérielle concernant des traités particuliers entre les compagnies de chemins de fer et les négociants, de même que l'article consacré à une compagnie d'assurance où on préconise le système des assurances, présentent tous les caractères soit d'une discussion politique, soit d'une discussion d'intérêts individuels et collectifs. — Cass. 22 janv. 1858 (Lavedan), *B. cr.*

5. Un compte rendu des réunions de quelques membres de l'assemblée législative dans les bureaux doit être signé par l'auteur. — Cass. 17 mai 1851 (Dourlens), *B. cr.*; Dalloz, vᵒ *Presse*, nᵒ 367. V. l'art. 14 décr. 17 fév. 1852.

6. La forme d'un article politique est sans importance; la garantie de la signature est due, soit que la discussion émane directement de l'auteur, soit qu'il la place dans la bouche de personnages vrais ou supposés. — Même arrêt. Dalloz, *id.*

7. La garantie de la signature est due, quoique l'article soit en forme de lettre. — Cass. 19 avril 1862 (Sisson), *B. cr.* — Sans qu'il y ait lieu de distinguer si l'auteur est Français ou étranger. — Même arrêt.

8. Une pétition renfermant une discussion d'économie politique ne peut être insérée dans un journal sans être signée de ses auteurs. — Dijon, 4 juillet 1860 (Chailly); Gaz. trib. du 10 juillet.

9. N'ont pas besoin d'être signés :

Une lettre qui se borne à un simple narré de faits sans être accompagnée d'aucune discussion de la na-

ture prévue par cet article. — Chassan, *Lois de la presse*, p. 129; Dalloz, vᵒ *Presse*, nᵒ 365.

10. Les articles nécrologiques. Ils ne rentrent pas dans la catégorie des articles de discussion. — Cass. 14 juillet 1854 (Lesourd), *J. p.*, 55, 2, 94; Dalloz, vᵒ *Presse*, nᵒ 368.

11. Les petites nouvelles, les entrefilets. — Discours de M. de Tinguy, séance du 10 juillet 1850.

12. Plusieurs paragraphes publiés dans le numéro d'un journal peuvent être considérés comme ne constituant qu'un seul article, bien qu'ils contiennent des nouvelles et des faits distincts, et qu'ils soient séparés par un tiret. Une seule signature à la fin de l'article suffit. — Cass. 10 mai 1851 (Boutel); D., 51, 1, 114; Dalloz, vᵒ *Presse*, nᵒ 356.

13. Mais la signature apposée au bas de la chronique parisienne ne peut couvrir un article imprimé en caractères différents, et dans une série de correspondances tout à fait étrangères à ladite chronique. — Cass. 4 avril 1868. (Vrignault), *B. cr.*

§ 2. *Des auteurs des articles.*

14. L'auteur d'un article est celui qui le rédige et non celui qui l'inspire, qui lui donne l'idée capitale ou les éléments principaux, quelquefois même les termes. — Chassan, *Lois de la presse*, p. 131.

15. On ne peut réputer auteur de l'article celui qui a fourni les renseignements qui ont servi à le rédiger. — Cass. 26 juillet 1851 (Duparge), *B. cr.*; Dalloz, vᵒ *Presse*, nᵒ 362.

16. La signature apposée au bas d'un article de journal, bien que cet article soit composé de matériaux fournis par plusieurs collaborateurs, peut être déclarée émaner de l'auteur dudit article, s'il se l'est rendu propre par les coupures et les corrections qu'il y a faites. Peu importe que la signature ait été précédée des mots : *Pour le courrier de la semaine* et d'une initiale étrangère au prévenu. — Cass. 18 juin 1858 (Gounouilhou), *B. cr.*

17. Il importe peu que la signature d'un article appartenant à un rédacteur du journal soit précédée des mots : *Pour copie conforme.* Ces mots peuvent être interprétés comme étant l'indication de renseignements qui avaient inspiré et dirigé la rédaction de l'article; ils ne sont pas inconciliables avec l'effet légal produit par la signature. — Cass. 17 août 1861 (Lambert), *B. cr.*

18. Mais le vœu de cet article n'est pas rempli lorsqu'un article envoyé par un tiers est inséré avec cette indication : *Pour copie conforme, le secrétaire de la rédaction*, et avec la signature seulement de celui-ci. — Paris, 8 fév. 1862 (Lapp), *J. cr.*, 7385; Cass. 19 avril 1862 (Sisson), *B. cr.*

19. Un article envoyé par un correspondant doit être signé par son auteur; il ne peut l'être par l'un des rédacteurs du journal si celui-ci n'en a pas fait son œuvre personnelle par des modifications apportées à sa rédaction. L'appréciation des juges du fait est souveraine à cet égard. — Cass. 4 avril 1868 (Vrignault), *B. cr.*

20. Les remaniements et transformations que le journaliste fait à la lettre d'un correspondant en font un travail nouveau et son œuvre propre. — Cass. 19 avril 1862 (Sisson), *B. cr.*

21. De même, lorsque le journaliste, au lieu de reproduire textuellement une lettre contenant une discussion, se borne à donner une analyse de cette lettre, ce résumé devient l'œuvre du rédacteur, qui doit y apposer sa signature. — Chassan, *Lois de la presse*, p. 129.

§ 3. — *Fausse signature.*

22. Les tribunaux sont souverains pour décider

Oise, de Seine-et-Marne et du Rhône, le cautionnement des journaux est fixé comme il suit : — Si le journal ou écrit périodique paraît plus de trois fois par semaine, soit à jour fixe, soit par livraisons irrégulières, le cautionnement sera de 24,000 fr. — Le cautionnement sera de 18,000 fr. si le journal ne paraît que trois fois par semaine ou à des intervalles plus éloignés. — Dans les villes de 50,000 âmes et au-dessus, le cautionnement des journaux paraissant plus de cinq fois par semaine sera de 6,000 fr. Il sera de 3,600 fr. dans les autres départements, et respectivement de la moitié de ces deux sommes pour les journaux et écrits périodiques paraissant cinq fois par semaine ou à des intervalles plus éloignés.

ART. 2. Il est accordé aux propriétaires des journaux ou écrits périodiques politiques actuellement existants un délai d'un mois, à compter de la promulgation de la présente loi, pour se conformer aux dispositions qui précèdent.

qu'un article de journal n'émane pas de celui qui l'a signé. — Cass. 6 mars 1862 (Mercier), *B. cr.*

23. L'auteur de l'article au bas duquel a été mise une fausse signature ne peut être puni qu'autant qu'il a participé sciemment à cette fraude. — Chassan, *Lois de la presse*, p. 133.

24. Il en est de même du gérant. — Discours de M. de Tinguy, séance du 10 juillet 1850.

25. Le gérant n'est passible d'aucune peine à raison de la fausse signature, s'il justifie qu'il a été induit en erreur, et qu'il a procédé aux vérifications qu'il était en son pouvoir de faire. Il en serait autrement s'il n'avait pris aucune précaution, aucun renseignement sur l'auteur de la prétendue signature. — Cass. 26 juillet 1851 (Duparge), *B. cr.*

26. L'emploi pour un article, qui doit être signé, d'un nom imaginaire ou pseudonyme constitue non la fausse signature, mais le défaut de signature. — Toulouse, 26 fév. 1864 (l'Avenir), *J. cr.*, 7820.

§ 4. — *Responsabilité.* — *Excuses.* — *Cumul.*

27. *Responsabilité.* — Cet article limite la responsabilité pénale aux personnes qu'il indique; on ne peut l'étendre à d'autres sous prétexte de complicité. —Cass. 26 juillet 1851 (Duparge), *B. cr.*—*Contrà :* Dalloz, vᵒ *Presse*, nᵒ 363.

28. C'est le gérant ou l'éditeur qui est responsable de l'amende pour défaut de signature. La loi ne rend pas l'auteur de l'article responsable de cette omission. C'est au ministère public, qui prétend que l'auteur a participé à cette omission, à le prouver. La complicité ne résulte pas de plein droit contre lui de l'absence de la signature. — Chassan, *Lois de la presse*, p. 132.

29. *Excuses.* — L'infraction à cet article est une contravention matérielle qui ne comporte aucune excuse : ainsi elle ne peut être excusée par le motif que l'article non signé contenait dans son texte le nom de l'auteur. — Cass. 28 juin 1856 (Fabiani), *B. cr.*

30. L'indication du nom de l'auteur d'un article du journal n'est pas suffisante et ne constate pas que cet auteur a consenti à l'insertion de l'article et qu'il en a assumé la responsabilité. La reproduction de la signature à la suite de l'article remplit seule le vœu de la loi. — Cass. 2 juillet 1852 (Decamp), *B. cr.*; Dalloz, vᵒ *Presse*, nᵒ 360.

31. Un journal, en reproduisant un article d'un autre journal, ne doit pas se borner à indiquer le titre de ce journal, mais doit encore mentionner la signature de l'auteur. — Cass. 17 mai 1851 (Dourlens), *B. cr.*; 28 juin 1856 (Fabiani), *B. cr.*, Dalloz, vᵒ *Presse*, nᵒ 357.

32. Mais lorsqu'il s'agit de la reproduction par les journaux français de discussions politiques publiées par les journaux étrangers, il suffit que le journal nomme la feuille à qui est fait l'emprunt. — Cass. 19 avril 1862 (Sisson), *B. cr.*; Dalloz, vᵒ *Presse*, nᵒ 358.

33. *Cumul.* — Cette loi n'établit aucune dérogation au principe de non-cumul des peines. On ne peut donc infliger qu'une amende, quoique plusieurs articles aient été dépourvus de signatures. — Cass. 13 juillet 1860 (Gounouilhou), *B. cr. Contrà :* Cass. 17 mai 1851 (Dourlens), *B. cr.*; 9 août 1851 (Cassagne), *B. cr.* V. sous l'art. 365 C. i. cr. nᵒˢ 50 et suivants. *Codes crim.* V. art. 9 *infrà.*

Art. 4. Les dispositions de l'article précédent seront applicables à tous les articles, quelle que soit leur étendue, publiés dans des feuilles politiques ou non politiques, dans lesquels seront discutés des actes ou opinions des citoyens, et des intérêts individuels ou collectifs.

On doit considérer comme article de discussion politique ou d'intérêts collectifs celui qui établit un parallèle entre les assurances sur la vie et les sociétés tontinières, les sociétés de secours mutuels et les caisses d'épargne. — Cass. 22 janvier 1858 (Moniteur du Loiret); S., I, 336. V. notes sous l'art. 3 déc. 17 fév. 1852.

Art. 5. *Abrogé implicitement par le décret du 17 février 1852, art. 29, 30, 31. — Circ. min. just. 27 mars 1852 (1).*

Art. 6. Dans les trois jours de tout arrêt de condamnation pour crime ou délit de presse, le gérant du journal devra acquitter le montant des condamnations qu'il aura encourues.

En cas de pourvoi en cassation, le montant des condamnations sera consigné dans le même délai.

1. Les art. 6, 7 et 8 n'ont pas été abrogés par les art. 29, 30 et 31 du décr. du 17 fév. 1852, qui ne s'appliquent qu'aux contraventions. — Circ. min. just. 27 mars 1852.

2. Cet article, en soumettant le gérant d'un journal à acquitter le montant de toute condamnation qu'il aura encourue, n'a pas abrogé les dispositions des lois des 9 juin 1819 et 18 juillet 1828, qui affectent le cautionnement au payement des condamnations encourues par le journal, qu'elles soient prononcées contre les auteurs des articles ou contre le gérant.— Cass. 3 avril 1851 (Pierrot), *B. cr.*

3. Lorsque le gérant d'un journal a été condamné à l'emprisonnement, le versement effectué pour constituer un nouveau gérant ne peut servir à acquitter les condamnations précédemment encourues.—Cass. 29 nov. 1850 (Groubental), *B. cr.*

Art. 7. La consignation ou le payement prescrit par les articles précédents sera constaté par une quittance délivrée en duplicata par le receveur des domaines.

Cette quittance sera, le quatrième jour au plus tard, soit de l'arrêt rendu par la cour d'assises, soit de la notification de l'arrêt de la chambre des mises en accusation, remise au procureur de la république, qui en donnera récépissé.

Art. 8. Faute par le gérant d'avoir remis la quittance dans les délais ci-dessus fixés, le journal cessera de paraître, sous

---

(1) *Ancien article :*

ART. 5. Lorsque le gérant d'un journal ou écrit périodique paraissant dans les départements autres que ceux de la Seine, de Seine-et-Oise, de Seine-et-Marne et du Rhône, aura été renvoyé devant la cour d'assises par un arrêt de mise en accusation pour crime ou délit de presse, si un nouvel arrêt de mise en accusation intervient contre les gérants de la même publication avant la décision définitive de la cour d'assises, une somme égale à la moitié du maximum des amendes édictées par la loi, pour le fait nouvellement incriminé, devra être consignée dans les trois jours de la notification de chaque arrêt, et nonobstant tout pourvoi en cassation. — En aucun cas, le montant des consignations ne pourra dépasser un chiffre égal à celui du cautionnement.

les peines portées contre tout journal publié sans cautionnement.

1. Le journal ne doit cesser de paraître que jusqu'au jour où la libération de la condamnation aura été opérée. Il ne s'agit pas d'une suppression définitive. — Orléans, 19 nov. 1850 (Groubental); D., 55, 2. 200; Dalloz, vᵒ *Presse*, nᵒ 1582.

2. Il appartient aux tribunaux correctionnels de décider si un journal présenté comme nouveau n'est pas en réalité la continuation de celui que publiait précédemment le même gérant. — Même arrêt.

Art. 9. Les peines pécuniaires prononcées pour crimes et délits par les lois sur la presse et autres moyens de publication ne se confondront pas entre elles et seront toutes intégralement subies, lorsque les faits qui y donneront lieu seront postérieurs à la première poursuite.

1. Cet article n'est pas abrogé par le décret du 17 février 1852. — Circ. min. just. 27 mars 1852.

2. Le principe de non-cumulation des peines reprend son empire, si les faits nouveaux sont antérieurs à la première poursuite. — Cass. 25 juil. 1839 (Paya), *J. p.*, 39, 2.478; Chassan, t. 1, p. 190; de Grattier, t. 2, p. 338.

3. Ainsi il ne peut être prononcé qu'une seule amende pour contravention à l'art. 8 L. du 18 juillet 1828, quel que soit le nombre des exemplaires du journal compris dans la poursuite. — Même arrêt.

4. Le principe de l'art. 365 C. d'instr. crim. doit s'étendre à toutes les infractions atteintes de peines criminelles ou correctionnelles qui n'en ont pas été explicitement ou implicitement exceptées, soit par le Code pénal, soit par les lois postérieures, soit par le caractère de réparations civiles attaché aux amendes en matière fiscale. — Cass. 8 mai 1852 (Delbreil), *B. cr.*; 26 juillet 1855 (Jacquet), *B. cr.*; 13 juillet 1860 (Gounouilhou), *B. cr.*; Dalloz, vᵒ *Presse*, nᵒ 526. V. autres décisions conformes sous l'art. 365 C. i. cr., nᵒ 50, *Codes crim.*

5. Il est applicable : aux délits commis par la voie de la presse, lesquels découlent nécessairement des prohibitions portées par le Code pénal. — Cass. 3 oct. 1835 (Jaffrenou), *J. p.*

6. Par exemple au délit d'injures privées et au délit de diffamation envers la même personne par la voie de la presse. — Cass. 13 janvier 1837 (Edeline), *J. p.*, 37, 2, 62.

7. Aux contraventions en matière de presse prévues par l'art. 5 déc. 17 fév. 1852 et par l'art. 2 de celui du 28 mars 1852. — Cass. 26 juillet 1855 (Jacquet), *B. cr.* V. sous l'art. 5 déc. 17 fév. 1852.

8. Aux infractions à l'art. 6 L. du 9 juin 1819 sur le cautionnement des journaux. — Cass. 8 mai 1852 (Delbreil), *B. cr.*

9. Aux infractions prévues par les art. 3 et 4 L. du 16 juillet 1850 sur la presse. — Cass. 13 juillet 1860 (Gounouilhou), *B. cr.*

10. La règle du non-cumul est applicable au cas de coexistence d'un délit de presse et d'une contravention aux lois sur la police de la presse. — Dijon, 13 janv. 1864 (Robin), *J. cr.* nᵒ 7766.

11. Au contraire, l'art. 365 n'est applicable qu'aux crimes et délits. On ne peut en étendre le bénéfice aux infractions qui existent par le fait matériel de leur perpétration et qui ne peuvent être excusées par la bonne foi de leurs auteurs. — Cass. 17 mai 1851 (Dourlens), *B. cr.*; 9 août 1851 (Cassagne), *B. cr.*

12. Ainsi il n'est pas applicable aux infractions à l'art. 3 L. 16 juillet 1850 concernant la signature des articles politiques. — Mêmes arrêts.

13. Aux infractions à la loi du 21 oct. 1814 sur la police de l'imprimerie. — Cass. 16 juin 1826 (Veyllet), *J. p.*; 14 août 1846 (Dieulafoy), *J. p.* 46, 2, 767; 17 mai 1851 (Mangin), *B. cr.*; Paris, 20 juillet 1855 (Beaulé), *J. cr.*, nᵒ 5988.

14. Aux contraventions en matière d'imprimerie, particulièrement à l'omission du dépôt au parquet du procureur impérial. (V. art. 7 L. 27 juillet 1849.) La peine édictée par cet article doit se cumuler avec celle prononcée par la loi de 1814 pour omission du nom de l'imprimeur. — Paris, 24 juillet 1850 (Plon); D., 51, 5, 390; Chassan, *Lois de la presse*, p. 102.

15. Il n'est pas applicable au libraire qui n'est pas pourvu d'un brevet et qui en outre a exposé en vente des emblèmes sans autorisation. Il doit être puni des deux peines édictées par les art. 22 et 24 déc. 17 fév. 1852. — Douai, 26 avril 1853 (Bressolle); D., 53, 2, 153.

16. Les annonces successives d'une souscription pour le payement d'une amende constituent autant de délits particuliers dont les peines ne peuvent se confondre. — Paris, 14 juillet 1836 (Voillet), *J. p.*; Cass. 1ᵉʳ sept. 1836 (Voillet), *J. p.*; Chassan, t. 1, p. 191; de Grattier, t. 2, 339.

17. Toute cette jurisprudence a été abandonnée et remplacée par celle ci-dessus indiquée, nᵒˢ 4 et suivants. Elle ne serait plus aujourd'hui en harmonie avec les dispositions de la loi du 11 mai 1868, qui, pour l'application des circonstances atténuantes, ne fait aucune distinction entre les délits et les contraventions de la presse.

18. Un prévenu ne peut être puni de deux peines différentes à raison du même fait envisagé sous deux qualifications distinctes. — Cass. 11 janv. 1851 (Larcher), *B. cr.*

Art. 10. Pendant les vingt jours qui précéderont les élections, les circulaires et professions de foi signées des candidats pourront, après dépôt au parquet du procureur de la république, être affichées et distribuées sans autorisation de l'autorité municipale.

1. Cet article s'applique aux élections municipales comme aux élections législatives. — Cass. 30 janv. 1857 (Thomas), *B. cr.* — *Contrà :* Dalloz, vᵒ *Presse*, nᵒ 444.

2. Les circulaires et professions de foi des candidats peuvent après le dépôt préalable, être affichées même sans déclaration préalable à la mairie. L'art. 10 ci-dessus a abrogé la loi du 21 avril 1849 et l'art. 2 L. 10 déc. 1830. — Amiens, 2 juillet 1863 (Leveillé) S. 62, 2, 148.

3. Les bulletins contenant les noms des candidats dans une élection peuvent, comme les professions de foi, être distribués librement sans autorisation et sans signature pendant les vingt jours qui précèdent l'élection, pourvu qu'un exemplaire signé de tous les candidats qui y sont portés soit déposé au parquet avant toute distribution. — Cass. 30 janv. 1857 (Thomas), *B. cr.*

4. Sous l'empire de la loi du 21 avril 1849, art. 2, remplacé par cet article, les auteurs des écrits ou imprimés affichés ou criés dans les quarante-cinq jours précédant les élections n'avaient d'autre obligation personnelle que celle de les signer. Les afficheurs ou distributeurs étaient seuls responsables de l'omission de la formalité du dépôt. — Cass. 7 juin 1850 (Maillard), *B. cr.*

5. Mais il avait été décidé que celui qui remettait des écrits à des colporteurs pour les distribuer en leur disant qu'ils n'avaient aucune formalité à remplir se rendait complice de l'infraction commise par ces derniers à l'obligation du dépôt. — Cass. 18 août 1849 (Chevalier); D., 49, 1, 261. — L'infraction à l'obligation du dépôt ne constituant qu'une simple contravention ne paraît pas pouvoir donner lieu à une inculpation de complicité. V. les décisions rapportées sous l'art. 6 L. 27 juill. 1849, nᵒˢ 38 et suiv.

6. Les circulaires électorales sont affranchies du timbre. Art. 3 L. 11 mai 1868.

Art. 11. Les dispositions des lois des 9 juin 1819 et 18 juillet 1828 qui ne sont pas contraires à la présente loi continueront à être exécutées.

La loi du 9 août 1848 et celle du 21 avril 1849 sont abrogées.

TITRE II. — *Du timbre.*

Art. 12 à **28.** *Remplacés par les art.* 6 *à* 14 *du décret du* 17 *février* 1852.

17 FÉVRIER 1852. — DÉCRET *organique sur la presse.*

CHAPITRE Iᵉʳ. — *De l'autorisation préalable et du cautionnement des journaux et écrits périodiques.*

Art. 1ᵉʳ. *Cet article est abrogé par la loi du* 11 *mai* 1868 (1).

Art. 2. Les journaux politiques ou d'économie sociale publiés à l'étranger ne pourront circuler en France qu'en vertu d'une autorisation du gouvernement.

Les introducteurs ou distributeurs d'un journal étranger dont la circulation n'aura pas été autorisée seront punis d'un emprisonnement d'un mois à un an et d'une amende de 100 fr. à 5,000 fr.

1. La loi ne fait aucune distinction entre les journaux publiés en langue française et ceux publiés en langue étrangère. — Circ. min. 30 mars 1852.

2. Il importe peu que les publications saisies aient perdu leur caractère d'actualité, et qu'elles soient antérieures au décret du 17 fév. 1852. — Douai, 23 juin 1854 (d'Ecquevilley); D., 55, 2, 25.

3. L'infraction prévue par cet article est une contravention qui existe indépendamment de toute intention coupable. Le fait matériel suffit. — Cass. 15 sept. 1854 (d'Ecquevilley), *B. cr.*

4. La loi du 11 mai 1868 n'a rien changé au

---

(1) *Ancien article.*

ART. 1ᵉʳ. Aucun journal ou écrit-périodique traitant de matières politiques ou d'économie sociale, et paraissant soit régulièrement et à jour fixe, soit par livraisons et irrégulièrement, ne pourra être créé ou publié sans l'autorisation préalable du gouvernement.

Cette autorisation ne pourra être accordée qu'à un Français majeur, jouissant de ses droits civils et politiques.

L'autorisation préalable du gouvernement sera pareillement nécessaire à raison de tous changements opérés dans le personnel des gérants, rédacteurs en chef, propriétaires ou administrateurs d'un journal.

régime d'admission et de circulation qui régit la presse étrangère sur le territoire français. — Circ. min. int. 3 juin 1868.

Art. 3. Les propriétaires de tout journal ou écrit périodique traitant de matières politiques ou d'économie sociale sont tenus, avant la publication, de verser au trésor un cautionnement en numéraire, dont l'intérêt sera payé au taux réglé pour les cautionnements.

§ 1ᵉʳ. — *Matières politiques.*

1. Les expressions *matières politiques* doivent s'entendre par leur généralité de tout ce qui a trait au gouvernement ou à l'administration des villes et des États. — Cass. 11 juillet 1851 (Thomas), *B. cr.* — De tout ce qui se rattache non-seulement à la politique générale, mais encore à la science du gouvernement et à l'administration de la cité. — Lyon, 8 avril 1835 (l'Indicateur), *J. p.*; de Grattier, t. 2, p. 138.

2. Elles s'appliquent notamment à l'examen critique de la condition morale de certaines classes de la société et à l'appréciation de la nature du commerce de la France. — Cass. 11 juillet 1851 (Thomas), *B. cr.*

3. On doit entendre par matières politiques et d'économie sociale tout ce qui, sous quelque forme que ce soit, touche aux théories gouvernementales, administratives ou économiques, ainsi qu'aux faits et documents y relatifs.—Cass. 13 mai 1864 (Grange), *B. cr.*; 1ᵉʳ juillet 1854 (Castillon), *B. cr.*; Montpellier, 22 nov. 1854 (l'Indicateur), D., 55, 5, 347.

4. Tel est un passage emprunté à l'exposé de la situation de l'empire dont le choix constitue une véritable appréciation du document. — Ou une analyse même exacte de cet exposé.—Ou une appréciation critique de la situation de certains établissements indiqués dans le même exposé. — Cass. 13 mai 1864 (Grange), *B. cr.*

5. Tel est un article s'occupant de l'institution du crédit foncier dans un intérêt collectif et général. — Paris, 11 nov. 1854 (Journal de l'agriculture), Gaz. trib. du 2 déc.

6. Ces expressions s'appliquent à la discussion des actes émanés de tous les dépositaires responsables de l'autorité, par conséquent à la polémique relative à l'administration locale des communes aussi bien qu'à celle relative à l'administration centrale. — Cass. 21 sept. 1844 (Soullier), *B. cr.*; 3 juillet 1840 (Guérin), *B. cr.*; Paris, 10 avril 1851 (Montalant); D., 53, 2, 13; Cass. 31 janv. 1855 (Dupin), *B. cr.*; Cass. 24 fév. 1861 (Villeroux), *B. cr.*; 3 déc. 1863 (Destaing), *B. cr.*; Chassan, t. 1, p. 593; de Grattier, t. 2, p. 138.

7. A toutes les discussions qui ont pour objet la critique ou la censure des actes de l'administration, soit générale, soit locale. — Cass. 24 février 1861 (Villeroux), *B. cr.*

8. A la discussion, critique ou censure des actes du gouvernement, ainsi qu'à l'examen et à la critique des actes de l'autorité locale ou municipale. — Cass. 3 déc. 1863 (Destaing), *B. cr.*

9. Elles comprennent toute insertion d'actes, faits ou écrits ayant un caractère politique. — Cass. 2 sept. 1841 (Drouault), *J. p.*, 44, 1, 347. — Les simples nouvelles politiques. — Cass. 29 déc. 1831 (Barthélemy), *J. p.*; Lyon, 30 déc. 1834 (Legros), *J. p.*; Parent. p. 438; de Grattier, t. 2, p. 137.

10. Tout ce qui est relatif soit à des faits, soit à des questions d'administration générale ou à des actes de

l'autorité locale ou municipale. — Cass. 9 mai 1856 (Goudard), *B. cr.*; de Grattier, *id.*

11. Se réfèrent à des actes de l'administration municipale :

La critique du projet d'embellissement d'une ville. — Cass. 24 fév. 1865 (Villeroux), *B. cr.*

12. Ou de projets de construction d'édifices départementaux. — Toulouse, 26 fév. 1864 (l'Avenir), *J. cr.*, n° 7820.

13. Ou du projet de reconstruction d'une prison ou de la gendarmerie d'une ville. — Cass. 3 déc. 1863 (d'Estaing), *B. cr.*

14. La discussion de systèmes divers d'aménagement des eaux thermales d'une ville. — Toulouse, 26 fév. 1864 (l'Avenir).

15. Au contraire si l'interdiction s'applique à la discussion des actes de l'autorité municipale agissant en vertu d'attributions qui lui sont déléguées par les pouvoirs publics, il en est autrement lorsqu'il s'agit des intérêts privés de la cité et, par exemple, des travaux de voirie urbaine. — Toulouse, 29 déc. 1864 (Villeroux), *J. cr.*, n° 7968.

16. La reproduction d'un passage d'un autre écrit contenant la mention ou le récit d'un acte ou d'un fait qui rentre dans le domaine de la politique, alors qu'il en contient implicitement l'appréciation ou la censure, a un caractère politique. — Pau, 24 déc. 1866, *J. cr.*, n° 8333.

17. Cependant on ne peut considérer comme traitant de matières politiques ou d'économie sociale les articles d'un journal qui ne sont que de simples nouvelles publiées sans réflexions, dans un intérêt local. — Rouen, 10 juillet 1852 (Vasselin), Gaz. des trib. du 13 juillet ; Cass. 4 novembre 1852 (Vasselin), *B. cr.*

18. L'interdiction comprend la politique du pays et celle des pays étrangers. — Chassan, t. 1, p. 594 ; de Grattier, t. 2, p. 138.

19. Est politique :

L'article qui passe en revue les principales puissances de l'Europe, rend compte de la situation des différents peuples, de leurs souffrances, de leurs besoins, comme des institutions qu'ils repoussent. — Douai, 9 juillet 1830 (l'Etendard), *J. p.*

20. L'article traitant de l'origine et des transformations successives de la juridiction consulaire et contenant un rapprochement critique entre l'ancien et le nouveau mode d'élection des membres d'un tribunal de commerce. — Paris, 10 avril 1851 (Montalant) ; D., 53, 2, 13.

21. L'article qui se livre à la critique des mesures prises par l'autorité municipale pour l'exécution de la loi sur les élections communales. — Cass. 21 sept. 1844 (Soullier), *B. cr.*

22. L'article d'une revue théâtrale, qui fait des observations et dirige des critiques sur le choix des directeurs de théâtre fait par l'administration et ensuite rappelle et discute des projets de décrets concernant l'organisation administrative des théâtres. — Cass. 31 janv. 1855 (Dupin), *B. cr.*

23. L'article d'un journal dans lequel on examine la légalité de l'arrestation d'un citoyen, on critique et on dénonce la conduite des agents du gouvernement. — Cass. 6 juin 1840 (Pomiès), *B. cr.*; Chassan, *id.*

24. L'article qui contient la critique des pouvoirs accordés aux préfets de désigner les journaux pour les annonces judiciaires. — Cass. 11 août 1860 (Chevalier), *B. cr.*

25. L'écrit périodique en vers qui renferme des satires contre les personnages politiques et des allusions aux événements du temps. — Cass. 29 déc. 1831 (Barthélemy), *J. p.*; Chassan, t. 1, p. 571 ; de Grattier, t. 2, p. 13, 138 ; Dalloz, v° *Presse*, n° 272.

26. Un journal judiciaire ou autre qui reproduit les débats d'une affaire politique où ont été discutées des questions politiques est tenu de se conformer aux prescriptions des art. 1, 2 et 3 du décret du 17 fév. 1852. — Cass. 30 avril 1859 (Dubuisson), *B. cr.*

27. Un discours prononcé sur des matières politiques, même par un magistrat, ne peut être reproduit dans un journal sans cautionnement. — Paris, 10 avril 1851 (Montalant) ; D., 53, 2, 13.

28. Cependant, l'insertion d'un arrêt, dans une affaire politique, par un journal qui donne habituellement les lois et ordonnances, ne suffit pas pour le faire considérer comme traitant des affaires politiques. — Dijon, 13 mai 1831 (de Jussieu), *J. p.*; Chassan, t. 1, p. 593 ; de Grattier, t. 2, p. 138.

29. La simple reproduction des lois et décrets déjà promulgués et légalement publiés, sans commentaires ni appréciations ou rapprochement d'autres textes, ne rentre pas dans les dispositions prohibitives et préventives du décret du 17 fév. 1852.— Cass. 1ᵉʳ juillet 1854 (Castillon), *B. cr.*; Chassan, t. 1, p. 592.

30. Il n'est pas nécessaire, pour qu'il y ait contravention, que le caractère du journal se trouve essentiellement changé par la publication de plusieurs articles politiques. Il suffit qu'un seul article de ce genre soit publié. — Cass. 22 juin 1826 (Ténié), *J. p.*; Paris, 10 avr. 1851 (Montalant), *loc. cit.*; Chassan, t. 1, p. 596.

31. La cour de cassation est compétente pour apprécier si un écrit périodique peut être considéré comme étranger aux matières politiques. — Cass. 29 déc. 1831 (Barthélemy) ; 6 juin 1840 (Pomiès), *J. p.*; 3 juillet 1840 (Guérin), *B. cr.*; 30 avr. 1859 (Dubuisson) ; 11 août 1860 (Chevalier), *B. cr.*; 6 mars 1862 (Mercier), *B. cr.*; Cass. 24 fév. 1865 (Villeroux), *B. cr.* — Ou religieuses. — Cass. 6 mars 1862 (Mercier) ; Chassan, t. 1, p. 594. — *Contrà* : Cass. 22 juin 1826 (Huré), *J. p.* V. notes sous l'art. 408 C. i. cr., n° 112 et suiv., *Codes crim.*

§ 2. — *Matières d'économie sociale.*

32. Les expressions : *économie sociale* comprennent tout ce qui, dans l'industrie ou le commerce, se rattache aux intérêts généraux des populations ; tel est l'article qui compare une industrie à une autre, signale leurs conditions d'existence, leurs avantages, leurs inconvénients, leur antagonisme. — Amiens, 30 avril 1858; D., 58, 2, 204.

33. Si chaque espèce d'industrie ou de commerce renfermée uniquement dans sa sphère professionnelle peut ne pas toucher à l'économie sociale, il en est autrement soit lorsque l'industrie et le commerce sont considérés d'une manière générale, soit lorsque chaque espèce d'industrie ou de commerce est mise en rapport avec des intérêts généraux ou collectifs.— Cass. 1ᵉʳ juillet 1854 (Castillon), *B. cr.*

34. La prohibition ne s'étend pas à un article qui contient une statistique sur la situation de la France, présente un tableau sur la progression de sa population agricole, indique la superficie générale de la France et qui ne touche à l'économie sociale que dans les rapports inévitables de cette science avec l'agriculture. — Rouen, 10 juillet 1852 (Vasselin); Cass. 4 nov. 1852 (Vasselin), *B. cr.*

§ 3. — *Du cautionnement.*

35. Le cautionnement fourni pour la publication d'un journal dans un département ne peut servir pour la publication, dans un autre département, du même journal suspendu dans le premier. — Nîmes, 4 avril 1850; Chassan, *Lois de la presse*, p. 103.

36. Il ne peut être en tout ou en partie fourni par

un tiers, il doit être fourni par les propriétaires du journal. — Metz, 3 juillet 1850 (Quesne), D., 51, 2, 137.

37. La cession que l'ancien gérant d'un journal fait de son cautionnement au nouveau gérant n'équivaut pas, de la part de ce dernier, au versement en numéraire prescrit par la loi. — Toulouse, 1ᵉʳ juin 1837 (Gazette du Languedoc), S., 38, 2, 206; Riom, 28 déc. 1837 (Courrier des Cévennes). S., 38, 2, 207; Montpellier, 11 juin 1838 (Marcou), D., 38, 2, 202.

38. D'ailleurs, le cautionnement des gérants de journaux doit rester, comme celui des comptables de l'État, affecté pendant trois mois, après la cessation de la gérance, à la garantie de leurs faits personnels. Loi 25 niv. an XIII, ord. 18 nov. 1825. — Toulouse, 1ᵉʳ juin 1837 (Gazette du Languedoc), *J. p.*; Dalloz, vᵒ *Presse*, nᵒ 289.

39. Le nouveau gérant ne peut signer le journal avant que l'inscription du cautionnement ait été faite en son nom au trésor. — Riom, 28 déc. 1837 (Courrier des Cévennes), S., 38, 2, 207; Montpellier, 11 juin 1838 (Marcou), D., 38, 2, 202; Chassan, t. I, p. 604.

40. Le journal qui, après avoir suspendu sa publication pendant moins de trois mois, en reprend le cours, n'est pas soumis au dépôt d'un nouveau cautionnement. — Cass. 30 nov. 1833 (Baverey), *J. p.*; et alors même que la suspension aurait duré plus de trois mois, si le cautionnement n'est pas dégagé. — Chassan, t. I, p. 605; de Grattier, t. 2, p. 133.

41. Aucune modification n'a été apportée par la loi du 11 mai 1868 ni dans le taux du cautionnement, ni dans les règles qui accompagnent son versement. Les déclarants continueront à faire ce versement dans la caisse du trésorier payeur général du département. — Circ. min. int., 3 juin 1868.

42. Sur la justification du versement du cautionnement. V. ordonnances des 29 juillet 1828 et 18 nov. 1835.

Art. 4. Pour les départements de la Seine, de Seine-et-Oise, de Seine-et-Marne et du Rhône, le cautionnement est fixé ainsi qu'il suit :

Si le journal ou écrit périodique paraît plus de trois fois par semaine, soit à jour fixe, soit par livraisons irrégulières, le cautionnement sera de cinquante mille francs (50,000 fr.).

Si la publication n'a lieu que trois fois par semaine ou à des intervalles plus éloignés, le cautionnement sera de trente mille francs (30,000 fr.).

Dans les villes de cinquante mille âmes et au-dessus, le cautionnement des journaux ou écrits périodiques paraissant plus de trois fois par semaine sera de vingt-cinq mille francs (25,000 fr.).

Il sera de quinze mille francs dans les autres villes, et, respectivement, de moitié de ces deux sommes pour les journaux ou écrits périodiques paraissant trois fois par semaine ou à des intervalles plus éloignés.

Si le journal paraît régulièrement de deux jours l'un, il doit verser le cautionnement de 50,000 fr. — Circ. min. just. 27 mars 1852.

Art. 5. Toute publication de journal ou écrit périodique sans cautionnement ou sans que le cautionnement soit complété sera punie d'une amende de 100 fr. à 2,000 fr. pour chaque numéro ou livraison publiés en contravention, et d'un emprisonnement d'un mois à deux ans.

Celui qui aura publié le journal ou écrit périodique et l'imprimeur seront solidairement responsables.

Le journal ou écrit périodique cessera de paraître.

§ 1ᵉʳ.

1. Il ne peut y avoir contravention aux prescriptions des art. 3 et 5 du décret du 17 fév. 1852 qu'autant que les articles insérés dans un journal non soumis au cautionnement auraient par eux-mêmes le caractère d'un fait ou d'une discussion politique ou d'économie sociale. — Cass. 4 nov. 1852 (Vasselin), *B. cr.*

2. Mais l'insertion d'un seul article politique dans un journal non politique suffit pour constituer la contravention. — Cass. 22 juin 1826 (Huré), *J. p.* V. *suprà* sous l'art. 3, nᵒ 30.

3. Les deuxième et troisième éditions d'un journal doivent être principalement la reproduction de l'édition première. — Cass. 27 mai 1843 (Pian), D., 44, 1, 144. — Sauf les additions que comportent les actes, faits et nouvelles qui ont pu se produire depuis cette première édition. — Cass., ch. réun., 13 avril 1852 (Delbreil), *J. p.*; 52, 2, 160.

4. On doit considérer comme journal nouveau et soumis à l'obligation d'un cautionnement distinct :

La deuxième édition d'un journal qui diffère de la première non-seulement par le format, la périodicité, le prix d'abonnement, mais aussi par la division des matières et la rédaction des articles. — Cass. 24 avril 1851 (Delbreil), *B. cr.*; 26 juillet 1851 (Bareste), *B. cr.*; 13 avril 1852 (Delbreil), *B. cr.*

5. Une cour a le droit d'apprécier si plusieurs feuilles ne sont que des éditions d'un journal, et si les différences qui les caractérisent dépassent ou non les limites que comporte la faculté d'émettre des secondes éditions. — Cass. 23 nov. 1839 (Paya), Dalloz, vᵒ *Presse*, p. 459.

6. On ne peut considérer comme supplément d'un journal que les feuilles additionnelles dont l'abondance des matières peut exiger occasionnellement la publication, et qui sont livrées aux abonnés du journal sans augmentation de prix. — Paris, 26 déc. 1833 (Lionne), *J. p.*; Cass. 27 mai 1843 (Piau), D., 44, 1, 144.

7. Que les feuilles destinées à rendre publics des faits ou événements qui, arrivés lors de la publication du journal, n'ont pu y trouver place. — Amiens, 22 nov. 1841 (Caron), *J. p.*

8. Ne peuvent être considérés comme suppléments :

Des numéros de journaux publiés isolément à jour déterminé d'avance, sous le titre de supplément, et ayant le même format, la même étendue, la même distribution de matières que les numéros véritables. — Cass. 24 avril 1851 (Delbreil), *B. cr.*

9. Ni une feuille publiée, sous le titre de supplément, trois jours après la publication du numéro du journal, et qui n'a eu pour objet que d'annoncer des faits qui ne s'étaient passés que la veille de sa publication. — Amiens, 22 nov. 1841 (Caron), *J. p.*, 42, 2, 415.

10. Ni la feuille que le gérant d'un journal pu-

blic tous les jours, qui n'est adressée qu'à ceux des abonnés qui payent un prix d'abonnement différent, et dont les matières ne sont pas les mêmes que celles de la première feuille. — Cass. 27 mai 1843 (Piau), D., 44, 1, 144.

11. Encore bien que le propriétaire et l'imprimeur soient les mêmes, si cette feuille s'adresse à des abonnés particuliers et ne présente pas les caractères d'une édition particulière. — Paris, 26 déc. 1833 (Lionne), *J. p.*; Cass. 18 mars 1843 (Dujarrier), *B. cr.*; de Grattier, t. 2, p. 134. V. sous l'art. 3 déc. 17 février 1852.

12. Encore bien que les deux publications soient réunies l'une et l'autre sur la même feuille d'impression, si cette réunion n'est qu'apparente, si les deux journaux peuvent être séparés, et s'ils diffèrent par le titre et par les matières qu'ils traitent.— Cass. 18 mars 1843 (Dujarrier), *B. cr.*

13. Les divers faits de publication d'un journal sans cautionnement constituent non un délit successif, mais autant de délits de publication dont chacun peut devenir la base de l'application de la loi pénale dans la limite tracée par les lois, relativement aux délits réitérés. — Cass. 3 sept. 1835 (Widerkehr); 23 janvier 1836 (la Justice). Dalloz, vᵒ *Presse*, nᵒ 524; Chassan, t. 1, p. 191, 597.

14. Sous l'empire de la loi du 9 juin 1819, il y avait lieu d'appliquer, en ce cas, l'art. 365 du Code d'inst. crim. qui prohibe le cumul des peines. — Cass. 23 janv. 1835 (Widerkehr), *J. p.*; 23 janv. 1836 (la Justice); 8 mai 1852 (Delbreil). *B. cr.*; Chassan, t. 1, p. 597; Dalloz, vᵒ *Presse*, nᵒ 523. Mais l'art. 5 du décret du 17 février nous paraît déroger pour ce cas au principe de la prohibition du cumul relativement à l'amende.

15. L'art. 365 C. inst. cr. est également applicable au cas où le fait de publication sans autorisation serait accompagné de celui de publication sans cautionnement. — Cass. 20 juillet 1855 (Jacquet), *B. cr.* V. sous l'art. 365 C. inst. cr., nᵒˢ 51 et suiv., *Codes crim.* — Aujourd'hui l'autorisation de publier n'est plus nécessaire, mais cette décision peut encore avoir son intérêt.

16. Un journal non cautionné, qui traite de matières politiques, ne peut être condamné, indépendamment de l'amende édictée pour ce fait, aux peines établies par l'art. 8, L. 18 juillet 1828, pour omission du nom du gérant. — Chassan, t. 1, p. 631.

17. La contravention à l'obligation du cautionnement pour les journaux s'occupant de matières politiques ne peut être excusée ni par la moralité et la bonne foi du contrevenant. — Cass. 2 sept. 1841 (Drouault), *B. cr.*; 21 sept. 1844 (Soullier), *B. cr.* Cass. 11 août 1860 (Chevalier), *B. cr.*; 13 mai 1864 (Grange), *B. cr.*

18. Ni par l'intervention du maire dans les publications du journal.— Cass. 2 sept. 1841 (Drouault), *B. cr.*

19. Ni par la tolérance dont de semblables contraventions auraient été l'objet. — Cass. 21 sept. 1844 (Soullier), *B. cr.*

20. Quoique dans la citation le ministère public n'ait cité que deux numéros d'un journal à l'appui de son action, rien ne s'oppose à ce qu'il en produise un autre qui a paru depuis, non comme constituant un nouveau délit, mais comme un nouvel élément de preuve. — Cass. 21 avril 1827 (Goisbault). *J. p.*

21. Lorsque la citation incrimine tel numéro d'un journal, sans indiquer l'article spécial qui traite de matières politiques, le tribunal correctionnel peut bien faire résulter le délit de tel article; mais sur l'appel, la cour peut le faire résulter des autres articles du même numéro. — Cass. 17 fév. 1844 (Gelly), *B. cr.*; Chassan, t. 1, p. 598.

§ 2.

22. Cet article a entendu rendre celui qui a publié le journal et l'imprimeur responsables, directement et au même titre, des contraventions aux prescriptions des articles précédant l'art. 5, et les rendre également passibles des peines édictées par ledit article 5. L'imprimeur ne peut être déclaré seulement responsable du gérant.— Cass. 26 juillet 1855 (Jacquet), *B. cr.*; 2 mars 1855 (Castillon), *B. cr.*; Dalloz, vᵒ *Presse*, nᵒ 273.

23. L'imprimeur ne peut être excusé par le motif qu'il aurait rempli les formalités du double dépôt prescrit par la loi du 21 oct. 1814, art. 14, et la loi du 27 juillet 1849, art. 7.— Cass. 31 mai 1850 (De Soye), *B. cr.*

§ 3.

24. L'interdiction de paraître doit être prononcée par le jugement contre le journal condamné, dans les cas prévus par cet article. Cette disposition ne peut être laissée à l'appréciation facultative de l'autorité administrative. — Cass. 26 juillet 1855 (Tremollière), *B. cr.*; 11 juin 1858 (Blondeau), *B. cr.*; Dalloz, vᵒ *Presse*, nᵒ 405.

25. Elle constitue une véritable peine accessoire. — Cass. 26 juillet 1855 (Jacquet), *B. cr.*— *Contrà:* Dalloz, *id.*

26. Cette disposition doit être appliquée au journal non politique qui a reproduit accidentellement un article politique. — Cass. 26 juillet 1855 (Tremollière), *B. cr.* — Ce journal pourra reparaître dans son cadre habituel et spécial. — Dalloz, vᵒ *Presse*, nᵒ 406.

27. La suppression ordonnée par cet article est différente de celle prononcée par l'art. 12 de la loi du 11 mai 1868. — Paris, 25 juillet 1868 (Cimetière). *J. cr.*, nᵒ 8684.

11 MAI 1868. — LOI *relative à la presse.*

Art. 1ᵉʳ. Tout Français majeur et jouissant de ses droits civils et politiques peut, sans autorisation préalable, publier un journal ou écrit périodique paraissant soit régulièrement et à jour fixe, soit par livraisons et irrégulièrement.

Cet article ne fait que reproduire les dispositions de l'art. 1ᵉʳ de la loi du 18 juillet 1828, en ajoutant la condition de la jouissance des droits politiques.— V. les art. 4 et 5 de cette loi, sur les cas où le journal est publié par une société, sur la nomination d'un gérant, les qualités qu'il doit avoir, ses fonctions, sa responsabilité.

Art. 2. Aucun journal ou écrit périodique ne peut être publié s'il n'a été fait, à Paris, à la préfecture de police, et dans les départements, à la préfecture, et quinze jours au moins avant la publication, une déclaration contenant :

1° Le titre du journal ou écrit périodique et les époques auxquelles il doit paraître;

2° Le nom, la demeure et les droits des propriétaires autres que les commanditaires;

3° Le nom et la demeure du gérant;

4° L'indication de l'imprimerie où il doit être imprimé.

Toute mutation dans les conditions ci-dessus énumérées est déclarée dans les quinze jours qui la suivent.

Toute contravention aux dispositions du présent article est punie des peines portées dans l'article 5 du décret du 17 février 1852.

§ 1ᵉʳ. — *Observations générales.*

1. Cet article, en reproduisant les dispositions de l'article 6 de la loi du 18 juillet 1828, les abroge implicitement, sauf cependant les paragraphes 5 et 6, qui, n'ayant pas été reproduits par la loi nouvelle, semblent rester en vigueur.

Aux termes de l'art. 6 sus-énoncé, les journaux non cautionnés n'étaient pas soumis à la même déclaration que les journaux soumis au cautionnement. Ils n'avaient pas, par exemple, à déclarer le nom de leur gérant.

La loi de 1868, au contraire, ne fait aucune distinction entre les journaux cautionnés et les journaux non cautionnés, elle les soumet tous à la même déclaration ; en résulte-t-il que les journaux non cautionnés seraient soumis même à l'obligation d'avoir un gérant responsable, et à toutes les prescriptions des art. 7, 10, 11, 12 de la loi du 18 juillet 1828 relatives au dépôt des pièces justificatives qui doivent accompagner la déclaration, à la régularité ou à la fausseté de cette déclaration, au remplacement du gérant en cas de décès ou de condamnation? Nous hésitons à croire que telle ait été la pensée du législateur.

2. La circulaire du garde des sceaux du 4 juin 1868 se borne à cet égard à dire que la déclaration sera désormais la même pour les écrits périodiques, cautionnés ou non, et que les articles 6, 7 et 10 de la loi du 18 juillet 1828 *seront encore utilement consultés pour les difficultés de détail.*

3. Une circulaire précédente, du 27 mars 1852, déclarait encore en vigueur les dispositions existantes avant le 17 février 1852 relativement à la création et à la publication d'un journal et par conséquent celles qui régissent la capacité et la responsabilité des gérants.

§ 2. — *Du journal, ce qui le constitue. — Déclaration.*

4. Les expressions *journal* ou *écrit périodique* s'appliquent à tous les écrits, quels que soient le mode et l'époque de leur publication successive, qui, par leur titre, leur plan et leur esprit, forment un ensemble. — Douai, 23 juin 1854 (d'Écquevilley); D.; 55, 2, 25; Dalloz, vᵒ *Presse*, nᵒ 226; Chassan, t. 1, p. 783, 784.

5. La publication faite irrégulièrement et plusieurs fois par mois de bulletins imprimés extraits de divers journaux doit être assimilée à la publication d'un journal ou écrit périodique.—De Grattier, t. 2, p. 12; Dalloz, id. — *Contrà :* Aix, 27 juin 1832 (Bousquet) *J. p.*

6. Mais le fait d'adresser chaque semaine et plusieurs fois par semaine, de Paris, sans publicité et dans un but de spéculation, à divers gérants de journaux de département, des écrits traitant de matières politiques, ne peut équivaloir à la publication d'un journal ou écrit périodique, ces gérants étant libres de les reproduire, de les modifier ou de les mettre de côté. — Cass. 30 juillet 1864 (de Saint-Cheron), *B. cr.* Cass., ch. réun., 21 janvier 1865 (de Saint-Cheron), *B. cr.*

7. La déclaration est faite sur papier timbré. —

Elle doit être accompagnée des pièces justificatives qui établissent sa sincérité. — Circ. min. int. du 3 juin 1868. V. les art. 7, 10, 11 de la loi du 18 juillet 1828.

8. Il est délivré récépissé au déclarant de sa déclaration. — Dans les quinze jours, le préfet vérifie la capacité du déclarant. Il demande à cet effet le bulletin nᵒ 3 du casier judiciaire au parquet du domicile d'origine du déclarant. — Circ. min. int. du 3 juin 1868.

§ 3. — *Mutation dans les conditions de la publication.*

9. Toute mutation non-seulement du titre, mais dans le titre d'un journal, est soumise à la déclaration. — Cass., ch. réun., 5 avril 1851 (Dupont), *B. cr.*

10. L'addition du millésime de l'année peut constituer un titre nouveau et un nouveau journal, selon les circonstances. — Cass. 4 avril 1834 (le National); ch. réun., 6 août 1834 (le National), *J. p.*

11. La restriction apportée à la publication d'un journal constitue une véritable mutation dans les conditions de la périodicité, soumise à la nécessité d'une déclaration. — Cass. 3 déc. 1850 (Daviot), *B. cr.*; ch. réun., 25 juin 1851 (Daviot), *B. cr.*; Dalloz, vᵒ *Presse*, nᵒ 256.

12. La nécessité de la déclaration de mutation imposée par cet article ne s'applique qu'aux mutations opérées par le fait de l'homme et non à celles opérées par le fait de la loi. — Cass. 24 sept. 1831 (Leval), *J. p.*; Chassan, t. 1, p. 578; de Grattier, t. 2, p. 159.

13. Il y a changement dans le personnel aussi bien lorsqu'il y a substitution d'un gérant ou propriétaire à un autre, que lorsque l'une de ces personnes cesse de faire partie du personnel du journal. Ainsi, il suffit que le rédacteur en chef cesse ses fonctions pour que cette disposition soit applicable. — Cass. 13 juin 1858 (Cottenet), *B. cr.*

14. Il y a changement opéré dans la propriété d'un journal lorsque celui qui le public en met l'exploitation en société, encore qu'il déclare s'en réserver la propriété. — Cass. 16 janv. 1863 (Noellat), *B. cr.*

15. L'adjonction d'un conseil de surveillance à un gérant qui était seul gérant et propriétaire d'un journal change les conditions dans lesquelles s'exerçaient la gérance et l'administration du journal. Ce changement doit être déclaré à l'autorité administrative. — Cass. 16 janv. 1863 (Noellat), *B. cr.*

16. Les modifications apportées à l'acte de société, lorsqu'elles sont de nature à modifier la propriété, en dénaturant la forme et la transmissibilité des actions, en détruisant la proportion d'intérêt entre les associés, et en substituant à une société ayant un but commercial une société d'une tout autre nature, constituent une mutation parmi les propriétaires. — Cass. 22 mars 1851 (Pons), *B. cr.*

17. En cas de déclaration fausse et frauduleuse, la poursuite peut être portée directement devant le tribunal correctionnel. —Cass. 22 mars 1851 (Pons), *B. cr.* V. sous l'art. 11, L. 18 juillet 1828.

18. Lorsque la déclaration faite a été légalement annulée, le journal ne peut paraître sans qu'une nouvelle déclaration soit faite. — Cass. 11 juillet 1845 (Paya), *B. cr.*; Dalloz, vᵒ *Presse*, nᵒ 363.

19. La publication d'un journal sans déclaration préalable du changement introduit dans la périodicité constitue des délits successifs chaque fois qu'elle se renouvelle. La prescription ne peut courir qu'à dater de la dernière publication. — Toulouse, 14 avril 1842 (Raulet); Dalloz, vᵒ *Presse*, nᵒ 520.

Art. 3, 4, 5, 6. *Dispositions relatives au timbre. V. infra.*

Art. 7. Au moment de la publication de chaque feuille ou livraison du journal ou écrit périodique, il sera remis à la préfecture pour les chefs-lieux de département, à la sous-préfecture pour ceux d'arrondissement, et pour les autres villes à la mairie, deux exemplaires signés du gérant responsable, ou de l'un d'eux s'il y a plusieurs gérants responsables.

Pareil dépôt sera fait au parquet du procureur impérial, ou à la mairie dans les villes où il n'y a pas de tribunal de première instance.

Ces exemplaires sont dispensés du droit de timbre.

Dépôt à la préfecture.

1. Cet article reproduit les dispositions de l'art. 5 de la loi du 9 juin 1819, abrogé par la loi du 17 mars 1822, à l'exception de celles du dernier paragraphe qui disposait que la formalité du dépôt ne pourrait ni retarder ni suspendre la distribution du journal ou écrit périodique.—V. les notes sous l'art. 5 L. 9 juin 1819.

2. Il apporte une modification grave à la loi ancienne. Cette loi n'était applicable qu'aux journaux soumis au cautionnement. L'art. 7 de la loi nouvelle ne fait aucune distinction, il s'étend à tous les journaux ou écrits périodiques cautionnés ou non cautionnés, les uns et les autres sont soumis à l'obligation du dépôt à la préfecture.

3. Le dépôt des deux exemplaires du journal a lieu, à Paris, au ministère de l'intérieur.

L'un des deux exemplaires remis aux préfectures et sous-préfectures ou aux mairies doit être envoyé immédiatement par le préfet, le sous-préfet ou le maire au ministère de l'intérieur (bureau de la presse départementale), — Circ. min. int. 3 juin 1868.

4. L'obligation de ce dépôt administratif n'a reçu aucune sanction de la loi nouvelle, qui n'a pas reproduit celle de l'art. 6 de la loi du 9 juin 1819.—*Contrà :* Elle a pour sanction l'amende édictée par l'art. 8 de la loi du 18 juillet 1828 qui doit s'appliquer au dépôt administratif par identité de motifs.—Paris, 24 juillet 1868 (André Pasquet). Nous ne pensons pas que cette décision puisse faire jurisprudence.

Dépôt au parquet.

5. Tous les journaux sont également soumis à l'obligation du dépôt au parquet, la loi nouvelle ne fait pas davantage de distinction. — Elle remplace et abroge le paragraphe 2 de l'article 8 de la loi du 18 juillet 1828, qui prescrivait le même dépôt au parquet, mais aux journaux cautionnés seulement. Il faut remarquer qu'elle n'a pas reproduit la sanction à cette obligation édictée par ledit article, mais il a été jugé que cette sanction n'avait pas été abrogée. — Paris, 24 juill. 1868 (André Pasquet).

6. Lorsque, à défaut de tribunal, le dépôt est fait à la mairie, le maire doit envoyer immédiatement les deux exemplaires de ce dépôt au parquet. — Circ. min. int. 3 juin 1868.

7. Le dépôt au parquet doit précéder le premier acte de distribution. — Limoges, 24 juillet 1862 (Gautier), *J. cr.*, nº 7489.

8. La remise de numéros d'un journal à une administration chargée de les transporter et de les distribuer est une publication qui ne peut être faite qu'après le dépôt au parquet du premier exemplaire tiré. — Cass. 29 janv. 1851 (Larcher), *B. cr.*

9. Le dépôt peut être fait à toute heure de la journée et même de la nuit ; les procureurs impériaux n'ont pas le droit d'en fixer l'heure. — Chassan, t. 1, p. 615 ; de Grattier, t. 2, p. 169.

10. Il n'y a d'exception à la formalité du dépôt que pour les ouvrages dits de ville ou bilboquets. — Circ. min., 16 juin 1830.

11. L'exemplaire d'un journal déposé au parquet doit être exactement conforme à ceux qui sont publiés ; ainsi, si l'espace du feuilleton est en blanc, il y a contravention lorsque, dans des exemplaires publiés, cet espace a été rempli, quoiqu'il ait été recouvert de maculatures. — Cass. 15 oct. 1834 (Garnier), *J. p.*; Chassan ; t. 1, p. 614, Parant, p. 472 ; de Grattier, t. 2, p. 170.

12. Est assujetti à la formalité d'un double dépôt : Le journal qui est publié dans deux départements différents avec une suscription distincte et des articles qui ne sont pas toujours les mêmes. — Cass. 19 avril 1839 (Paya), *B. cr.*; Chassan, t. 1, p. 614. — Quelque peu d'importance qu'aient les changements apportés à chaque édition. — Même arrêt. — Dalloz, vº *Presse*, nº 375.

13. Le journal tiré à deux éditions, l'une pour Paris, l'autre pour les départements. Deux dépôts sont nécessaires, alors même que les deux éditions seraient conformes. — De Grattier, t. 2, p. 170.

14. Le numéro qui est publié, même accidentellement, en deux parties, une le matin, l'autre le soir. Il ne suffirait pas que le dépôt de la première partie fût fait au moment de la publication du supplément.— Rouen, 10 fév. 1842 (Dubreuil), *J. p.*, 42, 1, 516 ; Chassan, t. 1, p. 613.

15. Le gérant d'un journal qui a omis de déposer au parquet un exemplaire signé en minute ne peut être excusé par des considérations tirées de sa bonne foi. — Cass. 16 avril 1841 (Dubreuil), *B. cr.*; 18 avril 1839 (l'Émancipation), *J. p.*, 39, 1, 473; de Grattier, t. 2, p. 170. — Et par exemple, parce que le porteur dudit numéro l'aurait perdu. — Paris, 22 avril 1835 (Simon), *J. p.*; Chassan, t. 1, p. 612.

16. Les tribunaux ne peuvent admettre ni composition ni excuse. — Cass. 15 oct. 1834 (Paya), *J. p.*

17. La force majeure seule peut être admise comme excuse des contraventions prévues par cet article. — Paris, 22 avril 1835 (Simon), *J. p.*; Cass. 16 avril 1841 (Dubreuil), *B. cr.*; de Grattier, *id.*

18. L'absence du gérant et l'erreur de son mandataire ne peuvent être considérées comme un cas de force majeure. — Cass. 16 avril 1841 (Dubreuil), *B. cr.*; Chassan, t. 1, p. 613.

19. Le récépissé qui sert à constater le dépôt n'est pas le seul mode de preuve de ce dépôt. La loi n'exclut pas les autres modes usités. — Cass. 12 juillet 1866 (Perriquet). *B. cr.*; Chassan, t. 1, p. 614; de Grattier, t. 2, p. 171 ; Dalloz, vº *Presse*, nº 379.

20. Il suffit que les juges déclarent que la contravention est établie par les documents de la cause. — Cass. 12 juillet 1866 (Perriquet), *B. cr.*

21. La signature de la minute et le dépôt au parquet sont deux formalités corrélatives et indivisibles ; leur omission ne constitue qu'une seule contravention punissable d'une seule peine. — Chassan, t. 1, p. 615.

22. Sur la signature des numéros d'un journal et la responsabilité des signataires, v. l'art. 8 de la loi du 18 juillet 1828, dont les dispositions sont maintenues.

Art. 8. Aucun journal ou écrit périodique ne pourra être signé par un membre du Sénat ou du Corps législatif en qualité de gérant responsable. En cas de contravention, le journal sera considéré comme non signé, et la peine de 500 à 3,000 francs d'amende sera prononcée contre les imprimeurs et propriétaires.

1. Cet article abroge implicitement l'art. 9 de la loi du 27 juillet 1849, dont il reproduit les dispositions en les appliquant aux membres du Sénat et du Corps législatif.

2. La loi n'interdit pas à un représentant du peuple de prendre part à la rédaction d'un journal. — Chassan, *Lois de la presse*, n° 103.

Art. 9. La publication par un journal ou écrit périodique d'un article signé par une personne privée de ses droits civils et politiques, ou à laquelle le territoire de France est interdit, est punie d'une amende de 1,000 à 5,000 francs, qui sera prononcée contre les éditeurs ou gérants dudit journal ou écrit périodique.

Sur la défense de publier des articles émanant d'un condamné à une peine afflictive ou infamante, v. l'article 21 du décret du 17 fév. 1852.

Art. 10. En matière de poursuites pour délits et contraventions commis par la voie de la presse, la citation directe devant le tribunal de police correctionnelle ou la cour impériale sera donnée conformément aux dispositions de l'article 184 du Code d'instruction criminelle. Le prévenu qui a comparu devant le tribunal ou devant la cour ne peut plus faire défaut.

V. sur la forme des poursuites et la compétence, les articles 25, 26 et 27 du décret du 17 fév. 1852, les articles 1 et 3 du décret des 25-28 fév. 1852.

Art. 11. Toute publication dans un écrit périodique relative à un fait de la vie privée constitue une contravention punie d'une amende de 500 francs.

La poursuite ne pourra être exercée que sur la plainte de la partie intéressée.

1. En prohibant l'envahissement de la vie privée, sans qu'il soit nécessaire d'établir l'intention criminelle, la loi a entendu interdire toute discussion de la part de la défense sur la vérité des faits. Le remède eût été pire que le mal, si un débat avait pu s'engager sur ce terrain. Circ. min. just. 4 juin 1868. Mais il importe de ne pas exagérer un principe excellent. Nos mœurs n'admettent pas la prétention d'enlever aux investigations de la publicité les actes qui relèvent de la vie publique, et ce dernier mot ne doit être restreint à la vie officielle ou à celle du fonctionnaire. Tout homme qui appelle sur lui l'attention ou les regards du public, soit par une mission qu'il a reçue ou qu'il se donne, soit par le rôle qu'il s'attribue dans l'industrie, les arts, le théâtre, etc., ne peut plus invoquer contre la critique ou l'exposé de sa conduite d'autre protection que les lois qui répriment la diffamation et l'injure. Celui-là seul a droit au silence absolu qui n'a pas expressément

ou indirectement provoqué ou autorisé l'attention, l'approbation ou le blâme. — Circ. min. just. 4 juin 1868. — Nous ne pensons pas qu'il faille comprendre cette circulaire en ce sens que, sous prétexte de discuter la valeur d'un homme comme artiste, comme littérateur ou industriel, il soit permis de s'ingérer dans sa vie privée; ce serait méconnaître la disposition formelle de la loi.

2. Cette disposition n'atteint pas les journaux qui publient les comptes rendus des procès plaidés devant les tribunaux. L'audience étant publique, la publication des débats n'est que la conséquence de cette publicité. — Circ. min. just. 4 juin 1868. — V. les articles 13 et suivants de la loi du 17 mai 1819 sur les diffamations et les injures.

Art. 12. Une condamnation pour crime commis par la voie de la presse entraîne de plein droit la suppression du journal dont le gérant a été condamné.

Pour le cas de la récidive, dans les deux années à partir de la première condamnation pour délits de presse autres que ceux commis contre les particuliers, les tribunaux peuvent, en réprimant un nouveau délit de même nature, prononcer la suspension du journal ou écrit périodique, pour un temps qui ne sera pas moindre de quinze jours ni supérieur à deux mois.

Une suspension de deux à six mois peut être prononcée pour une troisième condamnation dans le même délai. Elle peut l'être également par un premier jugement ou arrêt de condamnation, si la condamnation est encourue pour provocation à l'un des crimes prévus par les articles 86, 87 et 91 du Code pénal, ou pour délit prévu par l'article 9 de la loi du 17 mai 1819.

Pendant toute la durée de la suspension, le cautionnement demeurera déposé au trésor et ne pourra recevoir une autre destination.

1. Cet article n'est point contraire aux dispositions de l'article 15 de la loi du 18 juillet 1828; ce dernier article prononce la suspension du journal dans un cas différent, celui où la première condamnation prononcée *contre le même gérant* s'élève à plus d'une année d'emprisonnement, quelle que soit la date de la première condamnation, conformément à l'art. 58 du Code pénal, et il s'applique à tous les délits de publication, sans excepter ceux commis *contre les particuliers*. Il n'est donc pas abrogé.

2. Mais l'article 12 de la nouvelle loi remplace et abroge l'art. 15 de la loi du 27 juillet 1849, dont il reproduit les dispositions en les modifiant.

3. La suppression du journal condamné doit s'opérer *ipso facto*; elle n'a pas besoin d'être prescrite par la justice. La publication d'un seul numéro est frappée des peines de l'article 20 du décret du 17 fév. 1852. — Cass. 11 juin 1858 (Blondeau), *B. cr.*

Art. 13. L'exécution provisoire du jugement ou de l'arrêt qui prononce la suspension ou la suppression d'un journal ou écrit périodique pourra, par une disposition spéciale, être ordonnée, nonobstant opposition ou appel en ce qui touche la suspension ou la suppression.

Il en sera de même pour la consignation de l'amende, sans préjudice des dispositions des articles 29, 30 et 31 du décret du 17 février 1852.

Toutefois l'opposition ou l'appel suspendront l'exécution, s'ils sont formés dans les vingt-quatre heures de la signification des jugement ou arrêt par défaut ou de la prononciation du jugement contradictoire.

L'opposition ou l'appel entraîneront de plein droit citation à la plus prochaine audience.

Il sera statué dans les trois jours.

Le pourvoi en cassation n'arrêtera en aucun cas les effets des jugements et arrêts ordonnant l'exécution provisoire.

1. Si le délai de vingt-quatre heures tombe un jour férié, il suffira qu'un huissier constate qu'il a trouvé le greffe fermé, et qu'il n'a pu dès lors formuler un pourvoi qui résulte de cette déclaration même. — Circ. min. just. 4 juin 1868.

2. Si le condamné préfère se soumettre à l'exécution provisoire, il continue à jouir de tous les délais et de toutes les voies de droit pour attaquer les décisions qui l'ont frappé. — Circ. min. just. 4 juin 1868.

3. Cet article doit être entendu dans le même sens que l'article 188 du Code d'inst. crim. La première audience à laquelle l'affaire doit être appelée est celle qui suit le délai de trois jours soit après l'opposition, soit après l'appel. — Paris, 18 juillet 1868 (Cluseret), *J. cr.*, n° 8683.

4. Nonobstant les dispositions de cet article portant qu'il sera statué dans les trois jours, le tribunal peut, pour une raison sérieuse, accorder une remise. — Discours de M. Mathieu, membre de la commission.

5. Sur l'exécution des jugements en matière de presse, v. les articles 6, 7 et 8 de la loi du 16 juillet 1850, 29, 30 et 31 du décret du 17 fév. 1852, 1 et 2 du décret du 5 janv. 1853.

Art. 14. Les gérants de journaux seront autorisés à établir une imprimerie exclusivement destinée à l'impression du journal.

1. Cette autorisation doit être accordée aussi bien au gérant du journal industriel et littéraire qu'au gérant du journal purement politique. — Circ. min. int. 3 juin 1868.

2. L'imprimerie n'est créée que pour assurer la libre fondation du journal lui-même ou ce qui est un élément essentiel de sa publication, comme les prospectus, l'affiche, les bandes d'envoi, les quittances d'abonnement. — Circ. min. int. 3 juin 1868.

Art. 15. L'article 463 est applicable aux crimes, délits et contraventions commis par la voie de la presse, sans que l'amende puisse être inférieure à 50 francs.

1. Cet article remplace les articles 14 de la loi du 25 mars 1822, 8 du décret du 11 août 1848 et 23 de la loi du 27 juillet 1849. Il étend ses dispositions indulgentes même aux contraventions de la presse, et modifie ainsi la législation antérieure.

2. Quoiqu'il se borne à mentionner les crimes, délits et contraventions *de la presse*, ses dispositions n'excluent pas les délits et contraventions commis *par les autres moyens de publication* définis par la loi du 17 mai 1819 ; le bénéfice des circonstances atténuantes leur était déjà attribué par l'article 14 de la loi du 25 mars 1822 et par l'article 23 de la loi du 27 juillet 1849. La loi nouvelle, qui a été conçue dans un esprit libéral, n'a pu avoir la pensée de le restreindre. — V. Cass. 28 avril 1854 (Marquet), *B. cr.* ; Nîmes, 25 fév. 1858 (Bruno), S. 58, 2, 126.

Art. 16. Sont abrogés les articles 1 et 32 du décret du 17 février 1852 et généralement les dispositions des lois antérieures contraires à la présente loi.

La suspension dans le cas prévu par l'article 19 du décret du 17 février 1852 ne pourra être prononcée que par l'autorité judiciaire.

DU TIMBRE ET DU TRANSPORT DES JOURNAUX.

---

17 FÉVRIER 1852. — DÉCRET ORGANIQUE DE LA PRESSE.

CHAPITRE II. — *Du timbre des journaux périodiques.*

Art. 6. Les journaux ou écrits périodiques et les recueils périodiques de gravures ou lithographies politiques de moins de dix feuilles de vingt-cinq à trente-deux décimètres carrés, ou de moins de cinq feuilles de cinquante à soixante-douze décimètres carrés, seront soumis à un droit de timbre.

Ce droit sera de *six* centimes par feuille de soixante-douze décimètres carrés et au-dessous, dans les départements de la Seine et de Seine-et-Oise, et de *trois* centimes pour les journaux, gravures ou écrits périodiques publiés partout ailleurs.

Les suppléments du journal officiel, quel que soit leur nombre, sont exempts de timbre.

Le droit de timbre fixé par cet article a été réduit par la loi du 11 mai 1868 à cinq centimes dans les départements de la Seine et de Seine-et-Oise et à deux centimes partout ailleurs.

Le paragraphe 3 a été abrogé par la même loi. Il n'est pas rapporté ici.

Art. 7. Une remise de un pour cent sur le timbre sera accordée aux éditeurs de journaux et écrits périodiques pour déchets de maculature.

Art. 8. Les droits de timbre imposés par la présente loi seront applicables aux journaux et écrits périodiques publiés à l'étranger, sauf les conventions diplomatiques *contraires*.

Un règlement d'administration publique déterminera le mode de perception de ce droit. *V. décret du 1ᵉʳ mars 1852.*

Art. 9. Les écrits non périodiques traitant de matières politiques ou d'économie sociale qui ne sont pas actuellement en cours de publication, ou qui, antérieurement à la présente loi, ne sont pas tombés dans le domaine public, s'ils sont publiés en une ou plusieurs livraisons ayant moins de *dix* feuilles d'impression de vingt-cinq à trente-deux décimètres carrés, seront soumis à un droit de timbre de *cinq* centimes par feuille.

Il sera perçu un centime et demi par chaque fraction en sus de dix décimètres carrés et au-dessous.

Cette disposition est applicable aux écrits non périodiques publiés à l'étranger. Ils seront, à l'importation, soumis aux droits de timbre fixés pour ceux publiés en France.

Le nombre de dix feuilles d'impression des écrits non périodiques prévu par cet article a été réduit à six, et le droit de timbre abaissé à quatre centimes par feuille par la loi du 11 mai 1868. V. *infrà*.

Art. 10. Les préposés de l'enregistrement, les officiers de police judiciaire et les agents de la force publique sont autorisés à saisir les journaux ou écrits qui seraient en contravention aux présentes dispositions sur le timbre.

Ils devront constater cette saisie par des procès-verbaux, qui seront signifiés aux contrevenants dans le délai de trois jours.

Art. 11. Chaque contravention aux dispositions de la présente loi, pour les journaux, gravures ou écrits périodiques, sera punie, indépendamment de la restitution des droits frustrés, d'une amende de 50 fr. par feuille ou fraction de feuille non timbrée. Elle sera de 100 fr. en cas de récidive. L'amende ne pourra, au total, dépasser le chiffre du cautionnement.

Pour les autres écrits, chaque contravention sera punie, indépendamment de la res-

titution des droits frustrés, d'une amende égale au double desdits droits.

Cette amende ne pourra, en aucun cas, être inférieure à 200 fr., ni dépasser en total 50,000 fr.

V. l'article 6 L. 11 mai 1868.

Art. 12. Le recouvrement des droits de timbre et des amendes de contravention sera poursuivi et les instances seront instruites et jugées conformément à l'art. 76 de la loi du 28 avril 1816.

Le recouvrement des droits de timbre et des amendes de contravention sera poursuivi par voie de contrainte, et, en cas d'opposition, les instances seront instruites et jugées selon les formes prescrites par les lois des 22 frim. an 7 et 27 ventôse an 9, sur l'enregistrement. — Art. 76 L. 28 avril 1816.

Art. 13. En outre des droits de timbre fixés par la présente loi, les tarifs existants antérieurement à la loi du 16 juillet 1850 pour le transport par la poste des journaux et autres écrits sont remis en vigueur.

V. loi du 2 mai 1861 sur les droits de timbre et de poste en ce qui concerne les suppléments des journaux, et la loi du 11 mai 1808, art. 4 et suiv.

1ᵉʳ MARS 1852. — DÉCRET *relatif au timbre des journaux et écrits périodiques.*

Art. 1ᵉʳ. Les journaux et écrits périodiques et les écrits non périodiques traitant de matières politiques ou d'économie sociale, désignés dans les art. 8 et 9 du décret du 17 février 1852, publiés à l'étranger et importés en France par la voie de la poste, seront frappés par les agents de l'administration des postes d'un timbre spécial à date, portant, à l'encre rouge, le nom du bureau de poste par lequel ils seront entrés sur le territoire français.

Les droits de timbre exigibles, sauf conventions diplomatiques contraires, seront perçus par addition aux droits de poste.

Art. 2. Les expéditeurs, introducteurs ou destinataires d'écrits de ces catégories, adressés en France par une autre voie que celle de la poste, devront faire à un des bureaux de douane désignés pour l'importation des livres et écrits publiés à l'étranger une déclaration des quantités et dimension des écrits assujettis au timbre. L'exactitude de cette déclaration sera vérifiée par les vérificateurs inspecteurs de la librairie, ou, à défaut de ces agents, par les employés délégués à cet effet par les préfets.

Les écrits ainsi importés seront, après acquittement ou consignation des droits de douane, dirigés sous plomb et par acquits-à-caution, aux frais des déclarants, sur le chef-lieu du département le plus voisin ou de tout autre chef-lieu de département que les redevables auront indiqué, pour y recevoir l'application du timbre moyennant le payement des droits dus

Art. 3. A défaut de la déclaration exigée par l'article précédent, les écrits et imprimés passibles du timbre qui seront importés en France seront retenus, selon le cas, au bureau des douanes, ou à la préfecture; la saisie en sera opérée, conformément à l'article 10 du décret du 17 février 1852, par les préposés de l'administration de l'enregistrement, et des poursuites seront exercées pour le recouvrement des droits de timbre, et, s'il y a lieu, des droits de douane, ainsi que des amendes contre les introducteurs ou distributeurs.

Les mêmes pénalités seront encourues, à défaut de décharge régulière et du rapport, dans les délais fixés, des acquits-à-caution délivrés en vertu de l'article précédent; le tout sans préjudice de l'action qui pourrait être intentée en vertu de l'article 2 du décret du 17 février 1852.

28 MARS 1852. — LOI *sur le timbre des journaux et écrits.*

Art. 1ᵉʳ. Sont exempts du droit de timbre les journaux et écrits périodiques et non périodiques exclusivement relatifs aux lettres, aux sciences, aux arts et à l'agriculture.

Ne sont pas exempts du timbre les journaux quotidiens exclusivement consacrés aux annonces et aux affiches. — Cass. 24 fév. 1852, *J. p.*, 52, 1, 155.

Art. 2. Ceux de ces journaux et écrits qui, même accidentellement, s'occuperaient de matières politiques ou d'économie sociale seront considérés comme étant en contravention aux dispositions du décret du 17 février 1852, et seront passibles des peines établies par les art. 5 et 11 de ce décret.

2 MAI 1861. — LOI *qui exempte de timbre et de droits de poste les suppléments des journaux.*

Art. 1ᵉʳ. Sont exempts de timbre et de droits de poste les suppléments des journaux, lorsque ces suppléments sont exclusivement consacrés soit à la publication des débats législatifs, reproduits par la sténographie ou par le compte rendu conformément à l'art. 42 de la Constitution, soit à l'insertion des exposés des motifs de projets de lois ou de sénatus-consultes, des rapports de commissions et des documents officiels dé-

posés au nom du gouvernement sur le bureau du Sénat et du Corps législatif.

Pour jouir de l'exemption sus-énoncée, les suppléments doivent être publiés sur feuilles détachées du journal.

La même exemption s'appliquera aux suppléments des journaux non quotidiens des départements autres que ceux de la Seine et de Seine-et-Oise, publiés en dehors des conditions de périodicité déterminées par leur cautionnement et leur autorisation.

Cet article été modifié par l'article 5 **L.** 11 mai 1868 (*Infrà*).

Art. 2. Sont exemptes de timbre toutes autres publications périodiques exclusivement consacrées aux matières indiquées dans l'art 1ᵉʳ.

Sont encore exempts de timbre les annonces, prospectus et catalogues de librairie, — article 76, loi 25 mars 1817; les annonces, prospectus et catalogues d'objets relatifs aux sciences et aux arts, — art. 87, loi 25 mai 1818; les avis imprimés qui se crient ou se distribuent dans les rues et lieux publics, ou que l'on fait circuler de toute autre manière. — Art. 12, loi 23 juin 1857.

Art. 3. Il sera tenu compte aux ayants droit des perceptions qui pourraient être opérées, en vertu des lois en vigueur, pour les suppléments publiés à partir du 4 février 1861, dans les conditions prescrites par l'art. 1ᵉʳ ci-dessus.

3 AOUT 1867. — LOI *de finances.*

Art. 29. Le droit de timbre établi sur les journaux et écrits périodiques peut être acquitté par l'apposition sur les papiers destinés à leur publication de timbres mobiles que l'administration de l'enregistrement, des domaines et du timbre est autorisée à vendre et à faire vendre.

Un règlement d'administration publique déterminera la forme et les conditions d'emploi de ces timbres, ainsi que le mode suivant lequel il sera tenu compte de la remise accordée pour déchet de maculature par l'article 7 de la loi du 17 février 1852.

Sont considérés comme non timbrés et soumis aux peines et obligations résultant du paragraphe 1ᵉʳ de l'article 11 du décret du 17 février 1852 les journaux et écrits périodiques sur lesquels les timbres mobiles auraient été apposés sans l'accomplissement des conditions prescrites par les règlements d'administration publique ou sur lesquels auraient été apposés des timbres ayant déjà servi.

Chacune des autres contraventions aux dispositions de ce règlement sera punie d'une amende de 50 francs.

Ceux qui auront sciemment employé, vendu ou tenté de vendre des timbres mobiles ayant déjà servi seront poursuivis devant le tribunal correctionnel et punis d'une amende de 50 fr. à 1,000 fr. En cas de récidive, la peine sera d'un emprisonnement de cinq jours à un mois et l'amende sera doublée. Il pourra être fait application de l'article 463 du Code pénal.

11 mai 1868. — LOI *relative à la presse.*

Art. 3. Le droit de timbre fixé par l'article 6 du décret du 17 février 1852 est réduit à cinq centimes dans les départements de la Seine et de Seine-et-Oise, et à deux centimes partout ailleurs.

Le paragraphe 3 de l'article 6 du décret du 17 février 1852 est abrogé.

Sont affranchies du timbre les affiches électorales d'un candidat contenant sa profession de foi, une circulaire signée de lui ou seulement son nom.

Le nombre de dix feuilles d'impression des écrits non périodiques, prévu par l'article 9 du décret du 17 février 1852, est réduit à six, et le droit de timbre abaissé à quatre centimes par feuille.

Art. 4. Sont considérées comme suppléments et assujetties au timbre, ainsi que le journal lui-même, s'il n'est déjà timbré, les feuilles contenant des annonces, lorsqu'elles servent de couverture au journal ou qu'elles y sont annexées, ou lorsque, publiées séparément, elles sont néanmoins distribuées ou vendues en même temps.

1. Cet article assujettit au timbre les journaux même non cautionnés qui publient des annonces sur leurs couvertures ou dans des suppléments. Toutefois les journaux consacrés aux lettres, aux sciences, aux arts et à l'agriculture n'y sont pas soumis lorsque les annonces qu'ils publient rentrent dans leur spécialité. Une disposition contraire qui avait été insérée dans le projet de loi a été rejetée.

2. Il s'applique à tout article coté dans les tarifs de journaux et distinct des articles de fonds, où une industrie peut être discutée et recommandée. — Circ. min. just. 4 juin 1868. — Par exemple aux réclames.

Art. 5. Sont exempts de timbre et des droits de poste les suppléments des journaux ou écrits périodiques assujettis au cautionnement, lorsque ces suppléments ne comprennent aucune annonce, de quelque nature qu'elle soit et quelque place qu'elle y occupe, et que la moitié au moins de leur superficie est consacrée à la reproduction des documents énumérés en l'article 1ᵉʳ de la loi du 2 mai 1861.

Art. 6. Sont applicables, en cas de contravention aux articles précédents, les dispositions des articles 10 et 11 paragraphe 1ᵉʳ du décret du 17 février 1852.

Dans aucun cas, l'amende ne peut dépasser le tiers du cautionnement versé par le journal ou de celui auquel il aurait été assujetti s'il eût traité de matières politiques ou d'économie sociale.

25 juin 1856. — LOI *sur le transport des imprimés.*

Art. 1ᵉʳ. Le port des journaux et ouvrages périodiques traitant, en tout ou en partie, de matières politiques ou d'économie sociale, et paraissant au moins une fois par trimestre, est de quatre centimes par chaque exemplaire du poids de 40 grammes et au-dessous.

Au-dessus de 40 grammes, le port est augmenté d'un centime par chaque 10 grammes ou fraction de 10 grammes excédant.

Art. 2. Le port des journaux, recueils, annales, mémoires et bulletins périodiques, uniquement consacrés aux lettres, aux sciences, aux arts, à l'agriculture et à l'industrie, et paraissant au moins une fois par trimestre, est de deux centimes par chaque exemplaire du poids de 20 grammes et au-dessous.

Au-dessus de 20 grammes, le port est augmenté d'un centime par chaque 10 grammes ou fraction de 10 grammes excédant.

Les ouvrages périodiques spécifiés dans le présent article sont exceptés de la prohibition établie par l'article 1ᵉʳ de l'arrêté du 27 prairial an 9, s'ils forment un paquet dont le poids dépasse 1 kilogramme ou s'ils font partie d'un paquet de librairie qui dépasse le même poids.

Art. 3. Les journaux et ouvrages périodiques destinés pour l'intérieur du département dans lequel ils sont publiés ne payent que la moitié du port fixé par les articles précédents.

Les journaux et ouvrages périodiques publiés dans les départements autres que ceux de la Seine et de Seine-et-Oise, et destinés pour les départements limitrophes de celui où ils sont publiés, ne payent également que la moitié du port fixé par les articles précédents.

Dans le cas où le port comprend une fraction de centime, cette fraction est comptée comme un centime entier.

Art. 8. Les objets compris dans la présente loi ne sont admis au bénéfice des taxes qu'elle établit qu'autant qu'ils ont été affranchis. S'ils ont été expédiés sans affranchissement, ils sont taxés au prix du tarif des lettres.

S'ils ont été affranchis en timbres-poste et que l'affranchissement soit insuffisant, ils sont frappés, en sus, d'une taxe égale au triple de l'insuffisance de l'affranchissement.

Les taxes prévues par les deux paragraphes qui précèdent sont payées par l'expéditeur lorsque, par une cause quelconque, elles n'ont pas été acquittées par le destinataire. — En cas de refus de payement, le recouvrement en est opéré comme il est dit en l'article 2 de la loi du 20 mai 1854.

LOIS DE LA PRESSE

CODIFIÉES ET CLASSÉES DANS LEUR ORDRE RATIONNEL.

PREMIÈRE PARTIE.

CRIMES ET DÉLITS COMMIS PAR LES DIVERS MOYENS DE PUBLICATION.

Nota *Nous mettons en italique toutes les dispositions implicitement abrogées.*

LOI DU 17 MAI 1819 *sur la répression des crimes et délits commis par la voie de la presse, ou par tout autre moyen de publication.*

CHAPITRE Ier. — *De la provocation publique aux crimes et délits.*

Art. 1er. Quiconque, soit par des discours, des cris ou menaces proférés dans des lieux ou réunions publics, soit par des écrits, des imprimés, des dessins, des gravures, des peintures ou emblèmes vendus ou distribués, mis en vente, ou exposés dans des lieux ou réunions publics, soit par des placards et affiches exposés aux regards du public, aura provoqué l'auteur ou les auteurs de toute action qualifiée crime ou délit à la commettre, sera réputé complice et puni comme tel.

Art. 2. Quiconque aura, par l'un des moyens énoncés en l'article 1er, provoqué à commettre un ou plusieurs crimes, sans que ladite provocation ait été suivie d'aucun effet, sera puni d'un emprisonnement qui ne pourra être de moins de trois mois ni excéder cinq années, et d'une amende qui ne pourra être au-dessous de cinquante francs ni excéder six mille francs.

Art. 3. Quiconque aura, par l'un des mêmes moyens, provoqué à commettre un ou plusieurs délits, sans que ladite provocation ait été suivie d'aucun effet, sera puni d'un emprisonnement de trois jours à deux années, et d'une amende de trente francs à quatre mille francs, ou de l'une de ces deux peines seulement, selon les circonstances, sauf les cas dans lesquels la loi prononcerait une peine moins grave contre l'auteur même du délit, laquelle sera alors appliquée au provocateur.

Art. 4. *Article abrogé, remplacé aujourd'hui par les articles 1er du décret du 11 août 1848 et de la loi du 27 juillet 1849.*

Art. 5. *Article abrogé, remplacé aujourd'hui par les articles 8 de la loi du 25 mars 1822, 1 et 6 du décret du 11 août 1848.*

DÉCRET DU 11 AOUT 1848.

Art. 1er. Toute attaque, par l'un des moyens énoncés en l'article 1er de la loi du 17 mai 1819, contre les droits et l'autorité de l'Assemblée nationale, contre les droits et l'autorité que les membres du pouvoir exécutif tiennent des décrets de l'Assemblée, contre les institutions républicaines et la Constitution, contre le principe de la souveraineté du peuple et du suffrage universel, sera punie d'un emprisonnement de trois mois à cinq ans, et d'une amende de trois cents francs à six mille francs.

Art. 2. L'offense, par l'un des moyens énoncés en l'article 1er de la loi du 17 mai 1819, envers l'Assemblée nationale, sera punie d'un emprisonnement d'un mois à trois ans, et d'une amende de cent francs à cinq mille francs.

LOI DU 27 JUILLET 1849.

Art. 1er. Les articles 1 et 2 du décret du 11 août 1848 sont applicables aux attaques contre les droits et l'autorité que le président de la République tient de la Constitution et aux offenses envers sa personne.

La poursuite sera exercée d'office par le ministère public.

DÉCRET DU 11 AOUT 1848.

Art. 4. Quiconque, par l'un des moyens énoncés en l'article 1er de la loi du 17 mai 1819, aura excité à la haine ou au mépris du gouvernement de la République sera puni d'un emprisonnement d'un mois à quatre ans, et d'une amende de cent cinquante francs à cinq mille francs.

La présente disposition ne peut porter atteinte au droit de discussion et de censure des actes du pouvoir exécutif et des ministres.

LOI DU 25 MARS 1822.

Art. 8. Seront punis d'un emprisonnement de six jours à deux ans, et d'une amende de seize francs à quatre mille francs, tous cris séditieux publiquement proférés.

DÉCRET DU 11 AOUT 1848.

Art. 6. Seront punis d'un emprisonnement de quinze jours à deux ans, et d'une amende de cent francs à quatre mille francs :

1° L'enlèvement ou la dégradation des signes publics de l'autorité du gouvernement républicain, opéré en haine ou mépris de cette autorité;

2° Le port public de tous signes extérieurs de ralliement non autorisés par la loi ou par des règlements de police;

3° L'exposition dans des lieux ou réunions publics, la distribution ou la mise en vente de tous signes ou symboles propres à propager l'esprit de rébellion ou à troubler la paix publique.

Art. 7. Quiconque, par l'un des moyens énoncés en l'article 1er de la loi du 17 mai 1819, aura cherché à troubler la paix publique en excitant le mépris ou la haine des citoyens les uns contre les autres sera puni des peines portées en l'article précédent.

LOI DU 17 MAI 1819.

Art. 6. La provocation, par l'un des mêmes moyens, à la désobéissance aux lois sera également punie des peines portées en l'article 3.

Art. 7. Il n'est point dérogé aux lois qui punissent la provocation et la complicité résultant de tous actes autres que les faits de publication prévus par la présente loi.

LOI DU 27 JUILLET 1849.

Art. 2. Toute provocation, par l'un des moyens énoncés en l'article 1er de la loi du 17 mai 1819, adressée aux militaires des armées de terre et de mer, dans le but de les détourner de leurs devoirs militaires et de l'obéissance qu'ils doivent à leurs chefs, sera punie d'un emprisonnement d'un mois à deux ans, et d'une amende de vingt-cinq francs à quatre mille francs, sans préjudice des peines plus graves prononcées par la loi lorsque le fait constituera une tentative d'embauchage ou une provocation à une action qualifiée crime ou délit.

LOI DU 17 MAI 1819. — CHAPITRE II. — *Des outrages à la morale publique et religieuse et aux bonnes mœurs.*

Art. 8. Tout outrage à la morale publique et religieuse, ou aux bonnes mœurs, par l'un des moyens énoncés en l'article 1er, sera puni d'un emprisonnement d'un mois à un an et d'une amende de seize francs à cinq cents francs.

LOI DU 25 MARS 1822.

Art. 1er. Quiconque, par l'un des moyens énoncés en l'article 1er de la loi du 17 mai 1819, aura outragé ou tourné en dérision la religion de l'État sera puni d'un emprisonnement de trois mois à cinq ans, et d'une amende de trois cents francs à six mille francs.

Les mêmes peines seront prononcées contre quiconque aura outragé ou tourné en dérision toute autre religion dont l'établissement est légalement reconnu en France.

DÉCRET DU 11 AOUT 1848.

Art. 3. L'attaque par l'un de ces moyens contre la liberté des cultes, le principe de la propriété et les droits de la famille, sera punie d'un emprisonnement d'un mois à trois ans, et d'une amende de cent francs à quatre mille francs.

LOI DU 27 JUILLET 1849.

Art. 3. Toute attaque par l'un des mêmes moyens contre le respect dû aux lois et l'inviolabilité des droits qu'elles ont consacrés, toute apologie de faits qualifiés crimes ou délits par la loi pénale, sera punie d'un emprisonnement d'un mois à deux ans, et d'une amende de seize francs à mille francs.

LOI DU 17 MAI 1819. — CHAPITRE III. — *Des offenses publiques envers la personne du roi.*

Art. 9. Quiconque, par l'un des moyens énoncés en l'article 1er de la présente loi, se sera rendu coupable d'offenses envers la personne du roi sera puni d'un emprisonnement qui ne pourra être de moins de six mois, ni excéder cinq années, et d'une amende qui ne pourra être au-dessous de cinq cents francs, ni excéder dix mille francs.

Le coupable pourra, en outre, être interdit de tout ou partie des droits mentionnés en l'article 42 du Code pénal, pendant un temps égal à celui de l'emprisonnement auquel il aura été condamné : ce temps courra à compter du jour où le coupable aura subi sa peine. *V. article 1er loi du 27 juillet 1849, art. 86 Code pénal.*

CHAPITRE IV. — *Des offenses publiques envers les membres de la famille royale, les Chambres, les souverains et les chefs des gouvernements étrangers.*

Art. 10. L'offense, par l'un des moyens énoncés en l'article 1er, envers les membres de la famille royale sera punie d'un emprisonnement d'un mois à trois ans, et d'une amende de cent francs à cinq mille francs.

Art. 11. *Abrogé et remplacé par l'article 2, décr. du 11 août 1848. V. suprà.*

Art. 12. L'offense, par l'un des mêmes moyens, envers la personne des souverains ou envers celle des chefs des gouvernements étrangers, sera punie d'un emprisonnement d'un mois à trois ans, et d'une amende de cent francs à cinq mille francs.

LOI DU 25 MARS 1822.

Art. 6. L'outrage fait publiquement, d'une manière quelconque, à raison de leurs fonctions ou de leur qualité, soit à un ou plusieurs membres de l'une des deux Chambres, soit à un fonctionnaire public, soit enfin à un ministre de la religion de l'Etat ou de l'une des religions dont l'établissement est légalement reconnu en France, sera puni d'un emprisonnement de quinze jours à deux ans et d'une amende de cent francs à quatre mille francs.

Le même délit envers un juré, à raison de ses fonctions, ou envers un témoin, à raison de sa déposition, sera puni d'un emprisonnement de dix jours à un an, et d'une amende de cinquante francs à trois mille francs.

L'outrage fait à un ministre de la religion de l'Etat, ou de l'une des religions légalement reconnues en France, dans l'exercice même de ses fonctions, sera puni des peines portées par l'article 1er de la présente loi.

Si l'outrage, dans les différents cas prévus par le présent article, a été accompagné d'excès ou violences prévus par le premier paragraphe de l'article 228 du Code pénal, il sera puni des peines portées audit paragraphe et à l'article 229, et, en outre, de l'amende portée au premier paragraphe du présent article.

Si l'outrage est accompagné des excès prévus par le second paragraphe de l'article 228 et par les articles 231, 232 et 233, le coupable sera puni conformément audit Code.

DÉCRET DU 11 AOUT 1848.

Art. 5. L'outrage fait publiquement d'une manière quelconque, à raison de leurs fonctions ou de leur qualité, soit à un ou plusieurs membres de l'Assemblée nationale, soit à un ministre de l'un des cultes qui reçoivent un salaire de l'Etat, sera puni d'un emprisonnement de quinze jours à deux ans, et d'une amende de cent francs à quatre mille francs.

LOI DU 17 MAI 1819. — CHAPITRE V. — *De la diffamation et de l'injure publiques.*

Art. 13. Toute allégation ou imputation d'un fait qui porte atteinte à l'honneur ou à la considération de la personne ou du corps auquel le fait est imputé, est une diffamation.

Toute expression outrageante, terme de mépris ou invective, qui ne renferme l'imputation d'aucun fait est une injure.

Art. 14. La diffamation et l'injure commises par l'un des moyens énoncés en l'article 1er de la présente loi seront punies d'après les distinctions suivantes.

Art. 15. *Remplacé par l'article 5 de la loi du 25 mars 1822.*

LOI DU 25 MARS 1822.

Art. 5. La diffamation ou l'injure, par l'un des mêmes moyens, envers les cours, tribunaux, corps constitués, autorités ou administrations publiques, sera punie d'un emprisonnement de quinze jours à deux ans et d'une amende de cent cinquante francs à cinq mille francs.

LOI DU 17 MAI 1819.

Art. 16. La diffamation envers tout dépositaire ou agent de l'autorité publique, pour des faits relatifs à ses fonctions, sera punie d'un emprisonnement de huit jours à dix-huit mois, et d'une amende de cinquante francs à trois mille francs.

L'emprisonnement et l'amende pourront, dans ce cas, être infligés cumulativement ou séparément, selon les circonstances.

Art. 17. La diffamation envers les ambassadeurs, ministres plénipotentiaires, envoyés, chargés d'affaires ou autres agents diplomatiques accrédités près du roi, sera punie d'un emprisonnement de huit jours à dix-huit mois, et d'une amende de cinquante francs à trois mille francs, ou de l'une de ces deux peines seulement, selon les circonstances.

Art. 18. La diffamation envers les particuliers sera punie d'un emprisonnement de cinq jours à un an, et d'une amende de vingt-cinq francs à deux mille francs, ou de l'une de ces deux peines seulement, selon les circonstances.

Art. 19. L'injure contre les personnes désignées par les articles 16 et 17 de la présente loi sera punie d'un emprisonnement de cinq jours à un an et d'une amende de vingt-cinq francs à deux mille francs, ou de l'une de ces deux peines seulement, selon les circonstances.

L'injure contre les particuliers sera punie d'une amende de seize francs à cinq cents francs.

Art. 20. Néanmoins, l'injure qui ne renfermerait pas l'imputation d'un vice déterminé, ou qui ne serait pas publique, continuera d'être punie des peines de simple police.

LOI DU 11 MAI 1868.

Art. 11. Toute publication dans un écrit périodique relative à un fait de la vie privée constitue une contravention punie d'une amende de cinq cents francs.

La poursuite ne pourra être exercée que sur la plainte de la partie intéressée.

LOI DU 17 MAI 1819. — CHAPITRE VI. — *Dispositions générales.*

Art. 21. Ne donneront ouverture à aucune action, les discours tenus dans le sein de l'une des deux Chambres, ainsi que les rapports ou toutes autres pièces imprimés par ordre de l'une des deux Chambres.

Art. 22. *Ne donnera lieu à aucune action le compte fidèle des séances publiques de la Chambre des députés rendu de bonne foi dans les journaux.*

Art. 23. Ne donneront lieu à aucune action en diffamation ou injure les discours prononcés ou les écrits produits devant les tribunaux : pourront, néanmoins, les juges saisis de la cause, en statuant sur le fond, prononcer la suppression des écrits injurieux ou diffamatoires, et condamner qui il appartiendra en des dommages-intérêts.

Les juges pourront aussi, dans le même cas, faire des injonctions aux avocats et officiers ministériels, ou même les suspendre de leurs fonctions.

La durée de cette suspension ne pourra excéder six mois; en cas de récidive, elle sera d'un an au moins et de cinq ans au plus.

Pourront, toutefois, les faits diffamatoires étrangers à la cause donner ouverture soit à l'action publique, soit à l'action civile des parties, lorsqu'elle leur aura été réservée par les tribunaux, et, dans tous les cas, à l'action civile des tiers.

Art. 24. Les imprimeurs d'écrits dont les auteurs seraient mis en jugement en vertu de la présente loi, et qui auraient rempli les obligations prescrites par le titre II de la loi du 21 octobre 1814, ne pourront être recherchés pour le simple fait d'impression de ces écrits, à moins qu'ils n'aient agi sciemment, ainsi qu'il est dit à l'article 60 du Code pénal, qui définit la complicité.

Art. 25. En cas de récidive des crimes et délits prévus par la présente loi, il pourra y avoir lieu à l'aggravation de peines prononcée par le chapitre IV, livre Iᵉʳ, du Code pénal.

Art. 26. Les articles 102, 217, 367, 368, 369, 370, 371, 372, 374, 375, 377 du Code pénal, et la loi du 9 novembre 1815, sont abrogés.

Toutes les autres dispositions du Code pénal auxquelles il n'est pas dérogé par la présente loi continueront d'être exécutées.

LOI DU 18 JUILLET 1828.

Art. 16. Dans les procès qui ont pour objet la diffamation, si les tribunaux ordonnent, aux termes de l'article 64 de la Charte, que les débats auront lieu à huis clos, les journaux ne pourront, à peine de deux mille francs d'amende, publier les faits de diffamation ni donner l'extrait des mémoires ou écrits quelconques qui les contiendraient.

Dans toutes les affaires civiles ou criminelles où un huis clos aura été ordonné, ils ne pourront, sous la même peine, publier que le prononcé du jugement.

Art. 17. Lorsqu'aux termes du dernier paragraphe de l'art. 23 de la loi du 17 mai 1819, les tribunaux auront, pour les faits diffamatoires étrangers à la cause, réservé soit l'action publique, soit l'action civile des parties, les journaux ne pourront, sous la même peine, publier ces faits, ni donner l'extrait des mémoires qui les contiendraient.

LOI DU 27 JUILLET 1849.

Art. 10. Il est interdit de publier les actes d'accusation et aucun acte de procédure criminelle avant qu'ils aient été lus en audience publique, sous peine d'une amende de cent francs à deux mille francs.

En cas de récidive commise dans l'année, l'amende pourra être portée au double et le coupable condamné à un emprisonnement de dix jours à six mois.

Art. 11. Il est interdit de rendre compte

des procès pour outrages ou injures et des procès en diffamation où la preuve des faits diffamatoires n'est pas admise par la loi.

La plainte pourra seulement être annoncée sur la demande du plaignant. Dans tous les cas, le jugement pourra être publié.

Il est interdit de publier les noms des jurés, excepté dans le compte rendu de l'audience où le jury aura été constitué;

De rendre compte des délibérations intérieures soit des jurés, soit des cours et tribunaux.

L'infraction à ces dispositions sera punie d'une amende de deux cents francs à trois mille francs.

En cas de récidive commise dans l'année, la peine pourra être portée au double.

Art. 12. Les infractions aux dispositions des deux articles précédents seront poursuivies devant les tribunaux de police correctionnelle.

DÉCRET DU 17 FÉVRIER 1852.

Art. 14. Toute contravention à l'article 42 de la Constitution sur la publication des comptes rendus officiels des séances du Corps législatif sera punie d'une amende de mille à cinq mille francs.

Art. 16. Il est interdit de rendre compte des séances du Sénat autrement que par la reproduction des articles insérés au journal officiel.

Il est interdit de rendre compte des séances non publiques du conseil d'État.

Art. 17. Il est interdit de rendre compte des procès pour délits de presse. La poursuite pourra seulement être annoncée; dans tous les cas, le jugement pourra être publié.

Dans toutes affaires civiles, correctionnelles ou criminelles, les cours et tribunaux pourront interdire le compte rendu du procès. Cette interdiction ne pourra s'appliquer au jugement, qui pourra toujours être publié.

Art. 18. Toute contravention aux dispositions des articles 16 et 17 de la présente loi sera punie d'une amende de cinquante francs à cinq mille francs, sans préjudice des peines prononcées par la loi, si le compte rendu est infidèle et de mauvaise foi.

LOI DU 25 MARS 1822.

Art. 7. L'infidélité et la mauvaise foi dans le compte que rendent les journaux et écrits périodiques des séances des Chambres et des audiences des cours et tribunaux seront punies d'une amende de mille francs à six mille francs.

En cas de récidive, ou lorsque le compte rendu sera offensant pour l'une ou l'autre des Chambres, ou pour l'un des pairs ou des députés, ou injurieux pour la cour, le tribunal, ou l'un des magistrats, des jurés ou des témoins, les éditeurs du journal seront en outre condamnés à un emprisonnement d'un mois à trois ans.

Dans les mêmes cas, il pourra être interdit, pour un temps limité ou pour toujours, aux propriétaires et éditeurs du journal ou écrit périodique condamné, de rendre compte des débats législatifs ou judiciaires. La violation de cette défense sera punie de peines doubles de celles portées au présent article.

DÉCRET DU 17 FÉVRIER 1852.

Art. 15. La publication ou la reproduction de nouvelles fausses, de pièces fabriquées, falsifiées ou mensongèrement attribuées à des tiers, sera punie d'une amende de cinquante à mille francs.

Si la publication ou reproduction est faite de mauvaise foi, ou si elle est de nature à troubler la paix publique, la peine sera d'un mois à un an d'emprisonnement, et d'une amende de cinq cents à mille francs. Le maximum de la peine sera appliqué si la publication ou reproduction est tout à la fois de nature à troubler la paix publique et faite de mauvaise foi.

Art. 22. Aucuns dessins, aucunes gravures, lithographies, médailles, estampes ou emblèmes, de quelque nature et espèce qu'ils soient, ne pourront être publiés, exposés ou mis en vente sans l'autorisation préalable du ministre de la police à Paris, ou des préfets dans les départements.

En cas de contravention, les dessins, gravures, lithographies, médailles, estampes ou emblèmes pourront être confisqués, et ceux qui les auront publiés seront condamnés à un emprisonnement d'un mois à un an et à une amende de cent francs à mille francs.

LOI DU 27 JUILLET 1849.

Art. 5. Il est interdit d'ouvrir ou annoncer publiquement des souscriptions ayant pour objet d'indemniser des amendes, frais, dommages et intérêts prononcés par des condamnations judiciaires. La contravention sera punie, par le tribunal correctionnel, d'un emprisonnement d'un mois à un an et d'une amende de cinq cents francs à mille francs.

Art. 6. Tous distributeurs ou colporteurs de livres, écrits, brochures, gravures et lithographies devront être pourvus d'une autorisation qui leur sera délivrée, pour le département de la Seine, par le préfet de police, et, pour les autres départements, par les préfets.

Ces autorisations pourront toujours être

retirées par les autorités qui les auront délivrées.

Les contrevenants seront condamnés, par les tribunaux correctionnels, à un emprisonnement d'un mois à six mois et à une amende de vingt-cinq francs à cinq cents francs, sans préjudice des poursuites qui pourraient être dirigées pour crimes ou délits soit contre les auteurs ou éditeurs de ces écrits, soit contre les distributeurs ou colporteurs eux-mêmes.

LOI DU 16 JUILLET 1850.

Art. 10. Pendant les vingt jours qui précéderont les élections, les circulaires et professions de foi signées des candidats pourront, après dépôt au parquet du procureur de la République, être affichées et distribuées sans autorisation de l'autorité municipale.

LOI DU 11 MAI 1868.

Art. 3. Sont affranchies du timbre les affiches électorales d'un candidat contenant sa profession de foi, une circulaire signée de lui ou seulement son nom.

DÉCRET DU 17 FÉVRIER 1852.

Art. 24. Tout individu qui exerce le commerce de la librairie sans avoir obtenu le brevet exigé par l'article 11 de la loi du 2 octobre 1814 sera puni d'une peine d'un mois à deux ans d'emprisonnement, et d'une amende de cent francs à deux mille francs. L'établissement sera fermé.

<hr>

DEUXIÈME PARTIE.

POURSUITES ET RÉPRESSION.

LOI DU 26 MAI 1819 *relative à la poursuite et au jugement des crimes et délits commis par la voie de la presse, ou par tout autre moyen de publication.*

Art. 1er. La poursuite des crimes et délits commis par la voie de la presse, ou par tout autre moyen de publication, aura lieu d'office et à la requête du ministère public, sous les modifications suivantes.

Art. 2. Dans le cas d'offense envers les Chambres ou l'une d'elles par voie de publication, la poursuite n'aura lieu qu'autant que la Chambre qui se croira offensée l'aura autorisée.

Art. 3. Dans le cas du même délit contre la personne des souverains et celle des chefs des gouvernements étrangers, la poursuite n'aura lieu que sur la plainte ou à la requête du souverain ou du chef du gouvernement qui se croira offensé.

Art. 4. Dans les cas de diffamation ou d'injure contre les cours, tribunaux, ou autres corps constitués, la poursuite n'aura lieu qu'après une délibération de ces corps prise en assemblée générale et requérant les poursuites.

Art. 5. Dans le cas des mêmes délits contre tout dépositaire ou agent de l'autorité publique, contre tout agent diplomatique étranger accrédité près du roi, ou contre tout particulier, la poursuite n'aura lieu que sur la plainte de la partie qui se prétendra lésée.

Art. 6 à 11. *Abrogés par le décret du 17 février 1852.*

Art. 12. Dans les cas où les formalités prescrites par les lois et règlements concernant le dépôt auront été remplies, les poursuites à la requête du ministère public ne pourront être faites que devant les juges du lieu où le dépôt aura été opéré, ou de celui de la résidence du prévenu.

En cas de contravention aux dispositions ci-dessus rappelées concernant le dépôt, les poursuites pourront être faites soit devant le juge de la résidence du prévenu, soit dans les lieux où les écrits et autres instruments de publication auront été saisis.

Dans tous les cas, la poursuite à la requête de la partie plaignante pourra être portée devant les juges de son domicile, lorsque la publication y aura été effectuée.

Art. 13. Les crimes *et délits* commis par la voie de la presse ou tout autre moyen de publication, à l'exception de ceux désignés dans l'article suivant, seront renvoyés par la chambre des mises en accusation de la cour royale devant la cour d'assises, pour être jugés à la plus prochaine session. L'arrêt de renvoi sera de suite notifié au prévenu. — *Abrogé quant aux délits par l'article 25, décret du 17 février 1852.*

Art. 14. Les délits de diffamation verbale ou d'injure verbale contre toute personne, et ceux de diffamation ou d'injure par une voie de publication quelconque contre des particuliers, seront jugés par les tribunaux de police correctionnelle, sauf les cas attribués aux tribunaux de simple police.

Art. 15 à 24. *Abrogés implicitement par les articles 25, 27 et 28 du décret du 17 février 1852.*

Art. 25. Lorsque les faits imputés seront punissables selon la loi, et qu'il y aura des poursuites commencées à la requête du ministère public, ou que l'auteur de l'imputation aura dénoncé ces faits, il sera, durant l'instruction, sursis à la poursuite et au jugement du délit de diffamation.

DÉCRET DU 17 FÉVRIER 1852.

Art. 28. En aucun cas, la preuve par témoin ne sera admise pour établir la réalité des faits injurieux ou diffamatoires.

LOI DU 25 MARS 1822.

Art. 15. Dans le cas d'offense envers les Chambres ou l'une d'elles par l'un des moyens énoncés en la loi du 17 mai 1819, la Chambre offensée, sur la simple réclamation d'un de ses membres, pourra, si mieux elle n'aime autoriser les poursuites par la voie ordinaire, ordonner que le prévenu sera traduit à sa barre. Après qu'il aura été entendu ou dûment appelé, elle le condamnera, s'il y a lieu, aux peines portées par les lois. La décision sera exécutée sur l'ordre du président de la Chambre.

Art. 16. Les Chambres appliqueront elles-mêmes, conformément à l'article précédent, les dispositions de l'article 7 relatives au compte rendu par les journaux de leurs séances.

Les dispositions du même article 7 relatives au compte rendu des audiences des cours et tribunaux seront appliquées directement par les cours et tribunaux qui auront tenu ces audiences.

DÉCRET DU 22 MARS 1848.

Art. 1er. Les tribunaux civils sont incompétents pour connaître des diffamations, injures ou autres attaques dirigées par la voie de la presse ou par tout autre moyen de publication contre les fonctionnaires ou contre tout citoyen revêtu d'un caractère public, à raison de leurs fonctions ou de leur qualité. Ils renverront devant qui de droit toute action en dommages-intérêts fondée sur des faits de cette nature.

Art. 2. L'action civile résultant des délits commis par la voie de la presse ou par toute autre voie de publication contre les fonctionnaires ou contre tout citoyen revêtu d'un caractère public ne pourra, dans aucun cas, être poursuivie séparément de l'action publique. Elle s'éteindra de plein droit par le seul fait de l'extinction de l'action publique.

DÉCRET DU 17 FÉVRIER 1852.

Art. 25. Seront poursuivis devant les tribunaux de police correctionnelle : 1° les délits commis par la voie de la presse ou tout autre moyen de publication mentionné dans l'article 1er de la loi du 17 mai 1819, et qui avaient été attribués par les lois antérieures à la compétence des cours d'assises; 2° les contraventions sur la presse prévues par les lois antérieures; 3° les délits et contraventions édictés par la présente loi.

Art. 26. *Les appels des jugements rendus par les tribunaux correctionnels sur les délits commis par la voie de la presse seront portés directement, sans distinction de la situation locale de ces tribunaux, devant la chambre correctionnelle de la cour d'appel.*

Art. 27. Les poursuites auront lieu dans les formes et délais prescrits par le Code d'instruction criminelle.

DÉCRET DU 28 FÉVRIER 1852.

Art. 1er. Tous les délits dont la connaissance est actuellement attribuée aux cours d'assises, et qui ne sont pas compris dans les décrets des 31 décembre 1851 et 17 février 1852, seront jugés par les tribunaux correctionnels, sauf les cas pour lesquels il existe des dispositions spéciales à raison des fonctions ou de la qualité des inculpés.

Art. 2. *Dispositions transitoires.*

Art. 3. Les poursuites seront dirigées selon les formes et les règles prescrites par le Code d'instruction criminelle.

Art. 4. Sont et demeurent abrogées toutes dispositions relatives à la compétence contraires au présent décret, et notamment celles qui résultent de la loi du 8 octobre 1830, en matière de délits politiques ou réputés tels; de l'article 6 de la loi du 10 décembre 1830, relative aux afficheurs et crieurs publics; de l'article 10 du décret du 7 juin 1848, sur les délits d'attroupements; de l'article 16, paragraphe 2, de la loi du 28 juillet 1848, sur les clubs et les sociétés secrètes; de l'article 117 de la loi électorale du 15 mars 1849.

LOI DU 11 MAI 1868.

Art. 10. En matière de poursuites pour délits et contraventions commis par la voie de la presse, la citation directe devant le tribunal de police correctionnelle ou la cour impériale sera donnée conformément aux dispositions de l'article 184 du Code d'instruction criminelle. Le prévenu qui a comparu devant le tribunal ou devant la cour ne peut plus faire défaut.

LOI DU 18 JUILLET 1828.

Art. 14. Les amendes, autres que celles portées par la présente loi, qui auront été encourues pour délit de publication par la voie d'un journal ou écrit périodique, ne seront jamais moindres du double du *minimum* fixé par les lois relatives à la répression des délits de la presse.

LOI DU 16 JUILLET 1850.

Art. 9. Les peines pécuniaires prononcées pour crimes et délits par les lois sur la presse et autres moyens de publication ne se confondront pas entre elles, et seront toutes intégralement subies, lorsque les faits qui y donneront lieu seront postérieurs à la première poursuite.

LOI DU 26 MAI 1819.

Art. 26. Tout arrêt de condamnation contre les auteurs ou complices des crimes et délits commis par voie de publication, ordonnera la suppression ou la destruction des objets saisis, ou de tous ceux qui pourront l'être ultérieurement, en tout ou en partie, suivant qu'il y aura lieu pour l'effet de la condamnation.

L'impression ou l'affiche de l'arrêt pourront être ordonnées aux frais du condamné.

Ces arrêts seront rendus publics dans la même forme que les jugements portant déclaration d'absence.

Art. 27. Quiconque, après que la condamnation d'un écrit, de dessins ou gravures, sera réputée connue par la publication dans les formes prescrites par l'article précédent, les réimprimera, vendra ou distribuera, subira le *maximum* de la peine qu'aurait pu encourir l'auteur.

LOI DU 18 JUILLET 1828.

Art. 15. En cas de récidive par le même gérant, et dans les cas prévus par l'art. 58 du Code pénal, indépendamment des dispositions de l'article 10 de la loi du 9 juin 1819, les tribunaux pourront, suivant la gravité du délit, prononcer la suspension du journal ou écrit périodique pour un temps qui ne pourra excéder deux mois, ni être moindre de dix jours. Pendant ce temps, le cautionnement continuera à demeurer en dépôt à la caisse des consignations, et il ne pourra recevoir une autre destination.

LOI DU 27 JUILLET 1849.

Art. 15. La suspension autorisée par l'article 15 de la loi du 18 juillet 1828 pourra être prononcée par les cours d'assises, toutes les fois qu'une deuxième ou ultérieure condamnation pour crime ou délit sera encourue, dans la même année, par le même gérant ou par le même journal.

La suspension pourra être prononcée, même par un premier arrêt de condamnation, lorsque cette condamnation sera encourue pour provocation à l'un des crimes prévus par les articles 87 et 91 du Code pénal.

Dans ce dernier cas, l'article 28 de la loi du 26 mai 1819 cessera d'être applicable.

Cet article est modifié par l'article suivant.

LOI DU 11 MAI 1868.

Art. 12. Une condamnation pour crime commis par la voie de la presse entraîne de plein droit la suppression du journal dont le gérant a été condamné.

Pour le cas de la récidive dans les deux années à partir de la première condamnation pour délit de presse autre que ceux commis contre les particuliers, les tribunaux peuvent, en réprimant un nouveau délit de même nature, prononcer la suspension du journal ou écrit périodique pour un temps qui ne sera pas moindre de quinze jours ni supérieur à deux mois.

Une suspension de deux à six mois peut être prononcée pour une troisième condamnation dans le même délai. Elle peut l'être également par un premier jugement ou arrêt de condamnation, si la condamnation est encourue pour provocation à l'un des crimes prévus par les articles 86, 87 et 91 du Code pénal, ou pour délit prévu par l'article 9 de la loi du 17 mai 1819.

Pendant toute la durée de la suspension, le cautionnement demeurera déposé au trésor et ne pourra recevoir une autre destination.

DÉCRET DU 17 FÉVRIER 1852.

Art. 20. Si la publication d'un journal ou écrit périodique frappé de suppression ou de suspension *administrative ou judiciaire* est continuée sous le même titre, ou sous un titre déguisé, les auteurs, gérants ou imprimeurs seront condamnés à la peine d'un mois à deux ans d'emprisonnement, et, solidairement, à une amende de cinq cents francs à trois mille francs, par chaque numéro ou feuille publiée en contravention.

LOI DU 25 MARS 1822.

Art. 14. *Dans les cas de délits correc-*

tionnels prévus par les premier, second et quatrième paragraphes de l'article 6, par l'article 8 et par le premier paragraphe de l'article 9 de la présente loi, les tribunaux pourront appliquer, s'il y a lieu, l'art. 463 du Code pénal.

DÉCRET DU 11 AOUT 1848.

Art. 8. *L'art. 463 du Code pénal est applicable aux délits de la presse.*

LOI DU 27 JUILLET 1849.

Art. 23. *L'article 463 du Code pénal est applicable aux délits prévus par la présente loi.*

Lorsque, en matière de délits, le jury aura déclaré l'existence des circonstances atténuantes, la peine ne s'élèvera jamais au-dessus de moitié du *maximum* déterminé par la loi.

LOI DU 11 MAI 1868.

Art. 15. L'article 463 est applicable aux crimes, délits et contraventions commis par la voie de la presse, sans que l'amende puisse être inférieure à cinquante francs.

MÊME LOI.

Art. 13. L'exécution provisoire du jugement ou de l'arrêt qui prononce la suspension ou la suppression d'un journal ou écrit périodique pourra, par une disposition spéciale, être ordonnée nonobstant opposition ou appel en ce qui touche la suspension ou la suppression.

Il en sera de même pour la consignation de l'amende, sans préjudice des dispositions des articles 29, 30 et 31 du décret du 17 février 1852.

Toutefois, l'opposition ou l'appel suspendront l'exécution, s'ils sont formés dans les vingt-quatre heures de la signification des jugement ou arrêt par défaut ou de la prononciation du jugement contradictoire.

L'opposition ou l'appel entraîneront de plein droit citation à la plus prochaine audience.

Il sera statué dans les trois jours.

Le pourvoi en cassation n'arrêtera en aucun cas les effets des jugements et arrêts ordonnant l'exécution provisoire.

LOI DU 16 JUILLET 1850.

Art. 6. Dans les trois jours de tout arrêt de condamnation pour crime ou délit de presse, le gérant du journal devra acquitter le montant des condamnations qu'il aura encourues.

En cas de pourvoi en cassation, le montant des condamnations sera consigné dans le même délai. *V. art. 29, décr. 17 fév. 1852.*

Art. 7. La consignation ou le payement prescrit par les articles précédents sera constaté par une quittance délivrée en duplicata par le receveur des domaines.

Cette quittance sera, le quatrième jour au plus tard soit de l'arrêt rendu par la cour d'assises, soit de la notification de l'arrêt de la chambre des mises en accusation, remise au procureur de la République, qui en donnera récépissé.

Art. 8. Faute par le gérant d'avoir remis la quittance dans les délais ci-dessus fixés, le journal cessera de paraître, sous les peines portées contre tout journal publié sans cautionnement.

DÉCRET DU 17 FÉVRIER 1852.

Art. 29. Dans les trois jours de tout jugement ou arrêt définitif de contravention de presse, le gérant du journal devra acquitter le montant des condamnations qu'il aura encourues ou dont il sera responsable.

En cas de pourvoi en cassation, le montant des condamnations sera consigné dans le même délai.

Art. 30. La consignation ou le payement prescrit par l'article précédent sera constaté par une quittance délivrée en duplicata par le receveur des domaines.

Cette quittance sera, le quatrième jour au plus tard, remise au procureur de la République, qui en donnera récépissé.

Art. 31. Faute par le gérant d'avoir remis la quittance dans les délais ci-dessus fixés, le journal cessera de paraître, sous les peines portées par l'article 5 de la présente loi.

DÉCRET DU 5 JANVIER 1853.

Art. 1er. Les amendes à acquitter en exécution du paragraphe 1er de l'article 6 de la loi du 16 juillet 1850, et de l'article 29 du décret du 17 février 1852, seront versées, à l'avenir, à la caisse des consignations à Paris, et à celle de ses préposés dans les départements; elles y resteront déposées pendant trois mois, avec leur affectation spéciale au profit du trésor.

Les sommes consignées, en cas de pourvoi en cassation, conformément au paragraphe 2 des articles ci-dessus mentionnés, resteront également déposées pendant le même délai de trois mois, à partir de la date soit du désistement, soit de l'arrêt de rejet, soit du jugement, ou de l'arrêt définitif à intervenir.

Art. 2. A l'expiration du délai de trois mois, dans les deux cas prévus en l'article précédent, si le droit de grâce n'a pas été exercé, les sommes consignées seront irrévocablement acquises à l'État, et elles seront versées par la caisse des consignations au bureau du receveur de l'enregistrement, chargé de la recette des amendes et frais de justice dans la ville où se publiait le journal.

LOI DU 9 JUIN 1819.

Art. 11. Les éditeurs du journal ou écrit périodique seront tenus d'insérer dans l'une des feuilles ou des livraisons qui paraîtront dans le mois du jugement ou de l'arrêt intervenu contre eux, extrait contenant les motifs et le dispositif dudit jugement ou arrêt.

Art. 12. La contravention aux articles 7, 8 et 11 de la présente loi sera punie correctionnellement d'une amende de cent francs à mille francs.

Art. 13. Les poursuites auxquelles pourront donner lieu les contraventions aux articles 7, 8 et 11 de la présente loi se prescriront par le laps de trois mois, à compter de la contravention, ou de l'interruption des poursuites, s'il y en a de commencées en temps utile.

Les art. 7 et 8 sont abrogés.

TROISIÈME PARTIE.

LOIS RELATIVES A LA PUBLICATION DES JOURNAUX ET ÉCRITS PÉRIODIQUES.

LOI DU 11 MAI 1868, *relative à la presse.*

Art. 1er. Tout Français majeur et jouissant de ses droits civils et politiques peut, sans autorisation préalable, publier un journal ou écrit périodique paraissant soit régulièrement et à jour fixe, soit par livraisons et irrégulièrement.

LOI DU 18 JUILLET 1828.

Art. 4. En cas d'association, la société devra être l'une de celles qui sont définies et régies par le Code de commerce.

Hors le cas où le journal serait publié par une société anonyme, les associés seront tenus de choisir entre eux un, deux ou trois gérants, qui, aux termes des articles 22 et 24 du Code de commerce, auront chacun individuellement la signature.

Si l'un des gérants responsables vient à décéder ou à cesser ses fonctions par une cause quelconque, les propriétaires seront tenus, dans le délai de deux mois, de le remplacer, ou de réduire, par un acte revêtu des mêmes formalités que celui de société, le nombre de leurs gérants. Ils auront aussi, dans les limites ci-dessus déterminées, le droit d'augmenter ce nombre en remplissant les mêmes formalités. S'ils n'en avaient constitué qu'un seul, ils seront tenus de le remplacer dans les quinze jours qui suivront son décès; faute par eux de le faire, le journal ou écrit périodique cessera de paraître, à peine de mille francs d'amende pour chaque feuille ou livraison qui serait publiée après l'expiration de ce délai.

Art. 5. Les gérants responsables, ou l'un ou deux d'entre eux, surveilleront et dirigeront par eux-mêmes la rédaction du journal ou écrit périodique.

Chacun des gérants responsables devra avoir les qualités requises par l'article 980 du Code civil, être propriétaire au moins d'une part ou action dans l'entreprise, et posséder en son propre et privé nom un quart au moins du cautionnement.

Art. 6. *Aucun journal ou écrit périodique soumis au cautionnement par les dispositions de la présente loi ne pourra être publié, s'il n'a été fait préalablement une déclaration contenant :*

1° Le titre du journal ou écrit périodique et les époques auxquelles il doit paraître ;

2° Le nom de tous les propriétaires autres que les commanditaires, leur demeure, leur part dans l'entreprise ;

3° Le nom et la demeure des gérants responsables ;

4° L'affirmation que ces propriétaires et gérants réunissent les conditions de capacité prescrites par la loi;

5° L'indication de l'imprimerie dans laquelle le journal ou écrit périodique devra être imprimé.

Toutes les fois qu'il surviendra quelque mutation, soit dans le titre du journal ou dans les conditions de sa périodicité, soit parmi les propriétaires ou les gérants responsables, il en sera fait déclaration devant l'autorité compétente dans les quinze jours qui suivront la mutation, à la diligence des gérants responsables. En cas de négligence, ils seront punis d'une amende de cinq cents francs.

Il en sera de même si le journal ou écrit périodique venait à être imprimé dans une autre imprimerie que celle qui a été originairement déclarée.

Dans le cas où l'entreprise aurait été formée par une seule personne, le propriétaire, s'il réunit les qualités requises par le paragraphe 2 de l'article 5, sera en même temps le gérant responsable du journal.

Dans le cas contraire, il sera tenu de présenter un gérant responsable, conformément à l'article 5.

Les journaux exceptés du cautionnement seront tenus de faire la déclaration préalable prescrite par les n°s 1, 2 et 3 du premier paragraphe du présent article.

LOI DU 11 MAI 1868.

Art. 2. Aucun journal ou écrit périodique ne peut être publié s'il n'a été fait, à Paris, à la préfecture de police, et dans les départements, à la préfecture, et quinze jours au moins avant la publication, une déclaration contenant :

1° Le titre du journal ou écrit périodique et les époques auxquelles il doit paraître ;

2° Le nom, la demeure et les droits des propriétaires autres que les commanditaires ;

3° Le nom et la demeure du gérant ;

4° L'indication de l'imprimerie où il doit être imprimé.

Toute mutation dans les conditions ci-dessus énumérées est déclarée dans les quinze jours qui la suivent.

Toute contravention aux dispositions du présent article est punie des peines portées dans l'article 5 du décret du 17 février 1852.

LOI DU 18 JUILLET 1828.

Art. 7. Ces déclarations seront accompagnées du dépôt des pièces justificatives : elles seront signées par chacun des propriétaires du journal ou écrit périodique, ou par le fondé de pouvoir de chacun d'eux. *Elles seront reçues à Paris à la direction de la librairie, et dans les départements au secrétariat général de la préfecture.*

Art. 10. En cas de contestation sur la régularité ou la sincérité de la déclaration prescrite par l'article 6 et des pièces à l'appui, il sera statué par les tribunaux, à la diligence du préfet, sur mémoire, sommairement et sans frais, la partie ou son défenseur et le ministère public entendus.

Si le journal n'a point encore paru, il sera sursis à la publication jusqu'au jugement à intervenir, lequel sera exécutoire nonobstant appel.

Art. 11. Si la déclaration prescrite par l'article 6 est reconnue fausse et frauduleuse en quelqu'une de ses parties, le journal cessera de paraître. Les auteurs de la déclaration seront punis d'une amende dont le *minimum* sera d'une somme égale au dixième, et le *maximum*, d'une somme égale à la moitié du cautionnement.

Art. 12. Dans le cas où un journal ou écrit périodique est établi et publié par un seul propriétaire, si ce propriétaire vient à mourir, sa veuve ou ses héritiers auront un délai de trois mois pour présenter un gérant responsable : ce gérant devra être propriétaire d'immeubles libres de toute hypothèque et payant au moins cinq cents francs de contributions directes si le journal est publié dans les départements de la Seine, de Seine-et-Oise et de Seine-et-Marne, et cent cinquante francs dans les autres départements.

Le gérant que la veuve ou les héritiers seront admis à présenter devra réunir les conditions requises par l'article 980 du Code civil.

Dans les dix jours du décès, la veuve ou les héritiers seront tenus de présenter un rédacteur, qui sera responsable du journal jusqu'à ce que le gérant soit accepté.

Le cautionnement du propriétaire décédé demeurera affecté à la gestion.

LOI DU 27 JUILLET 1849.

Art. 14. En cas de condamnation du gérant pour crime, délit ou contravention de la presse, la publication du journal ou écrit périodique ne pourra avoir lieu, pendant toute la durée des peines d'emprisonnement et d'interdiction des droits civiques et civils, que par un autre gérant remplissant toutes les conditions exigées par la loi. Si le journal n'a qu'un gérant, les propriétaires auront un mois pour en présenter un nouveau, et, dans l'intervalle, ils seront tenus de désigner un rédacteur responsable. Le cautionnement entier demeurera affecté à cette responsabilité.

DÉCRET DU 17 FÉVRIER 1852.

Art. 2. Les journaux politiques ou d'économie sociale publiés à l'étranger ne pourront circuler en France qu'en vertu d'une autorisation du gouvernement.

Les introducteurs ou distributeurs d'un journal étranger dont la circulation n'aura pas été autorisée seront punis d'un emprisonnement d'un mois à un an et d'une amende de cent francs à cinq mille francs.

Art. 3. Les propriétaires de tout journal ou écrit périodique traitant de matières politiques ou d'économie sociale sont tenus, avant la publication, de verser au trésor un cautionnement en numéraire, dont l'intérêt sera payé au taux réglé pour les cautionnements.

Art. 4. Pour les départements de la Seine, de Seine-et-Oise, de Seine-et-Marne et du Rhône, le cautionnement est fixé ainsi qu'il suit :

Si le journal ou écrit périodique paraît plus de trois fois par semaine, soit à jour fixe, soit par livraisons irrégulières, le cautionnement sera de cinquante mille francs (50,000ᶠ).

Si la publication n'a lieu que trois fois par semaine ou à des intervalles plus éloignés, le cautionnement sera de trente mille francs (30,000ᶠ).

Dans les villes de cinquante mille âmes et au-dessus, le cautionnement des journaux ou écrits périodiques paraissant plus de trois fois par semaine sera de vingt-cinq mille francs (25,000ᶠ).

Il sera de quinze mille francs dans les autres villes, et, respectivement, de moitié de ces deux sommes pour les journaux ou écrits périodiques paraissant trois fois par semaine ou à des intervalles plus éloignés.

Art. 5. Toute publication de journal ou écrit périodique, sans cautionnement ou sans que le cautionnement soit complété, sera punie d'une amende de cent à deux mille francs par chaque numéro ou livraison publiés en contravention, et d'un emprisonnement d'un mois à deux ans.

Celui qui aura publié le journal ou écrit périodique et l'imprimeur seront solidairement responsables.

Le journal ou écrit périodique cessera de paraître.

ORDONNANCE DU **29 JUILLET 1828** *concernant l'exécution de la loi du 18 juillet 1828 sur les journaux et écrits périodiques.*

Art. 1ᵉʳ. Avant toute publication d'un journal ou écrit périodique soumis au cautionnement par les dispositions de la loi du 18 juillet 1828, il sera justifié au procureur du roi du lieu de l'impression du versement du cautionnement auquel ce journal ou écrit périodique est soumis, et de la déclaration prescrite par l'article 6 de ladite loi. Le procureur du roi donnera acte sur-le-champ de cette justification et en tiendra registre.

LOI DU 9 JUIN 1819.

Art. 3. Le cautionnement sera affecté, par privilége, aux dépens, dommages-intérêts et amendes auxquels les propriétaires ou éditeurs pourront être condamnés : le prélèvement s'opérera dans l'ordre indiqué au présent article. En cas d'insuffisance, il y aura lieu à recours solidaire sur les biens des propriétaires ou éditeurs déclarés responsables du journal ou écrit périodique, et des auteurs et rédacteurs des articles condamnés.

LOI DU 18 JUILLET 1828.

Art. 13. Les condamnations pécuniaires prononcées soit contre les signataires responsables, soit contre l'auteur ou les auteurs des passages incriminés, seront prélevées : 1° sur la portion du cautionnement appartenant en propre aux signataires responsables; 2° sur le reste du cautionnement dans le cas où celle-ci serait insuffisante, sans préjudice, pour le surplus, des règles établies par les articles 3 et 4 de la loi du 9 juin 1819.

LOI DU 9 JUIN 1819.

Art. 5. *Au moment de la publication de chaque feuille ou livraison du journal ou écrit périodique, il en sera remis à la préfecture pour les chefs-lieux de département, à la sous-préfecture pour ceux d'arrondissement, et dans les autres villes à la mairie un exemplaire signé d'un propriétaire ou éditeur responsable.*

Cette formalité ne pourra ni retarder ni suspendre le départ ou la distribution du journal ou écrit périodique.

LOI DU 11 MAI 1868.

Art. 7. Au moment de la publication de chaque feuille ou livraison du journal ou écrit périodique, il sera remis à la préfecture pour les chefs-lieux de département, à la sous-préfecture pour ceux d'arrondissement, et pour les autres villes à la mairie, deux exemplaires signés du gérant responsable, ou de l'un d'eux s'il y a plusieurs gérants responsables.

Pareil dépôt sera fait au parquet du procureur impérial, ou à la mairie dans les villes où il n'y a pas de tribunal de première instance.

Ces exemplaires sont dispensés du droit de timbre.

LOI DU 18 JUILLET 1828.

Art. 8. Chaque numéro de l'écrit périodique sera signé en minute par le propriétaire, s'il est unique; par l'un des gérants responsables, si l'écrit périodique est publié par une société en nom collectif ou en commandite; et par l'un des administrateurs, s'il est publié par une société anonyme.

L'exemplaire signé pour minute sera, au moment de la publication, déposé au parquet du procureur du roi du lieu de l'impression, ou à la mairie dans les villes où il n'y a pas de tribunal de première instance, à peine de cinq cents francs d'amende contre les gérants. Il sera donné récépissé du dépôt.

La signature sera imprimée au bas de tous les exemplaires, à peine de cinq cents francs d'amende contre l'imprimeur, sans que la révocation du brevet puisse s'ensuivre.

Les signataires de chaque feuille ou livraison seront responsables de son contenu et passibles de toutes les peines portées par la loi à raison de la publication des articles ou passages incriminés, sans préjudice de la poursuite contre l'auteur ou les auteurs desdits articles ou passages comme complices. En conséquence, les poursuites judiciaires pourront être dirigées tant contre les signataires des feuilles ou livraisons que contre l'auteur ou les auteurs des passages incriminés, si ces auteurs peuvent être connus ou mis en cause.

LOI DU 27 JUILLET 1849.

Art. 9. *Aucun journal ou écrit périodique ne pourra être signé par un représentant du peuple en qualité de gérant responsable. En cas de contravention, le journal sera considéré comme non signé, et la peine de cinq cents francs à trois mille francs d'amende sera prononcée contre les imprimeurs et propriétaires.*

LOI DU 11 MAI 1868.

Art. 8. Aucun journal ou écrit périodique ne pourra être signé par un membre du Sénat ou du Corps législatif en qualité de gérant responsable. En cas de contravention, le journal sera considéré comme non signé, et la peine de cinq cents à trois mille francs d'amende sera prononcée contre les imprimeurs et propriétaires.

LOI DU 16 JUILLET 1850.

Art. 3. Tout article de discussion politique, philosophique ou religieuse, inséré dans un journal, devra être signé par son auteur, sous peine d'une amende de cinq cents francs pour la première contravention, et de mille francs en cas de récidive.

Toute fausse signature sera punie d'une amende de mille francs et d'un emprisonnement de six mois, tant contre l'auteur de la fausse signature que contre l'auteur de l'article et l'éditeur responsable du journal.

Art. 4. Les dispositions de l'article précédent seront applicables à tous les articles, quelle que soit leur étendue, publiés dans des feuilles politiques ou non politiques, dans lesquels seront discutés des actes ou opinions des citoyens et des intérêts individuels ou collectifs.

DÉCRET DU 17 FÉVRIER 1852.

Art. 21. La publication de tout article traitant de matières politiques ou d'économie sociale, et émanant d'un individu condamné à une peine afflictive ou infamante, ou infamante seulement, est interdite.

Les éditeurs, gérants, imprimeurs qui auront concouru à cette publication seront condamnés solidairement à une amende de mille à cinq mille francs.

LOI DU 11 MAI 1868.

Art. 9. La publication par un journal ou écrit périodique d'un article signé par une personne privée de ses droits civils et politiques, ou à laquelle le territoire de France est interdit, est punie d'une amende de mille à cinq mille francs, qui sera prononcée contre les éditeurs ou gérants dudit journal ou écrit périodique.

LOI DU 25 MARS 1822.

Art. 11. Les propriétaires ou éditeurs de tout journal ou écrit périodique seront tenus d'y insérer, dans les trois jours de la réception, ou dans le plus prochain numéro, s'il n'en était pas publié avant l'expiration des trois jours, la réponse de toute personne nommée ou désignée dans le journal ou écrit périodique, sous peine d'une amende de cinquante francs à cinq cents francs, sans préjudice des autres peines et dommages-intérêts auxquels l'article incriminé pourrait donner lieu. Cette insertion sera gratuite, et la réponse pourra avoir le double de la longueur de l'article auquel elle sera faite.

LOI DU 27 JUILLET 1849.

Art. 13. L'insertion sera gratuite pour les réponses et rectifications prévues par l'article 11 de la loi du 25 mars 1822, lorsqu'elles ne dépasseront pas le double de la longueur des articles qui les auront provoquées; dans le cas contraire, le prix d'insertion sera dû pour le surplus seulement.

Le 1er § de cet article a été remplacé par l'art. 19 décret 17 fér. 1852.

DÉCRET DU 17 FÉVRIER 1852.

Art. 19. Tout gérant sera tenu d'insérer en tête du journal des documents officiels, relations authentiques, renseignements, réponses et rectifications qui lui seront adressés par un dépositaire de l'autorité publique.

La publication devra avoir lieu dans le plus prochain numéro qui paraîtra après le jour de la réception des pièces.

L'insertion sera gratuite.

En cas de contravention, les contrevenants seront punis d'une amende de cinquante francs à mille francs. En outre, le journal pourra être suspendu *par voie administrative* pendant quinze jours au plus.

LOI DU 11 MAI 1868.

Art. 16. La suspension, dans le cas prévu par l'article 19 du décret du 17 février 1852, ne pourra être prononcée que par l'autorité judiciaire.

LOI DU 9 JUIN 1819.

Art. 9. Les propriétaires ou éditeurs responsables d'un journal ou écrit périodique, ou auteurs ou rédacteurs d'articles imprimés dans ledit journal ou écrit, prévenus de crimes ou délits pour fait de publication, seront poursuivis et jugés dans les formes et suivant les distinctions prescrites à l'égard de toutes les autres publications.

Art. 10. En cas de condamnation, les mêmes peines leur seront appliquées : toutefois les amendes pourront être élevées au double, et, en cas de récidive, portées au quadruple, sans préjudice des peines de la récidive prononcées par le Code pénal.

LOI DU 25 MARS 1822.

Art. 13. L'article 10 de la loi du 9 juin 1819 est commun à toutes les dispositions du présent titre, en tant qu'elles s'appliquent aux propriétaires ou éditeurs d'un journal ou écrit périodique.

DÉCRET DU 17 FÉVRIER 1852.

Art. 23. Les annonces judiciaires exigées par les lois pour la validité ou la publicité des procédures ou des contrats seront insérées, à peine de nullité de l'insertion, dans le journal ou les journaux de l'arrondissement qui seront désignés, chaque année, par le préfet.

A défaut du journal dans l'arrondissement, le préfet désignera un ou plusieurs journaux du département.

Le préfet réglera en même temps le tarif de l'impression de ces annonces.

LOI DU 11 MAI 1868.

Art. 14. Les gérants de journaux seront autorisés à établir une imprimerie exclusivement destinée à l'impression du journal.

LOI DU 27 JUILLET 1849.

Art. 7. Indépendamment du dépôt prescrit par la loi du 21 octobre 1814, tous écrits traitant de matières politiques ou d'économie sociale et ayant moins de dix feuilles d'impression, autres que les journaux ou écrits périodiques, devront être déposés par l'imprimeur, au parquet du procureur de la République du lieu de l'impression, vingt-quatre heures avant toute publication et distribution.

L'imprimeur devra déclarer, au moment du dépôt, le nombre d'exemplaires qu'il aura tirés.

Il sera donné récépissé de la déclaration.

Toute contravention aux dispositions du présent article sera punie, par le tribunal de police correctionnelle, d'une amende de cent francs à cinq cents francs.

Nota. Nous ne rapportons pas ici les dispositions législatives sur le timbre des écrits périodiques ; nous les avons données plus haut dans l'ordre qu'elles doivent conserver.

AFFICHEURS ET CRIEURS PUBLICS.

18-22 MAI 1791. — DÉCRET *relatif au droit de pétition.*

Art. 11. Dans les villes et dans chaque municipalité, il sera, par les officiers municipaux, désigné des lieux exclusivement destinés à recevoir les affiches des lois et des actes de l'autorité publique. Aucun citoyen ne pourra faire des affiches particulières dans lesdits lieux, sous peine d'une amende de cent livres, dont la condamnation sera prononcée par voie de police.

Art. 13. Aucun citoyen et aucune réunion de citoyens ne pourront rien afficher sous le titre d'arrêtés, de délibérations, ni sous toute autre forme obligatoire et impérative.

Art. 14. Aucune affiche ne pourra être faite sous un nom collectif ; tous les citoyens qui auront coopéré à une affiche seront tenus de la signer.

Art. 15. La contravention aux deux articles précédents sera punie d'une amende de cent livres, laquelle ne pourra être modérée, et dont la condamnation sera prononcée par voie de police.

22-23 JUILLET 1791. — DÉCRET.

Les affiches des actes émanés de l'autorité publique seront seules imprimées sur papier blanc ordinaire, et celles faites par des particuliers ne pourront l'être que sur papier de couleur, sous peine de l'amende ordinaire de police municipale.

28 AVRIL 1816. — LOI *sur les finances.*

Art. 65. Toutes les affiches, quel qu'en soit l'objet, seront sur papier timbré.... Conformément à la loi du 28 juillet 1791, ce papier ne pourra être de couleur blanche.

Art. 66. Les avis et autres annonces, de quelque nature et espèce qu'ils soient, assujettis au timbre par la loi du 6 prair. an VII, qui ne sont pas destinés à être affichés, pourront être imprimés sur papier blanc.

Art. 69. La contravention d'un imprimeur à ces dispositions sera punie d'une amende de 500 francs, sans préjudice du droit de Sa Majesté de lui retirer sa commission.

Ceux qui seront convaincus d'avoir ainsi fait afficher et distribuer des imprimés non timbrés seront condamnés à une amende de 100 francs.

Les afficheurs et distributeurs seront, en outre, condamnés aux peines de simple police déterminées par l'art. 474 du Code pénal.

L'amende sera solidaire et emportera contrainte par corps.

25 MARS 1817. — LOI *sur les finances.*

Art. 77. Les particuliers qui voudront se servir, pour affiches, avis ou annonces, d'autre papier que celui de l'administration de l'enregistrement, seront admis à le faire timbrer avant l'impression.

La contravention à la disposition de l'article 65 de la loi du 28 avril 1816, qui défend de se servir pour les affiches de papier de couleur blanche, sera punie d'une amende de 100 francs à la charge de l'imprimeur, qui sera toujours tenu d'indiquer son nom et sa demeure au bas de l'affiche.

10 DÉCEMBRE 1830. — LOI *sur les afficheurs et les crieurs publics.*

Art. 1er. Aucun écrit, soit à la main, soit imprimé, gravé ou lithographié, contenant des nouvelles politiques ou traitant d'objets politiques, ne pourra être affiché ou placardé dans les rues, places ou autres lieux publics.

Sont exceptés de la présente disposition les actes de l'autorité publique.

Cet article est applicable à celui qui appose au vitrage de sa boutique, à l'intérieur, un écrit contenant une propagande électorale. — Cass. 17 fév. 1849 (Place), *B. cr.*

Art. 2. Quiconque voudra exercer, même temporairement, la profession d'afficheur ou crieur, de vendeur ou distributeur sur la voie publique d'écrits imprimés, lithographiés, gravés ou à la main, sera tenu d'en faire préalablement la déclaration devant l'autorité municipale et d'indiquer son domicile.

Le crieur ou afficheur devra renouveler cette déclaration chaque fois qu'il changera de domicile. *V. art.* 6, *L.* 27 *juillet* 1849.

1. Cet article a été modifié par l'art 1er, L. 16 fév. 1834, qui soumet à une autorisation préalable l'exercice de la profession d'afficheur, crieur, vendeur, etc. — Dalloz, v° *Presse*, n° 456.

2. Ses dispositions ne peuvent s'étendre aux propriétaires qui apposeraient eux-mêmes ou feraient apposer par une autre personne des affiches imprimées ou manuscrites pour la vente d'un bien, la location d'une ferme. — De Grattier, t. 2, p. 23 ; Chassan, t. 1, p. 704 ; Dalloz, v° *Affiches*, n° 152.

La loi du 10 décembre 1830 n'est relative qu'aux écrits contenant des nouvelles politiques ou traitant d'objets politiques ; elle n'a point modifié ou restreint le pouvoir attribué à l'autorité municipale de subordonner à son autorisation préalable l'affiche de tout placard ou annonce quelconque relatif à d'autres objets, et d'interdire ces affiches à toutes autres personnes qu'aux afficheurs par elle commissionnés à cet effet. — Cass. 19 juillet 1862 (Lemille), *B. cr.*

4. Ainsi le règlement municipal qui interdit toutes publications et annonces à tous autres qu'aux crieurs et aux afficheurs commissionnés à cet effet n'est pas contraire à la loi du 10 déc. 1830. — Cass. 13. fév. 1834 (Gobert) ; 26 fév. 1842 (Alleaume) ; 12 nov. 1847 (Papais), *J. p.* ; de Grattier, t. 2, p. 233 ; Dalloz, v° *Presse*, n° 449.

5. Est obligatoire l'arrêté municipal qui réglemente le mode d'affichage et réserve un emplacement pour les affiches de l'autorité. Décr. 18-22 mai 1791. — Cass. 28 déc. 1855 (Durand), *B. cr.*

6. Qui interdit aux particuliers d'apposer aucune affiche ou annonce sans la permission de l'autorité municipale. — Cass. 3 janv. 1834 (Vivien), *J. p.* ;

13 fév. 1834 (Gobert) ; 12 nov. 1847 (Papais), *J. p.*; de Grattier, t. 1, p. 82 ; Dalloz. v° *Affiches*, n° 117. — Et sans avoir déposé au bureau de police de la mairie un exemplaire daté et signé par l'afficheur public. — Cass. 28 déc. 1855 (Durand). *B. cr.*; Chassan, t. 1, p. 700. — *Contrà :* Cass. 11 janv. 1834 (Perret), *J. p.*

7. Il ne suffit pas d'avoir demandé le *visa* de l'autorité municipale, il faut l'avoir obtenu. — Cass. 3 janv. 1834 (Vivien) ; 11 janv. 1834 (Perret), *J. p.*; Chassan, t. 1, p. 701 ; de Grattier, t. 2, p. 234.

8. Mais un pareil règlement n'est pas applicable aux affiches apposées en vertu des décisions judiciaires. — Cass. 9 août 1838 (Darmès), *J. p.*, 38, 2, 310 ; 28 déc. 1855 (Thoret, *B. cr.*; — Ni aux actes de l'autorité publique. — Cass. 13 fév. 1834 (Gobert), *J. p.*; 28 déc. 1855 (Durand), *B. cr.*

9. Par exemple aux placards ou affiches annonçant qu'un notaire, commis à cet effet par jugement, procédera tel jour, dans son étude, à une vente aux enchères publiques de meubles. — Cass. 9 août 1838 (Darmès), *B. cr.*; Chassan, t. 1, p. 701.

10. Ni aux affiches ayant pour objet une vente faite par des syndics à la suite d'une faillite. — Chassan, t. 1, p. 702.

11. Au contraire, il est applicable aux affiches apposées par un huissier pour annoncer une vente volontaire de meubles aux enchères. — Cass. 28 déc. 1855 (Thorel-Durand), *B. cr.*; 19 juillet 1862 (Lemille), *B. cr.*

12. Mais l'officier ministériel qui a remis l'affiche à l'afficheur pour la placarder n'est pas responsable de la contravention, si l'arrêté municipal ne fait point de cette remise une contravention distincte. — Cass. 19 juillet 1862 (Lemille), *B. cr.*

13. N'est pas obligatoire l'arrêté d'un maire qui soumet l'impression des affiches à l'autorisation préalable de l'autorité municipale. — Cass. 11 janv. 1834 (Perret), *J. p.*

14. Les affiches faites à l'aide de planches noircies et ensuite appliquées à la main sur le papier ne sont point assujetties aux formalités prescrites pour les affiches imprimées.—Paris, 13 mai 1836 (Delachanterie) ; D., 37, 2, 113 ; de Grattier, t. 1, p. 39.

15. V. sous l'art. 471-15 C. pén., *Codes crim.*, le mot *Affiches*. — A l'égard des crieurs, V. L. du 16 fév. 1834, qui a modifié la loi du 10 déc. 1830.

Art. 3. Les journaux, feuilles quotidiennes ou périodiques, les jugements et autres actes d'une autorité constituée ne pourront être annoncés dans les rues, places et autres lieux publics autrement que par leur titre.

Aucun autre écrit imprimé, lithographié, gravé ou à la main, ne pourra être crié sur la voie publique qu'après que le crieur ou distributeur aura fait connaître à l'autorité municipale le titre sous lequel il veut l'annoncer, et qu'après avoir remis à cette autorité un exemplaire de cet écrit. *V. L.* 16 *fév.* 1834.

Le fait de la remise et de la déclaration prescrites par le paragraphe 2 de cet article peut être constaté autrement que par le visa de l'autorité et par tous les moyens admis devant les tribunaux. — Cass. 22 nov. 1833 (Delente), *J. p.*; Chassan, t. 1, p. 712 ; de Grattier, t. 2, p. 240 ; Dalloz, v° *Presse*, n° 467.

Art. 4. La vente ou distribution de faux extraits de journaux, jugements et actes de l'autorité publique, est défendue, et sera punie des peines ci-après.

Art. 5. L'infraction aux dispositions des articles 1er et 4 de la présente loi sera punie d'une amende de 25 fr. à 500 fr. et d'un emprisonnement de six jours à un mois, cumulativement ou séparément.

L'auteur ou l'imprimeur de faux extraits défendus par l'article ci-dessus sera puni du double de la peine infligée au crieur, vendeur ou distributeur de faux extraits.

Les peines prononcées par le présent article seront appliquées sans préjudice des autres peines qui pourraient être encourues par suite des crimes et délits résultant de la nature même de l'écrit.

Art. 6. *Abrogé par le décret du 25 fév. 1852.*

Art. 7. Toute infraction aux art. 2 et 3 de la présente loi sera punie, par la voie ordinaire de police correctionnelle, d'une amende de 25 francs à 200 francs, et d'un emprisonnement de six jours à un mois, cumulativement ou séparément.

Art. 8. Dans les cas prévus par la présente loi, les cours d'assises et les tribunaux correctionnels pourront appliquer l'article 463 du Code pénal, si les circonstances leur paraissent atténuantes, et si le préjudice causé n'excède pas 25 fr.

La condition d'un préjudice n'excédant pas 25 francs a été abrogée par l'art. 463 C. pén. revisé en 1832. — Chassan, t. 1, p. 704 ; Parant, p. 188 ; de Grattier. t. 2, p. 244 ; Dalloz, v° *Presse*, n° 493.

Art. 9. La loi du 5 nivôse an v, relative aux crieurs publics, et l'article 290 du Code pénal sont abrogés.

8 JUILLET 1852. — LOI *sur les finances.*

Art. 30. A partir du 1er août 1852, toute affiche inscrite dans un lieu public, sur les murs, sur une construction quelconque, ou même sur toile, au moyen de la peinture ou de tout autre procédé, donnera lieu à un droit d'affichage fixé à 50 centimes pour les affiches d'un mètre carré et au-dessous, et à 1 fr. pour celles d'une dimension supérieure. Un règlement d'administration publique déterminera le mode d'exécution du présent article.

Toute infraction à la présente disposition et toute contravention au règlement à intervenir pourront être punies d'une amende de 100 fr. à 500 fr., ainsi que des peines portées à l'art. 464 du Code pénal.

1. Cet article n'a entendu parler que des affiches peintes ou tracées immédiatement sur les murs ou même sur toile. Il ne s'applique pas aux affiches imprimées ou écrites sur papier timbré, et ensuite appliquées sur les murs ou même collées sur toile, puis accrochées à des murs en forme de tableaux ou placards mobiles. — Bourges, 17 avril 1856 (Radet); D., 56, 2, 98. Cass. 20 déc. 1866 (Ellier), *B. cr.*

2. On ne peut assimiler aux affiches définies par cette loi :

Une planchette mobile accrochée au mur et portant, avec l'indication du prix de sommiers élastiques, l'indication de la demeure du fabricant. — Cass. 2 sept. 1853 (Lyon), *B. cr.*

3. Ni des portraits photographiques renfermés dans des cadres mobiles attachés au mur, et portant, avec l'indication du prix, l'indication du nom et de la demeure de l'artiste. Ces indications ne peuvent être considérées que comme des enseignes. — Cass. 2 sept. 1853 (Leroux), *B. cr.*; Dalloz, v° *Presse*, n° 450.

4. Les loi et décret des 8 juillet et 25 août 1852 sont applicables aux affiches exposées dans l'intérieur d'une boutique, derrière les carreaux. — Paris, 22 août 1857 (Roch) ; S., 57, 2, 703.

5. Il est dû une amende pour chaque affiche différente. — Même arrêt.

25-31 AOUT 1852. — DÉCRET *contenant règlement sur les affiches inscrites, dans un lieu public, sur les murs, sur une construction quelconque, ou même sur une toile (rendu pour l'exécution de l'article 30 de la loi du 8 juillet 1852).*

Art. 1er. Tout individu qui voudra, au moyen de la peinture ou de tout autre procédé, inscrire des affiches dans un lieu public, sur les murs, sur une construction quelconque ou même sur toile, sera tenu préalablement de payer le droit d'affichage établi par l'art. 30 de la loi du 8 juillet 1852, et d'obtenir de l'autorité municipale dans les départements, et à Paris du préfet de police, l'autorisation ou permis d'afficher.

Le payement du droit se fera au bureau de l'enregistrement dans l'arrondissement duquel se trouvent les communes où les affiches devront être placées.

Dans le département de la Seine, il se fera à un ou plusieurs bureaux d'enregistrement désignés à cet effet.

Ces dispositions ne s'appliquent pas aux affiches sur papier, qui restent soumises à la loi du 10 déc. 1830. Dalloz, v° *Presse*, n° 449. V. *suprà* sous l'art. 30, n° 1.

Art. 2. Le droit sera perçu sur la présentation, pour chaque commune, d'une déclaration en double minute, datée et signée, contenant : — 1° Le texte de l'affiche; — 2° Les noms, prénoms, professions et domiciles de ceux dans l'intérêt desquels l'affiche doit être inscrite et de l'entrepreneur de l'affichage; — 3° La dimension de l'affiche; — 4° Le nombre total des exemplaires à inscrire; — 5° La désignation précise des rues et places où chaque exemplaire devra être inscrit; — 6° Et le nombre des exemplaires à inscrire dans chacun de ces emplacements.

Un double de la déclaration restera au bureau pour servir de contrôle à la perception; l'autre, revêtu de la quittance du receveur de l'enregistrement, sera rendu au déclarant.

Les droits régulièrement perçus ne seront point restituables, lors même que, par le fait des tiers, l'affichage ne pourrait avoir lieu.

Mais ces droits seront restitués si l'autorisation d'afficher est refusée par l'administration.

Art. 3. L'autorité municipale ou le préfet de police ne délivrera le permis d'affichage qu'au vu et sur le dépôt de la déclaration portant quittance dont il est parlé dans l'article précédent, et sans préjudice des droits des tiers.

Chaque permis sera enregistré, sur un registre spécial, par ordre de date et de numéro.

Le numéro du permis devra être lisiblement indiqué au bas de chaque exemplaire de l'affiche, qui devra porter, en outre, son numéro d'ordre.

Art. 4. Aucun exemplaire de l'affiche ne pourra être d'une dimension supérieure à celle pour laquelle le droit aura été payé.

Art. 5. Les contraventions à l'art. 30 de la loi du 8 juillet 1852 et aux dispositions du présent règlement seront constatées par des procès-verbaux rapportés soit par les préposés de l'administration de l'enregistrement et des domaines, soit par les commissaires, gendarmes, gardes champêtres et tous autres agents de la force publique.

Art. 6. Il sera accordé, à titre d'indemnité, aux gendarmes, gardes champêtres et autres agents de la force publique qui auront constaté les contraventions, un quart des amendes payées par les contrevenants.

Art. 7. Les poursuites seront faites à la requête du ministère public et portées devant le tribunal de police correctionnelle dans l'arrondissement duquel la contravention aura été commise.

Art. 8. Les contraventions à l'art. 1er, au dernier alinéa de l'art. 3 et à l'art. 4 du présent règlement, seront passibles des peines portées par l'art. 30 de la loi du 8 juillet 1852.

Il sera dû une amende pour chaque exemplaire d'affiche inscrit sans payement du droit ou d'une dimension supérieure à celle pour laquelle le droit aura été payé, et pour chaque exemplaire posé dans un emplacement autre que celui indiqué par la déclaration.

Dans tous les cas, les contrevenants devront rembourser les droits dont le trésor aura été frustré.

Art. 9. Ces droits, amendes et frais seront recouvrés par l'administration de l'enregistrement et des domaines.

Art. 10. *Dispositions transitoires.*

16 JUILLET 1834. — LOI *sur les crieurs publics.*

Art. 1er. Nul ne pourra exercer, même temporairement, la profession de crieur, de vendeur ou de distributeur, sur la voie publique, d'écrits, dessins ou emblèmes imprimés, lithographiés, autographiés, moulés, gravés ou à la main, sans autorisation préalable de l'autorité municipale.

Cette autorisation pourra être retirée.

Les dispositions ci-dessus sont applicables aux chanteurs sur la voie publique. *V. art.* 6, *L.* 27 *juillet* 1849.

1. Cette loi n'est applicable qu'à la distribution d'écrits sur la voie publique exclusivement; à l'égard des distributions faites dans d'autres lieux, c'est à l'art. 6, L. 27 juillet 1849, qu'il faut se reporter. — Chassan, *Lois de la presse,* p. 95. V. les notes sous cet article.

2. Elle est applicable à celui qui, sans autorisation, distribue sur la voie publique des journaux ou écrits périodiques. — Dalloz, v° *Presse,* n° 457. — Ou de simples adresses. — Paris, 13 janv. 1835 (Romet), *J. p.*; Chassan, t. 1, p. 707; de Grattier, t. 2, p. 278.

3. A celui qui, par des signes ostensibles, annonce sur la voie publique qu'il vend des numéros d'un journal dont il est porteur, lorsqu'il n'en a pas obtenu la permission de l'autorité municipale.—Amiens, 31 mars 1834 (Ruel). *J. p.*; Dalloz, v° *Presse,* n° 459. — *Contrà :* de Grattier, t. 2, p. 279.

4. Il y a vente sur la voie publique lorsque l'offre de l'imprimé y a été faite et qu'il y a eu accord sur le prix, bien que la livraison ait été faite dans l'intérieur d'une maison. — Cass. 15 juin 1844 (Brée), *B. cr.*; Amiens, 21 avril 1834 (Ruel), *J. p.*; Dalloz, *id.*; Chassan, t. 1, p. 710.

5. Mais le simple passage sur la voie publique d'un individu qui va porter des écrits qu'il est chargé de distribuer à domicile ne constitue point une tentative de distribution sur la voie publique. — Paris, 23 août 1834 (Leauté), *J. p.*; de Grattier, t. 2, p. 279. Mais il peut constituer le délit de colportage.

6. La contravention prévue par cet article est encourue par un seul fait de criage, de distribution ou de chant sur la voie publique. — De Grattier, t. 2, p. 281; Dalloz, v° *Presse,* n° 460. — Alors même qu'il émanerait de l'auteur. — Chassan, t. 1, p. 709, Dalloz, *id.* V. notes sous l'art. 6, L. 27 juillet 1849.

Art. 2. Toute contravention à la disposition ci-dessus sera punie d'un emprisonnement de six jours à deux mois pour la première fois, et de deux mois à un an en cas de récidive. Les contrevenants seront traduits devant les tribunaux correctionnels, qui pourront, dans tous les cas, appliquer les dispositions de l'art. 463 du Code pénal.

Une seconde infraction à cette loi spéciale constitue la récidive, quelle qu'ait pu être la première condamnation. — Chassan, t. 1, p. 708; de Grattier, t. 2, p. 282; Dalloz, v° *Presse,* n° 463.

THÉATRES.

30 DÉCEMBRE 1852. — DÉCRET *relatif à la représentation des ouvrages dramatiques.*

Art. 1er. Les ouvrages dramatiques continueront à être soumis, avant leur représentation, à l'autorisation de notre ministre de l'intérieur à Paris, et des préfets dans les départements.

Art. 2. Cette autorisation pourra toujours être retirée pour des motifs d'ordre public.

1. Ce décret, relatif à la police des théâtres, n'ayant point édicté de peines, ne trouve sa sanction que dans l'art. 471-15 C. pén. L'amende déterminée par les lois des 30 juillet 1830 et 30 juillet 1831 ne peut avoir survécu à la durée et à l'effet même de ces lois. — Cass. 17 avril 1856 (Thibeaud), *B. cr.*

2. Les pièces dont la représentation à Paris a été autorisée par le ministre de l'intérieur ne peuvent aujourd'hui être jouées dans les départements sans l'autorisation des préfets, qui ont toujours le droit de les interdire. V. *infrà* art. 3 décret du 6 janv. 1864 et les notes.

3. Les préfets peuvent subordonner leur autorisation à des conditions, par exemple à la suppression de certains passages d'une pièce. — Cass. 17 avril 1856 (Thibeaud), *B. cr.*

4. L'autorisation du préfet ne peut être remplacée par celle du sous-préfet. — Cass. 1er mars 1844 (Radou), *B. cr.*; Chassan, t. 1, p. 719.

5. Ni par celle du maire. — Rouen, 24 fév. 1842 (Poitevin). D., 42, 2, 94.

6. L'autorisation donnée à une pièce de théâtre ne peut pas nuire à l'intérêt privé, ni empêcher les par-

ties qui se prétendraient lésées par la représentation de cette pièce de porter plainte. — Chassan, t. 1, p. 720; de Grattier, t. 2, p. 379. V. les notes sous l'art. 471-15 C. pén., v° *Théâtres*; *Codes crim.*

6 JANVIER 1864. — DÉCRET *relatif à la liberté des théâtres.*

Art. 1er. Tout individu peut faire construire et exploiter un théâtre, à la charge de faire une déclaration au ministère de notre maison et des beaux-arts, et à la préfecture de police pour Paris, et à la préfecture dans les départements.

Les théâtres qui paraîtront plus particulièrement dignes d'encouragements pourront être subventionnés soit par l'État, soit par les communes.

Le préfet reçoit la déclaration du constructeur et celle de l'exploitant. Il se borne à faire respecter les ordonnances, décrets et règlements pour tout ce qui concerne l'ordre, la sécurité et la salubrité publics. — Circ. min., 28 avril 1864.

Art. 2. Les entrepreneurs de théâtres devront se conformer aux ordonnances, décrets et règlements pour tout ce qui concerne l'ordre, la sécurité et la salubrité publics (1).

ORDONNANCE DU PRÉFET DE POLICE DE PARIS, DU 1er JUILLET 1864.

Construction. — *Déclaration préalable.*

ART. 1er. Tout individu voulant faire construire et exploiter un théâtre est tenu d'en faire la déclaration préalable au ministère de la maison de l'Empereur et des beaux-arts, ainsi qu'à la préfecture de police.

Il sera joint à l'appui les plans détaillés, avec coupes, et l'indication du nombre des places calculé par personne à raison de 0m 60c de profondeur sur 0m 45c de largeur, pour les places en location, et 0m 70c sur 0m 45c, pour les autres places.

Les travaux ne pourront être commencés que sur notre avis formel, après examen du projet.

Sauf les cas de dérogation que nous nous réservons d'admettre, les salles seront établies, construites et distribuées conformément aux prescriptions suivantes :

Mesures d'isolement.

ART. 2. L'édifice peut être isolé ou adossé, au choix du constructeur. En cas d'isolement, il sera laissé sur tous les côtés qui ne seront pas bordés par la voie publique un espace libre ou chemin de ronde, qui pourra n'être que de trois mètres de largeur si les maisons voisines n'ont pas de jour sur ledit chemin. Dans le cas contraire, la largeur serait rationnellement augmentée eu égard, notamment, à l'importance et aux dispositions de l'édifice.

En cas d'adossement, il sera construit un contre-mur en briques de 0m 25c, au moins, d'épaisseur, pour préserver les murs mitoyens.

L'épaisseur de ce contre-mur pourrait être augmentée comme la largeur du chemin de ronde ci-dessus et par les mêmes considérations.

Prescriptions concernant la grosse construction, surtout en vue des dangers d'incendie.

ART. 3. Les murs intérieurs, les murs qui séparent les loges d'acteurs et le théâtre, le mur d'avant-scène, le mur qui sépare la salle, le vestibule et les escaliers, seront en maçonnerie.

ART. 4. Les portes de communication entre les loges d'acteurs et le théâtre seront en fer et battantes, de manière à être constamment fermées.

Le mur d'avant-scène qui s'élève au-dessus de la toiture ne pourra être percé que de l'ouverture de la scène et de baies de communication fermées par des portes de fer.

L'ouverture de la scène doit être fermée par un rideau en fil de fer maillé, de 0m 05c au plus de maille, qui intercepte entièrement toute communication entre les parties combustibles du

---

Continueront d'être exécutées les lois existantes sur la police et la fermeture des théâtre et de la salle. Ce rideau doit être soutenu par des cordages incombustibles.

Les décorations fixes, dans les parties supérieures de l'ouverture d'avant-scène, doivent toujours être incombustibles.

ART. 5. Tous les escaliers, les planchers de la salle et les cloisons des corridors doivent être également en matériaux incombustibles.

ART. 6. La calotte de la salle doit être en fer et plâtre, sans boiseries.

Pompes à incendie et leur alimentation.

ART. 7. Dans l'une des parties les plus élevées du mur d'avant-scène et sous les combles, il sera placé un appareil de secours contre l'incendie, avec colonne en charge, au poids de laquelle il sera, au besoin, ajouté une pression hydraulique assez puissante pour fournir un jet d'eau dans les parties les plus élevées du bâtiment. La capacité de l'appareil se déterminera selon l'importance du théâtre.

ART. 8. Les pompes doivent être installées au rez-de-chaussée, dans un local séparé du théâtre par des murs en maçonnerie.

ART. 9. Elles seront toujours alimentées par les eaux de la ville recueillies dans des réservoirs et par un puits, de manière que chacune des deux conduites puisse suffire au jeu des pompes établies.

ART. 10. En dehors des salles de spectacle, il doit être établi des bornes-fontaines alimentées par les eaux de la Ville et pouvant servir chacune au débit d'une pompe à incendie; le nombre en est déterminé par l'autorité.

Chauffage et ventilation.

ART. 11. La salle ne peut être chauffée que par des bouches de chaleur dont le foyer est dans les caves.

Les bouches s'ouvriront à 0m 30c au-dessus du plancher.

ART. 12. Les salles de spectacle doivent être ventilées convenablement; l'air y sera renouvelé au moyen de dispositions que l'autorité appréciera.

Des thermomètres seront placés en vue dans les corridors.

Dispositions relatives à l'établissement d'ateliers au-dessus du théâtre.

ART. 13. Aucun atelier ne peut être établi au-dessus du théâtre.

ART. 14. Des ateliers ne peuvent être établis au-dessus de la salle que pour les peintres et les tailleurs, et sous la condition que les planchers soient carrelés et lambrissés : dans le cas où l'on établirait des ateliers pour les peintres, la sorbonne, à moins que les combles ne soient en fer et plâtre, doit être enfermée dans des cloisons bourrées et enduites en plâtre, plafonnée, carrelée et fermée par une porte en tôle.

ART. 15. Aucune division ne peut être faite dans les combles que pour les ateliers désignés ci-dessus.

Corridors et escaliers de dégagement.

ART. 16. La largeur des corridors de dégagement, le nombre et la largeur des escaliers ainsi que des portes de sortie, seront proportionnés à l'importance du théâtre.

Toutefois, il doit y avoir au moins deux escaliers spécialement destinés au service de la salle et donnant issue à l'extérieur.

Magasin de décorations et machines.

ART. 17. Tout théâtre doit avoir un magasin de décorations et machines hors de son enceinte, établi dans des conditions convenables et avec notre autorisation.

ART. 18. Aucun magasin ou approvisionnement inutile de décorations, machines, accessoires, ne doit être fait sous le théâtre ou sur la scène : leur lieu de dépôt doit toujours être séparé du théâtre par un mur en maçonnerie.

Interdiction pour certaines locations et logements.

ART. 19. Il est interdit de louer une boutique ou un magasin dépendant du théâtre à tout commerce ou industrie qui offrirait des dangers exceptionnels d'incendie, notamment par la nature de ses marchandises ou de ses produits.

Les tuyaux de cheminée des boutiques louées, s'ils traversent le théâtre ou ses dépendances, seront en maçonnerie et montés verticalement jusqu'au-dessus du comble. Ces tuyaux seront, en outre, dans la hauteur de la salle, garnis d'une enveloppe en briques.

ART. 20. Personne autre que le concierge et le garçon de caisse ne peut occuper de logement dans les salles des théâtres, ni dans aucune partie des bâtiments qui communiquent avec les salles.

EXPLOITATION.

Réception de la salle. — *Service d'ordre et de police.*

ART. 21. L'ouverture d'un théâtre ne peut avoir lieu qu'après

théâtres, ainsi que sur la redevance établie au profit des pauvres et des hospices.

Art. 3. Toute œuvre dramatique, avant d'être représentée, devra, aux termes du

---

qu'il a été constaté par nous que la salle est solidement construite et dans des conditions suffisantes de sûreté, de salubrité et de commodité.

Des modifications apportées ultérieurement dans la construction, dans la division et dans les distributions intérieures nécessiteraient un nouvel examen avant la réouverture.

Art. 22. Les agents de l'autorité supérieure devront être mis à même d'exercer dans chaque théâtre une surveillance quotidienne, tant au point de vue de la censure dramatique que dans l'intérêt de l'ordre et de la sécurité publique.

Art. 23. Il y aura un bureau pour les officiers de police et un corps de garde.

Art. 24. Un commissaire de police est chargé de la surveillance générale de chaque théâtre.

Une place convenable lui sera assignée dans l'intérieur de la salle.

Art. 25. Tout individu arrêté, soit à la porte du théâtre, soit à l'intérieur de la salle, doit être conduit devant le commissaire de police, qui statuera.

Art. 26. La garde de police est spécialement chargée du maintien de l'ordre et de la libre circulation au dehors du théâtre, ainsi que de l'exécution des consignes relatives aux voitures.

Elle ne pénétrera dans l'intérieur de la salle que dans le cas où la sûreté publique serait compromise ou sur la réquisition du commissaire de police.

Art. 27. Il y aura dans chaque salle de spectacle un service médical organisé conformément à l'arrêté de police du 12 mai 1852.

Art. 28. Le service des sapeurs-pompiers s'effectuera conformément à la consigne générale du 20 juillet 1862, approuvée par nous.

Des cadrans-compteurs, servant à constater les rondes faites pendant la nuit, seront placés dans l'intérieur des théâtres, sur les points que désignera le commandant du bataillon des sapeurs-pompiers.

Urinoirs.

Art. 29. Les directeurs feront établir des urinoirs, fixes ou mobiles, appropriés aux localités et dans des conditions de convenance et de salubrité que l'autorité appréciera.

Affichage. — Billets. — Location. — Publication des prix.

Art. 30. Les affiches de spectacle ne pourront être apposées que sur les emplacements où cet affichage ne peut nuire à la circulation et en se conformant d'ailleurs aux prescriptions générales de l'ordonnance de police du 3 septembre 1851.

Art. 31. Est et demeure prohibée, à moins d'une autorisation et à l'exception de l'affiche du spectacle, toute apposition d'affiches ou inscription d'annonces industrielles et autres à l'intérieur des théâtres, soit sur les rideaux, soit dans les péristyles, escaliers et corridors, soit dans les foyers.

Art. 32. Il est expressément défendu aux directeurs de faire annoncer sur leurs affiches la première représentation d'un ouvrage sans avoir préalablement justifié au commissariat de police du quartier de l'approbation du manuscrit par l'autorité.

Art. 33. Les affiches obligatoires du spectacle du jour seront imprimées sur papier de format de 0ᶠ 05ᶜ ou de 0ᶠ 10ᶜ, au gré des directeurs, pourvu que la dimension ne dépasse pas 0ᵐ 63ᶜ de hauteur sur 0ᵐ 43ᶜ de largeur.

Art. 34. Ces affiches ne pourront être apposées au-dessous de 0ᵐ 50ᶜ, ni à une élévation dépassant 2ᵐ 50ᶜ, à partir du sol.

Art. 35. Les changements survenus dans le spectacle du jour ne pourront être annoncés que par des bandes de papier blanc appliquées sur les affiches du jour, avant l'ouverture de la salle au public.

Il est interdit aux directeurs d'annoncer ces changements par de nouvelles affiches imprimées, quelle que soit la couleur du papier.

Art. 36. Le tarif du prix des places pour chaque représentation devra toujours être indiqué très-ostensiblement sur les affiches, en même temps que la composition des spectacles annoncés.

Un exemplaire sera apposé au bureau du théâtre et à tous autres qui pourraient être établis comme succursales.

Ledit tarif devra être inscrit en tête de chaque feuille de location, pour que le public soit toujours utilement averti de ses variations.

Une fois annoncé, le tarif de chaque représentation ne pourra être modifié.

Art. 37. Les directeurs ne doivent émettre aucun billet indiquant plusieurs catégories de places, au choix des spectateurs; réciproquement, ceux-ci ne peuvent s'installer qu'aux places portées sur leurs billets.

Art. 38. Ils ne peuvent louer à l'avance que les loges et les places couvertes en fauteuils ou en stalles, ou, dans tous les cas, numérotées.

La location doit cesser avant l'heure de l'introduction du public dans la salle.

Art. 39. Les places louées doivent être inscrites sur la feuille de location; l'étiquette indicative ne peut être placée que sur celles qui figureront sur ladite feuille.

Art. 40. Il est enjoint aux directeurs de faire remettre au commissaire de police de service, avant l'introduction du public, un double de la feuille de location.

Entrée. — Police extérieure.

Art. 41. La salle devra être livrée au public et la représentation commencera aux heures indiquées par l'affiche.

Les bureaux de distribution des billets devront être ouverts au moins une demi-heure avant le lever du rideau.

Art. 42. Il est défendu d'introduire des spectateurs dans la salle avant l'ouverture des bureaux.

Aucun spectateur n'entrera que par les portes ouvertes au public.

Les files d'attente seront établies hors de la voie publique.

Art. 43. Il est défendu de s'arrêter dans les péristyles et vestibules servant d'entrées aux théâtres et de stationner aux abords de ces établissements.

Art. 44. Il ne peut y avoir pour le service public, à l'entrée des théâtres, que des commissionnaires permissionnés par nous et porteurs de leurs insignes réglementaires.

Prohibition de ventes de billets ou contre-marques sur la voie publique.

Art. 45. La vente et l'offre de billets ou contre-marques et le racolage ayant ce trafic pour objet, sont formellement interdits sur la voie publique.

Art. 46. Tout individu trouvé vendant ou offrant des billets ou contre-marques sur la voie publique, ou racolant pour en procurer aux passants, sur lieu ou dans une localité quelconque, sera conduit devant le commissaire de police, qui avisera.

Dépôt des armes, cannes et parapluies au vestiaire.

Art. 47. Il est défendu d'entrer au parterre et aux amphithéâtres avec des armes, cannes ou parapluies. Un vestiaire destiné à recevoir ces objets en dépôt sera établi dans chaque théâtre, de telle sorte que la circulation ne soit pas gênée.

Un exemplaire du tarif fixé par l'arrêté de police du 10 décembre 1841 sera affiché au vestiaire.

Police intérieure de la salle et de la sortie.

Art. 48. Il est enjoint aux directeurs de faire fermer, pendant le spectacle, les portes de communication de la salle aux coulisses, aux foyers particuliers et aux loges des artistes, où il ne doit être admis aucune personne étrangère au service du théâtre.

Une clef de la porte communiquant de l'intérieur de la salle à la scène sera mise, avant la représentation, à la disposition du commissaire de police de service.

Art. 49. Il est défendu de placer des sièges, chaises ou tabourets dans les passages ménagés pour la circulation, notamment des personnes se rendant à l'orchestre, au parterre, aux galeries et aux amphithéâtres.

Art. 50. — Il est défendu de parler ou de circuler dans les corridors, pendant la représentation, de manière à troubler le spectacle.

Art. 51. Il est également défendu, soit avant, soit après le lever du rideau, de troubler l'ordre en causant du tapage, en faisant entendre des interpellations ou des clameurs.

Art. 52. Les spectateurs ne peuvent demander l'exécution d'un chant, morceau de musique ou récit quelconque qui n'est pas annoncé dans les affiches du jour.

Art. 53. Nul ne peut avoir le chapeau sur la tête lorsque le rideau est levé.

Art. 54. Il est défendu de fumer dans les salles de spectacle et sur la scène.

Art. 55. Toutes les fois que dans une représentation on devra faire usage d'armes à feu, le commissaire de police s'assurera qu'elles ne sont chargées qu'à poudre.

Art. 56. Il ne peut être annoncé, vendu ou distribué, dans l'intérieur comme à l'extérieur des salles de spectacle, d'autres écrits que des pièces de théâtre portant l'estampille du ministère, et les programmes de spectacle, journaux et imprimés dont la vente et la distribution ont été dûment autorisées.

Art. 57. Les objets perdus par le public et trouvés dans l'intérieur des salles de spectacle par les ouvreuses ou employés du théâtre, qui n'auront pu pendant la représentation être remis au commissaire de police de service, devront être déposés le lendemain au bureau du commissariat du quartier où est situé le théâtre.

décret du 30 décembre 1852, être examinée et autorisée par le ministre de notre maison et des beaux-arts pour les théâtres de Paris, par les préfets pour les théâtres des départements.

Art. 58. A la fin du spectacle, toutes les portes latérales et autres issues seront ouvertes pour faciliter la sortie du public.

Les battants de ces portes devront s'ouvrir en dehors, et leurs abords, tant à l'intérieur qu'à l'extérieur, seront constamment libres de tout obstacle ou embarras.

Toutes les portes des loges s'ouvriront de l'intérieur et à la volonté des spectateurs.

Art. 59. Il est expressément défendu aux directeurs de faire cesser l'éclairage dans l'intérieur de la salle, dans les escaliers, corridors et vestibules, avant l'entière évacuation du théâtre.

Art. 60. Des lampes brûlant à l'huile, contenues dans des manchons de verre, allumées depuis l'entrée du public jusqu'à la sortie, seront placées en nombre suffisant, tant dans la salle que dans les corridors et escaliers, pour prévenir une complète obscurité, en cas d'extinction subite du gaz.

Heure de clôture.

Art. 61. L'heure de clôture des représentations théâtrales est fixée à MINUIT *précis* en tout temps.

Dans le cas de représentations extraordinaires ou à bénéfice, il pourra être dérogé à la règle, mais sur la demande expresse que devront nous adresser les directeurs.

Circulation des voitures.

Art. 62. Les voitures ne peuvent arriver aux différents théâtres que par les voies désignées dans les consignes.

Il est défendu aux cochers de quartier, sous quelque prétexte que ce soit, les rênes de leurs chevaux pendant que descendent et montent les personnes qui occupent la voiture.

Art. 63. Les voitures particulières ou retenues, de faire à attendre jusqu'à la fin du spectacle, doivent aller stationner sur les points désignés.

Art. 64. A la sortie du spectacle, les voitures qui auront attendu ne pourront se mettre en mouvement que lorsque la première foule se sera écoulée.

Art. 65. Les voitures de place ne chargeront qu'après le défilé des autres voitures.

Art. 66. Aucune voiture ne pourra aller qu'au pas et sur une seule file jusqu'à ce qu'elle soit sortie des rues avoisinant le théâtre.

DISPOSITIONS GÉNÉRALES.

Art. 67. Les directeurs des théâtres subventionnés restent soumis envers l'administration aux clauses et conditions de leurs cahiers des charges. En conséquence, la présente ordonnance ne leur est applicable que sous les réserves résultant de leur situation exceptionnelle.

Art. 68. Sont astreints, comme par le passé, à notre autorisation préalable, et par conséquent laissés en dehors de la présente ordonnance, les *cafés-concerts* et *cafés* dits *chantants* où les exécutions instrumentales ou vocales doivent avoir lieu en habit de ville, sans costume ni travestissement, sans décors et sans mélange de prose, de danse et de pantomime, les spectacles de curiosités, de physique, de magie, les panoramas, dioramas, tirs, feux d'artifice, expositions d'animaux, exercices équestres, spectacles forains et autres exhibitions du même genre, qui n'ont ni un emplacement durable, ni une construction solide.

Art. 69. Sont et demeurent rapportés les ordonnances et arrêtés précédents en contradiction ou en double emploi avec la présente, notamment les ordonnances des 9 juin 1829, 26 décembre 1832, 3 octobre 1837, 22 novembre 1848, 7 mars 1839, 15 juin 1841, 23 novembre 1843, 30 mars 1844; l'arrêté du 11 mars 1815, et les ordonnances des 8 mars 1852 et 16 mars 1857.

Cette autorisation pourra toujours être retirée pour des motifs d'ordre public.

Les pièces qui sont interdites à Paris sont par cela même interdites pour toute la France. — Celles qui y ont été autorisées peuvent être interdites par le préfet d'un département, si elles ne peuvent y être jouées sans danger. — Circ. min. 28 avril 1864. V. *suprà* les notes sous l'art. 2 décr. du 30 déc. 1852.

Art. 4. Les ouvrages dramatiques de tous les genres, y compris les pièces entrées dans le domaine public, pourront être représentés sur tous les théâtres.

Art. 5. Les théâtres d'acteurs enfants continuent d'être interdits.

Art. 6. Les spectacles de curiosités, de marionnettes, les cafés dits cafés chantants, cafés-concerts et autres établissements du même genre, restent soumis aux règlements présentement en vigueur.

Toutefois, ces divers établissements seront désormais affranchis de la redevance établie par l'article 11 de l'ordonnance du 8 décembre 1824 en faveur des directeurs des départements, et ils n'auront à supporter aucun prélèvement autre que la redevance au profit des pauvres et des hospices.

1. Les préfets peuvent autoriser les propriétaires de cafés à faire exécuter dans leurs établissements toute espèce de musique instrumentale, et chanter toutes sortes de morceaux de musique, sauf les droits des auteurs, pourvu que ces exécutions aient lieu sans aucun costume ou travestissement, sans décors et sans mélange de prose, de danse et de pantomime. —Circul. *idem.*

3. Par spectacles de curiosités, il faut entendre les petits spectacles de physique et de magie, les panoramas, dioramas, tirs, feux d'artifice, expositions d'animaux et tous les spectacles forains et d'exercices équestres qui n'ont ni emplacement durable, ni une construction solide. — Circ. *idem.*

Art. 7. Les directeurs actuels des théâtres autres que les théâtres subventionnés sont et demeurent affranchis, envers l'administration, de toutes les clauses et conditions de leurs cahiers des charges, en tant qu'elles sont contraires au présent décret.

Art. 8. Sont abrogées toutes les dispositions des décrets, ordonnances et règlements dans ce qu'elles ont de contraire au présent décret.

SUPPLÉMENT

AU

CODE DES LOIS DE LA PRESSE.

NOTA. *Les numéros qui précèdent chacune des notes se réfèrent aux annotations des codes criminels avec lesquelles ces notes ont de l'affinité.*

PREMIÈRE PARTIE.

21 OCTOBRE 1814. — LOI *relative à la liberté de la presse.*

Art. 11.

7 *bis.* Ne sont point tenus de se pourvoir d'un brevet les membres des congrégations religieuses qui fournissent des livres aux élèves dont ils dirigent l'éducation.

La loi du 21 oct. 1814 n'est pas applicable à ceux qui ne vendent des livres qu'accidentellement. — Cass. 21 mars 1864 (Laurent), *J. p.*, 64, 756.

16. Les libraires brevetés peuvent se transporter soit dans une foire, soit dans tout autre lieu de réunion accidentelle et passagère pour y vendre des livres, à la charge de se conformer aux lois sur le colportage ou aux règlements qui y régissent l'industrie des libraires étaleurs.— Pau, 31 janv. 1863 (Lasseru), *J. cr.*, n° 7648.

Art. 13.

7 *bis.* Celui qui fabrique les circulaires de son commerce à l'aide d'un papier préparé avec un produit chimique appliqué sur une pierre commet le délit de détention de presse clandestine. — Lyon, 4 juin 1862. Gaz. des trib. du 17 juin.

Art. 14.

15. Les circulaires et professions de foi des candidats aux élections ne sont pas dispensées de la déclaration et du dépôt prescrits par cet article, auquel il n'a pas été dérogé par l'art. 10. L. 16 juillet 1850, ni par l'art. 7, L. 27 juillet 1849. — Cass. 18 déc. 1863 (Gounouilhou), *B. cr.*

21. Conf. Paris, 21 oct. 1852 (Leymarie), Gaz. du 22 oct.

22. 23. 24. Aujourd'hui la déclaration et le dépôt imposés à l'imprimeur par cet article sont remplacés à l'égard des journaux et écrits périodiques cautionnés ou non cautionnés par la déclaration et le double dépôt prescrit par les art. 2 et 7 de la loi du 11 mai 1868. — V. les notes sous ces articles.

38 *bis.* Une double amende doit être prononcée lorsqu'il y a défaut de déclaration et omission du dépôt. — Paris, 21 oct. 1853 (Leymarie), Gaz. du 22 oct.—Il y a lieu d'appliquer l'art. 365 C. inst. crim. V. sous l'art. 9. L. 16 juillet 1850, n°s 4 et suiv.

DEUXIÈME PARTIE.

17 MAI 1819. — LOI *sur la répression des crimes et délits commis par la voie de la presse ou par tout autre moyen de publication.*

Art. 1er.

§ 2. — *Publication.* — *Discours.* — *Écrits.*

6 et 7. Le mot *proféré* embrasse les propos tenus dans un lieu public sur le ton de la conversation ordinaire, et n'excepte que ceux dits à voix basse ou à titre confidentiel. — Cass. 26 nov. 1864 (Bravay), *B. cr.*

8 *bis.* La cour de cassation a le droit de rechercher si les circonstances ressortant des constatations d'un arrêt constituent la publicité. — Cass. 26 nov. 1864 (Bravay), *B. cr.*

15. *Écrits.*— En ce qui concerne les écrits et les imprimés, la vente et la distribution constituent la publication, sans aucune autre circonstance, notamment sans celle de la publicité du lieu ou de la réunion. — Cass. 19 janv. 1866 (Joly), *B. cr.*

24 *bis.* Le rédacteur d'un écrit ne peut être poursuivi comme auteur principal du délit de publication, lorsque ce n'est pas par son fait que la publication a eu lieu; il ne peut être que réputé complice.

Il est complice, encore que dans l'origine l'écrit ait été composé et publié à l'étranger, s'il a été dans son intention de concourir à sa publication en France. Trib. de la Seine, 29 mars 1855 (Collet), Gaz. des trib.

§ 3. — *Des lieux publics.*

37 *bis.* Le bureau d'une mairie doit être considéré comme un lieu public. — Cass. 26 nov. 1864 (Bravay), *B. cr.*

43. Une salle à manger d'une auberge est un lieu public par sa destination. — Même arrêt.

Art. 13.

§ 1er. — *Intention de nuire.* — *Excuses.*

1 et 2. En matière de diffamation comme en toute autre matière correctionnelle, l'intention de nuire est une circonstance essentielle, sans laquelle le délit ne saurait exister et dont l'appréciation appartient exclusivement aux juges du fait. — Cass. 21 avril 1864 (Rouveure), *B. cr.*

4. Les tribunaux sont juges du caractère de mauvaise foi de l'article incriminé, ainsi que de l'intention de nuire des auteurs de cet article; cette appréciation échappe à la censure de la cour de cassation.— Cass. 17 mars 1864, *B. cr.*; 23 avril 1863 (Albaric), *B. cr.*

4. Conf. Cass. 10 août 1866 (Rocca), *B. cr.*; 10 août 1867 (Faure), *B. cr.*

15. En matière de diffamation, la mauvaise foi ou l'intention de nuire résulte virtuellement de l'imputation ou de l'allégation d'un fait qui porte atteinte à l'honneur ou à la considération. Celui qui publie le fait est de plein droit, lorsque les juges ne décident pas qu'il n'a pas eu intention de nuire, passible de la peine édictée par l'art. 18. — Cass. 11 nov. 1865 (Labanne), *B. cr.*; 26 nov. 1864 (Bravay), *B. cr.*

17. L'intention de nuire ne peut disparaître que par la preuve contraire résultant des motifs de l'arrêt. — Cass. 26 nov. 1864 (Bravay), *B. cr.* V. sous l'art. 408 C. i. cr., n° 89.

17 *bis*. Si en principe, lorsque l'imputation est diffamatoire, il en résulte une présomption de l'intention de nuire, cette intention cependant peut être écartée par les circonstances de la cause. — Cass. 4 mai 1865 (Schoenfeld), *B. cr.*

19 *bis*. La circonstance que l'auteur d'un article injurieux aurait agi sous l'influence des idées et des convictions de ses chefs ne peut enlever à l'article son caractère délictueux, ni dégager l'auteur de la responsabilité qu'il a encourue.— Cass. 23 avril 1863 (Albaric), *B. cr.*

28. Conf. Cass. 4 août 1865 (Sax), *B. cr.*

30. L'excuse résultant de la provocation n'est pas admissible au cas du délit de diffamation.— Colmar, 21 mai 1867 (Spira). *J. cr.*, n° 8510.

§ 2. — *Dans quels cas il y a diffamation.*

33 *bis*. Est diffamatoire l'imputation d'avoir commis un délit de chasse. — Cass. 4 août 1865 (Sax), *B. cr.*

38 *bis*. L'imputation d'avoir été le concensé d'un assassin. — Cass. 10 août 1866 (Rocca). *B. cr.*

43 *bis*. La qualification de faussaire adressée à un individu, sans aucune indication des circonstances de lieu et de temps dans lesquels un crime de faux aurait été commis, ne constitue pas la diffamation, mais seulement une injure. — Cass. 29 juillet 1865 (Grosmiller). *B. cr.*

44. Des insinuations vagues et générales, qui ne précisent ni le fait ni ses auteurs, qui ne font porter le blâme sur aucune personne désignée, ne contiennent point les caractères de la diffamation.— Cass. 13 juillet 1864 (Molot). *B. cr.*

50 *bis*. La demande en radiation d'un citoyen de la liste électorale peut constituer une diffamation lorsqu'il y a imputation faite avec mauvaise foi et rendue publique d'un fait portant atteinte à la considération. — Cass. 27 janv. 1866 (Danizan). *B. cr.*

54. La cour de cassation a le droit d'apprécier si un écrit s'adresse à une personne déterminée et s'il impute à cette personne un fait de nature à porter atteinte à son honneur et à sa considération. — Cass. 17 mars 1864 (Robin). *B. cr.*

55. Si un écrit a un caractère de diffamation. — Cass. 31 déc. 1863 (Reibel), *B. cr.*; 17 mars 1864 (Robin), *B. cr.* — Ou d'outrage. — Cass. 10 août 1867 (Faure), *B. cr.*

56. Si des paroles sont injurieuses ou si elles sont diffamatoires. — Cass. 4 nov. 1861 (Viviani). *D.*, 66, 1, 361.

60 *bis*. Le juge peut s'appuyer sur des lettres privées et non incriminées du prévenu pour faire res-

sortir l'intention malveillante qui caractérise le délit. — Cass. 1er juin 1866 (Toussaint), *B. cr.*

67 *bis*. Le mot canaille est une injure et non une diffamation. — Riom, 13 nov. 1867 (Quinque), *J. p.*, 68, 564.

Art. 14.

§ 1er. — *Éléments du délit de diffamation. — Publicité.*

6 *bis*. La publicité de la diffamation ne résulte pas de ce que le prévenu aurait propagé son imputation auprès d'un grand nombre de personnes. Il faut que la publicité résulte des moyens mentionnés dans l'art. 1, L. 17 mai 1819. — Riom, 13 nov. 1867 (Quinque), *J. p.*, 68, 564.

§ 2. — *Diffamations et injures proférées dans des lieux publics.*

21. L'étude d'un avoué ou d'un huissier ni le cabinet d'un notaire ne peuvent être réputés lieu public. — Riom, 13 nov. 1867 (Quinque), *J. p.*

26. Ne sont pas punissables, des propos diffamatoires tenus sur la voie publique, lorsqu'ils ont été adressés confidentiellement par le prévenu aux personnes avec lesquelles il se promenait. — Cass. 23 avril 1863 (Albaric), *B. cr.*

26 *bis*. Des propos tenus à haute voix sur une place publique peuvent n'avoir pas le caractère de publicité lorsque les deux interlocuteurs étaient seuls et que personne ne passait à proximité. — Cass. 29 déc. 1865 (Maurin), *B. cr.*

30. Au contraire, il n'est pas nécessaire qu'il se trouve un public dans le lieu public. Dès l'instant où l'imputation a eu lieu dans un lieu public par sa nature ou par sa destination, il suffit qu'elle se soit produite de manière à être entendue des personnes qui se trouvaient ou auraient pu se trouver dans ce lieu. — Cass. 26 nov. 1864 (Bravay), *B. cr.*

§ 4. — *Diffamations et injures commises par écrit.*

49 *bis*. Une diffamation insérée dans un journal étranger est publique en France lorsque ce journal a été adressé en France à des établissements publics tels que cafés, cabinets de lecture. — Paris, 25 janv. 1867 (Biernewski), *J. p.*, 67, 806.

Art. 16.

10 *bis*. Les agents des chemins de fer nommés par les compagnies et assermentés doivent être réputés agents de la force ou de l'autorité publique. — Grenoble, 7 nov. 1862 (Godard), *D.*, 63, 2, 67.

19. Les notaires ne peuvent être assimilés à des agents ou dépositaires de l'autorité publique, ni à des fonctionnaires publics. — Colmar, 16 oct. 1866 (Kuenemann), *J. p.*, 67, 224.

Art. 20.

1. L'injure n'est passible d'une peine correctionnelle qu'autant qu'elle réunit le double caractère de publicité et d'imputation d'un vice déterminé. — Cass. 31 janv. 1867 (Vindry), *B. cr.*

7. Conf. Riom, 13 nov. 1867 (Quinque), *J. p.*

11. Le mot *voleur* renferme l'imputation d'un vice déterminé. — Cass. 31 janv. 1867 (Vindry), *B. cr.*

13. Conf. Caen, 29 août 1861 (Destiné), *J. cr.*, n° 7354.

Art. 21.

4. Les allégations blessantes produites à l'appui d'une protestation adressée au Corps législatif contre une élection ne constituent pas une diffamation, si l'inculpé n'a pas eu pour but de diffamer. Il en serait

autrement si le mémoire avait été répandu dans le public avant même d'être discuté au Corps législatif. — Colmar 7 juin 1864 (de Heckeren), *J. cr.*, n°7851.

Mais cet article protège les explications rendues publiques par le rapport de la commission. — Même arrêt.

5. Conf. Cass. 22 janv. 1863 (Ailhaud), *B. cr.*

Art. 23.

§ 2. — *Écrits produits devant les tribunaux.*

26. Conf. Bourges, 24 avril 1863 (Pichot), *J. cr.*, n° 7650.

26. Les écrits produits en justice cessent de jouir de l'immunité accordée par cet article et rentrent dans le droit commun, lorsqu'ils sont en même temps répandus dans le public en dehors de l'audience. — Cass. 15 déc. 1864 (William), *B. cr.*; 6 nov. 1863 (Mercier), *B. cr.*

§ 3. — *Tribunaux compétents pour prononcer sur les injures et diffamations.*

47. Au contraire, le juge de paix siégeant au bureau de conciliation constitue un tribunal dans le sens de cet article. Les propos diffamatoires tenus à son audience par une des parties contre l'autre ne peuvent, alors même qu'ils seraient étrangers aux débats, donner lieu à une action en dommages-intérêts devant un autre tribunal, qu'autant que cette action aurait été réservée à la partie plaignante. — Limoges, 23 avril 1868 (Descubes), *J. p.*, 68, 695.

§ 4. — *Suppression des écrits.*

65. Les tribunaux peuvent d'office ordonner la suppression d'un mémoire injurieux. — Cass. 4 déc. 1862 (Roger), *B. cr.*

69. Ils peuvent se borner à ordonner la suppression des conclusions injurieuses pour l'organe du min. public, sans appliquer la peine de l'art. 222 C. pén. — Cass. 8 fév. 1866 (Marrot), *B. cr.*

77 *bis*. Ils peuvent supprimer les écrits produits devant eux qui ne peuvent donner lieu à aucune action en diffamation proprement dite, bien qu'ils soient injurieux ou diffamatoires. — Cass., req., 6 juil. 1864 (Marcand), *J. p.*, 65, 546.

§ 6. — *Des réserves.*

103. Au contraire, lorsque le juge civil a donné acte à une partie de ses réserves de poursuivre les diffamations contenues dans un mémoire, sans déclarer que les imputations prétendues diffamatoires sont étrangères à la cause, le juge correctionnel a mission de résoudre cette question. — Cass. 4 mai 1865 (Schoenfeld), *B. cr.*

§ 7. — *De l'action des tiers.*

125. Le témoin contre lequel le prévenu articule pour sa défense un fait diffamatoire n'est pas un tiers; il n'est point recevable à intenter ultérieurement une action en diffamation, si cette action n'a pas été expressément réservée par le juge et si celui-ci n'a pas déclaré que l'imputation était étrangère à la cause. — Metz, 27 nov. 1867 (Wagner), *J. cr.*, n° 8562.

126. Un témoin dont le témoignage et la moralité ont été appréciés d'une manière injurieuse par l'avocat d'une des parties dans sa plaidoirie imprimée et publiée à titre de mémoire a le droit d'intervenir pour demander la suppression des passages injurieux. — Grenoble, 1er juin 1865 (Roux), *D.*, 65, 2, 170.

137 *bis*. Le juge de paix est compétent pour connaître de l'action civile des tiers, à raison des injures ou diffamations commises envers eux dans des discours prononcés à son tribunal. — Cass. 9 déc. 1863 (Viet-Dubourg), *J. p.*, 64, 529.

26 MAI 1819. — *LOI relative à la poursuite et au jugement des crimes et délits commis par la voie de la presse ou par tout autre moyen de publication.*

Art. 4.

5 *bis*. Cet article est inapplicable lorsque la plainte émane d'anciens membres d'un conseil municipal, agissant chacun individuellement et non comme représentant ce conseil municipal. — Cass. 16 juin 1866 (Robert), *B. cr.*

Art. 5.

2. Conf. Cass. 22 avril 1864 (Labavaude), *B. cr.*

5. La plainte préalable est nécessaire dans le cas où il s'agit d'un outrage envers un magistrat, à raison de sa qualité ou de ses fonctions. — Cass. 20 avril 1867 (Chavagnie), *B. cr.*

11. Dans le cas d'imputation contre une classe entière d'agents non désignés individuellement, la plainte préalable indispensable peut émaner régulièrement de l'administrateur en chef de qui émane la délégation des fonctions et à qui appartient la surveillance des agents. — Cass. 10 mars 1865 (Guillon), *B. cr.*

22. Les héritiers ont le droit de porter plainte à raison de la diffamation contre la mémoire de leur auteur. — Cass. 23 mars 1866 (Perrin), *B. cr.* — *Contrà* : Rennes, 22 nov. 1865 (Peltier, *J. p.*, 66, 230. Angers, 28 mai 1866 (Cornou), *J. p.*, 66, 822. V. sous l'art. 63 C. i. cr., n° 25.

29 *bis*. Si la plainte exigée par l'art. 5 de la loi du 26 mai 1819 n'est soumise à aucune forme sacramentelle, elle doit cependant se produire sous une forme qui permette d'en constater l'existence, ce qui laisse à la cour de cassation les moyens d'exercer son contrôle. On ne peut la faire résulter de certaines circonstances extrinsèques et d'une volonté non écrite et simplement présumée. — Cass. 20 mai 1865 (Blondeau), *B. cr.*

29 *ter*. La révélation par la partie offensée, dans une déposition par elle faite en justice à raison d'un autre délit de paroles diffamatoires proférées contre elle par le prévenu, n'équivaut pas à une plainte, si l'intention de dénoncer le fait n'est pas exprimée. Il n'y a dans cette déposition ni spontanéité ni liberté. — Aix, 8 mai 1867 (Reipert), *J. cr.*, n° 8578.

Art. 12.

1. Conf. Cass. 8 août 1864 (Sauvestre), *B. cr.*

Art. 25.

1. Conf. Cass. 29 déc. 1863 (Lemasson,) *B. cr.*

10. Le tribunal ne peut refuser de surseoir en se fondant sur ce que le min. publ. aurait déclaré que, vérification faite, il refusait de donner suite à la dénonciation. — Cass. 29 déc. 1863 (Lemasson), *B. cr.*

16. Lorsqu'il s'agit d'imputations dirigées contre un des fonctionnaires protégés par l'article 479 C. inst. crim., c'est au procureur général qu'il appartient de décider quelle suite il convient de donner à la dénonciation. S'il refuse de poursuivre, sa décision suffit pour autoriser les juges saisis de la connaissance du délit de diffamation à passer outre au jugement. — Cass. 29 déc. 1865 (Lemasson). *B. cr.*

19. Pour motiver le sursis, il ne suffit pas que la dénonciation soit faite au ministère public par des conclusions prises à la barre du tribunal correctionnel. Les faits doivent être dénoncés aux officiers de police compétents pour recevoir la plainte. — Paris, 14 fév. 1868 (Perrin), *J. cr.* n° 8596.

28. Conf. Cass. 8 déc. 1866 (Lemasson), *B. cr.*

Art. 29.

Conf. Dijon, 12 juillet 1863 (Dutron), D, 63, 2, 224.

Cet article est encore applicable aux délits de diffamation verbale envers les particuliers. — Rouen, 23 juin 1864 (Patin), *J. p.*, 64, 1025. — Mais voir notes sous l'art. 638 C. inst. crim., n° 35.

25 MARS 1822. — LOI *relative à la répression et à la poursuite des délits commis par la voie de la presse ou par tout autre moyen de publication.*

Art. 6.

25 *bis.* L'outrage peut exister encore bien que le fonctionnaire outragé n'ait pas été désigné par son nom, s'il est suffisamment désigné; les tribunaux sont souverains à cet égard. — Cass. 7 fév. 1868 (Fabregat), *B. cr.* V. sous l'art. 13, L. 17 mai 1819, n° 51.

Art. 11.

§ 2. — *A qui le droit de réponse appartient.*

19. Mais le droit de réponse n'existe pas au cas où le journaliste s'est borné à la reproduction exacte d'une décision judiciaire, sans ajouter aucun récit qui serait son œuvre personnelle. — Rennes, 27 janv. 1868 (Catel), *J. p.*, 68, 334.

19 *bis.* L'insertion dans un journal d'une circulaire électorale donne à celui qui se prétend désigné dans cette circulaire le droit d'y répondre. — Orléans, 29 mai 1863 (Periera), Gaz. des trib. 6 juin.

22. Conf. Cass. 6 janv. 1863 (Leymarie), *J. p.*, 63, 132.

22 *bis.* La publication par un journal, sans aucune critique et sans aucun commentaire, des procès-verbaux officiels des séances d'un conseil général, n'ouvre pas au profit des personnes désignées dans ces procès-verbaux, le droit de réponse. — Montpellier, 10 avril 1866 (le Messager), *J. p.*, 66, 586.

22 *ter.* Le droit accordé par cet article est inapplicable aux désignations que renferment des articles dont le gérant du journal n'est ni l'auteur ni légalement responsable, tels, par exemple, que les annonces judiciaires qui sont l'œuvre de l'officier ministériel chargé de les rédiger. — Amiens, 11 fév. 1864 (Renaud), *J. p.*, 64, 779.

§ 3. — *Refus d'insertion.*

31. Le refus d'insertion de la réponse d'une personne désignée dans un journal est suffisamment justifié lorsqu'elle contient une provocation ou une menace. — Cass. 6 janv. 1863 (de Richemont), *B. cr.*

31 *bis.* Le gérant d'un journal peut refuser l'insertion d'une réponse qui le blesse dans son honneur. — Pau, 2 fév. 1866 (de Barante), *J. cr.*, n° 8218.

33 *bis.* Aucun délai, aucune formalité n'a été imposée en matière de refus d'insertion ; il suffit que le prévenu soumette aux tribunaux les motifs de son abstention et les leur fasse agréer. — Cass. 6 janv. 1863 (Lemercier), *B. cr.*

39. Conf. Cass. 6 janv. 1863 (Lemercier), *B. cr.*

39. La cour de cassation a le droit de rechercher si une réponse a excédé les limites du droit de légitime défense. — Cass. 17 mars 1863 (Dupont), *B. cr.*

11 AOUT 1848. — DÉCRET *relatif à la répression des crimes et délits commis par la voie de la presse.*

Art. 4.

1. Cet article n'a pas été abrogé par la constitution de 1852. — Cass. 19 janv. 1866 (Joly), *B. cr.*; 21 juin 1867 (de Girardin), *B. cr.*

4. Conf. Cass. 21 juin 1867 (de Girardin), *B. cr.*; 10 janv. 1868 (Ferrouillat), *B. cr.*

7 *bis.* Cet article est applicable à l'écrit qui discute les actes de l'autorité, de mauvaise foi, avec le parti pris d'abaisser le gouvernement dans l'esprit des populations et de soulever les passions contre lui. — Cass. 21 juin 1867 (de Girardin), *B. cr.*

Art. 7.

3. Conf. Cass. 23 juillet 1864 (Molot), *B. cr.*

FIN DU CODE DES LOIS DE LA PRESSE.

TABLE DE CONCORDANCE

DES

LOIS DE LA PRESSE.

Constitution. Discussion prohibée, sénatus-consulte 18 juillet 1861.

Contraventions : aux règlements sur la librairie et l'imprimerie, constatations, procès - verbaux, art. 45, décr. 5 fév. 1810 ; art. 20, loi 21 oct. 1814 ; art. 7, ordonn. 24 octobre 1814 ; art. 5, décret 22 mars 1852. — Dénonciation, poursuite d'office, art. 21, loi 21 oct. 1814 ; art. 7, ordonn. 24 oct. 1814 ; art. 47, décr. 5 fév. 1810. V. *Imprimerie, Librairie.*

Corps constitués. Injures, diffamation, article 4, loi 26 mai 1819.

Crieur. V. *Afficheur, Vente sur la voie publique.*

Cris séditieux. Art. 8, loi 25 mars 1822

Cumul des peines. Art. 9, loi 16 juillet 1850 ; art. 5, décr. 17 fév. 1852.

D

Décès : du propriétaire d'un journal. Présentation d'un nouveau gérant, cautionnement, art. 12, loi 18 juillet 1828.

Déclaration préalable. Pour la publication d'un journal, ce qu'elle doit contenir, art. 6, loi 18 juillet 1828 ; art. 2, loi 11 mai 1868. — Justifications, art. 7, loi 18 juillet 1828. — Fausses déclarations, art. 10 et 11, *id.* V. *Imprimeur lithographe, Imprimeur.*

Délibération. Corps constitué, injures, art. 4, loi du 26 mai 1819.

Délits de presse. V. *Contraventions.*

Dépôt à la préfecture par l'imprimeur de tout écrit. Art. 14, loi 21 oct. 1814. — De deux exemplaires des numéros d'un journal, art. 7, loi du 11 mai 1868 ; 5, loi 9 juin 1819.

Dépôt au parquet : des numéros d'un journal. Art. 8, loi 18 juillet 1828 ; art. 7, loi 11 mai 1868. — De tous écrits politiques ou d'économie sociale, art. 7, loi 27 juillet 1849. V. *Imprimeur, Imprimeur lithographe.*

Députés. V. *Outrages, signature.*

Dessins. V. *Emblèmes.*

Destruction des objets saisis. Art. 26, loi 26 mai 1819.

Diffamation. Définition, art. 13, loi 17 mai 1819. — Envers un agent de l'autorité, art. 16, loi 17 mai 1819. — Envers les agents diplomatiques, art. 17, *id.* — Envers les particuliers, art. 18, *id.* — Envers les corps constitués et les autorités, art. 5, loi 25 mars 1822. — Devant les tribunaux, art. 23, loi 17 mai 1819. V. *Compte rendu.*

Discours : devant les tribunaux. Art. 23, loi 17 mai 1819. — Dans les Chambres, art. 21, *id.*

Distributeur. V. *Afficheur, Vente sur la voie publique.*

Distribution et colportage : d'écrits. Art. 6, loi 27 juillet 1849. — Des discours prononcés dans les Chambres, art. 74, décr. 22 mars 1852. V. *Signes et symboles.*

Dommages-intérêts. Discours injurieux à l'audience, art. 23, loi 17 mai 1819.

Droits de poste. Journaux, art. 13, décr. 17 fév. 1852 ; art. 5, loi du 11 mai 1868.

E

Économie sociale. Journal, écrit périodique, art. 3, décr. 17 fév. 1852.

Écrits : condamnés ; réimpression, art. 27, loi 26 mai 1819. — Écrits produits devant les tribunaux, art. 23, loi 17 mai 1819. V. *Saisie, Vente sur la voie publique.*

Écrit périodique. V. *Journal.*

Éditeurs de journaux. Poursuites, art. 9, loi 9 juin 1819. — Peines, art. 10, *id.* — Responsabilité, art. 13, loi 25 mars 1822.

Élections. V. *Circulaires et professions de foi.*

Emblèmes, dessins, médailles. Autorisation préalable, art. 22, décr. 17 fév. 1852. V. *Signes et symboles.*

Enlèvement et dégradation des signes de l'autorité. Art. 6, décr. 11 août 1848.

Estampes. Dépôt d'exemplaires, contravention, saisie, art. 10, ordonn. 24 oct. 1814. — Diffamatoires, contraires aux mœurs, art. 11, *id.*

Excitation à la haine ou au mépris : contre les personnes. Art. 7, décr. 11 août 1848. — Contre la république, art. 4, *id.*

Exécution provisoire des jugements : suppression du journal, suspension, amende. — Opposition. — Appel, art. 13, loi 11 mai 1868.

Exposition. V. *Signes et symboles.*

F

Fausses nouvelles : publication, art. 15, décr. 17 fév. 1852.

Fonctionnaires. V. *Outrages.*

Fondeurs en caractères. V. *Registres.*

G

Gérant. Association, art. 4, loi 18 juillet 1828. — Signature, art. 8, *id.* — Responsabilité, art. 5 et 8, *id.* — Incompatibilité, art. 9, loi 27 juillet 1849 ; art. 8, L. 11 mai 1868. — Poursuites, formes, art. 9, loi 9 juin 1819. — Condamnation, remplacement, art. 14, loi 27 juillet 1849. V. *Décès.*

Graveurs. V. *Emblèmes, Estampes.*

H

Huis clos. Diffamation ; publication interdite, art. 16, loi 18 juillet 1828.

I

Images. V. *Presses.*

Imprimerie clandestine, art. 13, loi 21 oct. 1814. V. *Contravention, Saisie.*

Imprimerie pour un journal. Art. 14, loi 11 mai 1868.

Imprimeur. Lieux de travail, déclar. 10 mai 1728. — Nombre, art. 3, décr. 5 fév. 1810 ; décr. 11 fév. 1811 ; loi 14 déc. 1859. — Brevet, serment, art. 5, décr. 5 fév. 1810 ; art. 11, loi 21 oct. 1814. — Nombre de presses, art. 6, décr. 5 fév. 1810. — Capacité, art. 7, *id.* — Délivrance du brevet, enregistrement, serment, art. 8 et 9, *id.* ; décr. 2 fév. 1811, 22 mars 1852. — Quand le brevet peut être retiré, art. 12, loi 21 oct. 1814. — Déclaration préalable à l'impression et dépôt, art. 14, *id.* ; ordonn. 9 janv. 1828. — Récépissé, noms et demeure de l'imprimeur, saisie et séquestre des ouvrages, art. 15, loi 21 oct. 1814. — Peine pour défaut de déclaration et de dépôt, art. 16, *id.* — Pour défaut d'indication des noms et demeure, art. 17, *id.* — Défense d'imprimer les lois et règlements avant leur publication, art. 1, 2, décr. 6 juillet 1810 ; ordonn. 12 janv. 1820. — Registres, inscriptions, art. 2, ordonn. 24 oct. 1814. — Complicité, art. 24, loi 17 mai 1819. — Responsabilité, publication d'un journal non cautionné, art. 5, décr. 17 fév. 1852. — D'un journal supprimé, art. 20, *id.* — D'une publication interdite, art. 21, *id.* — Impression des discours de l'Assemblée législative, art. 74, décr. 22 mars 1852. — Des actes interdits aux conseils municipaux, art. 27, loi 5 mai 1855. V. *Cautionnement des journaux.*

Imprimeur-lithographe. Brevet, serment, art. 1er, ord. 8 octob. 1817. — Déclaration et dépôt, art. 2, *id.*

Imprimeur en taille-douce. Brevet, serment, art. 1er, décr. 22 mars 1852.
Injures. Définition, art. 13, loi 17 mai 1819. — Peine, art. 19, 20, *id.* — Injures envers les autorités, art. 5, loi 25 mars 1822. — Devant les tribunaux, art. 23, loi 17 mai 1819. V. *Compte rendu, Vie privée.*
Insertion des jugements de condamnation, art. 11, loi 9 juin 1819. — Peine en cas de contravention, art. 12, *id.* — Insertions obligatoires, rectifications, art. 19, décr. 17 fév. 1852. V. *Réponses.*

J

Journal. Publication, art. 1er, loi 11 mai 1868. — Journaux étrangers, circulation, art. 2, *id.* — Introducteurs, distributeurs, peines, art. 2, *id.* V. *Association, Cautionnement, Condamnation, Déclaration, Dépôt, Gérant, Imprimerie, Signature, Suppression, Suspension.*
Juré. Outrages, art. 6, loi 25 mars 1822. V. *Noms des jurés.*

L

Libraire. Brevet, serment, art. 29, décr. 5 fév. 1810; art. 11, loi 21 oct. 1814. — Délivrance du brevet, enregistrement, serment, art. 30, décr. 5 fév. 1810. — Quand le brevet peut être retiré, art. 12, loi 21 oct. 1814. — Défaut de brevet, peine, art. 24, décr. 17 fév. 1852. — Mise en vente d'ouvrages sans nom d'imprimeur, peines, art. 19, loi 21 oct. 1814. V. *Brevet, Commerce de livres.*
Libraire-imprimeur. Formalités à remplir, art. 30, 31, décr. 5 fév. 1810. — Capacité, art. 33, *id.*
Librairie. V. *Contraventions, Saisie.*
Lieux publics. Caractères, art. 1er, loi 17 mai 1819.
Lithographie. V. *Imprimeur-lithographe.*
Livres. V. *Libraire, Commerce de livres.*
Lois. V. *Attaque.*
Lois et règlements non publiés. V. *Imprimeurs.*

M

Matières politiques. Art. 3, loi 16 juillet 1850; art. 3, décr. 17 fév. 1852.
Médailles. V. *Emblèmes.*
Mise en vente. Provocation à des crimes et délits, art. 1er, loi 17 mai 1819. V. *Emblèmes.*
Morale. V. *Outrage.*
Mutation dans les conditions de publicité d'un journal, art. 2, loi du 11 mai 1868.

N

Noms des jurés. Publication, interdiction, art. 11, loi 27 juillet 1849.
Nom et demeure de l'imprimeur. V. *Imprimeur, Libr.*
Nouvelle fausse. V. *Fausses nouvelles.*

O

Objets saisis. V. *Destruction.*
Offense : au roi, art. 9, loi 17 mai 1819. — Aux membres de la famille royale, art. 10, *id.* — Envers les souverains étrangers, art. 12, *id.* — Envers l'Assemblée nationale, art. 2, décr. 11 août 1848. — Envers le Président de la république, art. 1er, loi 27 juillet 1849.
Opposition à jugement par défaut. Délai, art. 13, loi 11 mai 1868.
Outrage public : à la morale, art. 8, loi 17 mai 1819. — A la religion, art. 1er, loi 25 mars 1822. — Envers les députés, fonctionnaires, ministres des cultes, jurés, témoins, art. 6, *id.* — Envers les membres de l'Assemblée nationale, ministres des cultes, art. 5, décr. 11 août 1848. V. *Compte rendu.*
Ouvrage dramatique. V. *Théâtre.*

P

Peines. V. *Cumul.*
Plainte. Nécessaire, art. 2, 3, 4, 5, loi 26 mai 1819.
Poursuites d'office. Art. 1er, loi 26 mai 1819. — Formes, art. 27, décr. 17 fév. 1852: art. 3, décr. 25 février 1852; art. 3, loi 26 mai 1819. — Autorisation, art. 15, loi 25 mars 1822. V. *Citation, Contraventions.*
Pourvoi en cassation. Effets, art. 13, loi 11 mai 1868. V. *Condamnation.*
Prescription. Art. 13, loi 9 juin 1819.
Presses. Détention, déclaration, art. 1er, décr. 18 nov. 1810. — Autorisation, art. 2 et 3, *id.*; art. 2, décr. 22 mars 1852. — Contraventions, constatations, peines, art. 5, décr. 18 nov. 1810; art. 3, décr. 22 mars 1852. V. *Registres.*
Preuve testimoniale des faits injurieux ou diffamatoires, art. 28, décr. 17 fév. 1852.
Procès-verbal. V. *Contraventions.*
Provocation : à des crimes et délits, art. 1, 2, 3, loi 17 mai 1819. — A la désobéissance aux lois, art. 6, *id.* — Adressée à des militaires, art. 2, loi 27 juillet 1849.
Publication. V. *Actes d'accusation, Emblèmes, Fausses nouvelles, Journal, Vie privée.*
Publicité. Caractères, art. 1er, loi 17 mai 1819.
Publicité des arrêts. Affiche et impression, art. 26, loi 26 mai 1819. — Des actes interdits aux conseils municipaux, art. 27, loi 5 mai 1855.

R

Récidive. Art. 25, loi 17 mai 1819; art. 10, loi 9 juin 1819; art. 7, 13, loi 25 mars 1822; art. 15, loi 18 juillet 1828; art. 12, loi 11 mai 1868. V. *Compte rendu.*
Rédacteurs. V. *Auteurs.*
Registres imposés aux fondeurs de caractères, clicheurs, stéréotypeurs, fabricants de presses, marchands d'ustensiles d'imprimerie; inscriptions; copie à transmettre, peines, art. 4, décr. 22 mars 1852. V. *Imprimeur.*
Réimpression. V. *Écrit condamné.*
Réponse (droit de) dans un journal. Art. 11, loi 25 mars 1822. — Insertions gratuites, art. 13, loi 27 juillet 1849; art. 19, décr. 17 fév. 1852.
Réserves à raison d'injures et diffamations, art. 23, loi 17 mai 1819.
Responsabilité. V. *Gérant, Imprimeur.*
Réunions publiques. Art. 1er, loi 17 mai 1819.

S

Saisie d'ouvrages pour contraventions; restitution, art. 18, loi 21 oct. 1814. — Dépôt des ouvrages saisis, art. 46, décr. 5 fév. 1810. — Saisie d'écrits, notification, validité, loi 28 février 1817. — Destruction, art. 26, loi 26 mai 1819.
Serment. V. *Imprimeur, Libraire.*
Signature : des numéros d'un journal, art. 8, loi 18 juillet 1828. — Par député ou sénateur, art. 8, loi 11 mai 1868. — Peine, *id.* — Des articles de journaux, art. 3, 4, loi 16 juillet 1850. — Par un individu privé de ses droits civils et politiques ou un banni, art. 9, loi 11 mai 1868. — Fausse signature, art. 3, 4, loi 16 juillet 1850. V. *Gérant.*
Signataires. Responsabilité, art. 8, loi 18 juillet 1828.

Les Codes criminels interprétés par la jurisprudence et la doctrine, suivis d'un formulaire contenant les qualifications légales des crimes et des délits adoptées par la chambre des mises en accusation de la Cour impériale de Paris; par M. Rolland de Villargues, conseiller à la Cour impériale de Paris, chevalier de la Légion d'honneur. 3e édition, revue et mise au courant de la législation nouvelle, et notamment de la loi du 13 mai 1863, modificative du Code pénal, et de la loi sur les flagrants délits en matière correctionnelle. 1 volume grand in-8°.   20 fr.

Code des Lois de la presse interprétées, etc., par le même auteur. Joli volume in-32.   4 fr.

TEULET. **Les Codes de l'Empire français**, contenant la Constitution des 14 janvier — 25 décembre 1852, les lois et décrets les plus récents, une nouvelle corrélation des articles des Codes, un supplément renfermant toutes les lois usuelles, et une Table générale des matières. *Édition toujours au courant de la législation.* 1869. 1 fort vol. in-8°.   15 fr.

Les mêmes, *édition pocket,* 1869. 1 vol. in-32. 1547 pages.   6 fr.

Les mêmes, in-18, 1869.   6 fr.

Reliures élégantes en demi-chagrin, 2 fr. 50 pour l'in-8°. 1 fr. 50 pour l'in-18 et l'in-32.

On vend séparément dans le format in-32 :

— Code Napoléon et Constitution, 4 fr. 25
— Code de procédure civile,   4 »
— Code de commerce,   » 75
— Code d'instruction criminelle et Code pénal,   1 »

LESELLYER. **Traité du droit criminel**, appliqué aux actions publique et privée qui naissent des contraventions, des délits et des crimes : ouvrage contenant l'explication de la plus grande partie des matières les plus importantes du droit criminel, et dans lequel on a réuni tout ce qui se rapporte à la nature des actions publique et privée, à leurs causes et à leur objet, c'est-à-dire à la criminalité des actes et à l'application des peines; aux personnes qui exercent ces actions; à la manière dont les tribunaux en sont saisis, et à l'effet que produit cette saisine relativement à leur exercice, aux personnes contre qui elles sont données; à l'organisation, à la compétence des tribunaux criminels ordinaires; au jury et à son organisation: à l'organisation et à la compétence des juridictions spéciales, etc. 6 forts vol. in-8 avec sommaires, *table complète et alphabétique* des matières et table des articles cités ou expliqués dans l'ouvrage.   40 fr.

GRATTIER (Ad. de). **Commentaire des lois de la presse** et de tous les autres moyens de publicité. 2 vol. in-8°.   15 fr.

CARNOT. **De l'Instruction criminelle**, considérée dans ses rapports avec les lois nouvelles et la jurisprudence de la Cour de cassation. 2e édition. 1846. 4 volumes in-4°.   30 fr.

CARNOT. **Commentaire sur le Code pénal.** 2e édition, d'après le dernier texte du Code pénal. 1836. 2 volumes in-4°.   15 fr.

LEGRAVEREND. **Traité de la législation criminelle en France**, 3e édit., revue par M. Duvergier, avocat à la Cour d'appel de Paris. 2 volumes in-4°.   15 fr.

PETIT (Albert) **Essai sur la condition légale des journaux.** — Formalités prescrites par la loi pour la publication des journaux ou écrits périodiques, avec un appendice contenant le texte de la loi du 11 mai 1868 sur la presse et les circulaires ministérielles des 2 et 4 juin. 1 vol. grand in-8°.   4 fr.

TISSOT (J). **Le mariage, la séparation et le divorce considérés au point de vue du droit naturel, du droit civil, du droit ecclésiastique et de la morale;** suivi d'une Étude sur le *Mariage civil des prêtres*. 1 volume in-8°.   6 fr.

MOURLON. **Répétitions écrites sur le Code Napoléon**, contenant l'exposé des principes généraux, leurs motifs, et la solution des questions théoriques. 7e édit., revue et corrigée. 1866. 3 vol. in-8°.   36 fr.

MOURLON. **Examen critique** et pratique du **commentaire de M. Troplong sur les priviléges**, contenant : 1° La réfutation d'un grand nombre de décisions soutenues par M. Troplong; 2° des dissertations sur les points qu'il n'a pas touchés; 3° des raisons nouvelles apportées à l'appui de quelques-unes de ses doctrines. 1855. 2 volumes in-8°.   14 fr.

— **Traité** théorique et pratique de la **transcription** et des innovations introduites par **la loi du 23 mars 1855** en matière hypothécaire. 1862. 2 forts vol. in-8°   16 fr.

COTELLE, ancien professeur à l'École des ponts et chaussées, **Législation française des chemins de fer** et de la **Télégraphie électrique.** 2e édition, 2 volumes in-8°.   16 fr.

FOELIX et DEMANGEAT. **Traité du dorit international privé**, ou du conflit des lois de différentes nations en matière de droit privé. 4e édition, revue et augmentée par Ch. Demangeat, professeur à la Faculté de droit de Paris. 1866. 2 volumes in-8°.   15 fr.

MANGIN. **De l'instruction écrite** et du règlement de la compétence en matière criminelle; ouvrage revu et annoté par M. Faustin-Hélie. 1847. 2 vol. in-8°.   15 fr.

MITTERMAIER. **De la peine de mort** d'après les travaux de la science, les progrès de la législation et les résultats de l'expérience; traduit de l'allemand par M. Leven, avocat à la Cour de Paris. 1 vol. in-8°.   6 fr.

PIONIN. **Dictionnaire de police** et théorie sur la constatation des crimes, délits et contraventions, comprenant les principes généraux de la législation, les articles des Codes et la jurisprudence de la Cour de cassation, la conduite à tenir pour la constatation des crimes, délits et contraventions, ainsi qu'une formule pour chaque nature de procès-verbal dans les cas les plus fréquents. 1 vol. in-8°.   7 fr.

GRIOLET. **De l'autorité de la chose jugée** en matière civile et en matière criminelle. 1868. 1 vol. in-8°.   6 fr.

PARIS. TYPOGRAPHIE DE HENRI PLON, IMPRIMEUR DE L'EMPEREUR, RUE GARANCIÈRE, 8.